성경의 말씀을
잘 알 수 있게 하신 귀중한 책이기에
사랑하는 (　　　　　) 님에게 선물로 드리오니
보시고 하나님의 복을 받으시기를 기원합니다.
　　　　　　20　　년　월　일
　　　　(　　　　) 드림

예수님을 만나는 길

제 8 권
(교회들에 보내신 경고)

신성엽 목사 말씀

**예수께서 가라사대 내가 곧 길이요 진리요 생명이니
나로 말미암지 않고는
아버지께로 올 자가 없느니라 (요14:6)**

이 말씀은 성전이신 예수님 자신을 말씀한 것입니다.

신성엽 목사의 가르쳐 전하신 이 책의 말씀은
길과 진리와 생명에 대하여 잘 깨달아 알 수있게 합니다.

**너희가 하나님의 성전인 것과 하나님의 성영이
너희 안에 거하시는 것을 알지 못하느뇨 (고전3:16)**

우리로 하여금 성전의 믿음이 되게 하는
참된 가르침이 여기에 있습니다.

일 러 두 기

이 책을 비롯해 신성엽 목사의 가르쳐 전하신 말씀을 정리하여
책으로 엮은 모든 책에는 '성령'을 **'성영'**으로 '신령'을 **'신영'**으로,
'심령'을 **'심영'**으로 표기하였습니다.

성영님은 본래 영이시며, 하나님이십니다.
그렇기에 영이신 성영님을 '령'이 아닌 '영'으로 부르는 것이 마땅합니다.

한자 문화권인 우리말의 특성상 'ㄴ' 'ㄹ' '음가 없는 ㅇ' 등의 경우
두음법칙이 적용돼 '영'을 '령'으로 표기해 불러왔고 그로 인해 '영'이신
하나님을 '신령하다.' '혼령' '죽은 사람의 혼백(넋)' '죽은 이를 높여
부르는 말' 등과 같은 뜻으로 오해하도록 한 측면이 있습니다.

그래서 예배하여 섬겨야 할 인격의 하나님이신 성영님을, 일종의
기(氣)나 기운, 능력, 신비적 현상 등의 비인격적 존재로 생각하도록
하여 하대하거나 부리는 존재로 여겨 온 경향이 있습니다.

이것은 우리의 믿음을 혼란케 하는, 잘못된 것임에 불과합니다.
아버지의 영이며, 아들 예수님의 영이신, 성영님의 인도를 받는
아들 된(롬8:14) 믿음이면 이 모든 것을 분별할 수 있습니다.

'성령'을 '성영'으로 표기하는 것은 우리말 어법에는 맞지 않는 것이지만, 영이신 하나님을 바로 알고 바로 부르는 것이 마땅한 것이기에, 믿음을 바로 하기 위해서라면 관계가 우선 돼야 하는 것이니 부득이 문법 규정이라도 벗어날 수밖에는 없습니다.

바로 알고, 바로 믿고, 바로 부르는 것은 그 어떤 행위나 제사보다 더 중요합니다. 우리 믿음의 마땅한 도리이자 권리입니다. 아멘

이와 관련한 내용은 예수님의 교회 홈페이지(http://www.jesusrhema.org) 게시판 「간증의 글」에 게시된 '성령인가, 성영인가?'와 「신성엽의 글」에 게시된 '(바르게 알자) 성영님이 금하라 하신 '성부' '성자'의 호칭'을 참고하시기 바랍니다.

발 간 사

수없이 많은 이들의 설교를 듣고 서적을 탐독하고 신학 공부도
해보았지만 참진리의 말씀을 접하지는 못했습니다.

말씀을 바로 깨닫기 원하는 목마름과 갈급함으로
마음이 헤매던 중에 신성엽 목사님의 말씀을 만나게 되었고,
듣는 내내 여태껏 어디서도 들어볼 수 없었던 말씀으로
'어떻게 이런 말씀이 다 있었나?!' '왜 이제야 듣게 되었나?!'하는 놀라움과 아쉬움의 마음을 금할 수가 없었습니다.
그동안 풀리지 않았던 성경의 내용들을 바로 알게 되면서
예수님을 만나는 영광을 얻고 영혼의 큰 기쁨을 얻게 되었습니다.
이것이 많은 이들의 한결같은 고백입니다.

전국 곳곳에서, 멀리 국외에서 말씀을 듣고 말씀이 선포된 곳으로
찾아와 서로 기쁨의 간증을 나누며, 하나님께 영광을 돌리며,
같은 마음으로 소원하게 된 것은, 우리처럼 말씀의 해갈을 얻지 못하여 영혼이 헤매는 이들과 말씀을 깨닫기 원하는 이들에게도
이 말씀이 전해져야 한다는 거였습니다.
그러한 방법이 책으로 출간하자는 것이었고, 뜻이 모여 서로 협력하고
또한 여러 수고를 거쳐서 마침내 출간하게 되었습니다.

바른 가르침의 말씀 안에서 돌이켜보니
그저 열심히 전도하고 말씀을 말하여 왔던 것이 얼마나 잘못된
말씀지식으로 행한 것이었는지, 하나님께 얼마나 잘못 행하였는지를
보게 되니 피차 마음에 통회하고 고백하며, 뒤늦게나마 이 책을 전하는
것이 우리의 사명이라 확신하여 기쁨과 감사함으로 행하게 되었습니다.

이 책이 모든 이들에게 읽혀서 예수님을 만나는 참 복을 얻기를
우리 모두가 간절히 소망하며
책을 출간하게 하신 하나님께 감사의 영광을 돌립니다.

심 재 현 장 로

교회들에 보내신 경고 목차

경고 1 조○○목사에게 하나님이 보내신 경고의 말씀(10.12.8) · 13
　　　　(1) 하나님 두려운 줄 모르는 설교가들 · 20
　　　　(2) 레마가 없는 말씀 지도자들 · 23
　　　　(3) 병든 것을 은혜로 포장하여 사도 바울을 파는 거짓 목사들 · 34
　　　　(4) 두 주인 섬길 수 있는 것처럼 가르치는 지도자들 · 38
　　　　(5) 세계 최대 교회를 세우겠다는 인본의 최면 · 50
　　　　(6) 예수님을 성경에 없는 외아들로 설정하여 구원을 막는 사단의 종들 · 73
　　　　(7) 사마리아 여자가 창녀라니요?? · 79
　　　　(8) 한 영혼이 천하보다 귀하다는 말은 성경 어디에?? · 88
경고 2 주여, 주님 부르는 것 주 예수님과 관계없다(12.09.09) · 93
경고 3 참으로 믿음에 있는가 두려움으로 살피라(12.09.16) · 123
경고 4 교회들에 경고하라(종말 때의 대미혹)(12.09.23) · 137
경고 5 교회들에 경고(거짓 목사들의 실체)(12.10.14) · 153
경고 6 교회들에 경고(주 부르며 속고 속이는 자)(13.01.13) · 181
경고 7 내가 세계 최대라는 교회의 믿음을 시험하였노라(13.01.27) · 203
경고 8 말씀과 간증 1 (12.11.18) · 227
경고 9 말씀과 간증 2 (12.11.25) · 251
경고 10 경고의 말씀과 사도신경의 서론 1편 (14.07.06) · 271
경고 11 사도신경 폐지론 반박, 변증 2편 (14.07.27) · 309
경고 12 사도신경 폐지론 반박, 변증 3편 (14.08.03) · 325
경고 13 사도신경 폐지론 반박, 변증 4편 (14.08.10) · 341

경고 1
조○○ 목사에게 하나님이 보내신 경고의 말씀

　목사님 안녕하십니까? 이 글을 올리는 저는 신성엽이라고 하는 59세의 여성입니다. 저는 여자인데 어떻게? 묻는 제게 하나님께서 "너는 내가 십자가 위에서 피 흘려 낳은 아들이라. 하나님 나라는 성에 있지 아니하니 너는 오직 나 예수를 자랑하라." 하셔서 현재 목사의 직임으로 삼위 되신 하나님을 예배하고 있는 아주 작은 소자입니다.
　제가 목사님에게 이글을 부득이 드려야 하는 이유는 제 개인의 일이 아닌 하나님의 일로써, 성영님께서 목사님을 친히 지명하시고 반드시 말하라 명하셨기 때문입니다.
　하여, 저 지난 2008년 11월에 목사님 비서실에 전화하여 목사님을 만나 뵙기를 청을 넣었는데 방법 없다고 일축하기에 거듭 부탁했더니 서신으로 내용(만나야 할 이유)을 간략하게 적어서 보내라는 안내를 받았습니다.

　그래서 2008년 11월 13일에 일차적으로 서신을 보냈고 그 서신에 대한 회답을 순진하게 기다리고 있는데 어느 날 성영님께서 "이제는 구체적으로 말하라"라는 말씀을 하셔서 회답을 기대하지 않아야 함을 짐작했습니다. 그래서 먼저 올린 서신이 목사님에게 전달이 된 것인지 확인이 필요하여 그 뒤 2008년 11월 26일자에 목사님 비서실에 전화하여 확인한 결과 목사님에게 분명히 전달되었다고 답을 들었습니다. 물론 그동안 2년 가까운 시간이 지났으니 잊으셨을 수도 있겠습니다만 그때 제 소개는 해야 할 것 같아서 서신과 함께 보내드린 …… 살펴보셨으리라 생각하며 이글을 다시 또 어렵게 올립니다.

그러나 제가 마음이 많이 불편합니다. 이것은 목사님을 향한 하나님의 엄청난 책망과 경고하시는 말씀이기 때문입니다. 목사님 당신에게 하나님(말씀)에 대하여 크게 잘못되었음에도 스스로는 알지 못하고 있어 그것을 경고하여 말하라 재촉하신 성영님의 명을 저는 순종할 수밖에 없어 하는 것이지만 이 경고의 말씀을 받든 받지 않든 그것은 목사님의 권한이겠으나 그러나 목사님에게는 이 땅에서 떠날 날이 머지않은 이때에 급하고 중요한 일로서 혹 기회 주시는 것을 받지 않는다면 하나님께서도 그렇게 아실 것이라고 하셨습니다.

이 말을 목사님에게 전해드리지 않으면 안 될 제 사정을 좀 먼저 말하려 합니다. 성영님께서 경고하신 말씀을 드릴 때 글재주가 없는 연고로 두서없는 글이 되겠지만 대단히 당돌한 말로 들려 불쾌하실 것이라 생각되어 제 입장은 목사님에게 죄송한 마음임을 전합니다. 경고하신 요지는 목사님이 말씀을 전함에 있어 얼마나 어긋나고 하나님을 거스르고 있는지 하나님께서 심히 듣기가 싫다 하셨다는 점입니다.

목사님 교회가 세계 최대의 교회라는 명성으로 온 세계에 자랑이 됨과 함께 명예 또한 높아져 하나님의 위대하신 분이라는 대접을 받고 있으며, 목사님과 같은 목회의 성공을 꿈꾸는 많은 목회자들에게 선망의 대상이 되어 있으니 (심지어 목소리까지 흉내 내어 닮고자 하는 유치함의 극치를 드러내는데, 소위 하나님의 종으로 부름 받아 나왔다는 목사들이 그 수준이라면 다 자기가 나온 가짜들이지요. 부름 받은 참종은 성영님으로 자기 분수를 알고 성영님으로 성경을 알고 성영님을 따라 일하지요) 누가 뭐라 해도 세계 최대라는 결과로 나타난 지금의 위치가 하나님께서 역사하신 것이라 여기고 그 자부심과 긍지가 대단하실 텐데 제가 이 말을 하고 있으니 얼마나 대노의 마음이 일어나 가소롭다는 생각을 하지 않겠습니까?

사역에서 귀신이 떠나고 수 없는 병의 치료가 나타나고 기도의 응답이 나타나 교회가 성장하게 된 이것이 하나님께서 함께 하셨다는 증거지 여기에 더 무슨 증거가 필요하냐? 당신에게 하나님에 대한 잘못된 것이 있다면 이런 역사가 어떻게 나타나겠느냐? 그런데 자기 주제도 모르는 자가 감히 무슨 자격으로⋯⋯ 건방지다 하며 대단히 불쾌해 하리라 생각합니다.

인간의 시각으로 볼 때 하나님의 일을 한다는 것에 있어 목사님의 그 열정과 열심, 그 노고에 대해서는 정말 인간적으로는 존경하고 존경합니다. 지금까지 세계 속에 이와 같이 엄청난 영향을 끼친 사람이 또 있을까 싶을 정도로 큰 공헌을 하였으니 그래서 목사님이 원하든 원하지 않든 사람들에게 그 영광을 받는 것 받을만하기 때문에 받는다고 생각은 합니다. 그래서 목사님의 목회사역에 대해서는 인간 중에는 어느 누구도 판단하거나 이렇다저렇다 말할 수 있는 자격이 없습니다. 그런데 일개 작은 여성이 이 말을 하고 있으니 목사님 입장에서는 얼마나 불쾌하고 가소롭다 하지 않겠습니까?

그러나 저도 그 정도는 압니다. 하나님을 두려워해야 할 것이 무엇인지도 다 압니다. 목사님에게 전하는 저의 모든 이 말은 예수님의 이름으로 전해드리는 것임을 분명히 밝혀드리는 바입니다. 만일에 제가 인간의 생각에 의해 이 말을 하게 되어 목사님 인격과 사역에 누를 끼치고 심기를 불편케 하는 것이면 저는 하나님께 저주를 받고 또 받아도 마땅한 자라는 것을 하나님 앞에서와 또한 목사님과 모든 사람들 앞에 이것을 예수님의 이름으로 분명히 선포합니다.

하나님께서는 분명히 살아계신 존재시니 저의 이 말을 다 들으시는 것 아닙니까? 목사님에게 이와 같은 말씀을 드려야 하는 것이 성영님의 개입하심과 명하심이 아니라고 하면 저는 그 어마어마하게 크신 목사님을 비난하고 판단하는 것이 되었으니 그것은 곧 성경대로라면 하나님을 판단하는 것과 같아서 스스로 저주와 심판을 자초하는 큰 죄악이라는 것 제 자신이 너무나 잘 아는 바요 목사님도 또한 잘 아는 바입니다.

그리고 제가 안다고 하는 것은 성경이 말씀하고 있기 때문에 안다고 하는 그런 추상적인 것이 아니고 저의 신앙생활과 목회 현장 속에서 똑똑히 보아온 경험으로서의 아는 것을 말하는 것입니다.

인간 생각을 타협하지 않는 저의 신앙과 또 성영님께서 가르치시고 보이신 말씀을 전하는 것에 대하여 사람들이 '왜 모든 교회들과 같지 않냐? 왜 모든 목사들이 하는 설교들과 같지 않냐?'하고 여기저기서 듣고 배워서 좀 안다는 것 가지고 동원하여 판단하고 비난하고 이단시하며 받아들이지 않는 그들에게 제가 원한 것이 아님에도 후에는 어떤 저주가 따랐는지 저는 정말 너무나 안타까울 정도로 봐왔습니다.

건강하던 그들에게 고약한 병들이 들어와 고통 속에서 살고 있거나 또는 악한 병이 창졸간에 들어와 손써볼 틈도 없이 하나님을 원망하며 비참하게 죽는 것도 보았고, 또는 가정에 계속 우환이 떠나지 않아 편할 날이 없는 것을 보았고, 정신병이 들어와 고통 받는 것을 보았고, 자녀가 비명횡사하는 것도 보았고, 생활과 사람에게 그 같은 악한 영의 저주가 따라붙어 둘러 진을 쳐버린 여러 모습들을 제 눈으로 분명히 보고 압니다.

제가 그들의 큰일 당함에 마음이 안타까워서 하나님의 도우심을 간구하며 기도한 일도 있었는데 하나님께서는 그런 기도는 듣지 않겠다고 기도하지 말라고 단호히 금하셨습니다.

성영님의 기름부음으로 성경을 가르치시고 보이신 하나님의 마음과 생각과 뜻을 전하는 말씀을 가지고, 육신을 위해 믿는다 하는 성영님 없는 종교인들이, 자기가 알고 있는 것과 같지 않다고 다른 교회와 같지 않다고 함부로 판단하고 비난하고 나올 때, 그것은 하나님께서 절대로 용납지 않으신다는 것을 분명히 보이신 그 증거들로 인하여 보아 알고 있는데, 하물며 온 세상을 주름잡듯 하시며 큰일을 하신, 그래서 온 세상 수많은 사람들에게 인정을 받고 존경과 높임의 그 영광을 받고 있는 하늘같은 목사님에게 감히 어떻게 인간으로서 이러쿵저러쿵 말할 수가 있다는 것이겠습니까?

세상에서 보잘 것 없고 내 놓을 것 없는 아주 작은, 저와 같은 소자도 성영님이 친히 가르쳐 말씀을 넣으신 성전이 되었다면 그 하나님 아버지의 말씀을 보증하고 보호하신다는 것을 그렇게 여실히 증거로 보여주시는데 하물며 성영님께서 저를 통해 말씀하는 것이 아니라면 저는 목사님을 애매하게 음해하고 모함하는 것이 될 테니 제 신앙과 말씀에 대하여 판단하고 정죄하던 사람들이 받던 그 저주보다 더 큰 저주를 제가 받을 것입니다.

  이와 같이 제가 목사님에게 잘못하는 것이면 그것은 하나님께도 죄를 짓는 것이니 그에 대하여 하나님께서 저에게 벌에 벌을 내리실 것을 열어 놓으면서까지 하나님의 이름이신 그 중하신 예수님의 이름으로 전하는 이 말씀에 대하여…… 하나님 앞에 서실 날이 가까워 오는 목사님에게 자신을 돌아볼 기회를 주시는 이 같은 뜻을 인간 감정이나 기분으로 대하여, 목사님을 시기하고 모함하는 무리로 치부해버리는, 대실수를 범하지 않는 지혜와 믿음의 냉철함이 있기를 진심으로 바라마지 않습니다.

  당신의 쌓여진 큰 업적과 영예에 취해서 하나님의 말씀을 왜곡한 그 큰 죄를 보지 못하고 머지않아 하나님의 판단하실 그때에 당신이 받을 무서운 심판에 대해서도 보지 못하는 그 소경에서 눈이 뜨이기를 진심으로 바랍니다.

  하나님께서 모세에게, 하나님의 그 엄청난 창조의 사역과 그의 조상들의 신앙 속에 넣으신 구속의 언약과 그 언약의 상징과 예표로 나타내신 사건들을 다 보이시고 말씀하심으로써 그 일을 절대 무흠하게 기록하게 하셨던 것처럼 저에게도 성영님께서 30여 년 동안 붙드시고 친구처럼 함께하시며 성경을 가르치셨고 인간 눈으로는 볼 수 없는 비밀처럼 들어있는 하나님의 영적인 뜻과 영의 세계를 보는 세계가 되게 하셨습니다. 그래서 성경이 열리게 되었습니다. 성영님의 가르치심으로 말미암아 아들이신 주 예수님의 생명을 내게 얻게 하시고 나로 또한 아들이라 하시며 아버지 하나님의 하신 일을 함께 보고 들을 수 있는 높은 영적인 눈과 귀와 양심이 되게 하셨습니다.

그래서 오늘날 하나님의 말씀을 전하는 설교들을 들을 때 그 말이 성영님으로부터 나온 것인지 인간 자기에게서 나는 것인지, 하나님의 뜻에 맞는지 인간 비위(뜻)에 맞는지, 영혼을 살리는 말씀인지, 영에게 주는 생명인지 혼에게 주는 신념 키우는 말인지, 들어보면 그냥 압니다. 참으로 사람들이 하나님께서 말씀하시고자 하신 것이 무엇인지 자기도 모르면서 그 많은 사람들에게 아는 말처럼 속이는 말을 정말 감각 없이 거침없이 전하는 것을 들을 때는 무식이 용감하다더니 이런 때 딱 맞는 말이구나 하는 생각이 절로 듭니다. 그에 대한 받을 심판을 생각하면 두려운 맘까지 듭니다.

마찬가지로 목사님의 전하는 설교나 강해가 하나님께 맞히어진 것인지 모를 리가 없지요. 당연히 목사님의 영적 수준을 환히 봅니다. 그래서 안타까울 정도로 거짓된 것을 전하는 말씀에 답답한 마음을 가지고 있을지언정 그렇다고 제가 저의 임의대로 목사님에게 이것을 말하겠다고 절대로 나오지는 않습니다. 인간으로 무엇을 할 수 있다고 감히 나오겠습니까?

얼마나 견고한 성을 쌓아 올린 것 같은 큰 목사님에게 제가 무슨 권리가 있고, 무슨 용기가 있고, 무슨 힘이 있다고 나설 수가 있습니까? 목사님이 말씀에 대하여 잘 전하든 못 전하든 그것은 하나님과 목사님의 사정인데 제가 무엇 때문에 머리 복잡하고 계란으로 바위치기 같은 쉽지 않은 일을 사서 한다고 할 이유가 절대 없습니다. 그리고 성영님께서 제게 목사님의 말씀 전함의 문제점을 알게 하시기 전까지는 목사님을 흠모하고 존경했던 한사람이기도 했습니다.

제가 지금 이것을 목사님에게 전하게 되는 것도 명을 듣고 몇 년의 시간이 흐르면서 제 마음에 말하지 않으면 안 될 수위까지 차올랐기 때문에 하게 되었습니다. 성영님의 명을 순종하지 않으면 그 책임을 저에게 물어 내게로 돌리신다 하기까지가 되었기에 그것은 제겐 너무나 두려운 일이라 더는 피할 수 없어 하는 것이란 말입니다. 또한 이 글을 쓰는 저 자신도 이 글이 목사님에게 전해져야 한다는 책임감이 밀려오면서 왠지 마음이 느긋하다가도 순간순간 급하다는 (무엇이 급한 것인지는 모르겠지만) 생각이 물밀듯 밀려들어 오곤 합니다. 물론 이것이 성영님의 재촉이신 것을 압니다.

(1) 하나님 두려운 줄 모르는 설교가들

성영님께서는 이 일을 위해 이미 오래전(십수 년 전)부터 해야 될 일로 나를 준비시키시며 이모저모로 예고하셨다는 것을(이 모든 과정을 글로다 말씀드릴 수는 없지만) 약 3년 전에야 어느 정도 눈치를 챘습니다. 처음에는 희미하여 확신할 수는 없었지만 이후 점차 마음에 차올라왔고 약 3년 전부터 목사님의 설교를 들으라고 지시하시며 계속 재촉하셔서 듣는 방법은 티브이 기독교 방송이겠구나 라는 생각이 들어 채널을 준비하여 설교를 듣게 되었습니다. 그런데 설교를 듣는 저의 입장은 대단히 걱정스럽고 두려운 생각이 들었고, 참으로 마음이 답답하고 듣는 것이 괴롭기까지 했습니다.

이후 성영님께서 "그래도 네가 입 다물겠느냐?"라고 계속 물으셨습니다. 왜 그렇게 물으시는 것인지 처음엔 제가 잘 알지 못했지만 이후에 말씀의 뜻을 잘못 말하는 것, 노골적으로 말하자면 누룩을 넘치게 넣은 유교병의 말씀을 먹이는 그 같은 엄청난 문제 때문에 그것을 말하라 하셨다는 것을 확실히 알게 되었습니다. 그 후에도 목사님의 설교를 약 1년 남짓 시청하며 듣게 되었는데 하나님의 의도에서 너무나 빗나간 것을 어떻게 그렇게 두려운 줄도 모르고 열심히 전하는지 내 안에서부터 대단한 영적 거부감이 올라오기도 하고 화가 나기도 했습니다. 듣다가 듣는 것을 포기하기가 일쑤였습니다.

목사님의 전하는 설교가 인간이 듣기에 틀렸다는 것이 아니라 하나님께서 듣기에 틀렸다고 하셨다는 말입니다. 인간이 듣기는 너무나 달콤하고 땅의 삶에 힘 나게 하는 말이지만 예수님을 믿어 구원받을 영들이 듣기에는 틀린 것이라는 말입니다.

어느 날 성영님께서 "이제 네가 그것을 알겠느냐? 내 뜻과는 상관없는, 인간의 교훈으로 삼아 전하는, 인간의 일방적인 말들은 이제 듣는 것이 괴롭고 지겹다"고 하시며 화가 나신 뜻을 비치셨습니다. 자기 마음과 자기 머리에서 나는 것으로 말씀을 풀어줌으로써 사람들의 영혼을 세우지 못하는 생명 없는 누룩의 말들은 그만 그치라고 하셨습니다. 저에게 그치라고 하신다 해서 그쳐질 일이 아님에도 성영님께서는 저를 책망하시고 명령하듯이 말씀하셨습니다.

오늘날 목사님과 또 많은 목회자들이 참으로 신기할 정도로 하나님의 속사정인 영적인 뜻을 보는 눈이 없어 하나님의 것을 가려놓는 역할을 겁 없이 하고 있습니다. 혼신을 다하여 전하는 설교나 문서들이 하나님께 맞힌 것인지에 대해서는 중요하게 여기지 않는 사람들 같습니다. 하나님의 뜻과 같아야 할 정작 깨달아야 하는 하나님의 것을 너무 너무 한탄스러울 정도로 깨닫지 못했습니다. 소경이 소경을 인도하는 것에 다 걸려있다 해도 과언이 아닙니다.

아담의 불순종을 죄라고 하여 그것은 '하나님의 표적을 빗나갔다.'는 뜻이라고 한다는 것 다 잘 알고 있습니다. 그런데 하나님의 표적에서 빗나간 것은 오늘날 말씀을 전하고 가르치는 이들도 매한가지입니다. 하나님의 뜻에서 빗나간 것을 열심히 전하고 가르침으로써 여전히 인본의 죄를 짓고 있습니다.

망할 길로 달려가는 세상만 가진 인간에게 하늘의 것을 주시기 위해 오신 말씀을 세상 것으로 바꾸어 넣어주고 영적인 것, 영혼을 살리는 말씀을 하셨는데 인간 정신에 맞는 것으로 변질시켜 전해주는 것이 되어서 영적으로는 쭉정이가 되게 하고 있습니다.

사람들이 '나는 믿음 있다. 믿음으로 산다.' 라고 말하지만 그러나 그것은 인간 신심이 키워진 것 가지고 믿음인 줄로 착각하고 있는 것이요 그들 마음속에 품고 있는 것은 여전히 세상뿐이요 옛사람이요, 세상의 것들을 위해 믿는 것이 되어 있다고 하셨습니다. 종교인들로 넘쳐난다고 하셨습니다. 예수님을 믿는다고 말하고 예수님이 피 흘려 죄용서 해주신 것을 믿는다고 말하고 구원해주셔서 감사하다고 말하고 사랑한다고 말하고 오직 예수님만을 따르기 원한다고 말하지만 그러나 그 마음속을 들여다보면 그것은 자기들의 만족을 채워주시는 예수님, 자기만족을 채움 받기 원하여 믿는 하나님, 그런 샤머니즘적인 것일 뿐이지 하나님이 말씀하시고 원하시는 믿음이 있는 자를 찾아보기가 어렵다고 하셨습니다.

(2) 레마가 없는 말씀 지도자들

하나님의 말씀은 로고스가 있고 레마가 있다는 것 다 압니다. 로고스라 할 때는 성경 66권의 기록된 말씀을 말하는 것이요, 그 로고스는 누구든 관심을 가지고 본다면 기록된 내용에 대해서는 알 수 있는 것으로써 로고스의 지식은 얻게 됩니다. 그러니까 혼의 지정의로 아는 것입니다. 그러므로 로고스를 아는 것은 지식입니다. 제가 처음 교회 나오게 되면서 목사님의 설교를 듣게 되었는데 이후 목사님에게 제가 듣고 배운 것은 '하나님의 66권의 말씀은 로고스이고 레마는 그 로고스에서 특별히 주어지는 것, 성경을 읽거나 듣다가 특별히 마음에 와 닿는 말씀구절이 있거나, 마음에 확 부딪히는 말씀이 있을 때 그것이 하나님께서 만나주시는 것이다 그것을 레마의 말씀이라고 한다.'라고 하셨습니다. 또한 모든 사람들도 이것이 레마의 공통된 생각으로 굳어져 있습니다.

그러나 레마는 이런 소극적인 것을 말하는 것 아닙니다. 레마는 사람이 보고 아는 이 로고스의 말씀 속에 두신 영적인 뜻, 사람의 눈으로도 볼 수 없고 사람의 생각으로도 깨달을 수 없는 오직 성영님으로만 깨달아 알 수 있고 볼 수 있는 하나님의 영적인 것, 영의 뜻을 말합니다.

성영님께서 레마로 주시는 것만이 하나님의 사정을 보고 아는 것이요 하나님의 생각과 마음을 아는 것이요 하나님의 의도하신 영적인 뜻을 아는 것입니다. 그러므로 하나님의 말씀을 전하고 가르치는 성영님의 지혜와 능력이 있는 것입니다.

다시 말하면 로고스는 겉의 말씀이요 레마는 속의 말씀입니다. 속의 말씀은 영이신 하나님을 깊이 알고 하나님과 한 뜻이 되는 영적 지혜입니다. 사단을 발아래 두는 영적 권세입니다. 하나님의 깊은 것(고전2:10)과 하나님의 사정(고전2:11)을 아는 지혜입니다. 그러므로 하나님께서는 예수님의 사람들에게 하나님의 깊은 것, 하나님의 사정을 다 통달하신 성영님으로 말미암아 하나님의 깊은 것 하나님의 사정을 깨닫고 천국(예수님)을 소유케 하시는 것입니다.

하나님께서 보내신 성경 말씀은 우리 믿음에 있어서 알아야 할 것이기에 알라고 주셨습니다. 우리가 구원받아 영생으로 들어가는 예수님의 사람이 되게 하시기 위해 주신 성경의 뜻은 어떤 것은 알고 어떤 것은 몰라도 되는 것이 아닙니다. 그저 자기 마음대로 자기 편리한대로 필요에 따라서 필요한 것만 골라잡아서 말씀을 가지고 세상 것으로 요리하라고 주신 것이 아닙니다. 이것은 거짓 선지자들에게서 나타나는 특징이라고 했습니다.

예수님께서 세상은 성영님을 받지도 못하고 성영님을 보지도 못하고 알지도 못한다고 하셨습니다.(요14:17) 그래서 말씀을 말하는 사람들이 성경 로고스에서 듣고 보아야 하는 레마를 성영님으로 보지 못하면 깨닫지 못하면 그것은 성경을 인간 중심적이요 세상의 눈가지고 보고 해석하게 되는 것이요 그러므로 말씀을 맡은 사람들이 레마의 말씀을 받아 하나님의 목적하신바 대로 정확하게 전하고 제시해주어야 하는 것에 부응하지 못하여 인본에서 나는 거짓의 가르침을 베풀었다면 그에 대한 하나님의 판단하심과 심판을 피할 수 없게 될 것이라고 하셨습니다.(마18:7)

사람이 기록된 성경말씀으로 자기가 죄인인 것을 알고 하나님의 구원하시는 뜻이 깨달아져서 예수님을 자기의 구주로 모셔 들인다면 죄 사함과 함께 구원받아 거듭난 영이 되는 것은 사실입니다. 성영님이 예수님의 부활하신 생명을 얻게 하시니 하늘의 생명을 얻게 된 것이지만 그러나 여기에서의 생명은 씨로 임한 것과 같습니다. 예수님께 접붙임 된 것과 같은 이치입니다. 그래서 씨와 같은 생명이 자라가야 합니다. 장성할 때까지 자라가야 합니다. 그것은 기도만 열심히 한다고 되는 것도 아니요 봉사 열심히 한다고 되는 것도 아니요 교회 열심히 출석 잘한다고 되는 것도 아니요 바로 로고스의 말씀에다 생명을 풍성히 얻게 하시려고 넣으신 뜻 그 레마, 온갖 것을 심어놓은 밭과 같은 로고스의 말씀 속에다 두신 레마를 깨달아 경험하는 말씀이 되는데 있는 것입니다.

성영님께서 말씀이 레마가 되게 하시니 영이신 하나님을 알고 보는 것이요 하나님의 마음을 볼 수 있고 하나님의 생각과 의도를 확실히 보고 아는 것입니다. 그래서 씨와 같은 생명이 자라 풍성한 생명을 얻게 되어 장성케 되는 믿음의 능력이 여기에 있는 것입니다.

처음에 예수님을 구주로 믿고 영접했다 해도 그것은 자기 자신이 하나님이 말씀하시는 죄인이라는 것과 예수님은 죄인의 구주시라는 것의 그 영적 관계에 대해서, 즉 영혼에 깨달아 아는 믿음이 되기까지는 사실 머리로만 아는 관계가 될 수밖에는 없습니다. 로고스로는 죄인과 구주에 대하여 그 믿음을 머리로 받을 수도 있고 또는 마음으로 받을 수도 있고 또는 영으로 받을 수도 있습니다. 그러나 영에 받아들여진 것만이 온전한 구원입니다.

처음 받아들인 것이 이같이 다 다를지라도 하나님의 말씀을 맡아 가르치는 교회가 밭과 같은 로고스의 말씀에서 하나님의 영적인 계시의 뜻을 성영님의 가르침을 받고 정확하게 깨달아서 지속적으로 계속 제시해줘야 합니다. 그리할 때 영의 귀가 열림으로써 영적인 믿음으로 변화가 일어나 예수님의 부활의 생명으로 자라가게 되는 것입니다. 그것이 땅의 사람을 하늘의 사람으로 이끄시는 방법입니다.

그런데 참으로 안타깝고 큰 문제가 돼 있는 것은 로고스를 통해 주시는 구원, 하나님은 창조주요 인간은 하나님께 죄 범한 죄인이요 예수님은 하나님의 아들이시며 구주시요 또한 치료자시요 인간이 그 예수님을 믿으면 천국이요 믿지 않으면 지옥이요 예수님이 십자가에 달려 죽었다가 삼일 만에 다시 사셨다는 이 복음에 대해서는 누구든지 이 로고스 말씀에 관심을 가지고 읽기만 하면 알 수 있는 것이요, 그러므로 자기의 의지가 믿기로 작정하고 받아들인다면 죄 용서받고 구원 얻는 이 복음에 대해서는 목사님도 열심히 전하십니다. 로고스가 말씀하는 대로 복음이신 예수님에 대해서는 목사님이 열심과 확신을 가지고 전하시는 것은 분명합니다.

다시 말하면 성경을 보고 누구나 알 수 있는 이 복음이신 예수님에 대한 믿음의 씨를 얻게 하는 기본 메시지는 목사님이 열심히 전한다는 말입니다. 그런데 속사람이 부활할 생명의 능력을 갖추도록 해야 하는 그 레마의 말씀이 목사님에게 없습니다. 사람들의 병이 치료되고 물질의 복을 받고 세상 적으로 성공하는 외적인 표적들은 나타났으나 정작 영혼이 예수님으로 세워져야 하는 성영님의 기름 부음의 가르침을 받지 못해 영으로는 사람들을 이끌지 못하였음으로 사람들이 믿음의 능력이 있는 것 같으나 그것은 잎만 무성한 무화과나무와 같은 외적인 요란만 있다는 것입니다.

　성경 말씀을 전하는 것은 분명하지만, 그러나 읽어보면 알 수 있는 기록된 그 말씀 속에 두신 하나님의 영적인 것은 듣지도 보지도 못하는 것이어서 정작 하나님의 의도대로 가르쳐야 할 것은 가르칠 수가 없고 또한 가르쳐 말하고 있는 것은 하나님의 뜻에서 하나님의 의도하신 바에서 빗나간 것들로 해석하여 잘못 전하여주고 있으므로 한편은 복음을 주어 생명을 말하면서도 또 한편은 그 복음이 영혼에 능력이 되지 못하도록 큰 해를 끼쳐주는 역할을 하고 있다는 것입니다.

　로고스의 말씀에서도 예수님께로 이끌어 구원을 받도록 연결해주고 로고스 속에 두신 더 높으신 하나님의 영의 뜻, 하늘의 것을 성영님의 눈으로 보고 깨달아 그것을 연결하여 줌으로써 사람들로 하여금 믿음의 뿌리도 예수님이 되고 자라는 줄기도 예수님으로 자라게 하고 그래서 맺히는 열매가 오직 예수님이 되어서 예수님과 한 몸을 이룬 신부이어야 하는데 그런데 믿는다 하는 그들 속에 예수님이 없다고 하셨습니다.

　목사님이 설교하다 일생을 바쳤다 해도 과언은 아닙니다. 그러나 그 설교가 사십 년 전이나 십 년 전이나 지금이나 조금도 변함이 없다는 것입니다. 처음이야 자기(인간)사정을 위해 하는 설교였다 할지라도 곧 하나님의 생각과 같아져야 하는 것인데 그럼에도 얼마나 하나님의 생각에서 벗어난 것인지 자신이 전혀 모르고 있다는 것입니다.

변함없는 설교를 일생 하다 보니 그 말들이 생각과 입에 아주 붙어서 입만 열면 녹음기처럼 자동으로 쏟아져 나오듯 한다는 것입니다. 예수님의 이름을 팔 듯이 하여 그 이름과 함께 아주 습관에 붙은 말들만 쏟아내는 뛰어난 말꾼과 같은 말들만 되었다는 것입니다. 성영님께서 이제 듣기 싫고 괴로울 정도니 그만 그치라 하셨습니다. 그래서 예수님은 말하면서도 예수님의 마음과는 따로 노는 영적 지도자라고 하는 사람들의 불법이 여기에 있다 하셨습니다. 성경을 성영님으로 보는 눈이 되지 못하고 여전히 자기 눈으로 보고 거짓되고 막연한 것들로 설파하여 영혼을 실족시키는 불법행하는 일을 하고 있다고 하셨습니다.

목사님의 목회 사역 속에서 많은 사람들의 질병이 치료되고 기도의 응답들을(눈에 보이는 세상 적인 것) 받는다는 것 때문에, 눈에 보이는 현상들을 쫓는 많은 사람들이 목사님에게로 몰려들었지만, 그 같은 것들을 맛보았다고 해서 그것이 구원받은 증거는 아닙니다. 분명히 알아야 할 것입니다. 질병들이 치료되었다고 해서, 귀신이 떠났다고 해서, 응답받아 무엇이 잘되었다고 해서, 사업들이 잘되고 하는 일이 잘되고 자녀들이 세상에서 성공하고 잘되었다고 해서, 그것이 구원 얻은 증거는 아닙니다.

사람들이 구원 얻는 믿음을 가질 수 있도록 하기 위하여 하나님의 나라가 이 땅에 임하여 계시다는 것, 예수님께서 십자가에서 피 흘리심으로 인류의 죄를 사하여 놓으셨다는 것을 사람들로 하여금 그 믿음을 갖게 하시려는 표적들입니다. 성영님께서 경험시키시고 구원받을 믿음에 들어올 수 있도록 하시기 위한 것이지 그것이 완전한 구원의 증거는 아니라는 것입니다.

그래서 신약시대는 하늘 문이 활짝 열린 은혜의 때요 성영님의 일 하시는 때라고 말합니다. 성영님께서 예수님이 이루어 놓으신 죄용서와 구원과 치료와 응답과 영생을 가지고 예수님의 이름으로 와계신 은혜의 때로써 예수님의 이름을 부르며 구하는 곳에 귀신이 떠나 치료가 따르고 응답이 따르므로, 성영님이 와계시다는 증거들을 나타내주시는 것입니다.

예수님께서 **너희가 무엇이든지 아버지께 구하는 것을 내 이름으로 주시리라**고 약속하신 대로 오늘날 사람들이 예수님의 이름으로 구하면 하나님 아버지는 신실하시고 미쁘시니 약속대로 응답하시는 것입니다. 그 사람이 구원을 받은 자이건 구원을 받지 못한 자이건 관계없이 교회 공동체에 들어와 예수님의 이름으로 기도하기 때문에 들어주시는 것입니다. 그래서 은혜의 때인 것입니다.

예수님 이름은 하나님께서 만민에게 내주신 이름이요 또한 예수님 이름은 하나님의 명예요, 하나님 자신이요, 약속으로 주신 이름이기 때문에 예수님 이름으로 구하는 것은 그 이름을 위하여 또한 하나님의 나라의 뜻이 사람들 속에 이루어지게 하시기 위하여 교회에 처음 나와 자기의 소원들을 놓고 기도하는 것에 응답하시는 것입니다.

그러니까 사람들이 병이 치료되고 기도의 응답받는 것들로, 즉 예수님을 믿을 수 있는 여러 가지 경험들을 주시는 것으로 인하여 감사의 눈물을 흘리며 감격해 하며 '하나님은 정말 살아계신 하나님이야'를 고백하며 이제는 하나님을 위해 살겠다고 일생동안 예수님을 위해 살겠다고 하는 자기맹세들을 가지고 사람들에게 그 체험들을 간증하며 예수 믿으라고 열심히 전하는 일이 돼 있는 겁니다. 예수님을 믿는다는 이유들이 이와 같은 것들이 주목적이 되어 있다는 말입니다.

자기 자신이 하나님이 말씀하시는 죄인인 것을 영혼에 성영님으로 깨닫고 그 죄에서 용서받아 구원 얻은 그 기쁨 때문에 믿는 예수님, 그래서 좁은 문의 협착한 길에서 예수님을 따르는 믿음이 아니라 자기에게 응답 주신 것 때문에 감사한 것이고 그래서 하나님은 살아 계시다고 말하고, 그 하나님을 믿는다고 말하면서 또한 교회생활 열심히 하는 것도 그런 응답들을 받기 위함이요 그 기대를 가지고 열심히 종교생활 한다는 것입니다.

하나님이 말씀하시는 믿음에 대하여 아는 지혜도 없고, 가르쳐 전하는 레마, 영적 믿음으로 올라서야 할 생명이 되는, 성영님께서 그 영에 임하실 수 있는 말씀을 주지 못해서 사람들이 말 그대로 종교생활 열심히 하고 있다는 말입니다.

그러니까 예수님을 믿는다 말하고 예수님만 따르겠다는 고백을 아낌없이 하고들 있습니다. 그러나 그 속셈은 결국 세상에서 자기가 얻고자 하는 것, 자기의 목적하는 것이 이루어지게 해주시는, 자기만족을 채워주시는, 또는 채움 받기 원하여 믿는 예수, 그런 샤머니즘적인 믿음일 뿐이지 자기가 죄인으로 구원받았음을 성영님으로 깨달아 그 은혜의 깊이를 알고 그 감사를 알고 구원받은 자의 삶의 목적인 예수 그리스도를 사랑하여 따르는, 예수님을 세상에 드러내는 자로 사는 참 믿음이 돼 있는 자를 찾아보기가 어렵다고 하셨다는 말입니다.

겉의 행위들로 보면 굉장한 믿음 같으나 속의 영을 보면 혼란과 기갈 속에 있다. 믿음이 무엇인지 영적인 것이 무엇인지 어떤 것이 영의 것이고 어떤 것이 혼의 것인지 어떤 것이 육의 것인지 이해할 능력도 없고 분별의 능력도 없고 하나님은 자기 잘되게 해주시는 하나님으로만 맞추어 놓고 그저 그 하나님께 열심히만 하면, 정성 들이고 기도 많이 하면, 자기 소원 들어주시고 자기를 사랑해서 복 주실 것이라는 그 기대들만 가지고 자기 열심으로 행하고 다닌다는 것입니다. 진짜 하나님이 주시는 믿음에 의해서 영이신 하나님을 알아가는 데 힘쓰고 그 하나님이 제시하신 방법대로 믿음을 가지기를 원하고 성영님과 인격적인 교제를 통해 말씀을 깨달으려는 간절함과 믿음을 배우기 위한 그 사모함으로 성영님을 따르고 구하는 자를 찾아보기가 어렵다는 겁니다.

이것의 가장 큰 원인은 성영님께서 속사람을 키우셔야 하는 레마의 말씀, 영에게 주는 말씀을 정확히 제시해주지 못하는 영적 지도자들의 잘못된 가르침에 있다고 하셨습니다.

그러므로 이 같은 엄청난 불법행하는 일에 대하여 제가 너무나 잘 알면서도 그것을 구체적으로 말하라 하시는 명을 순종하지 않는다면 저도 물론이지만 목사님도 하나님 앞에 설 때에 그 책임을 절대로 피할 수 없는 일이 되었습니다. 마7:21-27의 말씀이 목사님에게 그대로 걸려든 말씀이라는 것을 아셔야 한다는 것입니다.

22에서 **그날에 많은 사람이 나더러 이르되 주여 주여 우리가 주의 이름으로 선지자 노릇하며**(하나님의 말씀을 전하고 가르치는 일을 했으며) **주의 이름으로 귀신을 쫓아내며 주의 이름으로 많은 권능을 행치 아니하였나이까 하리니**

그러면 주의 이름으로 말씀도 전하고 가르쳤고 귀신도 쫓아내고 많은 병을 고치는 권능을 행하였는데 예수님의 이름으로 많은 기적의 능력을 행하였는데 여기서 무엇이 부족해서 무엇이 잘못되었다고……, 도대체 많은 사람이 예수님이 행하신 것처럼 권능으로 귀신도 쫓고 병도 고쳤는데 그런데 무엇이 잘못되었다고 이렇게 예수님께서 "내가 너희를 도무지 알지 못하니 불법을 행하는 자들아 내게서 떠나가라"한다는 것입니까?

　예수님께서 예수님의 이름으로 귀신을 쫓고 병든 곳에 손 얹으면 나으리라 하신 가르침대로 행하였으니 기뻐하실 일임에도 불구하고 무엇 때문에 도무지 알지 못한다 하시며 불법 행하는 자라고 하셨는가 말입니다. 21에서…… **다만 하늘에 계신 내 아버지의 뜻대로 행하는 자라야 들어가리라**(천국) 하셨으니 그러므로 아버지의 뜻대로 행하지 않는 것이 불법입니다. 바로 목사님이 이 불법을 행하는 자라고 하셨습니다. 당신을 통해 권능이 나타나는 것 때문에 당신 자신이 아버지의 뜻대로 행하는 것인 줄로 큰 착각에 **빠져있습니다**.
　아버지의 뜻대로 행하는 것이 무엇입니까? 하나님이 육신이 되어 오신 그 예수님, 하나님께로 보내심을 받은 그 예수님께서 예수 믿는다고 하는 사람들에게 입을 열어 가르쳐 이르신 그 말씀, 마5장에서 7장까지의 예수님의 말씀, 뿐만 아니라 예수님의 모든 말씀을 듣고 깨달아 행하는 것이 바로 하나님의 뜻대로 행하는 것임을 말씀하는 것입니다.

　예수님을 믿는 자가 누구냐? 예수님을 믿는 증거가 무엇이냐 '나 예수 믿는다고, 나 구원받았다고 백 번 천 번 말한다 해도 그 입의 말로 증명되는 것이 아니라 바로 자기의 믿는 예수님의 영이요 생명이 되는 말씀을, 말씀하신 분의 의도대로 깨달아서 따르고 행하여 예수님의 사람임을 나타내는 그것이 하늘에 계신 아버지의 뜻대로 행하는 믿음입니다.

그 믿음이 참인지 거짓인지 증명되는 것, 그가 얼마나 예수님을 사랑하는가? 그것은 곧 예수님의 말씀을 성영님으로 듣고 깨달아 행하는 것이요 예수님과 확실한 인격적 관계로 교제가 이루어져 드러나 보이는 것이 증명입니다.

그러면 목사님이 이 예수님의 말씀을 사람들에게 가르치지 않아서일까요? 가르치되 로고스에서 말하는, 문자가 말하는 예수님은 열심히 말하였습니다. 모든 말씀의 속뜻은 겉의 눈으로 볼 수 있는 것이 아니니 예수님과 맞지 않는 인간의 말들로 풀어서 열심히 설교한 것입니다. 예수님의 말씀 가지고 예수님과 따로 놀았다는 말입니다. 당신이 얼마나 예수님의 말씀을 가치 없게 해놓았는지 스스로는 깨닫지 못하니 오죽하면 말씀의 주인이신 성영님께서 저에게 이것을 말하라고 말씀하셨겠습니까.

예수님의 모든 말씀은 예수님의 사람이 되게 하는 하늘의 말씀으로 진리입니다. 그래서 예수님의 말씀은 영이요 생명이라 하셨고 영생케 한다고 했습니다. 그러므로 예수님의 모든 말씀은 인간 중심 인간의 양심에 맞는 그런 윤리 도덕에 대한 것을 말씀한 뜻이 절대로 아니기 때문에 인간의 생각으로나 양심으로 깨달을 수 있거나 행할 수 있는 것이 아닙니다. 그래서 인간 윤리 도덕률이 되게 하고 인간 중심 인간 양심에 맞는 것으로 해석하면 그것이 바로 불법행하는 일입니다.

그런데 너무나 감각 없이 불법을 밥 먹듯 하고 있습니다. 이것은 말로 다 할 수 없습니다. 또한 예수님께서 나쁜 열매 아름다운 열매를 말씀하셨는데 이 같은 불법행하는 것이 바로 나쁜 열매를 내는 거짓 선지자입니다. 예수님을 믿는 예수님의 사람이면, 즉 예수님께서 자기 안에 성영님으로 오셔서 연합된 자면 예수님의 생각을 성영님으로 아는 것이요 그러므로 예수님의 말씀을 예수님의 생각을 따라 깨달도록 보이시고 다 가르치십니다.

그러므로 예수님을 진심으로 믿기 원하면 그 믿음을 가르치시는 예수님의 말씀에 성영님으로 가르침을 받고 행하는 자가 되어야 생명을 풍성히 얻는 것이지, 그런데 믿는다는 사람이 예수님의 말씀에 관심이 없는 것이면 그것은 예수님을 믿는 것 아닙니다. 백번 천 번 수십만 번 '나 예수 믿습니다.' 한다 해도 절대로 절대로 예수님을 믿는 것 아닙니다. 무엇을 믿는지도 모르고 입으로만 믿는 것이 되어 미신 믿는 것과 같습니다. 좀 더 좋은 말로 하자면 자기 머리로 믿는 것일 뿐입니다.

(3) 병든 것을 은혜로 포장하여 사도 바울을 파는 거짓 목사들

그래서 아버지의 뜻대로 행하는 믿음이 되었다면 그 일생에 고약한 병들이 들어올 일 없습니다. 아버지의 뜻대로 행하는 믿음, 내가 예수님 안에 예수님이 내 안에가 된 성전의 관계가 되었다면 어떻게 병이 들어오겠습니까? 채찍에 맞아 피 흘림으로 내 모든 병을 낫게 하셨고, 내 모든 병을 고치신 그 예수님께서 성영님으로 내 안에 와

계시면 치료의 능력이 내 안에 와있는 것이니, 내가 성전이면 그 성전인 나는 건강할 권리만 있는 것이지 병들 권리는 없는 것입니다.

그래서 죄에서도 온전한 자유요 병에서도 온전히 놓여난 것입니다. 예수님이 진리요 행하신 이적과 표적이 진리요 예수님의 말씀이 진리요 그래서 이 진리를 알 때 자유케 된다고 분명히 말씀하신 것 아닙니까? 그런데 왜 이 진리를 높이고 세워야 하는 말씀을 맡아 가르치는 사람들이, 믿는 사람들 속에 이 진리가 세워지게 해야 될 책임을 가진 사람들이, 무엇 때문에 예수님의 이 진리가 거짓된 것이 되도록 진리에 법이 모순이 있는 것처럼 사람들의 믿음에 혼란을 주는 것입니까?

예수님께서 채찍에 맞으심으로 우리가 나음을 얻었다고 분명히 전하고 있지만 그러나 또 혹 자기에게 병이 들어올지도 모르기 때문에 치료를 말하는 자기는 왜 병들었느냐고 하면 그때 피할 방법을 대비하느라 사도바울이 병이 있었다는 것을 내세우고 있지 않으냐는 겁니다.

사도 바울은 자기의 병이 떠나게 해달라고 간구한 적이 한 번도 없었음에도 자기의 병든 것을 사도 바울에 빗대어서 그도 병이 있었는데 하나님께 세 번 자기 몸에서 병이 떠나기를 간구하였으나 **내 은혜가 네게 족하다 이는 내 능력이 약한데서 온전하여짐이라**(고후12장)고 하셨다는 것으로 자기의 병든 것들을 하나님의 은혜나 되는 것처럼 합리화 시키고 있는 그것이 하나님의 종으로서의 할 일이겠습니까? 예수님의 증인이면 할 수 없는 것입니다.

진리의 법을 자기에게서 변질시켜 내놓는 것은 종이 아닙니다. 증인이 아닙니다. 예수님께서 우리의 모든 병을 다 치료하셨다고 우리 모든 병을 다 짊어지셨다고 말하면서도 한편으로는 병이 들어온 것이 사도바울을 빗대어 하나님의 은혜인 것처럼 하나님의 뜻이나 되는 것처럼 근거 없는 것을 가지고 거짓말하여 합리화 시켜 예수님의 채찍에 맞아 우리로 나음을 얻게 하신 그 진리의 법을 끌어내리고 있는 것입니다. 하나님이 그렇게 약 주었다 또 병 주는 분입니까?

사도바울에게 육체의 가시, 사단의 사자를 주신 것은 하나님이 병 주신 것이 아니라 고후 11:23-27에 밝히 말하고 있는 대로 바로 복음 때문에 받는 사단의 핍박, 인간으로서는 감당키 어려운 육체에 당하는 고통, 사단의 핍박으로 인한 그 고난의 고통을 좀 면하게 해달라고 그래서 그것을 간구하고자 **이것을 내게서 떠나기 위하여 내가 세 번 주께 간구하였더니**(고후12장) 라고 했던 것입니다. 병이 떠나게 해달라는 것이 아니었다는 말입니다.

그러나 바울이 받은 그 핍박은 바울 안에 계신 그 예수 그리스도와 함께 받은 핍박으로서 그 핍박으로 인하여 오히려 사도바울이 예수 그리스도의 능력으로 온전케 됨을 보여준 것입니다. 그렇기에 바울이 병이 있어서 그 병 때문에 하나님께 세 번 간구했다고 한다면 그것은 예수 그리스도의 죄용서와 치료의 복음을 복음 되지 못하도록 방해하는 사단적인 것밖에 되지 않습니다.

예수님이 십자가에서 흘리신 피가 죄를 사하시는 피로써 완전하다면 또한 채찍에 맞아 피 흘려 나음을 얻게 하신 피도 완전한 치료의 피입니다. 만일에 치료의 피가 완전하지 못하다면 죄 사함의 피도 완

전하지 못합니다. 사도바울이 병이 있었다고 주장하는 사람들은 예수님의 채찍에 맞아 피 흘려 나음을 얻게 하신 것과 죄용서의 피를 드러나지 않게 헛된 것으로 만들어 놓는 자들입니다. 예수님께서 채찍에 맞아 피 흘려 너희가 나음을 얻었다고 하시고 또 한편으로는 병들게 해서 "그것은 내 은혜다" 하셨다고 하면 그것은 망령된 분이지 하나님은 아닙니다. 그런 하나님을 어떻게 믿습니까?

오늘날 말씀을 전하고 가르친다고 하면 그것은 마땅히 성영님으로 예수님을 따른 예수님의 목격자요 그래서 예수님을 증거하는 증인의 역할을 하는 것인데 그러면 증인이면 예수님의 피 흘리심이 자기의 경험으로 온전케 경험한 바요 그러므로 그 복음을 전하는 것이 아닙니까?

그런데 예수님의 죄용서의 피와 치료의 피를 전하는 사람들이 만일에 자기 몸에 병이 들어왔다면 그것은 그 사람과 하나님과의 관계에 문제가 있다는 것이 드러나는 증거이지 바울이 자기 몸에 병 때문에 세 번 하나님께 간구했다고 근거도 없는 말들로 추측이나 하면서 예수님의 채찍에 맞아 피 흘리심을 그렇게 변질시켜 놓을 수는 없습니다.

성경의 99가지를 다 옳게 말하였어도 이 하나를 거짓 증거했다면 거짓 선지자가 받는 가장 극열한 지옥의 아랫목으로 떨어질 것입니다.

어쨌든 목사님이 마7:21-23에 **나더러 주여 주여 하는 자마다 천국에 다 들어갈 것이 아니요 다만 하늘에 계신 내 아버지의 뜻대로 행하는 자라야 들어가리라 그날에 많은 사람이 나더러 이르되 주여 주**

여 우리가 주의 이름으로 선지자 노릇하며 주의 이름으로 귀신을 쫓아내며 주의 이름으로 많은 권능을 행치 아니 하였나이까 하리니 그 때에 내가 저희에게 밝히 말하되 내가 너희를 도무지 알지 못하니 불법을 행하는 자들아 내게서 떠나가라 하리라 하신 이 말씀대로 선지자 노릇 잘하셨고 귀신 쫓아내고 많은 병을 고치는 권능을 행하셨습니다. 또 행하십니다. 그러나 이것은 밖에서 역사하시는 '퓨뉴마 하기온'의 성영님이 사람들에게 하나님의 나라를 경험하여 알게 하고 그러므로 믿음 안으로 들어오게 하려고 목사님을 통해서 일하신 것뿐이지 사역하시는 성영님의 능력이 목사님에게서 나타났다고 해서 목사님이 참 선지자라는 것을 증명해주는 것은 아니라는 것, 이 말씀으로 분명히 밝혀드립니다.

(4) 두 주인 섬길 수 있는 것처럼 가르치는 지도자들

하나님의 말씀, 예수님의 모든 말씀을 가르치고 전하려면 말씀하신 그분의 뜻과 의도를 분명히 깨달아서 그분의 뜻대로 전하고 가르치는 것이 되어야 하는데 그런데 목사님은 말씀하신 분의 의도에서 벗어나서 사람의 생각에서 나온 것을 열심히 가르치고 전하는 것이 되었으므로 그것이 나쁜 열매를 낸 것이요 사람들을 이미 쭉정이가 되게 한 거짓 선지자의 자리에 있다는 것을 알아야 할 것이라고 하셨습니다.

다시 말하면 목사님이 자기의 생각에서 나는 것을 하나님과 맞는 것처럼 전한 것은 바리새인과 서기관과 사두개인의 요소를 잘 갖추고 있기 때문이요 그렇기에 당신의 생각에서 나온 당신의 방법인 사두개인의 요소 바리새인의 요소 서기관의 요소들을 복음과 잘 반죽하여 사람들에게 넣어주는 역할을 잘하고 있어서 당연히 두 마음을 품는 자들이 되고 두 주인을 섬기지 못한다고 하신 예수님의 말씀이 무시당한다고 하셨습니다.

사람 속에 바리새인, 서기관 사두개인이 있으면 그 속에 복음이 들어갈 수는 없습니다. 바리새 서기관 사두개가 육의 본능적인 것들을 붙들고 믿는다고 하는 사람들을 말하는 것이니, 그것을 붙들도록 힘을 넣어 주면서 거기에다 '예수님을 잘 믿어라 오직 예수님만이 인간의 구주시다 예수는 생명이요 영생이시다 오직 예수님만 믿고 예수님만 붙들어라' 등등으로 예수님을 힘써 외친다 해도 그것은 영혼으로 받아들여지지가 않는 것입니다. 그러므로 하나님의 뜻대로 믿음을 갖는 것은 죽었다 깨어나도 될 수가 없게 되어 있습니다.

바리새인 서기관 사두개인 이들도 유일하신 여호와 하나님의 신앙을 가졌고 메시아의 언약을 가지고 유대백성들의 신앙을 이끈 사람들이었다는 것 목사님이 모르지 않습니다. 어찌하면 우리가 하나님을 잘 섬기고 하나님의 복을 받는 민족이 되겠느냐? 하는 신앙의 고민과 하나님의 비위를 맞추기 위해 머리 싸매며 신앙을 지켜온 사람들이었습니다. 그러나 그들이 수천 년 동안 기다려왔던 하나님의 뜻으로 오신 그 예수님을 눈으로 보면서도 보지 못하고 만났으면서도 만나지 못했습니다. 그들의 가르침을 받아왔던 유대백성 또한 그들과 마찬가지였다는 것 말씀을 통해 잘 알고 있습니다.

이와 마찬가지로 목사님도 예수님만을 믿는 신앙이라고 말하지만 그러나 기록된 문자가 말씀하는 예수님을 안 것은 되었어도 정작 그 말씀 속에 계시는 예수님은 만나지도 보지도 못했습니다. 그 이유는 두말할 것 없이 목사님 자신이 예수님 수준에 이를 수 없는 바리새 서기관 사두개의 요소를 다 갖추고 있기 때문이요 그러므로 예수님의 말씀을 바리새 서기관 사두개의 눈으로 대할 수밖에는 없는 것입니다.

예수님으로 말미암아 주시는 치료와 구원과 부활과 영생에 대하여 열심히 전한 것은 분명하지만 또 한편으로는 세상적인 복을 주어 잘 살게 해주시는 하나님, 이 땅에서 성공하고 머리되게 하시고 잘되게 해주시는 하나님, 그것이 하나님의 뜻이요 예수님 믿는 목적인 것처럼 사람들로 하여금 하나님과의 관계를 세상에서의 잘되는 복을 받기 위해 빌러 다니는 그런 기복적인 신앙이 되도록 유도한 것입니다.

삼위 하나님을 아는 것에 막연한 사람들에게 예수님을 바르게 알지 못하여 바른 믿음의 관계가 되지 못한 사람들에게, 무조건 잘되게 해주시는 하나님을 강조하고, 성공하게 해주시는 하나님으로 열심히 소개하면서 하나님께 복을 받으려면 기대와 믿음을 가지고 꿈을 가지고 열심히 기도하라는 것을 사람들 속에 심어줌으로써 오히려 사람들이 세상을 마음에서 내려놓지 못하도록 이끌어 주었다고 하셨습니다.

예수님께서 세상에 오신 것은 인간이 먹고 입고 쓰는 것이 부족해서 그런 것 채워주시려고 오신 것 아닙니다. 인간의 죄에 문제 때문에 오셨습니다. 오로지 세상 것이 삶의 목적인 줄 아는 하늘의 것이 없어서 망하는 인간에게, 하늘의 것을 받아들여야만 사는 인간에게 그 하늘의 것을 주시기 위해서 오셨습니다.

그러면 예수님 믿는 것은 땅에서 잘되는 복과는 상관없는 것이냐 영적인 것만 중요하고 땅에서의 삶은 중요하지 않다는 것이냐? 절대로 그것이 아닙니다. 하나님께서는 우리에게 세상에서 성공하고 잘 먹고 잘 입고 잘 살려면 하나님께 그것을 기도해서 구하라고 말씀하신 적이 없습니다.

마귀는 그것을 열심히 꿈을 꾸고 구하라 찾아라 먹어라(창3장;마 4:4-9) 유혹하지만 하나님께서는 구해야 주신다고 하신 것이 아니라 이미 복을 명하셨습니다. 그리고 하나님의 그 복이 따르는 삶의 길에 대하여 성경에 말씀을 다 해놓으셨습니다. 그래서 예수님께서 오셔서 세상 것에 대한 우리의 믿음과 태도가 어떠해야 하는지, 무엇 먹고 마시고 쓰고 살까 하는 것은 다 하나님이 없는 이방인들이 구하는 것이니 너희는 먼저 그의 나라와 그의 의를 구하라고 하셨습니다. 그리하면 이 땅에서 있어야 하는 필요는 하나님 아버지가 다 아시니 이 모든 것을 더해주신다고, 믿는 자가 구해야 하는 것은 물질이 아니라 하늘의 것이라고 아주 명확하게 답변을 해주셨습니다.

그러므로 이 귀한 하나님의 뜻을 알고 성경이 가르치는 바대로 오직 예수 그리스도를 위해 사는 목적이 되기만 하면 하나님께서는 우리 삶에 필요한 모든 것을 채우시고 주시기로 아주 작정된 것이요 또한 필요하다면 높이기도 하시고 성공시키기도 하시는데 그런데 하나님이 없는 이방인들처럼 세상의 삶을 구하라고 찾으라고 꿈을 꾸고 꿈을 가지라고 강하게 넣어줌으로써(믿는 자의 꿈은 오직 예수 그리스도가 되어야 하고 그분의 넓이 깊이 높이 길이를 깨닫고 하나님의 모든 충만하신 것으로 충만케 되기를 원하는 것이 돼야 함) 사람들에게 오히려 세상을 내려놓지 못하게 막는 역할을 하는 것이 되어 그들 속에 예수님이 계신 것이 아니라 예수 믿어 잘되어 보려고 하는 복 주시는 자기의 하나님을 만들어 믿는다 하고 있다고 하셨습니다.

예수님을 알게 하려고 쓰인 성경을 세상에서 잘되게 해주신다는 것을 말씀한 것처럼 요리를 잘해서 들려주고 있다는 것이다 말입니다. 따라서 마15:8,9에 **이 백성이 입술로는 나를 존경하되 마음은 내게서 멀도다 사람의 계명으로 교훈을 삼아 가르치니 나를 헛되이 경배하는도다** 하신 그 말씀이 목사님 당신에게도 필연적으로 응하게 된 말씀이라고 하셨습니다.

그럼에도 당신의 말씀 전함이 하나님의 마음에 맞는 것인지는 전혀 개의치 않고 성경이 그렇게 말했잖느냐, 성경 말씀에 있는 것인데 내가 거짓말을 했느냐? 만일에 당신의 전한 말이 잘못이면 그 책임은 그것을 말씀하신 하나님께 있는 것 아니냐 하듯이, 바리새인의 주장을 굽히지 않는, 사단이 희열하도록 하는 강한 기운을 드러내고 있습니다. 사람들의 영의 구원을 막기로 작정한 것과 같습니다.

때로는 당신 자신이 하나님의 심판을 말하고, 회개를 말하는 것 등이 사실은 당신 자신이 들어야 할 말을 하고 있습니다. 그러므로 말씀에 대하여 영적인 무지한 말로 하나님의 뜻을 가려놓는 불법은 이후에 하나님 앞에 설 때 그 말이 그대로 당신을 판단하는 말씀이 될 것이요 심판의 말씀이 될 것이라 하셨습니다. 칭찬과 영광이 아니라 말씀 앞에 판단을 받고 무서운 심판이 있다는 말입니다.

우리 주 예수 그리스도의 은혜를 너희가 알거니와 부유하신 자로서 너희를 위하여 가난하게 되심은 그의 가난함을 인하여 너희로 부요케 하려 하심이니라(고후8:9) 하신 말씀을 가지고도 '부요하신(부자이신) 예수님이 세상에 오셔서 가난하게 사신 것은 가난한 우리들을 잘 살게 해주시려고 대신 가난을 겪으신 것이다. 대신 가난하게 사신 것이다.'라고 전함으로써 하나님의 아들이 세상에 육신으로 오신 것이 인간이 가난하게 사는 것 때문에 잘 살게 해주시기 위해 오신 것처럼 속임을 베풀어 주고 있습니다. 예수님의 가난케 되심을 그렇게 세상의 것에다 맞추어 십자가의 죽으심을 가치 없게 하고 있다는 말입니다. 예수님의 오심이 세상을 부요케 하려고 오신 것처럼 하여 사람들을 현혹하고 또한 예수님을 목사님 당신과 같은 바리새인 사두개의 자리로 끌어내리는 일을 교묘하게 하고 있습니다.

하나님이 자기를 사랑하는 자들을 위하여 예비하신 모든 것은 눈으로 보지 못하고 귀로도 듣지 못하고 사람의 마음으로도 생각지 못하였다 함과 같으니라(고전2:9)고 하신 말씀을 가지고도 뭐라고 속이고 있습니까? '우리가 생각지 못한 것으로 잘되게 하신다. 지금까지 우리가 보지 못했던 큰 복으로 잘되게 하실 것이다.'라는 이런 식의 애매모호한 말을 함으로써 사람들로 하여금 땅의 것으로 잘되게 해주신다는 것으로 받아들이게 하여 조○○의 사람들이 되게 했다고 하셨습니다.

한 사람이 두 주인을 섬길 수 없다고 하신 예수님의 말씀을 무시하듯이, 오로지 세상만 있는, 육의 욕구를 채움 받기 위해 믿는다고 하는 무지한 사람들 속에 세상도 좋고 예수도 좋다는 것쯤으로 넣어준 것이 되었으니 그들 속에 성영님이 계실 수가 없어 망하게 생겼다고 하셨습니다. 그들 속에 하나님을 아는 지식이 없으니 망하게 생겼다는 것입니다. 인간의 심성에 맞는 거짓 것들로 하나님의 뜻인 것처럼 넣어주어 목사님 당신의 사람들이 되게 하였으니 망하게 생겼다고 하신 것입니다.

　예수님을 믿는다 말하지만 실제로 예수님에 대해서는 별 관심 없고 자기의 주를 부르며 그저 나 좀 잘되게 해주기만 바라는 사람들에게, 생활에 복 주시는 하나님을 말하고, 경제가 잘되게 해주시는 하나님을 말하고, 그 하나님을 잘 섬기면 좋은 일이 생기고, 그 하나님의 말씀에 순종하고 꿈을 가지고 열심히 기도하면 이루어 주신다고, 복 주신다고……, 그 같이 인간이 바라고 원하는 본능에다 맞춰준 것으로 인해 목사님을 따르는 모든 사람들이 하나님과의 관계를 세상적인 복 주시고 응답해 주시는 좋으신 하나님으로만 맺고 있는 것이 되었다면 그것은 피차간에 저주에 속하여 영원히 그 형벌을 피할 수 없게 될 것이라는 것을 말하라고 하셨습니다. 마18:7에 **실족케 하는 일들이 있음을 인하여 세상에 화가 있도다 실족케 하는 일이 없을 수는 없으나 실족케 하는 그 사람에게는 화가 있도다** 라고 하신 말씀을 기억하여야 할 것이라고 하셨습니다.

　예수님께서 **무엇이든지 아버지께 구하는 것을 내 이름으로 주시리라** 하신 대로 하나님께서는 예수님을 믿는다고 나온 사람들이 처음에 예수님의 이름으로 자기의 사는 것을 위해 기도하는 것들을 응답해 주십니다. 그러나 하나님께서 응답하여 주신 것들을 어떻게 사용하는 것이 되었느냐 하는 것도 반드시 보신다고 하셨습니다.

  우리에게 있어야 할 것을 우리보다 더 잘 알고 계시는 하나님, 우리 필요가 무엇인지 너무나 잘 알고 계시는 하나님께서 우리에게 세상의 것을 위해 구하고 찾고 기도하라고 말씀하신 것이 아니요 이미 우리의 필요는 주실 것으로 약속하셨고 복을 명하신 것이기에 그러므로 우리가 예수님의 그 약속의 말씀을 믿고 예수 그리스도와 함께 하나님 아버지 나라에 대하여 알기를 힘쓰고 믿음을 세우면 삶을 책임지시고 반드시 복되게 하십니다.
  그런데 사람들이 그 믿음이 되기보다는 오로지 세상의 것을 위해서 몸부림 하며 온 마음이 세상 것에 매달려 기도하는 그것도 하나님께서는 미쁘시니 들어 주셨습니다. 그러나 우리에게 있어야 할 것과 필요를 아시는 하나님께서 보실 때에, 예수님 이름을 들어 구하는 것이기에 그 이름의 명예 때문에 들어 주셨는데 그것이 하나님께서 알고 계신 그 필요를 벗어난 인간의 정욕을 위한 것이 되고 죄의 삶으로 보이면 그들에게 큰 화가 될 것이라고 하셨습니다.

  그리스도인이 돈을 모아 쌓기 위한 수단으로 자기 시간과 능력 재능을 사용하여 사단으로부터 쫓아 나온 세상 문화들을 개발하고 발전시키는 것이 되었거나, 예수님을 믿지 못하게 하는 구실과 역할이 되었거나, 또는 사람의 정신을 잡고 타락으로 이끄는 매개체가 되게 하는 것이거나, 또는 재물로 풍족하기를 원한 것이 그렇게 변하는 세상의 것을 따라가기 위해, 세상유행에 발맞추기 위해, 사치하고 호화로운 생활을 하기 위해, 그런 세상 문화들을 받아들여 갖춤으로써 자기를 즐겁게 하려는 것이었다면, 이후 하나님의 판단하시는 날에 큰 화가 돌아갈 것이라고 하셨습니다.

  육신의 욕망 이생의 자랑 안목의 정욕의 것들을 쫓아가기 위해서 재물을 모으고, 세상의 것들을 소유하려고, 더 쌓으려고 하는 것을 목적하여 믿는 것이 되었다면 그것은 예수님을 믿는 것이 아님을 드러낸 것이요 이름으로 주신 응답들을 모독한 것이요 예수님의 이름을 귀신 대하듯이 한 가증한 악이라고 하셨습니다. 물질과 성공을 구해서 하나님이 보시는 기준에서 벗어났다면 예수 믿는다는 말이 입에 붙었을지라도 거짓 믿음이요 그 삶은 사단을 위한 것이 되었기 때문에 그러므로 믿지 않는 자가 받는 심판보다 더 큰 심판의 율에 떨어질 것이라고 하셨습니다.

  목사님이 천하 인간에게 존경받고 높임 받을 만큼 큰일을 했을지라도 그것이 하나님의 말귀를 알아듣고 하나님의 비위에 맞게 일함으로써 사람들의 영혼을 살리고 세상에서 떠나 나온 영적인 예수님의 사람이 되게 한 하나님의 일을 한 것이냐에 있는 것이지, 하나님 말씀가지고 사람들의 귀에 듣기 좋은 말로 풀이 잘해서 비위 맞춰주고 본능의 것에 맞춰주면서 사람 숫자나 늘리게 하는 데에 있지 않다 하셨습니다.

  제가 목사님에게 이 글을 쓰는 것이 하기 좋아서 하기 쉬워서 할 만 해서 하는 것 절대 아닙니다. 2008년 11월 13일 자에 서신을 드리고 난 뒤 다시 또 구체적으로 말하라 하셨지만 제 입장으로서는 이와 같은 말씀을 전해야 한다는 것과 그것을 글로 정리하여 써야 하는 작업이 곤혹스럽고 큰 부담이 되는 것이어서 쉬운 작업이 아니었기 때문에 사실 피할 수 있다면 피해 보려고 버텨오다가 2년여의 시간이 흘러 지금에 이른 것입니다.

　물론 저 나름으로도 늘 바쁜 이유가 있었기에 시간 여유가 없다는 핑계를 내세워 의도적으로 버티면서 이 일을 하지 않을 수만 있다면 피해 보려고 아주 마음을 다했습니다. 그러나 이것이 네가 할 일이라고 순간순간 불 지르듯이 하셔서 얼마나 마음을 불편케 하셨는지 도무지 이 일로 인하여 마음 편할 날이 없었습니다.

　알고도 행치 않으면 그 죄가 크다는 말씀을 이미 오래전에 내 마음 판에 새겨놓으시고 순간순간 그 말씀을 내게 들이대시듯 하셨고 어느 날엔가 **이 때를 위하여 너를 안고 가르쳤노라**는 말씀을 하셨는데 그것이 바로 이 일을 위해서였다는 것을 끊임없이 상기시키시며 지체하지 말라고 재촉하셨습니다. 말씀드려야 할 것이 무엇인지 잘 알지만 막상 글을 쓰려하면 머리가 복잡해지고 쥐가 나는 것 같아 정신적으로 너무 힘들어서 글을 쓰려다 그만두고를 반복해왔습니다.

　그때마다 이 일에 대한 생각이 밤새도록 떠나지 않아 잠을 설치곤 했는데 참으로 고문과도 같았습니다. 그래서 알았다고 순복하면 편하게 잠을 잘 수가 있었지만 또 어느 정도 시간이 지나 하고 싶지 않다는 생각과 함께 마음이 복잡해지고 할 수가 없을 것처럼 여겨져 '나도 모르겠다.'고 포기하고 있으면 여전히 밤새 잠을 재우지 않는 것으로 고문하듯 하셨습니다. 기어이 순종할 것으로 인정하게 하시고 마음에 결단하도록 조이셨습니다.

　한편으로는 얼마나 화가 나는지 성영님께 항의를 하며 직접 하시라고 그분도 날마다 기도하고 밤낮 성경 보고 말씀 전하니 직접 성영님이 말씀하시지 왜 나를 괴롭히시냐고……, 지금 그분이 무엇이 아쉬워서 나 같은 사람의 말을 듣겠다고 하겠냐? 따져 묻지 않을 수가 있었겠습니까?

온 세계를 다니며 치료자이신 하나님의 아들 예수 그리스도를 전하고 복 주시는 좋으신 하나님, 잘되게 해주시는 하나님을 전하는 곳마다 귀신이 떠나 많은 병들이 고침 받는 일들과 함께 당신의 목회 사역에서도 복 주시는 하나님으로, 응답하시는 하나님으로, 기적의 하나님으로, 좋으신 하나님으로, 역사하셨음에 대하여 말로 다 할 수 없는 그 엄청난 기적의 간증들을 가진 세계 최대의 교회가 되었으니 그러므로 하나님과 당신 사이에 문제가 있다면 어찌 그 일들이 내게서 나타나겠느냐? 할 것이요

눈에 보인 증거들이 있으니 하나님이 함께 하셨다는 것으로 이보다 더 확실한 증거가 어디 있느냐? 할 것이며 그러므로 당신에게 문제가 있을 수 없다는 증거로 굳게 믿고 있을 텐데…….

또한 세상 가운데 높아진 명성과 견고하게 쌓인 당신의 명예와 자존심이 있는데, 그렇게 높아진 명예와 자존심을 크게 다쳐야 한다는 것을 알면서 어찌 눈에 보이지도 않을 나 같은 소자의 말을 듣고자 하겠느냐 하니, 이르시기를 목사님이 죽었다 다시 살아난다 해도 그것을 들을 영의 귀가 없어서 듣지 못할 뿐만 아니라 깨닫지도 못한다고 깨달을 수가 없다고 하셨습니다. 들어야 할 영의 귀를 사단에게 내준 것이 되어 사단이 눈과 귀를 딱 막아버렸으므로 자기 영적 상태도 볼 수 없는 소경일 뿐만 아니라 말씀을 통해주시는 성영님의 음성을 들을 수가 없다고 하셨습니다.

그렇기에 말씀을 볼 영의 눈도, 들을 영의 귀도 없어 생명이 되지 못할 무익한 것들로 바꾸어 사람들에게 뿌려주었으므로 영적인 것은 쭉정이가 되게 하고 있다는 그 실상에 대해서 네가 말씀을 증거로 하여 들려주어라 증거로 대주어라 하셨습니다.

그리고 시시때때로 보이시고 이르신 말씀들이 있었습니다. 사람들이 '순복음교회 조○○ 목사' 하면 먼저 떠오르는 생각, 가지고 있는 인상이 무엇인가 하면, 그 교회 가면 사업이 잘되는 복을 받는다더라, 복을 받아 잘살게 된다더라. 신유의 큰 은사가 있어서 병 고치는 능력이 나타나 무슨 병이든지 낫게 된다더라가 돼 있다고 하셨습니다. 이것이 사람들 속에 교회와 목사님에 대한 강하게 심어진 인상이 되었다는 겁니다.

그렇기에 사단도 이것을 절대로 이용하여 믿음이 무엇인지도 모르는 영적 무지의 사람들 속에다가 그것이 믿음인 것처럼 인식되도록 생각에 심어주고, 교회와 목사님을 무조건 믿도록 또한 열심히 도와주고 있다는 것입니다. 그래서 천하 사람들이 병 낫는다니까 병 좀 나아보려고 잘사는 복을 받는다니까 복을 받아보려고 목사님에게로 모여든다고 했습니다.

마찬가지로 세상 가운데 목사님의 명성이 닿는 곳마다 목사님에 대한 인상이 이것으로 심어져서 목사님에게서 이것을 흠모하고 바라며 청하기를 사모한다고 했습니다. 다시 말하면 영적인 생명은 그림자와 같고 겉의 모양은 힘 있고 강성한 교회가 되도록 사단이 열심히 돕는다고 하셨다는 말입니다. 그래서 목사님이 세상 곳곳에 모든 사람들에게 인정을 받게 되어 그 명성과 명예가 하늘에 닿을 만큼 높아졌지만 하나님께서는 그것 때문에 목사님을 인정하시는 것이 아니요 하나님의 의지와 뜻에 대하여 빠짐없이 낱낱이 성경에 기록하셨기 때문에 그 뜻을 그대로 전하는 것이 되었느냐는 것으로 끝 날에 판단하시겠다고 하셨습니다.

그날에는 하나님의 모든 말씀이 판단하실 것이요 하나님의 말씀이 말하고자 하는 뜻에서 벗어나 무익한 것들을 뿌려준 불법이 말씀 앞에 드러나면 하나님께서는 눈 하나 깜짝하지 않으시고 바리새인 서기관 사두개인에게 처해진 율에 들어가게 하실 것이라고 하셨습니다. 목사님이 사람들에게 설파하신 모든 말씀과 세상에 펼치신 문서화된 그 많은 서적들이 하나님 뜻에 합당한 것처럼 스스로 믿는 것이 되고 당신의 명예가 중요하고 명성이 중요하고 자존심이 중요한 것이 되어 이와 같이 성영님이 보내신 자의 충고를 듣지 않고 거절하여 외면한다면 하나님께서는 목사님이 귀머거리가 되고 소경이 되어서 하나님의 경고의 말씀을 보내신 선지자들을 잡아 죽이고 백성들을 자기의 사람들로 이끌어 함께 구덩이에 빠지게 한 그 유대인의 지도자들과 같은 곳에 있겠다. 하는 것을 하나님께 대답한 것으로 아시겠다고 하셨습니다.

(5) 세계 최대 교회를 세우겠다는 인본의 최면

그리고 목사님의 교회가 세계 최대의 교회로 성장했다는 것에 대하여 자랑이 되고 자랑삼는 것을 하나님께서 다 듣고 계시다 하셨습니다. 그런데 하나님께서는 목사님에게 세계 최대의 교회가 되게 하고 또 세계 최대의 교회를 세우라고 명하신 적이 없다 하셨습니다.

하나님의 일은 영적인 것으로 하나님께서 일하십니다. 하나님의 일은 하나님께서 하신다는 말입니다. 그렇기에 하나님의 일에 도구로 쓰이는 종은 자기가 있을 수 없습니다. 자기 계산 자기계획 자기 열심이 있을 수 없습니다. 자기가 무엇을 하겠다. 내가 하나님의 종이 되겠다. 내가 큰 교회를 세우겠다는 등의 계산이나 목표 등을 인간 자기가 세워놓고 이루고자 할 수 없습니다. 하나님의 영적인 일에 있어서는 그 권한이나 자격이 인간에게 있지 않습니다. 그런데 당신이 하나님이 아닌 이상 어떻게 자기가 세계 최대 교회를 세우겠다는 자기 목표를 세우고 집념할 수가 있습니까.

사단은 피조물인 주제에 자기 능력과 자기 아름다움에 도취되어 자기가 하나님 자리에 앉아 최고가 되려고 하나님의 권위에 도전했습니다. 또한 사단은 처음 사람에게 선악과를 먹으면 하나님같이 최고가 될 수 있다고 유혹했습니다. 그래서 하나님의 영적인 일을 한다고 하는 사람이 세계 최대 교회를 세우겠다고 나오는 것은 하나님의 일을 하는 데서 나온 것이 아니고 바로 처음 사람을 하나님같이 되라고 유혹한 사단이 또한 네가 세계 최대 교회를 세우라고 생각에 넣어준 것에 인간 인본이 큰 감동을 받고 그것을 이루려는 야망을 품고 자기에게 최면을 걸듯 한 ……, 유혹하는데 유혹당한 인본의 교만이요 영적인 바벨탑을 쌓게 한 사단의 일이라 하셨습니다.

하나님의 영적인 일은 오직 성영님을 따라 행하는 것입니다. 내가 보기에 아무리 옳은 일 같아도 내가 성영님을 앞서갈 수 없습니다. 성영님을 초월해갈 수 없습니다. 말씀의 가르침을 철저히 받고 영의 사람으로 훈련을 받은 예수님의 제자요 하나님의 종으로서의 사명을 받은 자는 **내 어린양을 먹이라. 내 양을 치라. 내 양을 먹이라**고 명하신 예수님의 말씀을 따라 죄인을 구원하시는 예수 그리스도의 복음을 전하고 복음을 받아들이는 어린양들에게 레마로 주시는 살게 하는 말씀, 영이요 생명이 되는 말씀을 성영님과 함께 잘 먹여줌으로써 그 영혼들이 제대로 자라고 세워져 그들로 진리로 자유를 얻고 또한 진리를 세우고 높이는 사람들로 자라가게 하는데 있다고 하셨습니다.

 기록된 말씀을 체계적으로 성영님께 듣고 배우는 훈련을 통해서 말씀 속에 생명의 뜻을 깨달아 자기의 얻는 생명과 능력이 되고, 또한 그것을 사람들에게 끼쳐주는 것이 되어야 한다는 말입니다. 그래서 예수 그리스도의 생명을 얻은 자가 또 생명을 주고 계속 생명을 주는 것으로 교회가 자라가야 한다고 하셨습니다. 영을 살리는 생명이 되는 말씀, 영적 사람으로 세움을 받는 능력의 말씀을 끊임없이 먹여줌으로써 영혼에 피가 되고 살이 되어 생명의 충만한 데로 자라가게 하는 것이 교회에 주신 사명이요 뜻이라 하셨습니다.

 그래서 하나님의 일을 하는 교회 지도자가 얼마나 하나님의 마음과 생각을 알아서 사람들의 영혼을 예수님으로 살고 진리로 사는 사람으로 세우느냐 하는 것이지 그런데 사람들의 영적인 상태를 살펴볼 눈도 없는 자가, 자기 자신을 볼 눈도 바로 뜨지 못한 자가 도대체 어떻게 세계 최대 교회를 세우겠다는 것을 목표로 세울 수가 있는 것인지 물으신다 하셨습니다.
 말씀도 바르게 깨닫지 못해 그 속에 생명의 뜻도 보지 못하는 인간이, 예수님의 높이 깊이 넓이 길이를 볼 눈이 없어 사단과 그 영들의 가려 속이는 것을 보지 못하는 소경이, 얕은 물 속에 보이는 그것이 참인 줄 알고 그 겉껍데기만 붙들고 자기 생각을 따라 해석하여 전하는 뛰어난 말꾼으로 자랐다는 것입니다. 예수님을 열심히 말한다 하나 오히려 가리고 서서 하나님이 계신 것과 예수님이 구주시오 생명의 주이심을 믿게 하려고 나타내시는 표적을 가지고 그것이 하나님의 일에 전부인 양 지상 최대의 교회를 꿈꾸고 덤비니 과연 누가 그 영광을 가져다주겠느냐고 하셨습니다.

인간이 하나님 앞에 가져야 할 진짜 영적 겸손이 무엇인지 그 겸손을 모르고 오직 자기 열정에 속아서 행하는 목사님의 영적 상태를 사단이 꿰뚫어 아는 것이요 목사님의 하시는 처사가 하나님의 방법에서 벗어나 있는 것을 너무나 잘 아니 목사님보다 성경을 더 잘 꿰고 있는 광명의 천사로 가장한 사단과 잘 맞게 되어서 그같이 사단이 끼어들어 세상 영광을 얻도록 하였고 명예를 얻게 한 것이라고 하셨습니다.

사단은 기록된 성경을 잘 압니다. 그렇기에 세상 사람들 위에 자기의 보좌를 펴고 앉아서 성경을 흉내 내어 종교나 샤머니즘 등을 인류 속에 뿌려 넣고, 즉 구속사에 필요한 예표와 상징으로 행하게 하셨던 일 등을 흉내 내어 종교를 세우고 미신들을 세워 흉내 내게 함으로써 그 위에서 자신이 섬김을 받고 있습니다. 그러나 사단은 그 성경 말씀 속에 비밀처럼 들어있는 하나님의 영적인 계시에 대해서는 목사님처럼 알지 못합니다. 하나님의 생각 하나님의 마음은 모른다는 말입니다.

그래서 그리스도인들이 사단에게 속지 않을 수 있는 것은 감추어 있던 하나님의 뜻과 계획, 하나님의 생각과 마음을 하나님의 깊은 것까지 통달하신 성영님으로 말미암아 보고 깨달아 알아야 합니다. 그 능력이 되지 않으면 다 자신과 사단에게 속게 돼 있습니다. 말씀을 가지고 속이며 들어오는 것에 속수무책으로 속을 수밖에 없습니다. 교회 지도자라는 사람이 여기에 속해있으면 소속된 모든 교인도 다 같은 곳에 있게 될 수밖엔 없습니다.

유대인의 지도자들이 인본으로 하나님을 섬긴다고 했기 때문에 망하게 되었고 백성들까지 함께 망하게 했던 것처럼 목사님도 똑같은 자리에 있다는 말입니다. 명목은 하나님을 위해 일하는 것이라 하지만 그것은 하나님의 뜻에 합당하기보다는 당신의 이성적으로나 도덕적인 성품에 비추어보나 옳다고 생각되는 것이니 행하는 것에 전혀 부담감 느끼지 않을 뿐 하나님과 관계없다는 것입니다.

당신의 목회나 교회가 하나님께 합당하냐? 옳다고 하시는 것이냐? 하나님께서 받으시는 것이냐에 대해서는 참으로 안타까울 정도로 감각들이 없고 그저 자기들이 좋은 것이면 하나님도 좋고, 자기들이 옳은 것이면 하나님도 옳은 것인 줄 아는 무지함과 자기들의 기분에 치우치고, 도취되어 행하는 일들에 열심이 되어 있는 것입니다.

따라서 성경의 말씀을 당신의 생각에 맞는 것으로 요리하여 전하면서 그같이 세계 최대의 교회를 꿈을 꾸고 기도하니 그것을 기꺼이 응답하고 나온 것이 사단이라고 하셨습니다. 삼킬 자를 찾는 사단에게 권리를 주었다는 것입니다. 또 한편으로 목사님의 이름, '용'과 '기'라고 부르는 그 이름까지도 사단이 자기를 부르는 이름으로 삼았고 이용한다 하셨습니다. '용기'라고 부를 때 하늘의 용이 자기를 부르는 것으로 응답하여 용의 기운, 즉 세상의 권세를 가진 기운을 목사님에게 당당히 끼쳐주어 세상에서 조○○가 사람들 속에 우상이 되게 하였다는 것입니다.

　사단은 사람들로 하여금 목사님을 간절히 바라고 사모하도록 조장하였고, 그것은 하나님의 뜻대로 믿음을 갖고자 하는 그 사모함에서가 아니라는 것은 두말할 나위 없는 것이요, 자기의 소원을 이루어보고자 ……, 자기 문제들을 해결 받아 보기를 원하는 그 소원들을 가지고 모여들도록 이끌었다고 했습니다. 목사님을 우상하여 바라는 자들로 넘쳐나게 하고 목사님은 거기에 만족하며 충실을 더하니 허물어질 바벨탑이 되어 그 심판이 크다고 하셨습니다.
　그런데 목사님 당신은 당신의 목회사역이 승승장구하듯 급속하게 성장하며 국내외적으로 그 유명세가 크게 되어 진 그 영광을 하나님께서 주셨다고 착각하여 당신에게 이 같은 성장과 응답으로 역사하신 하나님께 감사한다는 찬사를 열심히 강조하고 하나님을 높여드리듯 하고 있지만 그러나 하나님께서 받으시는 것이 아니라 조○○의 하나님이 되어 있는 그 사단이 받아 자기의 만족감을 삼고 있다는 것을 보이셨습니다.

　예수님께서는 교회에게 '분부한 모든 것을 가르쳐 지키게 하라 내 멍에를 메고 내게 배우라' 명하셨습니다. 그렇기에 말씀을 전한다는 것은 예수님께서 분부한 모든 것을 가르쳐서 지키도록 하는 것을 말하는 것이요 배워야 하는 것은 예수님의 멍에이신 그 십자가를 지신 것, 예수께서 십자가에 달려 죽으셔야 했던 그 일, 창조 때부터 수천 년 동안 예표로 상징으로 언약으로 성전으로 말씀하시고 나타내신 그 예수님을 배우라는 것입니다. 그리할 때 예수님의 죽으심은 곧 내죽음이요 예수님이 사신 것은 곧 또 내가 산 것임을 알고 믿음으로 받아 산자가 되어 자기의 죽은 십자가를 지고 날마다 자기를 부인하고 따를 수가 있는 것이요 예수님께서 분부한 모든 것을 지킬 수 있는 믿음의 능력을 갖게 되는 것입니다.

 그래서 예수님께서 가르쳐 지키게 하라 명하신 것은 이것을 말씀하는 것이지 그런 지엽적인 것들로 설교하여 사람들의 믿음을 추상적이 되게 하라 하신 것 아닙니다. 복음을 전하는 것은 구원받은 자 누구나 할 수 있지만, 성경의 말씀을 가르치는 것은 구원받았기 때문에 가르칠 수 있는 것이 아니요 또한 성영님의 은사들이 따라 나타난다고 해서 가르칠 수 있거나 자격이 된다거나 능력이 되는 것 아닙니다. 신학교를 나왔다고 해서 자격이 되는 것도 아니요. 신학교에서 배울 수 있는 것도 절대로 아닙니다. 인간에게 가르침을 받는 것도 인간이 가르쳐줄 수 있는 것도 아닙니다.
 물론 성경을 지식적으로 또는 학문으로 하기 위한 것이면 아무라도 할 수 있고 신학교가 최고의 전당이겠지만 그러나 성서는 하나님의 진짜 보이지 않는 영적인 생명의 뜻을 담고 있는 것이기에 말씀을 배우는 것도 절대로 성영님으로 배워야 하고 말씀을 가르치는 것도 성영님으로 가르쳐야 합니다. 오직 성영님으로만 깨닫고 영혼에 경험되는 것입니다.
 가르친다는 것은 신영한 영의 일이므로 하나님께서 특별히 불러 세우시는 것이라고 하셨습니다. 이스라엘의 지도자 모세를 하나님께서 하나님의 계시와 뜻을 듣고 보게 할 영적 능력을 갖추게 하시려고 그같이 오랜 세월 광야 속에다가 넣으시고 세상과 자기를 다 비우도록 훈련하신 것과도 같습니다. 하나님의 것을 넣으시기 위해 하나님과 원수 되는 모든 것들을 죽음에 내주고 떠나 나오는 그 훈련을 거치면서 하나님의 수준에 이르게 하여 기록된 하나님의 역사 속으로 들이시고 전 뜻과 일하심을 함께 듣고 보게 하는 것으로 밝히 알게 하십니다.

또한 하나님의 부르심이 있는 자는 자신이 말씀에 붙잡히고 그 말씀을 사랑하고 깨달으려는 몸부림이 있게 되고 성영님께서 기름 부으심으로 로고스 말씀을 레마의 말씀으로 가르치시고 확실히 경험하는 말씀이 되게 하시는 것입니다. 하나님의 말씀은 절대로 인간 자기가 가르치겠다고 나설 수 없습니다. 그것은 100프로 다 자기의 사람이 되게 하여 사단에게 이바지하는 것입니다. 인간 최고의 이성으로 말씀을 풀어 말할지라도 다 죄요 인간 육의 본능을 만족시키는 말에 불과한 쓰레기입니다.

말씀을 말하여 가르쳐야 할 것이면 성영님께서 말씀에 대하여 가르칠 준비를 시키시며 그 소원을 마음에 불러일으켜 주시고 그 감동에 붙잡히게 되는 것입니다. 그것이 말씀을 말하여 가르칠 수 있는 자격이요 성영님께서 보증하시는 자인 것입니다. 그래서 성영님과 친구처럼 대화의 교제가 되지 않는 자는 절대로 하나님의 말씀을 가르칠 수 없습니다. 성영님의 음성을 듣는 것이 둔한 사람은 절대로 하나님의 말씀을 다룰 수 없습니다.

하나님의 그 깊으신 사정과 하늘의 신영한 그 뜻을, 보이지 않는 영이신 하나님의 그 일을, 성영님으로 눈과 귀와 마음이 되지 못하면 어떻게 알 수가 있습니까? 성영님과 친구처럼 대화의 교제가 되지 않는 사람이 어떻게 말씀을 말할 수가 있다는 것이겠습니까? 하나님은 성경가지고 학문하라고 주신 것도 아니요 지식 쌓으라고 주신 것도 아니요 도덕책으로 쓰라고 주신 것도 아닌데 말입니다.

　지금부터 17년 전 어느 날 성영님께서 "이 세상에는 나의 말을 바르게 알고 믿는 자가 적어서 내가 일을 할 수가 없단다." 라는 말씀을 하셨습니다. 그래서 '아니 교회마다 전도가 많이 돼서 사람들로 넘쳐나고 있는데, 그것이 하나님이 기뻐하시는 일인 줄 알고 있는데 (또 그것을 교회부흥 성장이라고 듣고 있었기 때문에) 그리고 목사들은 얼마나 설교들을 잘하여 사람들에게 감동을 주고 교회 부흥을 위해서 자기 몸도 돌볼 틈도 없이 열심히 기도하며 열정을 쏟아 붓고 애쓰고 있는데 무슨 말씀을 그렇게 하시나' 하는 생각을 하면서 믿는다고 하면서도 믿음의 본이 되지 못하는 사람들이 많아서 그렇게 말씀하신 것인가? 했었습니다.

　그러나 이후 말씀을 깨닫도록 가르치시고 도우시는 성영님에 의해서 모세의 율법을 연구하라. 성전을 연구하라. 아브라함을 연구하라. 하나님의 창조를 연구하라는 과제를 몇 년에 걸쳐오면서 하나하나 명하셨는데, 그렇게 명하신 과제를 또한 깨닫도록 도우시며 성경을 어떻게 보아야 하는지를 알게 하여 주셔서 왜 그렇게 말씀하신 것인지를 잘 알게 되었습니다.

　하나님께서는 하나님의 말씀을 하고 계시는데 인간들은 자꾸 인간 말을 하고 있고, 하나님은 하나님의 뜻이 되시는 예수님을 알고 하늘을 알게 하려고 말씀하신 것인데 인간은 자꾸 인간을 알게 하는데 힘쓰고 땅의 것을 말하고 있더라는 말입니다.

사람들은 목사님의 목회가 성공한 목회나 되는 것처럼 칭찬하고 높이는데 부족함이 없습니다. 그런데 영적 안목이 없는 인간의 눈으로 보는 것은 분명히 큰 성공입니다. 그러나 사람이 많이 몰려든다고 해서 그 목사의 목회가 성공한 것인 줄 아는 인간의 계산이 앞서도 계속 말하였던 대로 하나님의 계산은 절대 아닙니다.

또한 하나님께서는 목사님이 70만 80만의 교인수를 이루었다고 자랑하듯 하는 말을 다 들으셨다고 하셨습니다. 들으셨다고 하는 것은 그에 대하여 하나님께서 목사님에게서 받아내시겠다는 뜻입니다. 그 70만 80만의 수를 달라 하신다는 뜻입니다. 물론 목사님 당신은 분명히 하나님의 일을 한다고 하는 것이지만 지금까지 말한 대로 하나님께서는 하나님의 일이 아닌 불법을 행하고 있다고 하나님의 일이 아니라 인간을 위하고 인간을 맞춘 것이 되었음으로 사단의 나라에 기여한 일이 되었다고 하셨습니다.

하여 이것을 목사님에게 구체적으로 말하라 하셔서 말씀을 들어 전해드리는 것임에도 당신이 무엇이 잘못되었는지 알고자 원치 않고 하나님이 주시는 기회를 거절하여 외면해버린다면, 목사님의 자랑인 그 70만 80만이라고 하는 자들이 예수님께서 온갖 병을 고치시는 그 능력을 보고 따라다니다, 벳세다 광야에서 떡을 먹은 까닭에 따라다니다, 어려운 이 말씀을 누가 듣겠느냐고 돌아서 다 떠나버렸던 속 빈 강정 같은 그 무리들인지 지금은 묵인하시지만(마13:29,30) 그러나 이후에 하나님의 심판 앞에 설 때에 온전히 드러나 보게 될 것이니 그때는 하나님께서 그렇게 당신의 자랑이 된 그 수만큼 목사님에게 반드시 묻고 찾으시겠다고 하셨습니다. 하나님께는 보이지 않는다고 하셨습니다.

인간은 신심이 있습니다. 그렇기에 자기를 위해서 무엇을 의지하려 합니다. 그 신심은 자기에게 맞는 말, 자기에게 맞추어주는 말을 듣기를 원하는 것이기에 신심에 맞는 곳을 찾게 되어 있습니다. 또한 인간은 군중심리에 작용하는 존재요 분위기에 약한 존재입니다. 그래서 믿음이 무엇인지 성영님으로 배우고 깨닫지 못하면, 신심에서 벗어나기는 어렵습니다. 그 신심으로 믿는다 하는 사람들은 많은 군중과 분위기에 압도되고 많다는 것을 그만큼 믿을 수 있다는 것의 인상으로 받아들여 자기 자신도 그 무리와 함께 한다는 것에 만족하고 긍지를 갖는 그것이 인간의 심리이지 않습니까?

하나님의 믿음은 영적인 것이요 보이지 않는 영의 세계에 대하여입니다. 그 믿음은 말씀 몰라도 되니 무조건 믿으라고 하는 것도 아니요 그런 위험한 말이 필요한 것이 아니라 절대적으로 말씀이 말하는 것, 말씀을 근거하여 받아들여 믿는 것이 믿음이요 그러므로 말씀을 통하여 하나님의 뜻을 올바로 깨닫기를 원하는 소원이 있어야 합니다. 그야말로 말씀을 바로 알고 바로 믿기를 원해야 하는 것이 믿는 자의 기본자세입니다. 삼위의 인격이신 아버지와 아들 예수님과 성영님을 아는(경험)의 관계가 되어 예수님으로 자라가야 합니다.

그런데 이 같은 참믿음을 위해 마음을 다하고 뜻을 다해 말씀을 대하는 자, 말씀을 중히 여기는 자가 그리 없다는 것입니다. 바리새인 서기관 율법사 같은 사람은 넘쳐나는데 하나님의 뜻대로 믿기 원하여 말씀의 목마름 때문에 몸부림치는 자가 그리 없다는 것입니다. 목말라하는 것은 오로지 육의 것이요 세상 것인데 그 목마른 것을 해결 받으려고 교회 나오고, 그것을 위해 예수 믿겠다고 나온 사람들에게 목사님 자신은 그것을 채워주려고 마음을 위로해주고 다독여주고 힘을 얻게 하는 설교하느라 열심을 다하고 예수님의 이름 앞에 치료가 나타나고 있으니 사람들이 목사님을 우러러보며 신과 같은 존재로 여긴다는 것입니다. 말씀에 문제가 있느냐 하는 것은 알 턱도 없고, 또 알 필요도 없는 것이고 오직 자기들이 듣기로는 큰 은혜를 받는 말씀이라고 하나님이 세우신 큰 종이라고 무조건 스스로들 믿는다는 것입니다.

그같이 세계 최대 교회로 성장시킨 것은 하나님께서 특별히 세우신 종이기 때문이라는 것, 그것을 누구도 부정할 수 없는 것의 증거로 삼고 그렇게 능력 있는 엄청난 목사님이 자기 목사님이라는 자긍심에 도취되고 '우리 목사님, 우리 목사님' 하며 흥분된 기분에 들떠 있고 그 목사님께 존경과 찬사를 아끼지 않으면서 팔이 안으로 굽는다는 속담처럼 목사님에 대하여 맹목적인 애정과 옹호하는 자세를 가지고 신과 같은 존재로 여겨 우상하며 따르는 무리들이 되었다고 하셨습니다.

그러므로 외적인 수만 보고 군중심리에 끌려 나온 자들, 예수님 믿는다고 나와서 목사님과 교회를 예수님보다 높이고 자랑이 되어 있는 자들, 목사님이 우상이 되어 무조건 맹목적으로 믿고, 전하는 그 설교가 자기에게 은혜 된다는 이유로 의존하고 있는 무리들 다 타락한 종교인이니 망하지 않겠느냐고 하셨습니다.

교회에 나오는 이유를 자기 사정과 형편에 맞춘 것이었으니 목표도 자기가 세우고, 믿는 것도 자기가 계산하고 결정하는 것입니다. 내가 예수 믿었으니 구원도 받고 내가 예수 믿었으니 세상 것으로도 복 받는다고 계산한다는 말입니다. 그렇기에 예수 믿고 구원받아 천국 가는 것도 당연히 믿는 것이고 또 한편 예수 믿어 땅의 것이 잘되고 성공하기를 사모하는데 더 큰 비중을 두기 때문에, 두 마음을 품은 것이요 두 주인 섬기겠다는 것이므로 이후 그렇게 열심히 믿음생활 했다는 그 공력을 시험하실 때 다 불에 타버릴 것들로 넘쳐나고 있다는 것입니다. 교회생활 열심인 교인만 넘쳐났지 하나님 보좌 우편에 계신 예수님께로 들어가 함께 앉히신바 된 성도가 없다는 것입니다.

하나님의 말씀을 말하는 목사님 당신 자신이 또한 말씀이 말씀되지 못하도록 얼마나 방해를 하고 있는지 이것을 당신 자신에게 속는 줄도 모르고 교회가 성장하는 것에 취하고 가려져, 깨닫지도 못하고 이 엄청난 불법을 행하고 있습니다.

그러나 그것을 목사님의 영은 알고 있기 때문에 때로는 자기도 알 수 없는 두려움에 잡힐 때가 있습니다. 당신 안에 평안이 있다가도 어느 순간 또 공허함과 암울함이 엄습해 들어오고 가슴이 빈 것 같은 느낌을 받습니다. 또한 희뿌연 안개가 낀 것 같은 느낌도 있습니다. 이 같은 증상으로 평안의 기복이 있음을 목사님 당신이 아실 것입니다. 그렇기에 당신 의지로써 평안을 가지려고 하는 애씀이 있습니다. 좋은 일을 함으로써 기쁨을 얻으려 하고, 자기를 기쁘게 함으로써 행복감을 느끼고 평안해져 보려고 하는 것입니다. 다시 말하면 인간이 말하는 그런 좋은 일, 착한 일을 열심히 하는 것은 당신이 기쁘기 위해서인 것이요 거기에서 스스로 만족을 얻고자 함이요 세인들의 찬사 받는 일로(눅6:26) 자기를 행복하게 하고자 하는 것이라는 말입니다.

예수님의 평안은 부정적인 요소나 어둠의 요소들이 전혀 없는 것이 특징입니다. 예수님의 생명과 평안으로 충만하다면 그 속에 목사님 당신 안에서 은밀히 나타나고 있는 그런 어둠의 요소들은 있을 수 없습니다. 진리가 너희를 자유케 하리라 하신 예수님의 말씀대로 진리를 알고 진리로 자유케 되었다면 절대로 그런 어둠의 요소가 그 안에 거할 수가 없습니다.(고후3:17,18) 어떻게 있을 수가 있는 것입니까? 성경 로고스가 말씀하시는 믿음의 주요 온전(자유)케 하시는, 생명의 참법이 되시는 우리 주 예수님을 레마로 만나 생명의 참법으로 온전케 되었으면 거기에는 어떤 부정적인 요소가 절대로 있을 수 없고 평안의 기복이 절대로 있을 수가 없습니다.

예수 그리스도의 평안의 능력은 무엇을 했기 때문에, 즉 남 돕는 일, 좋은 일, 착한 일을 했기 때문에 얻어지는 것이 아니라 (무엇을 했기 때문에 기쁘고 행복한 것은 자기만족에서 오는 것임) 예수 그리스도께서 성영님으로 오셔 계신 것이기에 그 예수님의 생명의 평안이 그 안에 큰 무게로 자리하고 있는 것입니다. 그 무게를 자기가 느끼고 아는 것입니다. 그것을 영의 눈으로 보는 것입니다. 또한 만져지는 것과 같습니다.

그래서 예수님을 믿는 것이 얼마나 큰 행복인지를 아는 것입니다. 예수님의 크기를 시시때때로 경험하는 것입니다. 언제나 끓어오르는 기쁨이 있고 행복감이 온 영혼을 감싸고 표현할 수 없는 사랑스러움이 온 영혼에 흐름으로써 자유함의 찬양이 샘물처럼 영혼에서 올라오는 것입니다.

두 컵에 있는 물을 한곳에 부어 섞으면 그 물은 그 어떤 것으로도 다시 가려내어 구분할 수 없듯이 예수님으로 주어진 생명의 평안도 그와 같습니다. 성영님으로 주시는 생명의 평안이 자기 영에 오시면 그것은 무엇으로도 끊을 수도 없고 갈라놓을 수도 없고 어느 누구도 빼앗을 수도 없는 것으로써 거기에는 평안이 있다가도 공허함이 있다거나 불안감이나 두려움이 엄습한다거나 우울함이 엄습한다거나 하는 것이 절대로 있을 수가 없습니다.

이것은 이론을 말하는 것이 아닙니다. 실제 실상입니다. 그러나 예수님으로 주시는 천국의 능력은 여기서 끝이 아니라 끝이 없고 다함이 없습니다. 그러면 내가 이런 것을 모를까 봐 나를 가르치려 하는 것이냐? 하시지 않겠습니까? 그런데 알면 뭐합니까? 목사님 당신 영혼에 그 능력이 되지 못했는데 목사님이 안다고 한다면 그것은 이론적이요 지식적이요 추상적인 것일 뿐입니다. 그렇게 아는 것이 하늘에 닿을 만큼이라고 해도 그것은 하나님과 관계없는 것이요 하나님의 바라시는 바도 하나님의 뜻도 절대 아닙니다.

복음이 이 땅에 들어온 지 120년이 넘었다는 것으로 알고 있습니다. 복음이 처음 들어올 때는 하나님의 영적인 뜻에 대해서는 어두워 있을 수밖에 없는 때였기에 하나님의 수준으로 열려질 때까지는 즉 성경 속에서 보이지 않는 하나님을 볼 수 있고 하나님의 감취인 계시의 뜻을 깨달아 뜻대로 믿음이 되는, 예수님의 진정한 가지로서의 열매를 내는 성영님의 사람이 되기까지는 성영님께서 가르치시고 깨닫게 하시는 그 훈련의 시간이 필요했습니다.

복음의 초창기는 하나님의 창조와 구원하심의 뜻을 기록된 말씀 대로 믿는 것은 되었지만 그 말씀은 문자적이요 인간 중심적인 해석으로 전할 수밖에 없었다는 것 당연하지 않았겠습니까? 그렇기에 예수님 믿지 않는 자는 지옥이요 믿는 자는 구원받아 천국 간다는 것을 전하면서 또한 예수님 잘 믿으면, 신앙생활 열심히 하여 하나님을 기쁘시게 하면 하나님이 복 주신다는 것으로, 생활의 문제를 해결 받으려면 열심히 하나님께 기도하라고 하는 것으로, 초점이 되어 전함으로서 사람들로 하여금 기도 열심을 내게 하였습니다. 지극히 신심적인 것이었다는 말입니다.

　또한 사람들도 눈에 보이지 않는 천국과 지옥은 죽음 뒤에나 있을 먼일이고 그것보다 우선 현실적인 것 지금 직면해있는 생활의 어려움에서 벗어나는 것, 세상에서 성공하여 잘 사는 것 등이 가장 우선되는 소원이요 욕구이기 때문에 그러므로 이 같은 환경의 복을 주시는 하나님을 만나고 싶어서, 그 하나님께 자기의 원하는 복을 받기 위해서 예수님을 믿는 것이 되고 교회생활 하는 것이 되고 기도하는 것이 되었다는 것 누구나 부정할 수는 없을 것이라 생각합니다. 그리고 하나님께서도 성경의 뜻이 열려져 깨닫기까지는 용납하셨으며 인정하셨습니다.

　그래서 교회가 복 주시는 좋으신 하나님에 대해서 열심히 선포하고 또 열심히 예수님 이름으로 구하고 기도한 대로 하나님은 미쁘시니 환경이 잘 되게 하셨습니다. 또한 복음이 전파되는 곳에 회개시키시고 구원하시는 일을 도우시는 성영님께서 귀신이 떠나고 병들이 치료되는 이적이 따라 나타나게 하심으로써 사람들로 하여금 존재하시는 하나님을 경험하게 하셨고 성영님의 은사가 나타남을 통하여 하나님의 계심을 확실히 믿을 수 있게 하셨습니다. 그래서 사람들이 하나님은 진짜 살아계신 하나님이시오 우리 인생의 복 주시는 좋으신 하나님이시라는 것을 스스로 고백하게 하셨습니다.

하나님께서 강제적으로 고백하게 하신 것이 아니라 살아계신 하나님을 경험하게 하시고, 그 경험들로 인하여 살아계신 하나님이시라는 고백을 스스로 아낌없이 하게 하신 것으로 인격적이게 하셨다는 말입니다. 복음이 처음 들어올 때는 하나님께서 자기들의 구하고 찾는 것들을 주시고 응답하시는 것으로 성경에 말씀하는 그 하나님은 살아계신 실제로 존재하시는 하나님이시라는 것을 믿을 수 있도록 하셨다 말입니다.

그것은 인간들로 하여금 하나님의 뜻을 알고 하나님의 뜻대로 살아야 하는 존재라는 것 하나님은 인간의 요구를 맞추어주는 분이 아니라 인간이 하나님의 정해놓으신 길을 따라가야 하는 존재라는 것 그래서 그 길만이 인간이 사는 복된 길임을 알도록 이끄시기 위해 그와 같이 먼저 경험하는 하나님이 되게 하시고, 그다음 자기 입으로 하나님의 살아계심을 시인하게 하셨다는 말입니다. 그래서 인간이 하나님이 살아계신다는 내게 역사하시는 하나님을 찬양하고 감사한다는 그 고백이 되었으면 이제 고백에 대한 책임을 가지고 하나님의 뜻대로 살고자 하여 (거듭난 영은 그 사모함이 있음) 성경을 깨닫도록 도우시는 성영님으로 철저히 성경의 뜻을 배워 하나님의 분명한 뜻을 깨달아 하나님의 정하신 길을 따라 사는 것이 되어야 했습니다.

믿는 자가 믿음으로 사는 것 하나님의 뜻으로 사는 능력이 되는 것은 절대적으로 성경의 모든 말씀을 성영님이 주시는 레마의 말씀으로 깨닫는 데 있습니다. 하나님의 뜻은 인간이 하나님의 요구에 맞게 사는 영의 사람, 하늘의 사람이 되어야 하는 것이기에 그것은 하나님의 말씀을 얼마나 하나님의 의도하신바 대로 속뜻을 깨달아서 자기의 말씀으로 받아들였느냐 하는데 있습니다. 그래서 더이상 그 마음이 세상에 머물러 있지 않고 세상 것을 붙잡지 않고 세상이 없어야 그것이 세상 것 육체의 것 때문에 하나님을 떠났던 인간이 하나님에 대한 믿음을 가졌다는 것이요 예수님으로 사는 능력이 되는 것입니다.

따라서 예수님을 믿고 하나님의 살아계심을 고백한 교회의 책임은 바로 성경 전체 속에서 하나님의 뜻은 땅의 것이 아니라 예수 그리스도로 말미암아 주시는 하늘의 것에 있다는 것을 반드시 깨닫는 것이 돼야 합니다. 말씀에 대하여 확연히 열려서 하나님의 마음을 읽을 수 있어야 하고 의도하신 바를 알아 사람들 속에 넣어주어야 하는 것입니다.

성경은 땅에서 성공하고 훌륭하고 명예 얻고 잘 사는 것에 대해서 구하라고 말씀하고 있지 않기 때문에 더 이상 세상의 것을 집어넣어줌으로써 마음이 세상에 고정되도록 할 수 없습니다. 예수님이 오신 것은 세상적인 것들을 채워주기 위함이 아닙니다. 그러므로 교회가 세상만 있는 인간에게 하나님의 믿음을 가지도록 할 때, 예수님의 이름을 세상 것을 채움 받으라는 데 사용하는 것이면 그것이 하나님께 불법행하는 것이 됩니다. 세상의 옷을 깨끗이 벗어야 합니다. 자기라는 옷도 온전히 벗어야 합니다. 오직 예수님으로 옷 입어야 합니다.

하나님의 복음은 어떻게 해서든지 사람들이 많이 모여들도록 세상 것의 복 주시는 좋으신 하나님이라고, 그 하나님을 믿고 잘 섬기면 잘 되게 해주신다고 하는 막연한 말들로 비위를 맞춰주면서 주라는 복음 아니다 하셨습니다. 인간은 하나님의 말씀을 받아들이면 살고 받아들이지 않으면 죽는다는 것, 구원과 심판의 뜻을 분명하고 정확하게 전해주어야 하고, 받아들이는 사람은 하나님께서 책임지고 삶을 이끌어 가실 것이지만 받아들이지 않으면 그것은 자기가 선택한 것이니 하나님께서 그 선택을 존중해주시는 것이지 거기다 온갖 세상 비위 맞추는 말들로 하나님의 뜻을 흐리며 사정하라고 주신 복음이 아니다 하셨습니다.

만일에 교회가 하나님의 뜻을 정확히 전하여 뜻대로 이끌어주지 못하면 하나님께서는 그 책임을 반드시 교회에게 물으실 것이라 하셨습니다. 바로 목사님이 지금까지 말씀드린 여기에 걸려있다는 것입니다. 사람들에게 세상도 좋고 예수도 좋다는 식으로 넣어주었음으로써 영적 사람은 속빈 강정과 같고 잎사귀만 무성한 나무와 같게 되었다는 것입니다. 인간은 오로지 육을 위한 세상으로 살아왔기 때문에 그 육이 원하는 세상이 대단히 강합니다. 그래서 하늘의 것을 넣어주려고 할 때에 그같이 세상 것과 혼합하면 하늘의 것보다 땅의 것만 붙잡게 되는 것입니다.

다시 말해 아무리 예수 그리스도와 예수님으로 말미암은 영생과 천국을 외친다 해도 거기다 육신을 위한 세상의 것을 기대하도록 세상에 것으로 복 주시는 좋으신 하나님을 전해주는 것이면, 영적인 것을 붙잡기보다는 본능에 가까운 세상적인 것으로 복 주신다는 하나님을 붙잡고 그것을 믿음으로 한다는 말입니다. 예수님의 복음은 외쳐 전해도 그것은 머리로 받고 이론과 지식으로만 가진 관계, 추상적인 관계로 자라는 것일 뿐이지 영의 믿음으로 받아들여지기가 않는 것입니다. 마음에 세상이 가득하니 영에 받아야 할 말씀이 밀려나 버리게 되어 하나님께서 말씀하시는 죄인인 자기정체에 대해서 그 영혼에 깨닫는 경험을 할 수가 없는 겁니다. 그러니 어떻게 예수님과 인격적인 만남이 될 수가 있을 것이며 영혼의 사귐이 될 수가 있겠습니까?

스스로가 예수님 믿고 구원받았다고 하나님께서 모르시는 구원을 말하는 사람들에게 성경의 인물 중에 누가 이렇게 해서 복 받았으니 여러분도 이 복 받아라. 누가 이런 명예와 권세를 얻었으니 여러분도 이 사람 같이 행하여 복 받아라……, 하는 것으로 연결시키고, 성경에 없는 세상에서 물질의 부자로 성공한 사람들을 예로 들어 그가 십일조 잘하고 주일 성수 잘했더니, 봉사 열심히 했더니 하나님이 마침내 그에게 복 주셔서 거부가 되었다, 이러이러한 엄청난 복을 받고 성공했다 하는 이런 세상 성공담 등, 축복받았다는 이야기들을 열심히 전해주니 결국은 사람들 마음이 부추김을 받아 '나도…… 나도' 하며, 마음에 그 세상 물질 복을 꿈꾸도록 한 것입니다.

그리고 열심히 그것을 위해 하나님께 기도하게 하고 행하는 일들의 목적이 거기에 모아지게 함으로써 하나님을 귀신 대하듯 하게 만들고 마음을 세상에다 두게 하는 역할 열심히 하는 것으로 영적인 것을 막고 오히려 마음이 세상에 묶여있도록 했습니다.

성경에 기록되어 있지 않은 사람들의 축복받았다는 이야기들은 그들이 정말 하나님께서 주신 것이냐? 세상 부귀영화와 영광을 가져다줄 수 있는 세상 권세 잡은 사단으로부터냐? 하는 의문이 있음에도 불구하고 그것을 분별할 능력이 없으니 두려운 줄도 모르고 그렇게 무조건 예로 들고 있습니다. 그같이 '신앙생활 열심히 했더니' 하며 들려주는 세상 축복 담이나 성공담들은 사단이 하와를 유혹한 것과 같은 것으로써 목사님도 사람들을 미혹하여 세상의 것을 쫓아가게 하는 타락의 연속일 뿐입니다. 목사님 당신이 전하는 메시지가 하나님의 마음에 맞는 것이냐를 보기보다는 사람의 마음을 다독거리고 비위 맞춰주는 데로 사용하여 이 땅에서 잘 견디고 열심히 살면 잘 살 수 있고 내일이 잘될 것이라는 그런 기대와 소망을 갖게 하는 것이 뜻인 것처럼, 하나님의 말씀을 종교의 말씀인 것처럼 하였다는 것입니다.

하나님의 말씀은 사람들의 영혼을 살리고 그 영혼을 예수님으로 세우라는 데 있고 삶의 능력이 거기에 있는 것이지 그렇게 세상 복이나 가르치고 정신계몽이나 하는데 삼으라고 주신 말씀이 아니라는 말입니다. 살기 힘든 사람들에게 열심히 힘내서 살아갈 수 있도록 힘과 소망을 주어서 삶의 힘이나 북돋아 주라는 것이 아니라는 말입니다.

어느 날 성영님께서 목사님의 말씀 전함에 대하여 무엇을 보이시고 말씀하셨는가 하면 솔로몬왕의 삶, 즉 많은 이방 여인들과 결혼하여 그 여인들이 섬기던 그 신까지 들여와 섬기도록 함으로써 자신도 유혹을 당하여 신앙의 타락이 되었고 하나님 앞에는 악을 행하여 그에게 돌이키도록 경고하셨으나 돌이키지 않음으로 인해 이 후 이스라엘이 분단되는 비극을 맞아 서로 물고 찢으며 수난의 역사를 불러들였던 솔로몬 왕을 비유하여 내게 보이셨습니다.

솔로몬이 하나님의 말씀과는 상관없이 자기의 좋은 대로 이방 여자들을 사랑하고 연애하여 자기의 사람으로 맞아들임으로 자신과 함께 백성에게 타락이 들어오게 했던 것처럼 목사님 자신도 사람들을 위한답시고 하나님의 의도하지 않으신 사람의 비위에 맞는 것들로 말씀을 혼합하여 말함으로써 오히려 사람들이 영혼의 믿음이 되지 못한 결과를 가져오게 했다는 것입니다.

하나님의 말씀을 이방 여자들을 맞아들인 것과 같은 말씀으로 바꾸어 전하였음으로 세상의 것을 연연하고 연애하게 한다는 것입니다. 이스라엘 백성이 이방 여자들과 혼인하는 것은 이미 그 혼인 자체가 유혹을 받은 것임을 분명히 보여주고 있습니다. 사단의 속박에서 구원받고 세상에서 떠나온 하나님의 백성이 이방인과 혼인하는 것은 곧 혼인하는 그 한 사람만 맞아들이는 것이 아니라 그를 지배하고 있는 그들의 섬기던 세상 신까지 맞아들인 것이 되기에 그래서 하나님께서는 자기 백성에게 이방 혼을 절대로 금하신 것 아닙니까?(신명기 7:1-5, 왕상 11:1,2) 하여 목사님의 말을 자기 삶의 소망으로 삼는 말씀으로 받아들인 사람들의 마음속에 유혹이 역사하여 마음을 세상에다 두게 하였다는 것입니다.

성경이 온 땅에 보급된 오늘날에 이단적인 것이 바로 그것입니다. 인간 입장에서는 자기의 양심과 합리적인 이성에 비추어 그것이 옳은 말이기 때문에 절대로 분별하지 못하는 것으로써 그것을 당연히 옳다고 받아들일 뿐만 아니라 오히려 듣고자 원하고, 사는 것에 지친 자기 마음의 위로와 힘이 되는 말로 듣고 싶게 하는 중독성을 가진 말일 뿐입니다.

사람들도 이왕이면 빈말이라도 '복 받을 것이다. 잘될 것이다' 하고 좋은 말 해주면 듣는 사람도 기분 좋고 힘나잖아! 하고 말하듯이 믿는다고 하는 사람들도 자기를 잘되라고 축복하는 좋은 말을 듣기를 원하고, 그 말을 듣는 것으로 자기 위안을 삼는 그것이 믿음인 줄로 착각하는 병폐가 되었습니다.

성경이 온 땅에 보급된 오늘날은 사단도 예수님이 하나님의 아들이요 인간의 구주라는 것을 부인하게 하지는 않습니다. 반면에 사단은 다른 것으로 믿음인 것처럼 속이는 일을 힘을 다해 하고 있습니다. 바로 지금까지 목사님에게 말씀드린 것, 목사님과 같은 그런 경우의 것입니다. 사단은 신자 한 사람 한 사람을 상대하지 않습니다. 그 단체의 지도자들을 사로잡으면 됩니다.

말씀을 가르쳐야 하는 목회자가 말씀을 보는 눈이 어두운 자신에 대해 알지 못하고 하나님의 일한다는 거짓 믿음과 탐욕에 끌려서 뛰어다니기 때문에 사단에게 자신을 내주는 것이요 사단의 지배를 받는 것입니다. 그렇기에 사단은 '죽도록 충성하라' '열심을 내라'고 하신 성경 말씀을 이용하여 하나님의 종은 하나님께 충성해야 한다는 것을 마음에 부추겨 인간 충성심이 발동하게 하고 하나님의 일한다는 것으로 뛰어다니게 합니다. 열심을 내도록 끊임없이 마음을 부추깁니다.

하나님의 일을 한다는 명목으로 자기 열심, 자기 열정에 빠져 자기가 주도해 나가게 만들고 거기에 많은 사람들을 붙여주어 따르게 함으로써 그들로 속은 없고 겉만 번지르르한 열매 없는 나무의 무성한 잎과 같은 종교인이 되게 하고, 한편으로는 인간적인 명예욕이나 승

부욕이나 경쟁의식 등을 부추기고 또한 '너희들 나 봐라 하나님이 누구의 편인가 보라'라고 하며 목회자로 성공했다는 승리감과 자만심에 취하게 함으로써 하나님께 반역적인 태도가 되도록 조장하여 다 망하는 길로 이끌어 들인 것입니다.

지금까지 중복된 말이 많았고 목사님이 모르실까 봐 드린 말이 아닌 것도 있습니다. 그러나 성영님의 안타까우신 뜻을 전하려다 보니 그렇게 되었으니 양해 바랍니다. 이제 목사님이 말씀에 얼마나 어두운지에 대하여 목사님이 보는 성경이나 제가 보는 성경이나 같은 성경이니만큼 얼마든지 그러한가를 살펴보고 판단해볼 수 있는 것이니 서너 가지만 예를 들겠습니다.

그중에 제가 내용을 글로 쓰기가 좀 복잡하고 힘든 생각이 들어서 직접 들으시도록 '불법행하는 성탄절'에 대한 내용과 '성영님을 불이라고 하는 자를 삼가라'는 내용을 담은 DVD(2장)을 함께 동봉합니다. 이 두 가지의 것을 가지고도 목사님이 얼마나 영적인 어두움에 붙잡혀서 하나님의 뜻과 말씀을 훼방하고 왜곡하였는지를 더 말씀드리지 않는다 해도 얼마든지 생각해볼 수 있을 것입니다.

(6) 예수님을 성경에 없는 외아들로 설정하여 구원을 막는 사단의 종들

그리고 성서 안에서는 그 어느 곳에서도 예수님을 외아들로 표현하고 있지 않을뿐더러 또한 예수님이 외아들이라는 것을 말하기 위해 계시된 말씀이나 그 의미가 부여된 말씀조차도 없습니다. 그런데 어떻게 해서 목사님은 그렇게 예수님을 외아들이라고, 하나밖에 없는 아들이라고 당당히 말할 수가 있습니까? 어떻게 거짓된 말을 그렇게 자연스럽게 할 수가 있는 것인지 성영님께서 물으시는 것이요 저도 물론입니다.

하나님께서 혹시 아들을 더 낳으려고 했는데 예수님 한 분밖에 낳을 수가 없게 되어서 외아들이라는 것입니까? 만일에 성서가 예수님을 외아들이라고, 하나밖에 없는 아들이라고 말하였다면 그것은 성경이 앞뒤가 맞지 않는 거짓되고 모순이 있다는 것을 말해주는 것입니다.

성서가 말씀하는 예수님은 하나님의 외아들이 아닌 그냥 아들입니다. 예수님을 아들이라 하신 것은 하나님으로부터 나오셨기 때문에 아들이라 하신 것이요 아들이 있으면 아버지가 있다는 것이니 그래서 아들로 인해 아버지를 아는 것이요 아들을 보면 아버지를 보는 것이요 아들의 행하시는 것을 봄으로써 아버지의 뜻을 보고 아는 것이기에 아들이라고 하는 것입니다.

그 아들의 생명을 얻은 자는 그 아들과 함께 형제라 하시고 그렇기에 예수님은 사람 중에서 부활의 첫 열매가 되셨고(고전15:20,23) 그 분을 외아들이라고 한 것이 아니라 맏아들이라고 하신 것입니다.(눅2:7,롬8:29,히1:6) 목사님! 외아들이 아니라 맏아들이라 하셨다는 말입니다. 맏아들!

외아들이라고 하는 것은 그에게 더 이상은 형제는 없고 그 아들 하나로 끝났다는 것을 의미합니다. 그러므로 하나님께서 예수님을 외아들로 선포하셨다면 인간은 그 아들의 생명을 얻을 수가 없을뿐더러 그 아들과 함께 형제라 할 수 있는 여지는 없습니다. 그러므로 예수님은 많은 형제를 얼마든지 두실 수 있는 여지로 아들이라 하신 것이요 하나님의 맏아들입니다.

그러면 목사님이 외아들이라고 한 것이, 성경이 예수님을 독생자라고 말하였으니 바로 그 '독생자'라는 것이 외아들이라고 하는 말이 아니냐 하십니까? 물론 목사님의 성경 보는 눈이 다 그와 같습니다만 아니면 이도 저도 아닌 남이 사용하기 때문에 당신도 따라서 사용하는 것입니까?

인간은 외아들을 독자라고 말하기 때문에 그래서 결국 독생자를 인간 사고방식에 따라 그같이 외아들로 해석하여 대담하게 예수님을 한낱 외아들로 만들어 놓았다는 것을 생각합니다만 그렇기에 성경의 말씀을 다 인간 머리가 주체가 되어 이런 식으로 해석을 내려놓았기 때문에 하나님의 뜻이 얼마나 뒤틀려 있는지 모릅니다.

요1:14에 **아버지의 독생자**라 했고, 요1:18에 **아버지 품속에 있는 독생하신 하나님**이라고 예수님을 말씀하고 있는데 이것은 "아버지의 외아들"이거나 "아버지 품속에 있는 외아들이신 하나님"이라고 하는 말이 절대로 아닙니다.

사도 요한이 독생자라고 한 것은 하나님께서 세상에 생명의 구주로 보내시기로 뜻을 정하시고 언약하신 유일한 분이라는 뜻입니다. 하나님 품속에 함께 계신 신성과 인성이신 하나님, 그 인성은 생명이요 이 생명으로 사람(모든 피조물)을 창조하시고 창조하신 사람에게 영생하는 생명(조에), 부활의 생명을 얻게 하여 영생을 주시기 위해 육신이 되어 오신 유일한 분, 그분이 바로 예수 그리스도라는 것을 말하기 위해 그것을 한마디로 독생자라고 한 것입니다.

하나님 안에 인성으로 함께 계신 하나님으로 자기의 사람들에게 영생하는 생명을 주실 수 있는 유일한 분이요 유일하신 구주시요 세상에 오실 때 아버지의 이름을 가지고 아들로 오시되 세상에 보내신 바 된 오직 한분 생명이시며 구주이신 그리스도 예수다 하는 것을 말하기 위해 한마디로 독생자라고 했습니다. 사도 요한이 육신을 입고 오신 예수님에 대하여 그같이 긴 설명을 하지 않아도 '독생자' 하면 성영님이 계신 영혼은 얼마든지 알아듣는 것이기에 긴 설명할 필요 없이 독생자라고 한 것입니다.

아브라함의 사건 속에서도 그것은 증명되고 있습니다. 하나님께서 아브라함의 아들 이삭을 독자라고 하셨습니다. 만일에 하나님께서 이삭을 외아들이라는 뜻에서 독자라고 하셨다고 하면 아브라함은 이미 아들 이스마엘이 있었고 분명히 이스마엘은 아브라함이 낳은 아들입니다. 그래서 이삭은 아브라함에게 외아들일 수가 없습니다. 하나님께서 이삭을 독자라고 하신 것은 이스마엘의 존재를 몰라서 그런 것이 아니요 인간 머리가 생각하는 그런 외아들이라는 뜻에서 독자라고 하신 것이 아니라 오직 이삭만이 예수 그리스도를 주시겠다는 언약으로 받은 아들, 하나님의 언약에 의해 주신 유일한 아들이라는 뜻에서 독자라 하신 것입니다.

하나님과 함께 계신 하나님, 아버지 품속에 인성(생명)으로 계신 이 생명만이 사람을 죄에서 구원하여 영생하게 하시는 유일한 생명으로서, 그 인성이 세상을 구원하시는 구주로 오시는 것에 대하여 아브라함과 말씀하여 언약을 맺으시고 그 언약을 반드시 이루신다는 증표로 아브라함 백세에 아들을 주시고 그것을 씨라고 하셨던 것입니다. 그래서 그 씨로 주신 독자의 언약은 이삭이 아니라 그리스도라고 갈3:16에서 분명히 말씀했습니다.

그러므로 목사님이 '독생자'를 '외아들'이라는 것으로 보았다면 그것은 하나님의 하늘 생명 얻게 하는 독생자의 엄청난 뜻을 가진 영적인 것을 그저 인간 자기 눈으로 보고 자기 생각을 말한 것이요 복음을 복음 되지 못하게 하는 자기 사상을 사람들에게 심어준 것이요 외아들에는 구원도 없고 생명도 없는 거짓된 선포요 그러므로 거짓 서기관이요 거짓 선지자 일을 잘하는 것이었습니다.

예수님을 외아들이라고 하는 것은 하나님도 인간처럼 자식을 낳는 분인데 하나밖에 낳지 못해 외아들이라고 한 것이나 되는 것처럼, 사람들로 하여금 상상이나 하게 하고 하나님을 하나님으로 보는 것이 아니라 인간과 같은 자리로 끌어내리는 것과 같은 거짓되고 망령된 행위요 사람들을 생명 얻지 못하도록 훼방하는 속임의 명수인 사단의 일입니다.

도대체 목사님은 목회생활이 50년이 되었다는 것을 자랑삼아 말하시던데 그러면 50년 동안 성경을 대하신 분이 어떻게 해서 그렇게 성경에 없는 거짓을 당당히 말할 수가 있으며 예수님의 아들 되심이 인간 혈통이나 되는 것처럼 끌어내릴 수가 있는 것입니까?

같이 동봉한 DVD의 내용에서도 말씀드렸듯이 목사님 자신이 가장 적극적으로 말씀하고 있는 것, 성영님을 불이라고 (불과 같은 분이라고) 가르치고 하나님은 원하신 적도 없는 성탄절을 지키는 것이 믿음인 것처럼 하지만 그러나 믿음이 무엇인지도 모르는 인간 자기 열심과 양심에서 나는 무지한 행위로서 사단의 이용물이 된 것뿐입니다. 거부하지 않는 인간 양심을 교묘히 이용하여 믿음을 속이는 거짓이라고, 그것이 목사님을 말하는 것이라고 제 목숨을 내놓고 목사님 당신에게 말씀을 드리는 것입니다. 성경에 기록된 문자의 예수님은 열심히 말하나 그 예수님이 말씀하신 그 속에 영이요 생명은 보지 못하고 거짓을 온 세상에 열심히 말하여 영혼을 쭉정이가 되게 하는 속이는 거짓 교사입니다.

 아셔야겠습니다. 사단은 예수님을 얼마든지 말하게 합니다. 십자가의 예수님 부활하신 예수님, 부지런히 말하게는 합니다. 그러나 목사님이 예수님을 아무리 전해도, 병이 치료되고 귀신이 떠나도, 속을 보지 못한 생명 없는 겉껍데기의 말들, 하나님의 의도에서 빗나간 거짓된 속임의 것들을 전하는 것이면 사람들에게는 구원과는 상관없는 하나의 지식이고 추상적인 것이고 상투적인 것일 뿐입니다. 그것이 사단이 목적하는 바요 작전입니다.
 복음이 영혼으로 받아들여져 예수님의 부활의 생명을 얻은 영의 믿음으로 장성한 분량에까지 이르러야 하는 것인데 그것은 오직 성영님으로만 보고 들을 수 있는 영이요 생명이 되는 레마의 말씀으로 되는 것인데 그 눈이 없습니다.

 그러니 하나님의 창조의 말씀을 말하는 것도 하나님을 대단히 높여드리는 것 같지만 지금 당신 자신의 그 말속에는 '하나님은 실패했다. 하나님은 실패자다.'라는 말을 하고 있다는 것을 자신도 모르면서 하고 있습니다. 하나님 말씀을 전한다고 하는 그 말속에 하나님을 실패하신 분으로 말하고 있는 것인 줄 자신도 모르고 말하고 있다는 말입니다. 이어서 나타나는 부조리가 하나님이 주권이나 내세우고 휘두르는 분이나 되는 것처럼 사람들로 하나님을 오해하도록 유도하는 것이 되었습니다.

그래서 성경을 당신 마음대로 풀어서 세상 가운데 전해주는 것이어서 당신이 하나님이 돼 있는 것 같습니다. 이제 여기서 더 말씀드리지 않는다 해도 지금까지의 내용으로도 무엇을 말씀드린 것인지 충분히 이해되었으리라 생각합니다. 제가 설명하기 복잡하여 여기서 전할 말 줄이려고 했습니다만 아무래도 목사님뿐 아니라 목사님과 관계된 모든 사람들도 목사님과 한 무리가 되어 있으니 어떤 여자가 목사님뿐만 아니라 그 모든 무리들에게 더 이상 억울한 수모를 당하지 않았으면 해서 한 말씀만 드리고 맺으려 합니다.

(7) 사마리아 여자가 창녀라니요??

요한복음 4장에 기록된 수가 성 사마리아 여자에 대해서입니다. 목사님이 사마리아 여자에 대해서 설교할 때마다 천박한 창녀였다고 하는 것을 들었고 또 한편으로는 이 여자가 이 남자와 살아봐도 만족이 없고 저 남자하고 살아봐도 만족이 없어 또 다른 남자를 만나 살면 만족이 있을까 하여 계속 바꾸다 보니 그렇게 남편을 다섯이나 바꾸었다고 들었습니다.

의사 남편을 만나 살면 행복할까? 만족이 있을까 하여 살아봤으나 거기에도 만족이 없고 변호사 남편 만나 살면 만족이 있을까 하여 살아봤으나 거기에도 만족한 행복이 없고, 돈 많은 남자, 교육자, 농부 이런 식으로 여러 가지 직업의 남자들을 만나 살아봤지만 그 어느 곳에도 만족을 얻지 못하고 남편을 다섯이나 바꾸게 되었다. 그런데 예수님을 만나자 비로소 마음에 참된 만족과 기쁨을 얻을 수 있었다고 말씀하는 것을 또한 들었습니다.

그런데 어떻게 해서 목사님은 그 사마리아 여자가 그렇게 천박한 창녀였다고 노골적으로 창녀라는 신분으로 깎아내려 모욕적인 말을 할 수가 있습니까? 창녀이기 때문에 남의 시선을 피해서 사람의 왕래가 없을 때 가장 더운 한낮에 물 길러 나왔다고요? 참으로 심히 주관적인 이런 유치한 해석에 소름이 다 끼칩니다. 또 만족이 없었다 해서 남편을 다섯 번이나 바꾼 여자라고 어떻게 그렇게 모독적인 발언을 하실 수가 있으며 가지고 놀듯이 하십니까? 무슨 해석이 자기 맘대로 이랬다저랬다 합니까?

왜 목사님의 눈에는 그 여자가 창녀로 보이는 것입니까? 왜 그 여자가 창녀입니까? 그리고 창녀라면 무슨 남편이 다섯이나 있었다고 말하는 겁니까? 창녀라면 몸을 파는 직업적인 여자를 말하는데 그러면 자기 몸을 파는 그 대상들을 남편이라고 말한 것입니까?

50년이나 목회하셨다는 것을 자랑하듯 말씀하시는 분이 어떻게 그렇게……. 이 사마리아 여자의 사건은 예수 그리스도께서 찾으시는 자가 누구인가? 하나님의 언약하신 구원과 생명이 누구에게로 흘러가고 임하는 것인지를 이 여자로 하여금 보이신 것입니다. 예수님과 관계되는 자, 예수님을 만나는 자가 누구인지를 분명히 보이신 사건으로써 하나님의 섭리하심 가운데 이루어진 영적인 뜻을 보는 것입니다. 그것을 볼 수 있는 눈이 돼야 함에도 ……, 어떻게 그렇게 자기 마음에서 나는 것으로 상식에도 맞지 않는 그런 말들로 하나님의 엄청난 생명의 뜻을 흐려놓는 것인지 참 한탄스러울 뿐입니다.

 성경은 하나님의 생각, 하나님의 의도, 하나님의 의지를 말씀하신 하나님의 책이기에 하나님의 입장에서 보는 눈이 되어야 마땅합니다. 그것을 모를까봐 내게 할 말이라고 하느냐 하시겠지만 사마리아 여자를 창녀로 보는 이유가 그것입니다. 삶의 만족이 없어서 남편을 다섯이나 바꾼 것처럼 보는 이유가 그것입니다. 하나님의 시각으로 볼 눈이 되어야 하나님과 맞는 답이 나오는 것인데 자기 눈으로 보는 성경이 돼 있으니 자기 말을 하는 것은 당연합니다. 사람들의 영혼에 해를 끼치는 거짓된 가르침이 될 수밖에 없는 것 또한 당연하지 않겠습니까?

 예수님께서 수가 성 사마리아의 창녀를 찾아가신 것 아닙니다. 삶의 만족이 없어 남편을 다섯 번이나 바꾼 여자에게 만족함을 주기 위해서 찾아가신 것도 아닙니다. 목사님이 생각하는 그런류가 아니라 메시아가 오시기를 고대하던 영혼을 찾아가신 것입니다. 예수님이 찾아가신 것은 메시아를 소망하며 기다리던 영혼 이스라엘 집에 잃어버린 양을 찾아가신 것입니다. 사마리아 여자는 여자냐 남자냐 하는 것을 보라는 데 있지 않습니다. 사마리아 여자는 분명히 여자이지만 그러나 여자다 남자다 하는 성을 말하라는 데 있는 것이 아니고 여자만이 생명을 받아들일 수 있습니다. 여자만이 생명을 생산할 수 있습니다.

그래서 성경은 하나님의 영적인 것을 여자를 통하여 깨닫게 하시는 것입니다. 예수님이 찾아가신 사마리아 여자는 생명의 목마름을 가지고 있는 여자(신앙)입니다. 예수님께서 찾아가셔야만 하는, 예수님이 오시도록 예수님을 부른 하나님의 메시아 언약을 영에 가진 여자입니다. 사마리아인들의 영의 목마름을 대표로 보여준 여자입니다. 하나님의 성전에 나갈 수 없게 된 죄인으로서 그 성전을 향하여 마음과 소망을 두고 있는 사마리아인들에게 이제 성전은 폐하여 졌으니(필요 없게 되었으니) 예수님 안에서 장소도 시간도 구애 받지 않고 하나님을 예배하게 되었다는 그 예수님의 때의 영혼들에게 자유의 복음을 선포하시기 위해 예수님이 찾아가신 것입니다. 온전한 복음(생명)을 주시기 위해 만난 여자입니다. 하나님의 섭리를 이루시기 위한 준비된 여자입니다.

남자든 여자든 관계없이 예수님이 누구인지를 알고 예수님의 생명 얻기를 소망하는 자는 영적으로 여자요 예수님의 생명을 얻은 자는 예수님의 신부입니다. 그래서 인간은 누구나 사마리아 여자와 같이 예수님이 누구인지 알아보고 만나지 못하면 예수님과 관계없습니다. 예수님이 자기 옆에 와있어도 예수님을 눈으로 보고 귀로 다 듣고 대화를 나눴어도 그 영혼이 예수님을 맞이할 수 있도록 준비되지 않으면, 예수님을 영혼으로 알지 못하면 예수님은 그와 상관없습니다. 그래서 여자는 이 같은 신앙을 의미하는 것이기에 사마리아 여자를 통하여 이것을 깨닫게 하시는 것입니다.

그리고 사마리아 여자의 본질적인 의미는 바로 예수님이 마10:6에, 마15:24에 말씀하신 이스라엘집의 잃어버린 양입니다. 이스라엘 집에는 열두 형제(열두지파)가 있었는데 그 형제들 간에 뜻이 맞지 않아 나가서 살겠다고(솔로몬 왕 임기 말년 르호보암 때) 열두 형제 중에 열 형제(북 왕국 이스라엘)가 예루살렘(성전=아버지 집)을 떠나 성전제사를 버리고 나가 자기들끼리 여호와 하나님께 제사하여 섬긴다고 했지만 그것은 하나님의 방법도 하나님의 뜻도 아니요 하나님에게서 벗어난 것이었기에. 그같이 하나님을 섬기는 례(禮)가 잘못되자 그것은 우상을 섬기는 것이 되고 곧 음란한 생활이 되었고 주변국가에게 침략당하여 끌려다니며 신앙도 혈통도 다 더럽혀졌습니다.

이후 이들이 예루살렘(성전)을 그리워하여 성전으로 나와 하나님께 제사 드리려했지만 유대인들은 절대로 용납되지 않는 일로서 사마리아인들을 비난하고 정죄하여 받아들이지 않았습니다. 그래서 '북 왕국 사마리아 사람들' 하면 여호와 신앙과 율법을 버린 자들, 성전제사를 버리고 세상으로 나간 부정한 자들, 이방인들과 혼혈을 이루어 유일신의 신앙을 더럽히고 이방인에게 빌붙어 사는 개와 같은 자들이라는 뜻의 총칭이 되어 불리는 닉네임이 되었습니다. 성전으로 돌아올 수 없는 자들이라는 뜻입니다. 그래서 누가복음15장에 집나간 탕자가 바로 이 사마리아인의 비유입니다.

이방인들은 돌아온 탕자가 아닙니다. 가인의 길로 나가버린 죄악의 종자요 죽은 자요 사단에게 속하여 사단에게 종노릇하고 사단을 주인처럼 섬기며 살았던 이스라엘 밖의 이방인이었지 하나님의 집을 나갔다 돌아온 둘째 아들로 비유된 탕자가 아닙니다. 그렇기에 사마리아 여자는 예루살렘 이스라엘 집 아버지의 집에 돌아가고 싶지만 돌아올 힘을 잃어버린 영혼 곧 이스라엘집의 잃은 양인 것입니다.

예수님께서 야곱의 우물에 오셔서 우물곁에 앉으신 때가 제 육시쯤 되었다 했습니다. 유대인들의 육시는 정오를 가리키는 시간인 것을 목사님이 모르시지 않습니다. 그래서 목사님이 정오라 하니까 자꾸 복음에서 빗나간 가장 더운 때라는 것으로 말하고 있는데, 가장 더운 때라는 것을 말하기 위한 것이 아니고 '정오' 그 시간은 하루 중 가장 밝은 때입니다. 하루 중 해가 중천에 뜬 가장 밝은 때, 바로 생명의 빛이신 예수님이 인류 가운데 오신 때가 정오입니다. 어두운 세상에 광명한 빛으로 오신 예수님의 때가 가장 밝은 때로 정오입니다.

물 길러 나온 사마리아 여자가 창녀라서 창피해서 손가락질이 두려워서 사람들의 눈을 피하기 위해서 가장 더운 때 아무도 나오지 않는 그 시간에 물 길러 나왔다는 그런… 복음을 끌어내리는 바리새요 서기관의 유치하고 무지한 누룩과 같은 말이나 하라고 여자가 정오에 나온 것이 아니고 바로 정오는 예수님의 때요, 그리고 생명의 기갈을 겪고 있는 사마리아 여자의 목마름이 극에 달한 때요, 예수님을 만날 은혜의 때로 차올랐다는 것을 의미합니다. 사마리아 여자, 생명을 목말라하는 구약의 모든 여자(신앙)와 그 생명이신 예수님과 만나는 때입니다.

(참고로 –때가 제 육시쯤 되었더라(요4:6)의 육시는 로마의 시간 계산법에서의 육시(저녁 6시)를 말하나 그 육시의 의미(속의 뜻)로는 히브리식의 정오쯤을 말하는 것임)

야곱의 깊은 우물은 긴 세월을 거쳐서 마침내 오실 생수가 되시는 예수 그리스도에 대한 예시입니다. 물은 예수님으로부터 주어질 영생하게 하시는 생명수를 상징한 것입니다. 그 실체이신 예수님께서 마침내 오셔서 목마르지 않는 생수, 자신을 주시기 위해 야곱의 물을 길러 나온 여자의 목마름을 예수님께서 친히 청하시고 바로 자신이 주는 물은 영원히 목마르지 않는 영생하도록 솟아나는 생명의 물임을 말씀하셨고 (예수님은 예수님을 간절히 목말라 하는 자를 필요로 하심) 야곱의 깊은 물로 목마른 사마리아 여자는 목마르지 않는 그 물을 청하여 목마름에서 온전히 해갈을 얻게 되었다는 것을 보이신 것입니다.

예수님께서는 자신이 메시아이심을 누구에게도 말하지 말라 하셨고 누구에게도 드러내지 않으셨는데(마16:20) 사마리아 이 여자에게만 자신이 메시아임을 직접 말씀하셨습니다. 자신이 메시아임을 밝힌 것은 오직 이 여자 한사람이었다는 것 보았지 않습니까? 사마리아 여자는 여자의 후손에 대한 그 생명을 갈망하며 그 생명의 후사가 끊이지 않도록 율법이 명한 뜻에 따라 생명을 얻고자 그 소망을 가지고 자기의 전 삶을 들어 그 생명을 기다리고 있었던 여자였습니다. 메시아 곧 그리스도라 하는 이가 오실 줄을 자기가 알고 있고, 그분이 오시면 모든 것을 다 일러주실 것이라는 것을 알고 있는 여자, 오직 이 여자만이 메시아를 고대하며 기다리는 이스라엘의 여자요 예수님이 오시도록 부른 신앙이요 예수님이 찾으시는 정죄 받은 죄인이었습니다.

남편이 다섯이 있었다는 것으로 그 여자의 속사정을 성경적으로 깨달아 알 수 있지 않습니까? 삶의 만족을 얻기 위해서 만족이 있을까 하여 남편을 다섯이나 바꾼 여자를 소개한 것이 아니라, 창녀가 자기 상대역 남자를 남편이라 부른 것이 아니라 여기 사마리아 여자의 남편은 바로 율법으로 주어진 장자의 후사를 잇게 해야 되는 계대 결혼에 의한 남편을 말하는 것입니다.

이스라엘의 장자(첫 것)는 하나님의 것으로 구별되었습니다. 그것은 장차 하나님의 맏아들로 오실 예수 그리스도를 예표하는 것으로서 맏이가 자식이 없으면 그 동생이 형의 아내를 취하여 아들을 낳아 장자의 후사를 잇게 하는 계대 결혼이 있었습니다(신25:5,6 마22:24-27 눅20:28-33). 사마리아 여자가 바로 그같이 계대 결혼에 의해 사는 남편들인데 그 남편들에게서 생명(후사)을 얻지 못한 것입니다.

그래서 둘째 남편도 셋째 남편도 넷째 남편에서도 생명을 보기를 너무나 원했지만 다 얻지 못했고 그 생명에 대하여 목마름으로 다섯째의 아내가 되었는데, 그런데 예수님께서는 지금 있는 자는, 즉 "다섯의 남편이 있었으나 그 남편에서도 생명 얻을 수 없다 네게 생명을 줄 수가 없다. 지금 있는 자도 네 남편이 아니다"라고 그 남편에서도 생명 얻지 못할 것임을 말씀하신 것입니다.

"네가 생명의 기쁨을 얻고자 하여 네게 남편 다섯이 있었으나 지금 있는 남편(다섯)은 네게 그 생명의 기쁨을 줄 수 없다" 그러니까 율법으로는 생명 얻지 못한다는 말입니다. 네게 물 좀 달라 하는 이가 바로 네가 기다리는 생명의 실체요 "네게 영원히 목마르지 않은 참생명의 기쁨을 주는 생명이요, 영생하는 생명을 주시기 위해 네가 오실 줄 알고 있는 메시아"라고 예수님 자신을 드러내주신 것입니다. 예수님 자신을 그 여자에게 통째로 내주시려고 오셨음을 말씀하신 복음

중에 복음이요 죄인들에겐 이제 예루살렘 성전제사는 필요 없고 예수님 안에서 어디서든지 예배할 수 있는 때가 되었음을 예수님 안에서 드려지는 영적인 예배에 대한 그 자유를 선포하신 것입니다.

여기에 대해 할 말은 많지만 여기서 생략합니다. 그러므로 목사님 당신이 하나님의 뜻에 대하여 얼마나 자기의 생각을 따라 마음대로 요리하고 있는 것인지를 아셔야 할 것입니다. 복음을 말하기는 하나 그 복음은 밑 빠진 독에 물 붓기 식이 되어 있고, 구원의 뜻을 가진 하나님의 영적인 섭리는 목사님이 절대로 보지를 못했습니다.

뿌리 없는 나무는 없습니다. 뿌리가 있어야 줄기가 있고 줄기가 있어야 열매를 맺는데 그런데 뿌리도 줄기도 없는 그 열매만 말한다면 그것은 쉽고 얼마든지 말할 수 있지만 실제로 뿌리 없는 나무는 살 수 없는 것이지 않습니까? 거기다 뿌리는 인간의 도덕률이 되고 줄기는 세상중심의 것들이 되고 열매는 예수 그리스도의 복음이 된다면 그것은 결합될 수도 없고 온전할 수 없는 것 당연합니다.

이 사마리아 여자는 목사님의 설교 레퍼토리가 되어 있다는 생각이 들어 증거하여 말하라 하신 성영님의 뜻에 따라 제가 이 말씀을 드렸습니다만 그러면 그동안 목사님 당신이 이 여자에 대해서 전한 말씀이 참말을 하였다고 하나님 앞에서 당당히 말할 수 있겠습니까? 또한 사마리아 여자에게도 장담하실 수 있겠습니까? 복음을 변개시키고 왜곡한 것을 하나님께서 묵인하지 않으실 것이라고 하셨습니다.

(8) 한 영혼이 천하보다 귀하다는 말은 성경 어디에??

목사님이 자주 언급하는 말 중에 하나님께서 한 영혼을 천하보다 더 귀한 영혼이라고 하셨다며 사람들을 향해 자신들이 천하보다 귀한 영혼인 것처럼 기분을 맞추는 말을 열심히 하여 스스로 도취하게 하시는데 그런데 언제 어디에 그렇게 하나님께서 한 영혼이 천하보다 귀하다는 말씀을 하셨는지요? 목사님 성경, 제 성경 같은 성경이니 그 말씀이 성경 어디에 있는지 여쭙니다.

제가 판단하기는 마16:25,26에 예수님께서 **누구든지 제 목숨을 구원코자 하면 잃을 것이요 누구든지 나를 위하여 제 목숨을 잃으면 찾으리라 사람이 만일 온 천하를 얻고도 제 목숨을 잃으면 무엇이 유익하리요. 사람이 무엇을 주고 제 목숨을 바꾸겠느냐** 하신 말씀을 가지고 그렇게 말하는 것 아닌가 생각하는 데요. 그런데 예수님의 이 말씀은 한 영혼이 천하보다 귀하다는 것을 말씀하시기 위해 하신 말씀이 아닙니다.

말씀 그대로 누구든지 자기 목숨을 위해 살면 그 목숨은 잃는다, 영원히 살지 못할 목숨을 영원히 살 것처럼 목숨 위해 사는 것이면 오히려 잃는다, 구원 얻을 수 없다는 말입니다. 그러니까 목숨이 끊어지면 영벌에 들어간다는 말 아닙니까? 그런데 사람이 예수님을 위해 자기 목숨을 내놓으면 목숨을 잃는다 해도 찾는다는 겁니다. 다시 말하면 예수님 때문에 목숨을 잃는다 해도 그 목숨은 영원히 연장되어 영생에 들어간다는 말입니다. 그래서 누구든지 자기 목숨을 구원하려면 자기 목숨을 위해 살지 않고 잃을 것으로 하여, 예수님을 위해 목숨을 내놓는다면 찾게 된다고 하시는 말씀입니다.

예수님을 따르는 것 예수님을 믿는 것 그것은 자기를 부인하는 것인데 자기 부인이라는 것은 예수님을 위해서 자기 목숨을 잃어도 좋다는, 목숨과 목숨의 일에 연연하지 않고 자기 목숨을 버려야 한다는 말씀입니다.

만일에 사람이 목숨이 영원히 살 수 있을 것처럼 착각하고 자기 목숨을 위해 열심히 재물을 모으고 자기를 즐겁게 하려고 세상 것을 다 갖추었어도 결국은 목숨이 끝나는 날이 있는데, 그렇게 자기 목숨을 위해 일생 다 바쳐 재물을 얻어 쌓아 놓고, 세상 위에 가장 높은 지위 명예를 얻었어도 천하를 다 얻었어도 목숨을 잃을 때 그것이 목숨을 구원해주지 못하는 것이니, 지옥 가는 것이니 무슨 유익이 있느냐는 말씀입니다. 천하를 얻었어도 그것으로 목숨을 되돌려 받을 수도 없고 살 수도 없다, 목숨 한번 잃어버리면 다시 되돌릴 수 없다는 말씀입니다.

세상에 그 어떤 것 가지고도 목숨을 되돌려 살 수도 없고 목숨과 바꿀 수 있는 것이 없다, 그러니 자기 목숨이 사는 일로 천하를 얻는다 한들 그것이 무슨 유익이겠느냐 지옥 가는데, 목숨 끊어지면 그만이지 천하가 다 무슨 소용이냐는 말씀입니다. 자기 목숨을 부인하고 자기 목숨이 죽는다 해도 예수님을 위해 내놓고 예수님을 위해 사는 자는 찾을 것이요 그러나 자기 목숨을 위해 사는 자는 천하를 얻었어도 잃을 것이라고 하신 것입니다.

그런데 여기에서 무슨 천하보다 귀한 영혼이라는 말이 나오는 것입니까? 한 영혼이 천하보다 귀하다고 하셨다는 말이 어떻게 나올 수가 있는 것입니까? 왜 예수님의 말씀의 의도를 그렇게 목사님 마음대로 변질시켜 놓는 것입니까? 그러면서 '여러분은 하나님이 천하보다 귀하다고 하셨다. 여러분 한 사람 한 사람은 하나님께 택함 받은 천하보다 귀한 존재다 천하보다 귀한 영혼들이다. 그러니 누가 여러분들을 건드릴 수 있냐' 이런 거짓말로 바꾸어 사람들의 마음을 부추기고 기분을 맞추는 것으로 미혹하여 자기의 사람들로 만들고 있는 것이지 않습니까? 그러니 인간 자기가 뭐라도 되는 것처럼 착각하게 하는 겁니다. 하나님이 사랑이시라 하니까 무조건 다 사랑한다는 것인 줄로 착각하지 마십시오. 하나님이 그냥 교회 나와 앉아 아멘아멘 한다고 황송해서 어쩔 줄 몰라 하시는 줄 아십니까?

하나님께서 인간을 '사랑하셨다. 사랑하신다.' 하는 것은 예수님을 내주셨다는 것을 말씀하는 것인데, 그러면 목사님의 교인들이 자기 목숨을 위해 살지 않고 예수님을 위해서 자기 목숨을 내놓고 자기 목숨의 일을 다 버렸다는 것일까요? 아마도 '예수 믿는 것은 이와 같다' 한다면 사람들이 모여들지 않을 것이라는 것 계산하는 것이니 만일에 이 복음의 진리를 안다 해도 이 복음만 전하지는 않을 거잖습니까?

그리고 기껏 성경에도 없는 말로 예수님의 말씀을 빙자하여 사람들이 눈치채지 못할 걸 알기 때문에 비스무리하게 사람 비위 맞추는 듣기 좋은 말로 바꿔서 그같이 하나님께서 한 영혼을 천하보다 귀하다 하셨다고 여러분 한 사람 한 사람이 천하보다 귀한 영혼이라고 여러분 한 사람 한 사람을 너무나 귀하게 여기신다고 거짓 복음을 그렇게 자신 넘치게 외치고 있으니 그런데 어찌합니까? 하나님께서는 하나님에 눈에 보이는 자가 그리 없다, 찾아보기가 어렵다고 하셨으니 말입니다.

눅 18:8에 예수님께서 …… **인자가 올 때에 세상에서 믿음을 보겠느냐** 하셨습니다. 목사님은 이 말씀을 어떻게 말하시겠습니까? 교회 건물 안에 사람이 없다는 말입니까? 사람은 넘쳐나고 있습니다. 그러나 믿음 있는 자가 보기가 어렵다는 말입니다. 다시 또 강조하는 것은 당신에게 사람 많이 몰려들었다고 해서 하나님의 일에 성공인 줄로 착각하지 마십시오. 목사님과 사단이 합작하여 이루어낸 것으로써, 목사님 자신은 성공일지라도 하나님께서 원하시는 뜻도 하나님의 방법도 아닙니다.

하나님께서 혹시 목사님에게 기회 주시는 것이면 이 회개의 기회를 잃어버리는 일이 없도록 하십시오. 이 글을 보낸 이후에 성영님께서 무엇을 제게 지시하실지는 저도 모르지만 이것이 목사님에게 주시는 하나님의 마지막 경고라고 말씀하셨다는 것과 거짓된 말과 불법행하는 것들을 그만 그치라 명하셨다는 것을 분명히 전해드립니다. 무지한 말로 하나님을 말하는 것, 이제 더이상 듣기 싫고 화나신다고 그만 그치라고 하셨습니다.

오늘날 이방인들로 복음을 듣고 교회에 나와 예수님을 믿는다고 하는 사람들 속에 영의 생명을 얻지 못하고 영의 생명이 충족되지 않아 그 생명의 목마름으로 갈하여서 고통 하는 영혼들이 더러는 있기 때문에 그 영혼들에게 생명의 충족을 주시기 위하여 하나님께서 찾기 원하신다고 하셨습니다.

그러므로 목사님 당신이 이루었다고 생각하는 것을 하나님의 뜻대로 하셔야 하는 것이 마땅하다고 인정하는 마음이 있으시다면 하나님께 내드리라 하십니다. 하나님께서 찾는 영혼들을 찾으시도록 성영님께서 말씀하시도록 할 것이라 하셨습니다. 목사님의 자리를 하나님께서 사용하겠다고 말하라 하셨다는 말입니다.

더 이상의 필요한 말씀은 목사님이 저를 만나시는 것이 돼야 하겠습니다. 두서없는 글에 양해 구합니다. 연락 있기를 바라며 이만 글을 맺습니다.

2010년 12월 8일 신성엽 목사 올림.

경고 2
주여, 주님 부르는 것 주 예수님과 관계없다

너는 기도할 때에 네 골방에 들어가 문을 닫고 은밀한 중에 계신 네 아버지께 기도하라 은밀한 중에 보시는 네 아버지께서 갚으시리라

(마6:6)

   오늘 이 자리에 계신 여러분 모두, 자기는 하나님이 말씀하시는 구원을 필요로 하는 죄인이었다는 것을 진심으로 인정한 바이고, 오직 예수님만이 하나님의 아들이요 사람으로 오신 자기의 구주시라는 것을 믿는 것이기에 그 믿음을 하나님께 고백하였고 예수님을 참으로 믿는 것입니까?
   저의 이 질문은 여러분이 교회에 나오는 이유가 바로 우리 주 예수님을 믿으러 나온 것이 되어 예수님을 더욱 깊이 깨달아 알고 예수님과 연합된 믿음의 관계가 돼야 하기 때문입니다. 그 이유가 아니면 그 외의 것들은 예수님의 교회와는 전혀 관계없다는 것을 분명히 해 두겠습니다. 특히 예수님의 교회에 출석이 오래되지 않은 분들이 예수님의 교회가 지향하는 뜻에 대해서 반드시 알아야 할 것이고 교회 나오는 이유와 목적이 교회의 뜻에 합당해야 한다는 것 분명히 알기를 바라서 입니다. 만일에 누구든지 예수님을 믿는 것에 관심 없고

또 교회 나오는 이유가 예수님을 믿기 위해서가 아니면 그것은 저하고도 물론이거니와 하나님의 표적에 빗나간 것이기 때문에 교회의 일원이 될 수 없음을 밝혀 드립니다. 교회에 나오는 이유, 바로 이 믿음 때문이어야 한다는 것 아셨습니까? 그리고 믿음을 위한 노력이 없으면 거짓 믿음에 속한 것이라는 것도 더불어 분명히 말합니다.

계3:20,21에 **볼지어다 내가 문 밖에 서서 두드리노니 누구든지 내 음성을 듣고 문을 열면 내가 그에게로 들어가 그로 더불어 먹고 그는 나로 더불어 먹으리라 이기는 그에게는 내가 내 보좌에 함께 앉게 하여 주기를 내가 이기고 아버지 보좌에 함께 앉은 것과 같이 하리라** 하셨습니다. '내가 문 밖에 서서 두드리노니'하신 것은 예수님께서 사람 안에 무조건 밀고 들어오시는 것이 아니라 사람이 마음의 문을 열고 환영하여 영접해야 들어오시는 분이라는 것을 말합니다. 성영님은 사람 안에 무조건 밀고 들어오시거나 강제적으로 침입하시는 분이 아닙니다. 사람 안에 오셔서 거하기를 원하시지만 사람이 원하지 않거나 인격적이지 않으면 오시지 않습니다. 누구든지 내 음성을 듣고 문을 열어야 내가 그에게로 들어가 함께 먹는 관계가 된다고 하셨습니다.

인간에게 인격이 있다는 것은 자기 의사를 표현하는 자유와 의지를 가졌다는 것을 말합니다. 또한 '하나님이 인격이시다.' 하는 것은 하나님 자기의 의지가 있고 뜻이 있고 감정이 있고 생각이 있으시다는 것을 말합니다. 그래서 하나님께서는 하나님 자신의 감정과 뜻과 생각과 의지를 성경을 통해서 분명히 드러내셨습니다. 그러므로 인간이 하나님에 대하여 마음을 열고 자기 의사를 표시해야 하나님께서도 그에 따라 역사하시는 것입니다. 절대로 무조건적이지 않으시고 사람이 자기의 의지를 하나님께 두고 원하는 만큼 역사하십니다.

  하나님께서 사람에게 의지를 주셨기 때문에 그 의지로 하나님을 사랑하기를 원하시는 것입니다. 그 의지가 하나님께 온전히 열려야 합니다. 강제로 지배해서 이끄시는 것 아니에요. 사람들이 때로는 하나님께 기도할 때 그런 말 쓰는 것을 듣습니다. 나에게 좀 강권으로 역사해주세요, 누구누구에게 강권으로 역사해주세요. 즉, 말 안 들으면 때려서라도, 강제적으로라도 돌이키게 해주세요. 하는 뜻으로 그렇게 강권해 달라는 것이지요.

  그러니까 눅14:23에 **길과 산울가로 나가서 사람을 강권하여 데려다가 내 집을 채우라** 하신 이 '강권'에 대해서 사람들이 억지로라도 강제로라도 멱살을 잡아끌어서라도 끌고 오라는 뜻으로 생각하는 겁니다. 때려서라도 데려오라는 말쯤으로 생각한다는 말입니다. 그러니까 기도할 때도 강권으로 역사해달라고 하는 것이지 않습니까? 그런데 '강권하여'는 그런 뜻의 말이 아닙니다. 그 같은 것은 절대로 인격적이지 않은 것으로 하나님께서 원하시는 것 아닙니다. 강권하여 하신 것은 인간이 예수님을 왜 믿어야 하는지 예수님이 누구신지 그 복음의 문제를 분명하고 정확하게 전하고 말해주라는 뜻입니다. 복음의 분명한 뜻을 전해서 그에게 선택의 기회를 주라고 하는 뜻인 것입니다. 길과 산울가로 나가서 누구에게나 듣게 하고 데려오라는 말입니다. "내가 지금 너에게 전하는 이 복음은 너를 지으신 하나님이 분명하게 전하라고 하신 명을 받고 와서 전하는 것이니 그러므로 네가 받아들이면 구원받아 영생할 것이요 받아들이지 않으면 영원한 형벌의 장소인 지옥의 형벌로 들어간다는 것을 단호하고 분명하게 전하여 권하라 하는 뜻입니다. 강제적인 것이 아니라 사람의 의지의 문제라는 말입니다. 아셨습니까?

그래서 예수님을 믿게 되었으면 자기의 믿음을 위해서 수고와 애씀이 없으면 그 믿음은 거짓될 수밖에 없습니다. 하나님께서 우리를 찾아오셔서 죄 가운데서 구원해 주셨지만 이제 구원받은 우리가 하나님을 향해 계속 올라가야 하는 것이 우리 믿음이 해야 하는 일이요 경험의 분량이 되는 것입니다. 하늘 보좌에 계신 예수님을 향해서 올라가는 것입니다. 사람이 예수님이 구주이심을 자기 의지로 믿게 되어 영접하였으면 그 의지는 또 말씀을 깨달으려고 하는 뜻을 갖게 되어 있습니다. 자기 의지가 예수님을 믿기로 하였기 때문에 그 믿음의 길을 가기 위해서 말씀을 깨달아 보려고 하는 간절함이 있게 되고 반드시 깨닫기 위한 노력을 기울이게 되어 있습니다. 이것을 인격적이라고 하는 것입니다.

그러나 믿는다 하면서 말씀에는 관심도 없고 말씀과는 상관없이 예배당에 무조건 기도만 하러 부지런히 쫓아다니는 것이면 그리고 예배당에 와서 예배드리는 것만 한다면 그것은 백 프로 종교인이요 증언부언 하러 다니는 이방인입니다. 예수님을 믿는 삶이라는 것은 이 예수님의 날에 와서 예배 한번 하는 것으로 되는 것 절대로 아닙니다. 그것은 진심으로 예수님을 믿는 것이 아닙니다. 여러분이 믿음이 무엇인지, 믿음을 어떻게 가져야 하는지, 믿음으로 사는 것은 무엇인지 참으로 믿음을 알고 믿는 것에 도움이 되게 하기 위해서 인터넷에 교회 홈피를 만들어 말씀을 다 올렸으니 거기에서 말씀을 듣기를 바랍니다.

진심으로 믿기 원하면 말씀을 반복해서 듣는 것으로 자기의 말씀이 되게 하고 영혼에 능력으로 자신에게 남기는 말씀이 되기 바랍니다. 그 같은 수고의 애씀이 있다면 후에는 말씀으로 사는 능력이 될 것입니다. 이것이 너무나 중요한 우리의 사명이기 때문에 예수님께서 '성영님이 너희에게 오시면 너희를 진리 가운데로 인도하신다, 알리신다, 가르치신다.'하심으로써 말씀을 벗어난 믿음은 있을 수 없는 것임을 알게 하셨습니다. 우리의 믿음은 예수님의 말씀을 듣고 읽고 배우고 지키고 따름으로 말씀 안에 거하는 것이지 그렇지 않으면 믿는 것 아닙니다. 아셨습니까?

오늘 본문 마6:6은 이미 나눈 말씀인데 오늘 또 읽게 된 것은 여러분의 믿음이 참이냐 거짓이냐 하는 너무나 중요한 질문이 걸려 있는 문제가 있기 때문에 그렇습니다.

오늘 예수님께서 누구에게 기도하라 하신 것입니까? "네 아버지께" 주님에게 기도하라고 하신 것 아닙니까? "네 아버지께'라고 분명히 말씀하셨습니다. 여러분이 참으로 살려면 말씀들을 잘 듣기 바랍니다. 예수님은 주님을 대상으로 하여 기도하라고 구하라고 사정을 아뢰라고 가르치신 적이 한 번도 없습니다. 기도에 대하여 말씀하실 때마다 '네 아버지께' '하늘 아버지께' 기도하라고, 구하라고, 주시리라고, 계속 가르쳐 이르셨습니다. 그런데 오늘날 모든 사람들이 한결같이, 아주 기가 막힐 정도로 '주여, 주님'이 부르는 호칭이 되어 있고, 또 주님에게 기도하는 관계가 되어 있습니다.

또한 성경은 예수님의 이름을 부르라고 했는데 그런데 어떻게 그렇게 사람들이 한결같이, 하나같이 예수님의 이름을 부를 줄 모르고 주여만 찾고, 주님만 부르고 있는 것입니까? 예수님을 믿는다는 사람들이 부르라고 하는 예수님 이름은 아주 희미한 그림자 정도의 불과한 이름이 되어서 오직 주여 주님으로만 관계를 맺고 있으니 그러면 그 주여 가 누구라는 겁니까? 누구를 부르는 것이냐는 말입니다. 물론 저의 이 말에 예수님을 부르는 것이라고 말하겠지요. 그러면 '주'라 부르지 말고 부르라고 말씀하는 이름을 알고 이름을 부르십시오.

사람이 예수님을 믿고 구원받았다고 말한다면 그것은 삼위일체이신 하나님을 분명히 알고 그 삼위의 인격과 관계가 정확히 맺어졌기 때문에 구원받았다고 하는 것인데, 다시 말해 구원의 이름이신 예수님의 이름을 알고 그 이름이 자기 안에 오셨기 때문에 구원을 받았다고 말하는 것인데, 그러면 예수님의 이름이 없는 그가 부르는 그 '주'가 누구냐는 것입니다.

믿는다는 사람들이 모두가 다 주여, 주님이 하나같이 입에 딱 붙은 것이 되어서 말을 해도 주님이 그러셨다 말하고, 기도를 해도 주에게 하고 있으니 그 대상이 도대체 자기가 만든 신을 부르는 것인지, 구약에 여호와 하나님을 부르는 것인지, 하나님을 부르는 것인지, 예수님을 부르는 것인지, 성영님을 부르는 것인지 듣는 사람도 혼동이 되지만 그렇게 부르는 자신도 지금 누구를 부르는 것인지 알지 못하고 막연히 부르는 것입니다. 삼위일체이신 하나님과의 관계가 바르게 되었지 않기 때문에 나타나는 것들입니다.

오늘날 사람들이 그같이 주님으로만 관계를 맺고 있는 것이면 그것은 예수님도 모르고 하나님의 뜻도 깨닫지 못했다는 것을 여실히 보여주는 증거입니다. 그저 주여 주님만 찾고 있다면 그것은 삼위일체 하나님을 알고 부르는 것이 아닙니다. 그 삼위의 하나님과 자기와 관계를 이루어 맺어진 믿음이면 그렇게 주님만 부르고 찾지 않습니다. 이것은 참으로 하나님의 뜻에 대한 성경의 흐름에 대해서 너무도 모르는 소경의 일입니다. 예수님을 자기 자신보다 못하게 여기는 거짓된 믿음에서 나는 것임을 말합니다. 지금 자신들은 자기 믿음이 바른 줄로 알고 착각하지만 눈을 가려놓는 사단에게 속는 것이요 하나님보다 똑똑하고 잘난 자기 머리에 속는 것입니다. 성경의 가르침보다는 사람들의 잘못 가르치는 말들을 그냥 받아들이고 따라가는 허수아비입니다.

　오늘날 말씀을 말하고 가르치는 사람들이 솔직히 예수님께로 안내하여 생명으로 이끌어 들어가게 해주는 참진리의 사람이냐 거짓의 사람이냐 하는 것을 알아봐야 할 참으로 큰 숙제인 믿음의 고민이 크게 있음에도 불구하고 그냥 맹목적으로 따릅니다. 그렇기에 다 예수님과 방향을 같이할 수 없는 무리들로 흘러가 버렸어요.
　제가 이 부분에 대한 설명을 '예수님이 가르쳐 주신 기도' 말씀에서 또 '네 아버지께 기도하라'는 제목의 말씀에서도 다루었기 때문에 더 말 안 해도 되는데 사람들의 잘못 가고 있는 믿음을 보면 참 안타까워서, 또 누구든지 그가 복이 있다면 말이지요, 듣고 깨닫는 기회가 되게 하고자 하여 또 말씀을 합니다.

　교회 처음 나오는 사람들도 말입니다. 성경을 어디나 펼치면 '주'라는 칭호가 많이 있고 그리고 먼저 교회 다니고 있는 사람들이 다 주여 주님 부르니까 '아! 주여 라고, 주님이라고 부르는가 보다' 하고 똑같이 따라서 부르는 꼴이 되어 있습니다. 구주이신 예수님이 누구신지 알지 못하는 가운데 그저 주여 믿습니다 하고 나오니 그같이 자기가 찾고 있는 그 주가 속이는 자 사단의 영들이 대답하고 보여주고 끌고 갈수도 있다는 것은 꿈에도 생각 못합니다. 성경을 알기 때문에. 하나님의 뜻을 깨달았기 때문에 주여 주님 하는 것이 아니고 모두가 그렇게 부르니까 같이 부르는 것이 되어서 다 악한영이 믿음을 속이는 길로 따라가는 것입니다.

저의 이 말에 사람들이 항의하고 싶을 겁니다. 성경에 보면 구약 백성도 주여 라고 했고 (이것에 대한 설명은 예수님 가르쳐주신 기도 2에 있음)예수님의 제자들도 주라고 했는데 우리도 같이 주라고 부르는 것이 뭐가 잘못 됐냐? 우리가 주님 주여 하는 것은 예수님에게 하는 것이다. 예수님이 우리의 주가 되시니 그래서 주님이라고 부르는 것인데 도대체 주님 부르는 것이 뭐가 잘못인 것이냐? 말하고 싶을 것입니다. 물론 예수님은 우리의 주가 되십니다. 예수님 외에는 주가 없습니다. 주라고 하는 것은 주인이라는 뜻이니 그래서 우리의 예수님을 주인님, 주인이여 하고 부르는 것이 잘못되었다는 것 아닙니다.

그런데 주인이신 예수님께서 너희가 기도할 때는 '주'에게 기도하라고 말씀하신 적 있습니까, 없습니까? 없다는 것 분명합니까? 내가 너희 주인이니 주인 부르며 기도하라고 말씀하여 가르치신 적이 한 번도 없습니다. 그러면 예수님께서 누구에게 기도하라고 하셨습니까? '네 아버지께, 하늘에 계신 아버지께'라고 기도의 대상이 누구인지 분명히 말씀하신 것 아닙니까? 사람들이 하나님이 자기 아버지가 아니니 사실 부를 수가 없습니다. 아버지가 아닌데 어떻게 부르겠습니까. 육체의 아버지도 자기를 낳아준 아버지인 줄 알기 때문에 아버지라고 부르는 것이지 아버지인 줄 알면서도 아저씨라고 부르지 않습니다. 그렇듯이 하나님이 아버지면 아버지라고 부르지 않을 이유 없습니다. 아버지가 아니니 당연히 부를 수가 없는 겁니다.

그렇다고 또 무조건 아버지라 부르면 된다는 말 아닙니다. 무조건 부른다고 해서 아버지가 되는 것입니까? 부르기만 하면 아버지 되는 것입니까? 자기를 낳으신 관계로서의 아버지가 되어야 합니다. 그러니 아버지라 부를 믿음은 되지 않고 다 주여 주님 하는 것이 마음에 걸림이 없고 전혀 부담 없으니 대상이 누가 되었든지 그냥 주여 주님 부르는 것입니다.

그러나 예수님께서는 "네 아버지께 기도하라 은밀한 중에 보시는 네 아버지께서 갚으시리라"고 말씀하심으로 기도의 관계를 분명히 가르쳐 주셨습니다. 요16:23에 …… **내가 진실로 진실로 너희에게 이르노니 너희가 무엇이든지 아버지께 구하는 것을 내 이름으로 주시리라** 하셨습니다. 진실로 진실로 하신 것은 뭘 말한다고 했습니까? '변하지 않는 하나님의 뜻, 하늘의 진리'를 말한다는 말입니다. 변하지 않는 하나님의 진짜 법을 너희에게 이르노니 이것이 하늘의 법이다. 너희가 무엇이든지 아버지께 구하는 것을 내 이름으로 주시는 이것이 하나님의 참법이라는 말씀입니다.

그러면 예수님의 가르치심대로 알고 믿음이 되어서 진실로의 법대로 해야 하지 않겠습니까? 구하는 대상은 아버지요 구한 것 주시는 조건은 내 이름이라고 그것이 변하지 않는 진리라는 것을 분명히 말씀하셨잖습니까? 요15:16에 …… **내 이름으로 아버지께 무엇을 구하든지 다 받게 하려 함이니라** 요14:13에 **너희가 내 이름으로 무엇을 구하던지 내가 시행 하리니** …… 하셨습니다. 그러면 예수님께서 지금 기도는 누구에게 하라고 하신 것입니까? 주여 부르면서 주님에게 하라고 하지 않으신 것 분명합니까? 그런데 왜 모두가 주님에게 하는가 말입니다.

그렇다면 예수님이 내 이름으로 구하라 내 이름으로 주시리라 하신 그 이름이 주님이라는 것일까요? 여러분 주님이 이름입니까? 그러면 주의 이름이 무엇입니까? 예수님이지요. 그런데 예수님은 그것을 가르치신 적이 없는데 사람들은 왜 주님의 이름으로 축복한다고 주님의 이름으로 기도한다고 하는 것이겠습니까? 남들이 그렇게 부르니까, 남들이 그렇게 하니까 똑같이 따라 하는 종교인 노릇하는 겁니다. 지금 자기 믿음이 하나님께서 원하시는 뜻대로 가고 있는 것인지 도무지 알 능력이 없습니다. 속으면서 속이면서 도취되어 따라가는 것입니다.

악한 영들이 눈을 가려놓으니 성경의 뜻과 맥을 볼 눈이 없는 것입니다. 그렇게 주 예수님의 이름을 가려놓고 '그래 잘한다 주여 불러라, 내가 네 주님이니 네 주님에게 기도해라'하고 속이는 것에 잘 속으면서 따라가는 것입니다. 그래서 주님에게 열심히 기도는 해도 아버지에게 기도하지 못 하는 것, 주여 주님은 열심히 불러도 주 예수님을 부르지 못 하는 것, 그것은 지금 주 예수님으로 말미암아 아버지를 만나지 못한 증거요, 예수님을 알고 그 이름의 능력을 경험하지 못했다는 증거요, 자기 안에 주 예수님이 성영님으로 오셔서 계시지 않는다는 것을 증거로 보이는 일인 것입니다.

여러분에게 분명히 말하겠습니다. '주'를 통해서 하나님을 아버지로 만나는 것 아닙니다. 주여 부른다고 기도 들으시는 것도 아닙니다. 주여 부른다고 구원 얻는 것도 아닙니다. '주의 이름을 부르는 자는 구원을 얻으리라' 하셨지, 주여 부르는 자 구원 얻는다 하신 것 아닙니다. 그러면 주의 이름이 무엇입니까? 바로 예수님입니다. 예수님!

마7:21에 **나더러 주여 주여 하는 자마다 천국에 다 들어갈 것이 아니요 다만** 누가 들어간다는 것입니까? **하늘에 계신 내 아버지의 뜻대로 행하는 자라야 들어가리라** 하셨으니 그러면 말씀하신 뜻대로 해야 하는 것이 맞는 것 아닙니까? 예수님의 말씀대로 행하는 것이라야 관계가 분명한 것이요 그것이 진리요 우리가 가져야 하는 믿음입니다.

참으로 예수님을 믿는다면 예수님이 자기의 주님이신 것을 믿으면 그러면 주인의 명대로 행하여야 하는 것이지 않습니까? 그런데 어떻게 주인의 가르쳐 이르신 뜻과는 상관없이 그 말은 무시해버리고 자기 기분대로 자기 좋은 대로, 주여 주님에게 기도한다고 주님만 부른다면 지금 그가 예수님을 알고 믿는 것은 절대로 아니라는 것을 나타낸 것입니다. 진짜 주인이신 예수님의 말씀을 듣는 자냐? 예수님을 주인으로 대접해드리는 것이냐? 아니라는 것 분명히 증명되는 것입니다. 아버지의 뜻대로 행하는 것이 아니라는 말입니다. 성경은 삼위로 계시는 하나님, 아버지와 아들과 성영님의 삼위 되신 하나님을 힘써 알라고 했습니다. 하나님은 누구이신지 네가 누구인지 너와 삼위되신 아버지와 아들과 성영님과의 관계를 어떻게 가져야 하는지 분명히 알라고 했습니다.

구원의 조건이 되고 기도의 조건이 되는 주 예수님의 이름을 알고 그 이름을 부르고, 주 예수 그리스도의 십자가에서 몸 찢고 피 흘려주신 그 고난으로 낳아주신 예수 그리스도의 아버지, 하늘에 아버지께 기도하라 하신 것입니다. 주 예수님을 통해서만 만나 주시는 하나님! 예수 그리스도의 부활의 생명을 주어 자녀로 나게 하신 하나님! 그분은 우리 아버지이시니 그 아버지께 예수님의 이름으로 구하라는 것입니다. 그러면 여러분! 기도는 주여에게, 주님에게 하는 것이 아니라는 것 분명히 동의합니까?

그다음 우리가 하나님이라고 부르는 '하나님'은 이름이 아니라 '창조주 신'이라고 부르는 호칭이라고 말씀드렸습니다. 하나님께서 사단도 자기가 신인 것처럼 창조주인 것처럼 가장하여 세상 위에 군림하는 존재라고 그 정체를 창조 때부터 자세히 드러내셨습니다. 그래서 이 우주 안에는 하나님이라고 하는, 주님이라고 하는 속이는 자 악의 영들이 헤아릴 수 없이 많습니다. 그러므로 사도 바울이 고전8:5에 **하늘에나 땅에나 신이라 칭하는 자가 있어 많은 신과 많은 주가 있다**고 말했습니다.

그래서 창조주이신 우리의 하나님께서 자신을 알리시는, 온전히 구별시키신, 구원과 심판의 뜻을 가신 하나님 자기의 이름을 자기의 백성 이스라엘에 알리셨습니다. 하나님 자기의 사람들에게 드러내 그 이름을 알려 주시면서 인간을 죄에서 구원하시는 사랑의 하나님을 알게 하셨고 죄인은 심판하시는 공의의 하나님을 알게 하셨습니다. 그러면 이스라엘 백성에게 나타내신 이름은 무엇입니까? '주 여호와' 입니다.

출6:2에 하나님께서 모세에게 **나는 여호와로라**고 자기의 이름을 알려 주셨습니다. 그리고 이르시길 이스라엘 자손을 애굽의 종살이에서 건지시고 축복의 가나안 땅을 주어 기업을 삼게 하시려고, 그 백성을 무거운 짐 밑에서 빼어낸 하나님 여호와인줄 알게 하려 하셨다고 하셨습니다. 그리고 '나는 여호와로라'고 하셨다는 것을 백성에게 선포하라고 하셨습니다. '나는 여호와로라' 라고 이름을 선포하라 하신 것은 스스로 존재하시는 절대로 변개치 않는 유일하신 하나님, 즉 유일하신 신이신 하나님의 입에서 나간 말은 반드시 이루실 것이라는 하나님의 의지를 그 백성과 온 인류위에 표명하신 뜻입니다. 너희가 듣지 않으면 죽을 것이요, 들으면 살 것이라는, 천지를 창조하시고 사람을 지으신 그 하나님이 말씀하시는 것이다 하는 하나님의 절대적 의지에 대한 선포입니다. 그래서 **여호와** 구원과 심판의 뜻을 가진 그 이름을 이스라엘에게 영원히 기억해야 할 이름이라고 하셨습니다.

그러니까 오늘날 사람들이 여호와 하나님을 부르려는 뜻에서 '주님, 주여' 하는 것이면 그는 구약에 이스라엘 백성에게로 넘어가야 합니다. 빨리 그쪽으로 가서 양 잡고 소 잡고 제물로 제사하면서 메시야가 와서 피 흘려 구원해줄 것을 기다려야 합니다. 그 주님은 오늘날 은혜시대의 주님이 아니니 '주 여호와여' '주여'하고 힘써 부른다 해도 대답하실 수 없으니 구약의 여호와이신 주님과 관계가 되려면 그곳으로 빨리 넘어가야 합니다. 또한 예수님을 '주'라고 부르는 것이라 한다면 예수님을 자기 안에서 알지 못하면서 주님이라 부르는 것 그 또한 예수님과 관계없습니다. 아셨습니까?

그러니 성경이 가르치시는 하나님의 뜻을 담은, 하나님의 이름에 대하여 그 관계를 알지 못하는 무지한 가운데 그저 주님 주여 부르고 있으니 그 부름에 여러분! 누가 대답하고 나오는 줄 아십니까? 교회에 나오기 전부터 자기의 주인 노릇하던 사단과 그의 영들이 '그래 나 여기 있다' 하고 나오는 것입니다. '내가 너의 주님이다.' 하고 나오는 것입니다.

마1:21에 **아들을 낳으리니 이름을 예수라 하라 이는 그가 자기 백성을 저희 죄에서 구원할 자이심이라**고 했습니다. 요5:43에 예수께서 **나는 내 아버지의 이름으로 왔다**고 하셨습니다.

그러니까 메시아 구주를 보내시겠다고 언약하신 하나님이 세상의 구주로 아들을 보내시는데 자기 백성을 저희 죄에서 구원하시는 이름을 무엇이라 하라고요? **(예수님)** 구약에서는 자기의 백성을 구원하시겠다고 하신 아버지의 이름이 여호와이셨는데 이제 그 아버지가 아들에게 여호와의 이름을 주어 보내시는 것이 아니라 예수라는 이름을 주어 온 세상의 구주로 보내셨다는 것입니다.

다시 말해 구약의 구원하시는 이름은 히브리어(하나님의 백성 이스라엘만 사용한 고유어)로 여호와인데 신약은 헬라어로 온 땅의 구원하시는 이름으로 예수님입니다. 그래서 예수님이 나는 내 아버지의 이름으로 왔다고 하셨습니다. 그러면 사람을 죄에서 구원하시는 이름이 '주' 라는 것입니까? 그러므로 '예수'님 그 이름을 알고 그 이름을 불러야 그것이 자기 죄에서 구원받은 자라 할 수 있는 것입니다. 주 부르는 것으로 구원받는 것 아닙니다. 참으로 구원받기 원하면 '예수'님 이름이 구원의 이름이니 그 구원의 이름을 자기 속에서 알고 부르는 것이 되어야 그것이 구원받은 것이라 할 수 있습니다. 주여 주님 하는 것은 천만 번을 부른다 해도 구원받지 못합니다. 구원의 이름, 참으로 예수님을 믿어 구원받은 자면 그 예수님 이름이 자기 속에 있는 것이요, 그래서 내 구주의 이름 예수님! 그 이름을 으레 부르게 되어 있는 것입니다.

요10:25에 …… **내가 내 아버지의 이름으로 행하는 일들이 나를 증거하는 것이어늘** 하셨습니다. 아버지의 이름 곧 예수님, 그 이름으로 행하는 일들이 예수님 자신이 하나님이신 것을 증거하는 것이요, 하나님의 독생자이심을 증거하는 것이요, 그리스도 구주이심을 증거하는 것이라는 것입니다. 그러면 여러분께서 예수님은 하나님이시요 예수님은 하나님의 독생자시요 예수님은 사람이시오 예수님은 내 구주시라는 이 증거를 그 이름으로 받았습니까? 주님으로 받았습니까? 예수님 이름으로 받았습니까? 주님으로 받은 것 아닙니까? 여러분! 주님으로 받으신 거잖아요? 아닌 것 확실합니까?

그러니 오늘날 사람들의 믿음이 얼마나 잘못 가고 있는지를 알 수 있잖습니까. 그러니까 성경 보지 않는다는 것 성경을 봐도 다 가려져 있다는 것 또한 사단이 가려놓았다는 것 그냥 무조건 사람 말 듣고 따라다닌다는 것 여실이 증명되는 것이잖아요. 입만 열면 주 예수 그리스도, 주 예수님, 내 구주 예수님, 이름이 그 속에서 나와야 그것이 증거를 받은 또 하나의 증거지 않겠습니까? 그러니까 증거를 받지 못한 것이니 입만 열면 주여, 주님만 나오는 것입니다. 증거를 받지 못했기 때문이라는 말입니다. 자기 안에 그 이름이 있어야 자연스럽게 이름이 나올 텐데 속에 이름이 계시지 않으니 나올 수가 없는 것입니다. 예수님은 분명히 요17:26에 **내가 아버지의 이름을 저희에게 알게 하였고 또 알게 하리니 이는 나를 사랑하신 사랑이 저희 안에 있고 나도 저희 안에 있게 하려 함이니이다** 하셨는데 말입니다.

이같이 아버지의 사람들에게 예수님이라는 이름(뜻)을 알게 하였고 또 알게 한다고 하셨습니다. 그러니까 아버지의 사람들에게 아버지의 이름 여호와와 예수님 이름을 알게 하였고 또 알게 하신다 하셨는데 그러니 그 이름을 알지 못하고(안다는 것은 절대로 이름과 이름의 뜻이 자기 안에 와있는 것을 말합니다.) 주여만 부른다면 그 사람 예수님의 사람입니까 아닙니까? 예수님의 사람일 수가 없는 것입니다.

그래서 예수님의 이름을 알고 그 이름으로 사는 것이 능력인데 그런데 이름을 알지 못하고 그 이름이 자기 안에 와있지 않으니까 자기 안에 이름이 없으니 어떻게 예수님의 이름을 부르겠습니까? 자기 안에 그 이름이 없는데 말입니다. 그저 주여 주님만 찾고 부를 수밖에 없는 것 당연한 것입니다. 예수님과 우리가 하나가 되는 비결은 그 이름 속에 들어 있는 하나님의 엄청난 뜻을 알고 그 이름을 경험하는 것으로 되는 것입니다.

요17:6에 **세상 중에서 내게 주신 사람들에게 내가 아버지의 이름을 나타내었나이다 저희는 아버지의 것이었는데 내게 주셨으며 저희는 아버지의 말씀을 지키었나이다** 하셨습니다. 저는 이런 예수님의 말씀을 묵상할 때나 입에 올려 전할 때마다 가슴이 벅차고 눈물이 나서 말이지요. 정말 속에서 벅차서 감격의 울음이 올라오는 것을 제가 억지로 참습니다. **세상 중에서 내게 주신 사람들에게 했습니다.** 그러니까 예수 그 이름을 누구에게 알게 하였고 그 이름을 누구에게 나타내셨다는 것입니까? 세상 중에서도 아버지가 주신 사람이라고 했습니다. 세상에 믿는다고 하는 사람이 많고 많지만은 예수님께서는 아버지가 주신 사람이라고 하셨습니다. 그래서 아버지께 듣고 배운 사람마다 내게로 온다고 하셨습니다. 그러면 여러분은 아버지 사람입니까? 아버지 말씀을 지키는 것으로 예수님께로 온 것이 되었습니까? 저에게서 말씀 듣는 사람이라면 저의 이 같은 말씀들에 대해 알아듣지 못할 이유 없습니다. 못 알아듣는다면 그 것은 말씀을 거짓으로 듣고 있다는 것이지요.

　그러니까 믿는다는 사람들이 예수님의 이름을 알고 그 이름을 나타내지 않는다면 그것은 아버지가 예수님께 주신 사람일까요 아닐까요? 아버지께 듣고 배운 사람일까요 아닐까요? 아니라는 것 또는 아직은 아니라는 것 분명히 알 수 있는 것입니다. 그래서 가짜냐? 진짜냐? 따질 것도 없습니다. 논쟁 벌일 일 아니에요. 그의 입에서 주님만 나타내고 있으면 그것이 거짓 주님 노릇하는 자의 말이라는 것, 거짓 믿음에 있다는 것이 그냥 드러나는 것입니다. 예수님이 그의 안에 없다는 것이 드러나는 것입니다. 만일에 이 말씀을 듣고 그런가 하여 예수님의 이름을 부른다 해도 여전히 거짓 믿음입니다. 자기가 성령님으로 깨달은 이름이 되어 부르는 것이 아니면, 또는 이 말씀들을 듣고 마음에 깊이 깨달아져 아멘의 동의가 되어 "아멘! 맞습니다. 예수님의 이름이 나의 구원의 이름입니다. 내 안에 믿음으로 받은 이름, 예수님의 이름을 가지신 성영님을 모셔 들입니다." 하는 마음의 변화의 경험을 가지는 것으로 시작이 되지 않는 것이면 아닌 것입니다.

요14:26에 **보혜사 곧 아버지께서 내 이름으로 보내실 성영**…… 이라고 하셨습니다. 바로 예수님께서 아버지의 이름, 예수님 그 이름을 가지고 오셨던 것처럼 성영님도 예수님의 이름으로 오셨다는 말입니다. 예수님의 이름은 성영님이 오실 때 가지고 오신 이름이요, 그러므로 성영님이 자기에게 오셔야만 그 이름도 같이 오시는 것입니다. 그러면 예수님의 이름이 어디에 있어야 합니까? 자기에게 성영님이 오셔서 계신다면 그 이름이 어디에 있어야 하는가 말입니다. 자기 안에 있어야 합니다. 그냥 주워가지는 이름이 아니에요. 이름을 많이 들어서 안다고 자기 안에 가진 이름이 되는 것 아닙니다.

믿는다는 사람들이 예수님의 이름 몰라서 듣지 못해서 '주'라고 하는 것 아닙니다. 처음엔 예수님의 이름을 머리로 받지만 성영님으로 말미암아 자기 안에 오셔야 하는 것입니다. 성영님이 가지고 오시는 것은 '주'가 아닙니다. 그래서 사람들이 성영님으로 말미암아서 된 믿음이 아니기 때문에 그 안에 예수님의 이름이 없는 것입니다. 자기 안에 이름이 없으니 그 이름이 입의 열매가 안 되는 것입니다. 또한 두말할 것 없이 구원받지 못한 것임을 의미합니다.

예수님의 이름으로 오신 성영님, 예수님의 이름을 가지고 오신 성영님이 오시면 **그가 너희에게 모든 것을 가르치시고 내가 너희에게 말한 모든 것을 생각나게 하시리라** 하셨습니다. **진리의 성영이 오시면 그가 너희를 모든 진리 가운데로 인도하시리니** 하셨습니다.(요

16:13) 그렇기에 성영님이 오셔서 계신 자는 그를 주님으로 관계 맺도록 인도하시지 않습니다. 예수님의 이름을 가르치십니다. 생각나게 하시고 깨닫게 하십니다. 예수님의 이름으로 예수님의 이름을 가지고 오셔서 그 이름을 알게 하시고 그 이름이 주는 구원과 영생과 치료와 능력을 알게 하시고 인도하여 예수님의 이름에 영광 돌리고 찬양하도록 그 이름으로 살도록 하시는 것입니다.

 오늘날 우리가 보지 못한, 보이지 않는 그 예수 그리스도를 믿을 수 있는 것은 성경에 기록된 말씀에 의해서이긴 하지만 그러나 성영님이 가르치신 예수님의 이름이 내게 있느냐, 그 예수님의 이름을 알고 그 이름으로 살고 있느냐, 즉 그 이름이 주시는 능력을 경험하는 것으로 아는 것입니다. 주여 주님으로 보이지 않는 예수님을 믿는 증거가 되는 것 아닙니다. 자기가 '주'라고 나오는 존재는 세상 천하에 널려 있습니다. 세상에 널린 것이 가짜 주 노릇하는 것들입니다. 예수님을 믿는 증거인 예수님의 이름이 없으면 그가 열심히 부르던 그 주님은 공중 권세 잡은 악한 영들이 대답하는 것입니다. '내가 네 하나님이다. 내가 네 주님이다.'하고 주님 노릇하고 성경 말씀을 빙자하여 영적 세계의 온갖 것으로, 영적 경험을 가져다주는 겁니다. 요사이는 요한계시록의 천국 내용을 가지고 빙자하여 천국을 보여주네, 지옥을 보여주네 하면서 미혹하는 일들이 아주 많이 있음을 느낍니다. 악한 영들도 얼마든지 그것을 보여줄 수 있기 때문입니다.

 그래서 예수님께서도 요17:3에 **영생은 곧 유일하신 참 하나님과 그의 보내신 자** (주님이라 했습니까? 그의 보내신 자 주님이에요?) **예수 그리스도를 아는 것이니이다** 분명히 말했습니다. 지금 자신이 주님이시면서도 '나 주님이다.' 하신 것이 아니라 예수 그리스도라고 하셨습니다. 거짓 하나님 노릇하는 공중권세 잡은 자가 있기 때문에 그래서 유일하신 참 하나님이라고 참을 강조하셨습니다. 그의 보내신 자 주님을 아는 것이 아니라, 예수 그리스도를 아는 것임을 분명히 말씀하셨습니다. 사도행전에서는 예수님의 이름으로 침례를 받고, 예수님의 이름으로 죄 사함을 얻는다고 했습니다. 그런데 마28장은 **아버지와 아들과 성영의 이름으로 침례를 주고** 하셨습니다. 그러니까 예수님 이름은 아버지의 이름이요, 아들의 이름이요, 성영님이 주시는 이름입니다. 예수님의 이름 속에 아버지와 아들과 성영님의 구원의 역사가 다 들어 있음을 말씀하는 것입니다. 알아듣습니까?

제가 예수님이 가르쳐주신 기도의 말씀에서 말했잖습니까? 예수님 그 이름은 구약에 여호와의 이름이 가진 그 엄청난 뜻을 예수님이 오셔서 다 이루신 이름이라고 말입니다. 예수님의 이름은 라파요 이레요 승리요 의요 목자요 평강이요 구원이요 생명이요 이 같은 엄청난 이름의 복이 예수님 이름에 있으니, 이 이름을 알고 이름을 불러야 자기에게 그 이름의 복이 있다는 증거인데, 주여 주님만 부르고 있으니, 이 복이 그들에게 있을 턱이 없는 것입니다. 이름을 모르는데 어떻게 있겠습니까? 요15:16에 예수님께서 이것을 아는 자에게 **내 이름으로 아버지께 무엇을 구하던지 다 받게 하려 함이니라** 하셨습니다.

그러면 여러분! 예수님의 이름을 아십니까? 안다면 자기 안에 예수님의 평안이 있어야 하잖아요? 이름이 와계시면 평안이 있는 것이니 예수님의 이름으로 자기에게 평안을 명할 수 있잖습니까? 예수님의 이름을 알면 치료가 와있는 거잖아요? 그러면 자기에게 '나는 이미 치료 받은 자다' '나는 건강할 권리만 있다' '나는 병에서 놓여났다' 하고 예수님의 이름으로 명할 수 있잖습니까? 자기 안에 성영님이 가지고 오신 이름 그 예수님의 이름이 있다면, 그 이름 예수님을 안다면, 알고 믿는다면 이름이 가진 능력과 복이 따라 나타나는 것입니다. 이것이 예수님의 이름을 높이는 것이요 예수님을 나타내는 믿음이요 하나님께 영광을 돌리는 것입니다. 그러나 이 같은 믿음으로 사는 사람이 어디 그리 있느냐는 것입니다.

세상에나 말입니다. 말씀을 전하는 목회자들도 악한 병들이 들어가지고 강단에서 도대체 무슨 말씀을 전합니까? 말씀을 뭘 전하는 거예요. 아니! 영·혼·육을 치료하신 예수님의 진리를 드러내지 못하는데 어떻게 예수님을 말할 수 있는 겁니까? 그들에겐 예수님이 다 이루었다 하신 그 진리의 법이 없는 것으로 나타나고 있잖습니까? 그것은 그들 영혼에는 예수님이 없다는 증거입니다. 그 사람 속에! 그러니까 다 이루었다 하신 예수님의 진리를 세우지 못하고 사람들에게 자기의 악한 병의 기운을 뿌려주는 역할을 하고 있는 것입니다.

요20:31에 **너희로 믿고 그 이름을 힘입어 생명을 얻게 하려 함이니라** 하셨습니다. 예수님 이름의 능력, 이름이 가진 하나님의 엄청난 생명의 뜻을 알고 그 이름을 믿으면 생명을 얻는다 하신 것입니다. 생명을 얻는 이름은 주님이 아니다 말입니다. 주님 주여 하면서 천만 번을 불러본다 해도 거기엔 생명 없습니다. 행4:12에 **천하 인간에게 구원 얻을 만한 다른 이름을 우리에게 주신 일이 없다** 했습니다. 아무리 주의 이름으로 하면서 주여 주님 불러도 거기에는 구원 없습니다.

사도행전 3장에 앉은뱅이가 일어나 걷고 뛰었다 했습니다. 그가 예수님의 이름을 믿었기 때문에 그 이름이 그를 성하게 했다고 했습니다. 물론 이 사건은 영적 교훈을 주고 있습니다. 성전밖에 사람들, 영적으로 앉은뱅이 된 자들이 예수님 그 이름을 믿으면 그 이름이 그를 성하게 하신다, 걷고 뛰게 하는데 바로 영과 혼과 육이 예수님의 이름으로 온전히 나음을 얻어 자유를 얻고 기쁨을 얻게 된다는 영적인 것을 보이신 뜻입니다. 예수님의 이름을 알 때 그 이름이 이같이 성하게 하신다는 것을 보이신 사건입니다.

그러니 영적으로 앉은뱅이 된 자들이여!!! 예수님의 이름을 알라는 얘기예요. 성영님과 함께 오신 예수님의 이름을 알면 예수님의 이름이 당신을 성하게 하실 것입니다. 이제 주님 부르던 것을 회개하여 중단하고 믿음을 도우시는 성영님께 구하여 예수님의 이름을 알고 믿음으로 예수님의 이름을 부르십시오. 예수님의 이름을 알기를 힘쓰고 경험의 이름이 되라는 말입니다. 예수님께서 귀신도 내 이름으로 쫓아낸다고 하신 것이지 주님 부르고 쫓으라 하신 것 아닙니다. 주 부르는 것으로 쫓겨나가지 않습니다.

예수님의 이름은 알지 못하고 주님 주여 불러대니까 귀신이 좋다고 와서 들러붙어 병 가져다주고 혼란 가져다주고 기분에 기뻤다 슬펐다, 감정 기복 가져다주고 우울증 가져다주고, 불안, 초조 가져다주고, 미운 맘 가져다주고 지금 자기가 귀신을 불러들여서 그 귀신들이 내가 주인이다 하고 자기를 밥으로 삼고 잘 있는데, 귀신은 예수님의 이름으로 쫓아내라는 들은 말 가지고 내게 우울증 가져다주는 귀신아 병을 준 귀신아 예수이름으로 명하노니 나가라 해보는 것입니다. 내내 주여 주님 부르다가 귀신 쫓아낸다고, 병 물리친다고 예수 이름으로 나가라 예수님 이름으로 치료되라 해보는 것입니다. 예수님 이름을 그냥 주문 외우듯 하고 있으니 거기 무슨 능력이 나타나겠습니까.

  믿음을 이런 식으로 가지고 백날 쫓아낸다고 해봤자 나갈 일 없는 것입니다. 오히려 비웃고 꿈적하지 않습니다. 그러니까 목회자들이 말씀 방향 잘못 가르치고 주님 부르고 주여 부르면서 주님의 이름으로 하는 것이 입에 붙어 있고 어쩌다 성경에 기록되어 있는 말씀을 말할 때나 예수님 이름이 나온다면 그는 거짓임을 아십시오. 성경에 기록된 예수님의 이름 말하는 것은 귀신도 합니다. 귀신들도 예수님 이름 들먹거립니다. 그러나 참으로 구원 얻는 이름, 생명 얻는 이름이 되지 못하도록, 능력이 되지 못하도록 사단이 그의 귀와 눈을 막아 놓고 주라는 것만 보게 하여서 그저 주 말하게 하고 주 전파되게 하는 데 쓰이고 있다는 것을 아십시오.

  사도 시대 때 사단이 이 예수님 이름을 쓰지 못하도록 엄청난 핍박을 했습니다. 사단이 예수님 이름 쓰지 못하게 하려고 사람을 사주하여 엄청난 핍박을 했습니다. 그래서 예수님의 이름 때문에 사도들이 많은 고난을 받고 핍박을 받았습니다. 여러분이 잘 들으세요. 행4장에 **이것이 민간에 더 퍼지지 못하게**(뭐가 퍼지지 못하게 했을까요? 예수님 이름) **저희를 위협하여 이 후에는 이 이름으로 아무 사람에게도 말하지 말게 하자** 하고 그들을 불러 경계하여 도무지 예수의 **이름으로 말하지도 말고 가르치지도 말라** 했다고 했습니다. 오늘날 다 여기에 걸려들었습니다. 아니 이사람 말을 들어도 저사람 설교에도 모든 사람들이 하나같이 주여 주님만 말하고 부르고 있더라는 말입니다. 모든 사람들이! 그래서 여러분이 분명히 알라는 것입니다.

요1:12에 **영접하는 자 곧 그 이름을 믿는 자들에게는 하나님의 자녀가 되는 권세를 주셨으니** 했습니다. 요3:18에 **저를 믿는 자는 심판을 받지 아니하는 것이요 믿지 아니하는 자는 하나님의 독생자의 이름을 믿지 아니하므로 벌써 심판을 받은 것이니라** 했습니다.

예수님의 이름이 하나님의 자녀가 되는 권세가 있고 예수님의 이름을 믿는 자가 자녀가 되는 것인데 그런데 왜 사람들이 예수님의 이름을 알려고 하지 않습니까? 왜 이렇게 예수님의 이름을 아는 바가 없고 주라는 것에만 집착합니까? 바로 악한 영들에게 모든 약점을 잡혀서 혼미하게 하는데 걸려들었기 때문입니다. 자녀의 권세라는 것은 영적 권세입니다. 영적 권세가 바로 하나님이 말씀하는 복입니다.

죽음도 이길 수 있는 것, 세상을 이길 수 있는 것, 악한 영을 지배할 수 있는 것, 어떤 음부의 권세가 나를 이기지 못하는 권세입니다. 그래서 예수님 그 이름을 영접하지 않으면 심판밖에 받을 것이 없다고 하셨으니. 과연 예수님의 이름이 얼마나 크고 높고 깊고 넓은 하나님의 권세의 이름인 줄을, 능력의 이름인 줄을 알 수가 있지 않습니까? 그러니 알고 경험하는 이름이 돼야 하지 않겠습니까? 자기 영혼에서 성영님으로 아는 이름이 되고 그 이름으로 사는 능력이 돼야 하지 않겠는가 말입니다.

신약 성서에 모든 첫머리의 시작도 말입니다. 주님으로 시작한 곳이 한 군데도 없습니다. 다 예수 그리스도, 하나님의 아들 예수 그리스도의 복음의 시작, 예수께서, 그리스도 예수, 우리 주 예수 그리스도라고 해서, 다 예수님으로 시작했습니다. 그런데 왜? 도대체 왜? 주님만 찾고 주님만 부릅니까? 거기에는 아버지도, 아들 예수님도,

성영님도 응답할 수도 대답하실 수도 없습니다. 누가 응답하고 대답한다고요? 예수님 이름을 알지 못하게 눈을 가리고 예수님 이름이 전파되지 못하도록 막고 있는 사단의 영들이 응답하고 나오는 것입니다. "그래 예언은사 달라고, 천국 지옥 좀 보여 달라고, 환상 보게 해달라고, 꿈꾸게 해달라고, 방언 달라고, 돈 많이 벌게 해달라고, 다 줄 테니 열심히 기도해라 내가 너희 하나님이다, 내가 너희 주님이다." 하고 그런 거짓 것들을 가져다주고 음성을 들려주는 것입니다.

성서의 마지막인 요한 계시록의 시작도 예수 그리스도의 계시라 했지, 주님이 주는 계시라고 하지 않았습니다. 주라는 것은 주인이라는 뜻이니, 우리가 예수님을 믿는다 할 때 그분은 유일하신 한분 하나님이요, 구주로서 우리의 주인이시라는 것 주님 주여 부르지 않아도 당연히 우리 안에서 다 아는 것 아닙니까? 이거 모르는 분 있습니까? 예수님 이름을 알면 예수님이 주이신 것 우리 안에서 아는 것이니 주를 불러도 그분은 예수님이시지만 예수님 이름 알지 못하면 그는 주도 알지 못하는 것입니다.

성경에 보면 사람이 천사를 보고도 주라고 했고 (행10:4)
사라가 자기 남편 아브라함에게도 주라 했고 (벧전3;6)
주변 족속이 아브라함에게 내 주여 라고 했고 (창23:6)
자기에게 자비를 베풀어주는 자에게도 주라고 했고
종이 상전에게도 주라고 했습니다.

고전8:5에서는 **하늘에나 땅에나 신이라 칭하는 자가 있어 많은 신과 많은 주가 있으나** 라고 했습니다. 하늘과 땅의 신이라 칭하는 자가 누구입니까? 바로 사단입니다. 사단! 많은 신과 많은 주가 있다고 하는 것은 그 사단을 따르는 이루 헤아릴 수 없는 많은 악한 영들을 말합니다. 그것들이 스스로 '신'으로 '주'로 행세하고 있는 것입니다. 그래서 우리의 주이신 유일하신 참 하나님이신 예수님의 가르침을 따라 예수님을 알고 예수님의 이름을 알고 그 예수님과 예수님의 이름을 불러야 하는 것입니다. 지금까지 말씀드린 이 관계 모르면서 그렇게 주여 주님 불러댄다면 하늘에나 땅에나 신이라 칭하는 많은 신이, 많은 주가 자기의 하나님이 되고 자기의 주가 되어 이끌어가고 있다는 것을 알기 바랍니다.

아니 주님이 천국도 보여주고 지옥도 보여줬는데 무슨 소리냐? 주님이 앞으로 될 일도 보여줬는데 무슨 소리냐? 앞으로 몇 달 뒤에 어디서 홍수가 난다. 몇 년 뒤에 어디서 지진이 난다. 몇 년 뒤에 주님이 오신다고 보여주고 말해주었는데 무슨 소리냐? 하고 싶겠지만 예수님은 그런 것으로 자신과 뜻을 나타내신 것이 아니라 말씀으로 자신을 나타내시고 보이시고 말씀을 통하여 성영님으로 우리를 만나십니다. 말씀을 통하여 예수님을 알고 믿어 죄 사함 받고 구원 얻어 천국을 소유하게 하셨습니다. 그 예수님께서 말씀을 통하여 하나님의 나라가 여기 있다 저기 있다 하여도 미혹되지 말라 미혹하는 자가 많이 일어난다고 분명히 가르쳐 주셨습니다. 거짓 신도 거짓 주도 그런 영적인 것은 얼마든지 보이고 말하고 행하는 존재라고 앞서 말했지 않습니까?

마24:24에 거짓 그리스도들과 거짓 선지자들이 일어나 큰 표적과 기사를 보이어 할 수만 있으면 택하신 자들도 미혹하게 하리라고 분명히 말씀하셨습니다. 거짓 신도 거짓 주도 얼마든지 그런 영적인 것, 환상도 보여주고 꿈도 꾸게 하여 다 보여주는 존재입니다. 구약에서도 모세가 지팡이를 땅에 던지니 뱀이 되었습니다. 마찬가지로 애굽에 술객들도 술법을 써서 지팡이가 뱀이 되게 했습니다. 모세가 물이 피가 되게 하니 애굽의 술객들도 자기 술법으로 물이 피로 변하게 했습니다. 개구리 재앙 때도 술객들이 자기 술법대로 이와 같이 행하여 개구리로 애굽 땅에 올라오게 했습니다. 그러니까 사단도 얼마든지 영적인 것들을 보여주고 흉내를 내는 존재임을 이미 똑똑히 보이셨습니다. 사울이 신접한 여인을 찾아가서 자기의 답답함을 알기 위해 무덤에 있는 사무엘을 불러올려 달라고 했을 때 악한신이 사무엘을 가장하여 올라왔잖습니까? 사무엘이 신접한 여자가 부르는 것에 어떻게 올라오는 것입니까? 신접한 여자의 부르는 소리에 올라왔다면 그것은 하나님의 종이 아니고 사단의 종입니다. 이 신접한 여자의 사건은 무엇을 가르쳐주는 것입니까? 바로 악한 영들은 얼마든지 죽은 자의 모습으로 가장하여 나타나는 존재라는 것을 알도록 보인 사건입니다. 아시겠습니까?

천주교가 마리아 숭배하는 것, 아무 이유 없이 숭배하는 줄 아십니까? 사단이 마리아인 것처럼 가장하여 나타나 계시를 주는 것처럼 미혹하는 것에 속아 마리아를 숭배하는 배교의 사상이 되었고 마리아를 예수님보다 위에 두는 그런 망령된 일을 하는 것입니다. 이슬람의 종교도 그냥 생겨난 것 아닙니다. 사단이 마호멧에게 나타나 천지를 창조한 하나님의 계시인 것처럼 그가 해야 할 일을 지시한 것입니다. 그래서 이슬람 종교가 생겨난 것입니다. 그러므로 영적 세계의 속임이 얼마나 다양하고 많은지를 깨달아야 합니다.

우리의 기도는 예수님을 구주로 보내시고 십자가에서 피 흘려 나를 낳아주신 하나님 아버지께 하는 것입니다. 우리가 불러야 되는 이름은 주님이 아닙니다. 예수님, 주 예수 그리스도, 우리 주 예수님, 그리스도 예수님, 내 구주 예수님입니다.

기도는 두 가지 방법이 있습니다. 하나는 하나님 아버지께 구해야 하는 것이고 또 하나는 몸에 병든 문제라 한다면 예수님이 십자가에서 이루어 놓으시고 채찍에 맞음으로 우리가 나음을 입었도다 하셨으니 나는 이미 나음을 입었다는 것을 믿는 것입니다. 무조건 하나님 아버지 고쳐 주세요가 아니라, 예수 그리스도의 채찍에 맞아 우리로 나음을 얻게 하신 것을 아버지께 감사와 찬양을 드리고 예수님의 이름으로 병 있는 곳에 손 얹어 치료를 명하는 것입니다. 물론 자기의 죄를 찾아 반드시 먼저 회개를 거쳐야 하는 것은 알잖습니까?

요14:14에 **내 이름으로 무엇이든지 내게 구하면 내가 시행 하리라** 하셨는데 이 말씀은 예수님께 기도하라는 것이 아니고 예수님의 이름으로 명하면 예수님이 그대로 시행하신다는 뜻입니다. 예를 들어 사도행전 3장에 성전 미문에 나면서부터 앉은뱅이 된 자를 베드로와 요한이 보고 그에게 믿음이 있는 것을 보았습니다. 그래서 곧 내가 네게 줄 은과 금은 없거니와 내게 있는 것으로 네게 주노니 곧 나사렛 예수 이름으로 일어나 걸으라고 명했어요. 그리고 오른손을 잡아 일으키니 발과 발목이 곧 힘을 얻고 뛰어 서서 걸으며 그들과 함께 성전으로 들어가며 걷기도 하고 뛰기도 하며 하나님을 찬미했다고 했습니다. 바로 예수님의 이름으로 명령하니 예수님의 이름이 치료를 시행하신 것입니다.

그래서 예수님께서 이루신 것은 명하면 되는 것이고 아버지께 구하는 것은 예를 들어 심령이 가난한 것이 무엇인지 모른다면 그것을 깨닫게 하여주시라고 기도하는 것입니다. 예수님을 바로 알고 믿기를 원하여서 말씀을 깨달아 능력이 되도록 기도하고 구하는 것입니다. 그래서 아버지 하나님과 정확한 관계가 돼야 합니다. 아버지 하나님과 아들 예수님과 성영님과의 관계가 정확해야 한다는 말입니다.

이제 우리의 믿음은 어디에 맞히어야 하는지 오늘 말씀이 말하는 정도에 대해서는 여러분이 깨달았고 믿음으로 받게 된 줄로 믿습니다. 말씀을 맺습니다. 말씀으로 우리를 깨우고 믿음이 되게 하시는 삼위의 하나님께 모든 영광을 돌립니다. 아멘

경고 3
참으로 믿음에 있는가 두려움으로 살피라

　예수님께서 가르쳐 이르신 말씀은 예수님을 믿는 사람들에게 진짜 믿음, 예수님과 맞는 믿음이 되게 하는 것이요, 예수님은 신랑이요 믿는 자에겐 신부의 자격을 갖추는 말씀입니다. 그래서 신랑이신 예수님의 말씀이 우리 삶의 방향이 돼야 하고 지표가 돼야 하고 방식이 돼야 하고 믿음의 자존심이 되어야 합니다. 내가 예수님 안에 예수님이 내 안에가 된, 예수님이 성전 내가 성전인 이 관계를 온전히 이루도록 주신 영이요 생명이 되는 영혼의 양식이기 때문에 그러므로 믿는 자는 반드시 예수님의 말씀 안으로 들어와서 말씀과 삶이 같게 되는 영적 훈련을 잘 받아야 합니다. 예수님의 말씀으로 믿음의 뼈대가 돼야 하고 부활할 영혼의 몸으로 지어져야 한다는 말입니다.

　믿음이 이 같지 않으면 믿는다는 것이 자기 기분과 자기 방식이 되고 자기의 생각하는 것이 믿음인 줄로 속고, 방향을 잘못 가게 되는 것입니다. 실제로 오늘날 사람들의 믿음 상태를 진단해볼 때 대부분 다 자기도 모르는 가운데 이렇게 망하는 쪽으로 가고 있습니다. 속사람이 예수님으로 세워진 능력이 되지 못하니 영적 생명이 빈약하고, 생명이 없기 때문에 겉에 나타나는 현상들을 쫓아다니고 환상이나 예언 등의 신비한 쪽의 것들이 믿음인 줄 알고 따라가고 쏠려가고 있습니다. 이것은 가르침을 받는 것에 크게 문제가 돼 있기 때문에 그렇습니다. 이것이 바로 마지막 때에 나타나는 현상으로 믿는다는 사람들을 주 예수님과 예수님의 말씀에 집중하지 못하게 하여 망할 길로 끌어들이는 미혹입니다. 그렇기에 무지하여 속는 줄도 모르고 끌려가는 것입니다. 이 부분은 뒤에 가서 좀 더 설명을 할 것입니다.

성경은 예수님을 성전이라고 하셨고 또한 예수님을 믿는 자도 성전이라고 하셨습니다. 그래서 하나님의 뜻은 예수님이 성전이니 예수님을 믿는 나도 성전이 되는 것에 있다고 계속 말씀드렸습니다. 하나님께서는 구약 성전을 통해서 성전이신 예수님을 정확히 알 수 있게 하셨고 또한 그 성전의 모든 뜻이 내게 그대로 이루어져야 예수님이 성전이요 내가 성전의 관계가 되는 것임을 알 수 있게 하셨습니다.

그래서 구약 성전을 통해서 예수님을 알고 나를 알아야 하는 것이요 예수님께서 그에 대하여 "나를 보내신 아버지께서 이끌지 아니하면 아무라도 내게 올 수 없다. 아버지께 듣고 배운 사람마다 내게로 온다."라는 말씀을 하셨던 것입니다. 성전의 관계를 모르고 무조건 '믿습니다. 아멘아멘 복주세요' 하는 것이면 그는 하나님을 알지 못하는 이방인에 불과합니다. 기도했더니 자기에게 어떤 기적 같은 일이 일어났다고, 하나님께서 나를 도와 좋은 일이 있게 하셨다고 감사하다고 영광 돌린다고 하지만 그것은 자기도 모르는 가운데 귀신에게 영광 돌리는 것이 되는 것입니다.

하나님의 뜻은 성전에 있습니다. 뜻이 다른데 있는 것이 아니요 성전입니다. 여러분은 이것을 알고 믿고 동의합니까? 그래서 성전이신 예수님이 오셔서 전파하여 이르시고 가르치신 말씀과 행하신 표적들이 바로 예수님이 성전이요 내가 성전인 관계를 이루는데 필요한 성전을 말씀하신 것입니다. 그러므로 저는 지금까지 여러분에게 믿음의 집을 어떻게 지어야 하는지 주초를 반석위에 놓고 세운 성전이 이루어지는 그 과정과 관계에 대해서 또 예수님의 말씀이 우리에게 어떤 가르침을 주는 것인지, 그 말씀 안에 들어 있는 성전의 뜻을 계속 말씀하여 왔습니다.

성전이 바로 천국이요. 성전이 이뤄져 천국을 소유한 그것이 예수님의 신부요 단장입니다. 단장 어디 다른 데서 찾는 것 아닙니다. 다른 데서 찾지 마시란 말입니다. 신랑을 알려면 성전을 알아야 합니다. 성전은 바로 신랑을 말하기 때문입니다. 또한 신부는 신랑의 뜻을 따르는데 있습니다. 신랑의 뜻을 따르는 것만이 신부입니다. 그러므로 성전이 이루어지는 그것이 신부의 자격이요 단장입니다. 사람들이 신부 단장에 대해서 엉뚱한 말을 하는 것을 간혹 들을 때가 있습니다. 그때마다 무슨 생각이 드는가 하면 성경의 뜻을 깨달은 말이 아니고 그저 여기서 저기서 주워들은 말들, 다시 말해 사단이, 말씀인 것처럼 거짓과 가라지를 뿌려 넣어준 그것이 자라나는 것을 보는 때구나 라는 생각을 하게 됩니다.

저는 여러분에게 또 강조합니다. 여러분이 여기 예수님의 교회에 나오는 이유는 천지와 만물을 지으시고 우리 인간을 지으신 그 하나님이 보내신 예수 그리스도를 더 깊이 아는 믿음이 되고 예수님과 온전히 하나 되기 위한 것만 있어야 합니다. 다른 이유가 없어야 합니다. 저의 말에 바른 이해가 있기를 진심으로 바라고 성영님께서 여러분의 믿음을 도와주시기를 진심으로 소원 합니다고후13:5에 **너희가 믿음에 있는가 너희 자신을 시험하고 너희 자신을 확증하라 예수 그리스도께서 너희 안에 계신 줄을 너희가 스스로 알지 못하느냐 그렇지 않으면 너희가 버리운 자니라** 했습니다. 믿음에 있는가는 이론에 머물고 믿음인척하는 것에 있는 것이 아니라 참으로 성전이신 예수님 안에 들어갔고 예수 그리스도께서 자기 안에 와계신 실제적 관계가 되었느냐에 있습니다. 예수 그리스도께서 지금 자기 안에 오셔서 계신 것을 자기가 스스로 알고 있느냐는 거예요. 예수 그리스도께서 자기 안에 계신지 자기 자신이 아는 관계, 그래서 그 믿음에 있는가? 자기 스스로 확증할 수 없다고 하면 그것은 버리운 자라고 말하고 있으니 자기 믿음을 돌아보아야 할 것입니다.

그러면 예수님을 믿은 지 오래지 않은 이들은 믿음이 있다는 것이 무엇으로 확증되겠습니까? 아직은 천국과 지옥에 대해서는 희미하다 하여도 먼저 자신이 하나님이 말씀하시는 죄인으로 지옥의 형벌아래 놓였다는 것을 사실로 받아들이게 되고 자신이 죄인이라는 것을 인정하게 됩니다. 또한 하나님의 아들 예수 그리스도가 죄인인 자기의 구주시라는 것도 믿게 됩니다. 하나님의 아들 구세주 예수님께서 십자가에서 대신 형벌을 받으셨다는 것과 생명의 피를 흘려 자기의 죄를 사하여 주시고 죄에서 구원해주셨다는 복음을 사실로 믿고 그 구원의 은혜에 대한 감격을 갖게 됩니다.

죄에서 용서받고 지옥의 형벌에서 구원받았다는 것을 확실히 믿는 그 것, 그래서 구원의 이름이신 예수님 그 이름을 자기를 구원하신 이름으로 가지고, 이름을 부르는 그가 믿음이 있다는 증거입니다. 이 믿음이 있으면 그는 예수님을 더욱 깊이 알기를 원하고 말씀을 깨닫기를 원하는 쪽으로 마음을 깊이 쓰게 되어 있습니다. 이것이 그가 믿음이 있다는 확증입니다. 그러므로 성영님께서 말씀 가운데로 인도하여 율법으로 죄와 정죄당한 자기를 보게 하시고 천국과 지옥을 믿게 하시고 모든 장래 일까지도 믿을 수 있는 길로 나가게 하시는 것입니다.

'당신 믿음이 있습니까?' '예, 저는 죄인이요 예수님은 내 구주시요 그래서 저는 예수님의 흘리신 피로 죄용서 받고 구원받았고 그 은혜를 더욱 깊이 알고 싶어서 저는 지금 그 믿음의 노력을 열심히 기울이고 있습니다.' 라고 지금 자기 믿음을 주저 없이 말할 수 있는 것이면 그것은 그의 속에 이 믿음이 있기 때문인 것이요. 그러므로 이 믿음의 확증을 자기 스스로 갖고 있기 때문에 버리운 자리에 있지 않는 것입니다. 예수님을 믿은 지 얼마 되지 않았어도 이 믿음에 있으면 이것은 스스로 가진 분명한 믿음의 확증이 되지만 그런데 만일에 이 같은 믿음이 없으면 그는 아직 버리운 자리에 있는 것입니다. 그래서 이 믿음에 있는 자기를 스스로 아는 자는 자기가 어떻게 하나님의 자녀가 되고 하나님이 자기 아버지가 되셨는가 하는 것을 이론적으로만 아는 것이 아니라 그 깨달음이 자기 영혼에서 샘솟아 올라와 경험하기 때문에 알게 되는 관계, 그 경험의 관계로서의 기쁨의 능력을 갖게 되는 것입니다.

제가 이렇게 믿음의 기초적인 것을 반복적으로 말하는 것은 이제 믿음의 시작을 하는 이들은 반드시 들어야 할 말이지만 믿음생활 오래 한 사람들을 보면 믿음의 기초도 돼 있지 않는 안타까운 모습들을 보기 때문에 그렇습니다. 정확하고 바르게 세워진 참믿음, 성영님으로 된 믿음이 보이지 않기 때문입니다. 많은 사람들이 믿음의 형편들이 그러다보니 자신 속에 알맹이가 없는, 비어 있는 자신을 보지 못하고 종말에 있을 일들에만 관심을 쏟고 그것이 믿음인줄 알고 붙들고 논하는 쪽으로 달려가고 있습니다.

말씀의 지식으로 믿음의 기초가 되어 있지 않는데 나는 예수님 믿고 구원받았다고 스스로 신념으로 가진 믿음이 되어, 그 위에다가 도덕의 벽돌, 자기 지식의 벽돌, 자기 사상과 상식의 벽돌, 자기 양심의 벽돌, 자기 정성의 벽돌, 자기 열심의 벽돌, 이런 자기의 것으로 재료를 삼아 짓는 집, 모래 위에다 집을 짓느라고 아주 수고하는 것입니다. 그러나 자기 생각과 눈으로 볼 때는 보기에 좋은 화려한 집은 지은 것 같지만 누가 주인이 돼 있느냐? 하나님인 것처럼 주님인 것처럼 속이는 자 미혹의 영이 관리하고 주인 노릇하는 집이 되어 있습니다. 성영님이 거처하시는, 하나님이 지으라 하신 성전의 재료로 세워진 집이 아니라는 말입니다.

예수님께서 세상 끝에 일어날 일에 대하여 말씀하실 때 거짓 그리스도 거짓 선지자가 많이 일어나 많은 사람을 미혹한다고, 또한 사람에게 많은 사람이 미혹당하고 불법이 성한 잘못된 가르침에 사람의 사랑이 식어진다고 하신 그 말씀이 그대로 응하여 나타나고 있는 그 영적 상태를 정말 안타까울 정도로 보고 있는 것입니다.

저는 여러분에게 단도직입적으로 말하겠습니다. 누구든지 예수님 믿는 것을 누구 위해서 믿어주는 것처럼 하지 마십시오, 또한 누가 사정한다고 또는 비위 맞추기 때문에 믿는다는 것처럼 하지 마십시오, 그것은 믿지 않는 세상 사람들보다 더 교만이요 저주입니다. 하나님은 분명히 존재시며 천지 만물과 우리 사람을 지으셨습니다. 또한 육체에서 떠나는 날 영혼이 영영한 지옥이든지 영원한 천국이든지 나뉘어져서 영원히 존재해야 하는 것 너무나 자명합니다. 그렇기에 교회 나와 말씀을 들었으면 늦기 전에, 때가 지나기 전에 자기의 믿음이 돼야 하고 지금 믿음에 있는가 스스로 확증이 돼야 할 것입니다. 누가 당신 믿음이 있다고 가르쳐주기 때문이 아니라, 예수 그리스도께서 자기 안에 계신 것을 스스로가 아는 믿음, 자기 스스로가 확증하는 믿음이어야 한다는 말입니다.

저는 여러분이 바른 믿음이 돼야 하는 것에 이해를 돕고자 자세히 안내하기에 가능한 노력을 기울여 왔습니다. 성영님께서 나를 안고 믿음을 말씀으로 가르쳐 오셨기 때문에 그 엄청난 하나님의 뜻과 역사를 영혼에 깨달아 확실한 경험의 말씀들이 되었고 그 말씀으로 사는 믿음이 되었습니다. 그러므로 말해야 하는 것이 무엇인지를 알게 되었기에 믿음이 무엇인지 믿음을 어떻게 가져야 하는지를 말하여 왔습니다.

그래서 제가 전하는 모든 말씀을 알아듣지 못하는 것이 아니라, 구원받을 영으로 성영님께서 도우시는 사람이면 알아듣고 이해가 되어 받는 말씀이 될 것이고 구원받지 못할 영이면 알아듣지 못하거나 또는 알아듣기는 하나 그 심영에 먹히지 않고 스스로 그 속에서 거부하고 배척할 것입니다. 이것은 성영님의 말씀이십니다. 알아듣지 못하는 것은 하나님에 대하여 목마른 영혼, 구원 얻을 영혼이 아니라는 것입니다. 하나님을 갈망하지 않는, 하나님에 대하여 사모하는 영이 아니란 말입니다. 말씀을 받아들여 심겨질 수가 없는 다른 땅 다른 밭입니다. 그 마음의 밭이 가시요 길가요 돌밭입니다.

여러분! 여러분도 베리칩이라는 것, 베리칩이 짐승의 표 666이라고 하는 말 들었습니까? 베리칩 이야기가 요사이 인터넷상에 이슈가 돼 있어서 우리가 그 이야기를 2부 모임 때 나누기도 했으니 대부분 알 것이라 생각합니다. 베리칩에 대한 이야기가 인터넷상에 많이 올라와 있는데 이 베리칩이라는 것이 요한 계시록이 말하는 짐승의 표 666이라 말하고 있습니다. 쌀알 정도의 칩인데 이 칩 하나 속에 자기의 모든 신상 정보가 다 들어있게 된다고 합니다. 그래서 몸속에 있는 신분증이 되고 거기에 건강관리 기록이 다 들어가 있기 때문에 병원에 진료받으러 다닐 필요가 없고 컴퓨터를 통해서 언제든지 진단과 처방이 이루어지고 또 현금이나 카드는 없어지고 이 칩 하나로 계산이 이루어지고 자동차 문도 집 문도 열쇠가 따로 필요 없고 칩이 대신한다는 겁니다. 그러니 이 칩이 얼마나 편리함을 가져다주는 물건이 되겠습니까?

그래서 앞으로 이 칩을 사람의 몸속에, 즉 손이나 이마에다 이식한다는 거지요. 몸에 이식한 칩에 주민번호처럼 개인 고유의 번호가 있어서 컴퓨터에 그 번호만 치면, 또는 칩을 스캔만하면 그 사람의 모든 신상 정보가 다 나오고 어디에 있든지 추적이 되어서 바로 찾게 된다는 것입니다. 심지어 사람의 마음도 조정 당한다고 말합니다. 그러나 마음을 조정 당한다고 하는 것은 좀 지나치게 과장하는 것 같다는 생각은 합니다. 그리고 이 베리칩이 매매의 수단으로 사용되기 때문에 그때는 살기 위해서 매매하려면 필연적으로 이 표를 받아야 한다는 것이고 그래서 만일에 이 표를 받기만 하면 지옥 가는 표라고 말하고들 있습니다.

저는 올해 3월경(2012년)에 교회 홈페이지를 만드는 일로 인해 인터넷이라는 것을 처음 접하게 됐습니다. 그때 제게는 전혀 생소한 베리칩 이야기와 베리칩이 짐승의 표라는 제목의 동영상들이 눈에 많이 띄어서 들어보게 됐는데 대부분 의료용으로 나온 칩이라고 소개되면서 그것이 계시록에서 말씀하는 짐승의 표라 말하고 있었습니다.

그러나 그것이 짐승의 표든 아니든 나하고는 또 여러분과도 상관없는 것들이기에 그때는 관심 두지 않았습니다. 그것이 의료용이면 제 입장으로는 더 들을 것도 알 필요도 없기 때문이었습니다. 저는 진리이신 예수님과 예수님께서 십자가 위에서 다 이루었다 하신 것에서 자유 함을 얻은 예수님의 사람입니다. 예수님이 누구인지 그 크기를 알고 믿는 자로서 천국을 소유한 예수님의 사람입니다. 나의 죄를 대속하시고 내모든 병을 고치신 진리의 법이 내게 있어 그 법으로 지배를 받고 있는 데 그런 것들이 무슨 필요가 있으며 무슨 상관이 있다고 관심을 두겠습니까?

설사 돈을 안겨주면서 권장한다 해도, 요사이 국가에서 그러잖습니까? 인구수 줄어드니 아기 낳게 하려고 둘째 낳으면 얼마를 보조하고, 셋째 낳으면 이런 혜택 저런 혜택이 있다 하지 않습니까? 이것처럼 베리칩을 받으면 돈을 많이 주고 삶을 보장해준다 해도 내겐 예수님이 계시니 다른 어떤 것도 필요가 없는 것입니다. 아니 여러분! 한번 생각해 보십시오. 만일에 베리칩이 짐승의 표라고 한다면 그 표를 사람에게 강제적으로 받게 하는 것은 환란의 때에 있을 일입니다. 교회(성영님으로 믿는 자)는 예수님이 공중에 재림하실 때 성영님과 함께 공중으로 끌어올려 가고 그 뒤 환란에 들어가서 있게 될 일입니다.

　사람의 믿음이 예수님과 함께 성전, 지성소가 되었다면 그것은 예수님의 신부이기 때문에 사단(적그리스도)의 때 환난으로 들어가지 않고 공중으로 들림 받는 것입니다. 이것을 지금까지 여러분에게 계속 말했던 대로 공중으로 들림 받는 것은 성영님으로 되는 것입니다. 그러니까 세상에 성영님이 계실 때는 그 짐승의 표를 강제적으로 받게 할 수가 없습니다. 만일에 베리칩이 짐승의 표라고 하면 그 배후는 사단이기 때문에 성영님이 이 땅에 계시는 동안에는 어떤 징조는 있겠지만 절대로 강제적으로 행할 수가 없습니다.

　성영님께서 세우시고 양육하신 교회(성전 관계된 믿음)를 성영님이 공중으로 품고 올리시면 그때는 사단이 세상의 주인이기 때문에 그래서 세상에 환난이 있게 되고 그것을 환란 때라고 말하는 것이고 그때는 사단이 성영님 없이 믿는다 했던 공중 재림 맞지 못한 자들에게 강제적으로 짐승의 표를 받게 할 것이요 행하게 될 것입니다.

　저는 몸은 여기 있지만 영혼은 이미 예수님이 계신 천국에 성영님으로 앉히신 바 되었음을 알고 있습니다. 내 안에 계신 성영님께서 내게 증거하여 주신 바가 되었고 그 영광을 저의 영으로 보기 때문에 지금까지 여러분에게도 성영님으로 된 믿음이 되게 하고자 전 성경을 통하여 그 믿음을 가르쳐 전하여 왔습니다. 여러분에게 오직 예수님만 계시도록 말입니다. 그리고 여러분의 영적 지각을 깨우기 위해 중요한 부분들은 강조하고 또 강조하면서 말씀을 말해온 것을 여러분이 더 잘 알지 않겠습니까? 그러니 예수님이 여러 분의 예수님이시면 여러분도 말입니다. 베리칩이 짐승의 표이기 전에 단순히 의료용이라고, 몸에 이식하면 병 걸리지 않는 신기하고 편리한 물건이라고 한다 해도 절대로 받을 일 없는 것이지 않습니까?

그런데 보니 요 몇 달 사이에 많은 사람들이 이 베리칩이 요한 계시록에서 말하는 짐승의 표라고 서로 앞다투어 전하는 동영상들이 급격히 늘어나 있는 것을 보게 되어서 제가 아무래도 들어보아야 할 것 같다는 생각이 들어 서너 개의 영상을 청취하게 되었습니다. 그러나 베리칩이 짐승 표가 아니라고 할 수 없을 만큼 맞아 떨어지는 것 같긴 했어도 저는 제 마음에서 짐승 표라고 단정이 되지 않았습니다. 짐승 표라는 확신이 들지 않았습니다. 그래서 저는 성영님께서 짐승의 표라고 확신을 주시기 전에는 받아들일 수가 없습니다.

지금부터 13년 전 1999년도에 예수님의 이날에 제가 예배를 위해서 예배 전에 묵상하여 기도하고 있는데 성영님께서 말씀하시기를 앞으로 컴퓨터가 사단의 강력한 무기로 쓰이는데 그 컴퓨터로 전 인류를 컨트롤(Control) 한다고, 인간 정신을 장악하여 통제하는 무기로 쓰인다고 그것을 그리스도인들에게 경고하라는 말씀을 하신 때가 있었습니다. 돌이켜 생각해보니 경고하라고 하신 말씀을 그때부터 하셨던 것 같습니다.

그래서 〈그리스도인이 근신하여 경계해야 하는 것들〉이라는 제목으로 말씀을 말할 때에 그 컴퓨터에 대한 이야기를 좀 했습니다. 그때 저는 컴퓨터가 짐승의 표인가? 인간이 컴퓨터에 의해서 조정을 당하는 것인가? 컴퓨터를 할 때 오른손으로는 마우스를 사용하고 머리는 받아들이는 기관이고 해서 사람이 컴퓨터에 들어 있는 모든 매체들에 관심을 두고 집착하여 마음이 끌려다니면 그것이 666 짐승의 표를 받는 일이 되는 것인가? 하는 생각을 해보았었습니다. 여러분에게도 이것을 말했잖습니까?

　그래서 제가 이 베리칩이라는 것이 컴퓨터와 연관된 점으로 볼 때 짐승의 표가 맞는 것 아닌가 하는 생각을 해보지 않을 수가 없었습니다. 베리칩이던 컴퓨터이던 무엇이 되었던지 저와는 상관없는 것이지만, 요사이 저에게 사람들이 베리칩을 짐승의 표로 봐야 하느냐? 왜 거기에 대한 언급이 없냐 하는 질문이 있고 또 사실 이 예배자리에 있는 이들 중에서도 지금 현재 믿음의 상태로서는, 예수님이 지금 재림하신다고 하면, 재림을 맞지 못하고 그대로 환난으로 들어갈 수밖에 없는 이들이 있다고 생각되기 때문에 그래서 제가 이 부분을 분명히 짚고 가야 되겠구나 하는 생각을 하게 되었습니다. 그와 동시에 요사이 갑작스럽게 짐승의 표라고 하는 베리칩에 대한 이야기들로 열을 올리고, 종말의 때라는 것만 붙들고 치닫고 있어서 제가 좀 혼란함이 마음에 들어왔었습니다.

　우리 믿음은 때를 내다보는 지혜는 반드시 있어야 하는 것이지만 그러나 제가 지난번 〈주여 주님만 부르는 자는 주 예수님과 관계없다〉는 제목의 말씀을 했었던 것과 같이 오늘날 예수님을 믿는다는 사람들의 영적 상태는 생명 없는 쭉정이와 같고, 그 속에 예수님이 계시지 않는데, 그렇게 겉만 요란한 종교적인 사람들로만 세워져 그것이 믿음인줄 알고 따라가는 것이 종말 때가 가까운 이때에 만난 큰 문제인데, 그렇게 결론들만 붙들고 현상들을 쫓아가면서 예수님의 재림을 기다린다고 하는 그 모습들이 참 안타까우면서도 또 한편으론 제게 들어온 생각이, 그럼에도 하나님 나라에 들어가는 것이면 내가 지금 이렇게 힘쓰고 수고할 이유가 뭐 있겠느냐는 것이었습니다.

지금 내가 이 말씀들을 굳이 전해야 할 필요가 뭐 있는가? 뭐 하자고 복잡하고 힘든 이 어려운 일을 하느라고 애쓰고 수고할 필요가 있겠느냐? 아니 예수님 말씀 밖에서 믿는 것도 구원을 받는 일이라면 도대체 이 말씀을 전하는 것이 무슨 필요인가? 하는 생각이 들어와 복잡해진 것입니다. 그래서 베리칩이 정말 짐승의 표인가? 내가 굳이 말씀을 전할 필요가 있는가? 혼란에 잡혀 기도하며 성영님께 알게 하여 주시라고 했습니다. 성영님께서 사단이 말씀을 말하지 못하게 하려고 가져다준 생각이라고 가르쳐 주셨습니다. 내가 인터넷 들어가지 말라 하신 것을 거부하듯 하고 들어가 그런 베리칩 이야기 등을 들을 것으로 하였기에 그 틈을 타서 부정적인 생각을 강하게 넣었다고 했습니다.

이후 또 베리칩이 짐승의 표다, 아니다 하는 답을 주신 것이 아니라, 무엇을 말씀하셨는가 하면 "그것을 알기 이전에 먼저 네가 교회들에 드러내 말해야 하는 것이 있다"고 하셨습니다. 그것은 성영님께서 이미 그동안 점차적으로 조금씩, 조금씩 내 안에서 가르쳐 이르셨던 것, 그것을 내가 '아! 그렇군요. 이제 제가 알겠습니다. 맞습니다.' 등등으로 대답하여 드리는 교제 가운데 말씀하셨던 것, 그것을 확실히 정리하여 명하시면서 네가 먼저 그것부터 교회들에 드러내어 말하라, 내 이름으로 즉 예수님의 이름으로 주저치 말고 드러내 경고하여 말하라고 강력하게 말씀을 하셨습니다.

먼저 너에게 일러주었던 것을 네가 드러내어 말해야 그 뒤에 것이 내게 열린다고 하셨어요. 무엇이 열리는지는 저는 모릅니다만 그렇게 말씀을 하셨습니다. 그러니까 1을 모르는데 2로 넘어갈 수 없다 그 말입니다. 그런데 오늘날 믿는다는 것이 다 1도 모르는데 2를 아는 것처럼 하고 있습니다. 5, 6, 7, 8도 모르는데 아는 것처럼 9를 말하고 10을 말하고 있습니다.

1을 알고 2를 알아야 그 뒤에 3을 아는 것이고 그래야 바른 셈을 할 수 있듯이 먼저 알아야 하는 것이 있다. 그래야 그다음 것을 알 수 있다. 그것이 지식의 말씀이라고 하셨습니다.

오늘은 여기서 마치고 이어질 말씀은 다음에 하겠습니다. 아멘

경고 4
교회들에 경고하라(종말 때의 대미혹)

지난 두 번째 말씀 이어서 갑니다. 여러분! 베리칩이 짐승의 표라면 여러분도 알아야 하는 것 아닙니까? 저는 처음에 베리칩에 대한 그 소문을 인터넷에서 접했을 때 짐승의 표로 확신이 들지 않았기에 여러분에게 베리칩이 짐승의 표라고 하는 것에 속지 말라고 당부의 말을 했습니다. 짐승의 표는 환란(사단의 때)으로 들어가서 있을 일이고 그 환난으로 들어가는 것은 예수님을 믿는다 하나 인본의 사람들, 즉 바리새인 서기관 사두개인과 같은 부류들이라고 했습니다. 바리새인은 뭐예요. 자기의 의, 자기 양심이 우상이 되어 있는 자들이요, 서기관은 뭐예요. 자기 지식 자기 머리로 성경을 아는 자들이요, 또 사두개인은 뭐예요. 현세의 복이 우상이 되어 있는 자들입니다. 이 중에 한 가지라도 걸려 있으면 구원받을 수 없기 때문에 이 같은 부류들이 그대로 환난으로 들어가는 것입니다.

환란의 때로 들어갔어도 자기가 얼마나 교만한 죄인이었음을 절감하고 짐승의 표를 받지 않고 예수님의 피를 증거하다가 죽임을 당하는 것으로 믿음을 보여야 구원을 받게 됩니다. 그것도 이미 영적으로 사단의 인을 받지 않은 자라야 가능합니다. 그렇기에 우리는 예수님을 만나야 살도록 지음 받았으니 오직 그 뜻을 가지고 예수님만 사랑해서 믿는, 자기 마음에 오직 예수님만 계시는 믿음, 곧 성전의 믿음이 되어야 합니다. 지금 이때 말입니다. 이것이 이 땅에 온 이유예요. 그러면 환란으로 들어가지 않는 것이요 예수님이 내일 재림하신다 해도 그대로 공중으로 올라간다고. 그러니 그런 것들에 미혹되지 말라고 당부한 것입니다.

그런데 그 뒤 제가 마음이 혼란이 왔다고 했지 않습니까? 사실은 성영님께서 저에게 인터넷에 들어가지 말라고 엄히 명하셨어요. 인터넷 들어가지 말라는 것은 나와 관련 없는 말들 이것저것 듣는 것 하지 말라는 말씀입니다. 제가 한번은 머리가 많이 어지럽기에 이유를 모르겠어서 성영님께 왜 그러냐고 물었더니 인터넷에 들어가지 말라 하신 겁니다. 그래서 저의 남편에게 그것을 말하고 남편도 이것저것 보는 것 금하라 당부를 했습니다. 그런데 교회 홈페이지를 제가 간간이 들어가 보지 않겠습니까? 말씀 동영상이 끝나면 베리칩 이야기의 영상들이 따라 붙어 올라오니 자연스럽게 그것을 듣곤 했습니다. 그리고 후에는 성영님께서 인터넷에 들어가지 말라 하신 것도 잊고 마음속엔 거부가 무겁게 있었지만 일부러 들어가 베리칩 이야기를 들어 보았습니다. 베리칩이 짐승의 표라고 예수님이 나타나서 알려줬다, 천국과 지옥을 다 보여줬다 하는 간증도 곁들여 들어 보았습니다.

그러다 보니 제게 혼란이 들어왔습니다. 그리고 어떤 생각이 들었는가 하면 성영님께서 내게 말씀을 가르치시고 말하라 하셔서 하는 것이지만 내가 굳이 말씀을 전해야 될 필요가 뭐 있겠는가? 지금까지 전한 말씀과 상관없이도 세상에 잘못된 가르침이 얼마나 난무하여 그릇된 것들로 전파되고 있는 데 그럴지라도 예수님을 믿는다는 것만으로 구원을 받는 것이면 내가 뭐 하자고 굳이 말씀 전함에 힘쓸 필요가 있겠는가? 하는 회의가 들어오고 마음이 복잡해졌습니다.

  이것을 제 남편에게 불평하듯 이야기하면서 또 기도하기를 사람들이 구원받는 것에 지장 없다면 말씀을 말하는 것 정말 안 하고 싶다고, 그리고 베리칩이 짐승의 표라면 성영님께서 제게도 확신 주시라고 지금 많은 목회자들이 짐승의 표가 베리칩이라고 할 수밖에 없는 증빙 자료들을 가지고 베리칩이 짐승의 표라고 단정 짓고 주장하고 있는데 그러나 성영님께서 아니라 하시면 아닌 것이니 유무를 가르쳐 주시라고 했습니다.

  성영님께서 제게 많은 것을 말씀하셨습니다. (사람들의 믿음을 위해서라 하며 그같이 베리칩이나 종말에 대한 것들을 집중하여 전하고, 일루미나티니 프리메이슨이니 전하는 그것들은 자신들도 예수님의 재림을 맞지 못하면서 사람들을 구원받지 못할 길로 끌고 가는 것이라는 것) 어찌 말해야 할지 난감할 만큼 상상치 못한 것을 일러 주셨습니다.

  성영님께서 이것저것 듣는 것 금하라 하셨음에도 잊고 인터넷에 들어가 듣는 것들로 인해 사단은 그것을 빌미로 하여 내게 말씀을 말하지 못하게 하려고, '네가 전하는 말씀이 지금 누구한테 먹혀들어갈 줄 아느냐'고 내 생각에다 계속 강하게 넣어주어 속이려 했다는 것을 가르쳐 주시면서 네가 드러내 말해야 할 것들이 있다 하시며 계속 이르시고 말씀하셨습니다.

이미 말했지만 베리칩 유무에 대한 말씀이 아니고 그것은 너와 상관없으니, 너는 그것이 필요하지 않으니, 너는 세상 교회들에 예수님의 이름으로 드러내 경고하여 말하라 그것이 마지막 때에 나에게 주신 사명이라 그 일을 위해 나를 택하여 안고 가르쳐 오셨다고 하시며 네가 세상 교회들에 경고하여 말해야만 그다음이 열리는 것이라고 하셨습니다.(성영님은 세상에 경고하라고 하셨는데 나는 교회로 알아들음) 그런 부분들을 여러분에게 이미 말했던 것도 있고. 또 그 말을 꼭 해야 하는가? 싶어서 꺼리고 지금까지 피하여 왔었던 것들이 있었습니다.

구체적인 것은 뒤에 가서 말씀드리겠지만 말하자면 제가 지금까지 성경을 말해왔던 것은 여러분에게만 해당되는 것이 아니라 목회자들과 모든 그리스도인들에게 해당이 되는 것으로써 보내신 이 말씀 앞으로 나와야 하는 것이다 하셨습니다. 그러니 제가 이 말을 어떻게 편케 하겠습니까? 잘못 들으면 나를 높이려는 말로 듣게 될 테니 말입니다. 제가 말하기를 꺼려하고 거북해하는 저의 이 생각은 성영님께서 원치 않으시니 내려놓아야 하는 것이지만 내려놓게 하실 것이라 생각합니다.

오늘날 인터넷 등을 통해서 그같이 쏟아져 나오는 예언들, 꿈이나 환상으로 지옥을 보고 천국을 보았다고 하는 것들, 앞으로 어떻게 될 것이라고 그것을 주님이 보여줬다고 유행처럼 인터넷을 달구다시피 쏟아져 나오는 것들은 거의 다 미혹의 영들이 사람들의 믿음을 다른 방향으로 나가도록 하기 위해 가져다주는 현상들이라고 했습니다. 사람들이 그런 쪽으로만 마음을 두고 쓰고 있기 때문에 가져다주는 것이라고 하셨습니다. 예수님과의 관계를 마음 쓰는 것이 아니라 그런 사단이 가져다주는 종말적인 것들에만 마음을 쏟고 따라가기 때문에 사단의 영들이 크게 이용하고 있다고 하셨습니다.

실제로 예수님이 주인이 되지 않은, 그래서 주님만 찾고 부르는 종교인들을 붙들어서 그렇게 진짜 그리스도 예수님인 것처럼 가장하여 나타나 보여주는 것들을 따라가고 있다고 하셨습니다. 마지막 때, 종말의 때라는 것을 더욱 부추겨서 점치듯 예언하게 하고 보여주는 것에 마음이 쏠리도록 미혹하고 있다고 하셨다는 말입니다. 여기에 마음을 빼앗긴 사람이 어마어마한데 다 사단의 인침을 받았다는 것도 말씀하셨습니다.

사단이 예수님 안에 들어오지 못하게 하려고 성경을 빙자하여 그 같은 초자연적인 것들로 그물을 치는 것이라 하셨습니다. (쭉정이와 가라지들을 드러나게 하는 것) 특히 베리칩 이야기도 그렇다고 하셨습니다. 사람들이 예수님을 바로 알고 예수님과 온전한 관계를 이루기 위한 믿음의 노력이 있기보다는 그같이 사단으로부터 좇아 나와 세워진 온갖 잡다한 세상 돌아가는 정보들에 마음을 두고 신경을 곤두세우는데 더 주력하고 또 그런 보이는 것들, 나타나는 것들에 더 관심을 두고 마음이 따라가기 때문에 사단의 영들이 그것을 잘 이용하여 예수님 안에 들어올 힘을 온전히 빼앗아 버린다고 하셨습니다. 할 수만 있으면 택하신 자들도 그 같이 영적인 것들로 미혹하여 넘어지게 한다 하셨습니다.

사람들이 성영님의 인도하심을 받고 말씀으로 세운 믿음이 되지 않아 하나님의 뜻에 대한 내적 확증들이 없으니, 그 같은 영적인 것들에 호기심을 두고 마음이 끌려간다는 것입니다. 진리가 그 속에 없으니 당당한 믿음의 자유들이 없다는 것입니다. 거짓 영들에게 이용당할 수밖에 없는 빈집들이 되어서 결국은 후에 지옥으로 끌려가는 길에 있다는 말입니다.

저는 약 한 달 전에 어떤 계기를 통해서 목회자들의 영적인 모습을 영안으로 보게 되었습니다. 어둠이 안개처럼 드리워져 있는 어느 운동장 같은 곳에 목회자들인데 그 모습이 상체 쪽 형체만 보이고 얼굴이 없었습니다. 그림자 같은 얼굴 형체만 있는 모습들이었습니다. 그런데 하나같이 목에 힘을 주고 있었습니다. 여기를 봐도 저기를 보아도 또 앞에 있는 사람들을 제치고 뒤쪽의 사람들을 보아도 다 똑같았습니다. 제가 제치고 보았다는 것이 아니라 뒤쪽을 보려고 하니 자동적으로 제쳐 지면서 뒤쪽 사람들이 다 보였습니다.

제가 그것을 보며 느낀 것은 겸손이라는 것을 전혀 볼 수가 없었다는 것입니다. 하나님께 대하여 겸손의 모습이 없구나 하는 생각이 들자 곧바로 그 얼굴 없는 그림자 같은 사람들이 말하는 것은 보이진 않는데 내 귀에는 자기가 다 잘났다고 자기의 설교가 최고라고 서로 떠드는 소리가 들렸습니다. 다 자기가 잘났다는 거예요. 누구의 모습은 죄인으로서 예수님을 만난 관계가 아니라 바리새인 같은 모습으로 서 있는데 목에다 얼마나 힘을 주고 있는지(얼마나 힘이 들어가 있는지) 가관들이었습니다. 죄에 대해서 감각이 없었어요. 죄에 대해서! 지금도 그 모습이 사라지지 않고 내 눈앞에서 그대로 있습니다. 아주 생생하게 그대로 있어요.

그리고 성영님께서 말씀하시는 것은 오늘날 인간 중심의 하수인이 되어 있는 많은 사람들이 목사 되겠다고 자기 스스로 나와서, 다시 말해 자기가 말씀을 깨달은 것처럼 자기 자신에게 속아서 나와 자기가 깨달았다고 하는 어떤 부분적인 것들을 가지고 사람들 속에 뿌려 넣어주느라고 혼신의 힘을 다하고 있다고 하셨습니다. 그러면서 누구를 보이셨는가 하면 욥기에서 욥의 세 친구 엘리바스, 빌닷, 소발의 모습이 보였습니다. 하나님을 아는 것처럼 하였으나 알지 못하는, 하나님을 아는 지혜인 것처럼 말하나 인간의 지혜로 하나님을 높이고 하나님에 대한 교리요, 철학이요, 인간 양심에서 나는 교훈을 베풀어 욥의 받는 고난을 책망하던 그들이 보인 것입니다. 그와 같이 오늘날 사단으로부터 세움을 받은 거짓 목사가 대다수라고 했다는 말입니다.

그들 생각 속에다 주의 종의 길을 가라고 부추기는 그 소리를 듣고 이끌려서 (사단도 자기가 주라는 것을 속이고 주 노릇하는 자라고 했잖아요. 사탄의 부름에 끌려 나오는 것입니다.) 그렇게 이끌려 나와서 그 주 노릇하는 자에게 충성하여 그같이 자기의 깨달은 것을 전하여 생명 얻지 못할 길로 이끌어 사단에게로 돌리는 일을 열심히 하는 자들이 돼 있다고 하셨습니다. 이 부분도 뒤에 가서 더 나눌 것입니다.

성영님께서는 누구든지 예수님을 사랑해서 믿는 믿음이 아니면 하나님 나라에 합당치 않다고 하셨습니다. 예수님을 자기 목숨보다 더 사랑하지 않는 것은 하나님 나라에 들어갈 수 없다고 하셨다는 말입니다. 사람들이 믿는다 할 때 우리의 주이신 예수님을 아는 일과 예수님의 말씀으로 살고자 하는 뜻에 온 관심을 둬야 하는 데 그 같이 나타나는 현상들에 호기심을 가지고 더 믿고 좋아하여 그 마음이 따라감으로써 망한다고 하셨습니다. 이것이 예수님의 재림이 가까웠다는 전조 현상입니다. 예수님과 예수님의 말씀으로 들어올 수 없게 하는 사단의 작전이요 예수님에게서 멀도록 유도하는 일입니다.

　그러니까 사람들이 지금 종말에 있을 현상들이 나타나고 있지요. 성경의 그 연대를 보더라도 지금이 종말의 때라는 계산이 나오지요. 예수님의 재림이 곧 임박했다는 다급한 때가 된 것 같으니까 마음들이 조급해져서 쉬 동심이 된다는 말입니다. 말씀을 듣는 것도 지금 시대에 맞는 설교, 조급한 마음에 자극제가 되는 그런 설교들에 집중이 되어서 마음이 쫓아가는 것입니다. 저같이 전하는 말씀은 말하자면 지금 때가 어느 땐데 그런 말씀 듣게 생겼냐 하는 식이 되어서 중한 줄을 모른다는 것입니다. 시시하게 여긴다는 말입니다 시시하게! 시대에 뒤떨어진 말씀처럼 여겨 듣기를 원치 않는다는 거예요. 그리고 들리지 않는다 하셨습니다.
　말씀을 전한다는 목회자들 중에서도 다수가 예수님을 뛰어넘어 종말론 자가 되어 있고 말세론 자가 되어서 대중 매체들을 통해 외치고 있는 것은, 시대를 분변하지 못하면 가짜 목사다, 시대에 맞는 설교 하지 않으면 그는 가짜 목사이니 분별하라고 외치고 있습니다. 참 좋은 시대를 분변하여 시대에 맞는 설교를 하는 자라고 외치고 있다는 것입니다.

　다니엘서와 요한계시록이 지금 이 시대에 맞는 말씀인데 지금 종말의 때를 알려주는 요한계시록을 모른다면 그것은 예수님 재림을 맞지 못할 수도 있기 때문에 구원받을 수 없다고 말하고 있습니다. 누구든지 요한 계시록이 열려진 책이 되서 사람들의 믿음을 준비할 수 있게 해야 된다고 깨어있어야 된다고 외치고 있는 것입니다. 깨어있는 것이 무엇인지도 모르면서 깨어있어야 한다는 거예요. 지금 믿는다는 이름은 가졌어도 자기 안에 예수님이 계시지 않은 빈껍데기인데 종말의 그런 현상들을 가지고 마음이 붙들리고 쫓아가는 것이 깨어있는 것인 줄로 착각하는 것입니다. 허상을 쫓는 것들로 착각하고 있다는 말입니다.

그러니까 속사람이 삼위의 하나님과 맺어지지 않으니까 맨 겉의 것들을 가지고 떠들면서 사람들의 영혼에 혼란을 주고 있는 것입니다. 믿음을 오직 예수님께 두지 못하도록 속이는 말을 함으로써 사람들의 마음을 도적질하는 것입니다. 요란만 떠는 꽹과리들이 되어 있어요. 제가 이런 말을 하는 것 누구를 헐뜯기 위해서가 아니에요. 여러분들이 정말 믿기 원한다면 제발 속지 말라고, 참으로 예수님 계신 하늘에 들어가기 원한다면 이제 좀 속지 말아야 하지 않겠느냐 말입니다. 그만 좀 속고 그 속는 곳에서 돌이키라고 성영님께서 주신 기회, 전하라 하는 것을 말하는 것입니다. 여러분! 요한 계시록을 다 안다고 요한계시록 아는 것으로 깨어있는 것도 아니고 구원받는 것도 아닙니다. 그것을 깨어있는 자라고 하는 것 아니에요. 환상으로 꿈으로 천국 지옥 다 보았다고 예수님을 만났다고 해서 목사 되는 것도 아닙니다. 그런 것 다 보았다고 천국 가는 것 아닌 거예요.

무슨 말인지 이해됩니까? 도대체 계시록이 무엇이 열려야 된다는 말입니까? 계시록의 교회시대에 주신 말씀은 우리 모두가 깨닫고 확실한 영적인 믿음이 돼야 하는 것은 분명합니다만 그러나 그 외에는 기록된 그것을 그대로 보아야 합니다. 그것을 넘어갈 수도 더 보탤 수도 없습니다. 계시록을 어떻게 보아야 하는지, 때에 대한 것을 분류하여 알 수 있게 하는 것으로도 충분한 것입니다. 문자적이던 상징적이던 거기에 집착하지 말고 기록된 그것을 그대로 보는 것입니다. 때가 되면 반드시 기록된 대로 된다는 것을 미리 알려 주신 것이니 그 환난으로 넘어가지 않는 참믿음(성영님으로 거듭남의 믿음)이 되기에 힘쓰는 것이 믿는 것이요 지혜입니다. 대비토록 미리 알려 주는데도 대비하지 않는 것은 믿지 않기 때문일 것입니다.

그리고 아직 이루지 않은 미래의 것을 여시는 것은 하나님이십니다. 사람이 여는 것이 아닙니다. 저는 이미 오래전부터 그것을 여러분에게 말해왔습니다. 아직 이루어지지 않은 새 하늘과 새 땅의 일, 하늘의 새 예루살렘에 대한 것은 기록된 내용만으로도 성영님이 우리에게 넘치도록 확증시켜주는 내용이 됩니다. 얼마든지 우리 마음에 새 예루살렘의 꿈을 꾸고 설레는 기대감이 되는 것으로 흠 없기 때문에 거기서 더 넘어갈 필요가 없는 것입니다.

아직 이루어지지 않은 일, 아직 보지 않은 일에 대해서는 기록된 것 외에 더 붙이고 더 말한다면 이것은 하나님을 월권하는 백 프로 사단에게서 오는 일입니다. 사도 요한이 **내가 이 책의 예언의 말씀을 듣는 각인에게 증거하노니 만일 누구든지 이것들 외에 더하면 하나님이 이 책에 기록된 재앙들을 그에게 더 하실 것이요 만일 누구든지 이 책의 예언의 말씀에서 제하여 버리면 하나님이 이 책에 기록된 생명나무와 및 거룩한 성에 참여함을 제하여 버리시리라**고 분명하게 증거하고 있는데, 아니 거기에다 뭘 더 가져다 열심히 붙여서 이단 짓들 해야 하겠습니까?

때와 기한은 아버지께 있으니 우리 믿음은 진리이신 예수님과 예수님의 말씀으로 세워져서 자유케 되는 일입니다. 그러면 그 영은 예수님 계신 보좌 우편에 앉은 것입니다. 영으로는 신랑이신 예수님과 신부로서 교제하는 관계요 육체 안에 있는 나에게 부활의 몸을 주시기 위해 이 세상에 나를 데리러 다시 오실 예수님을 믿는 것입니다.

다시 말하건대 사람들이 예수님에 대해서는 참 어두워 있습니다. 예수님을 자기 안에서 모르기 때문에 예수님과의 관계는 힘이 없고 요즘 종말에 대하여 쏟아져 나오는 것들에 대해서는 힘이 넘쳐 쏠려가고 있습니다. 그러나 종말에 대한 일들을 알고 그것을 외치고 주장해도 자기 안에 성령님으로 맺어진 예수님과의 관계, 예수님을 사랑하여 따른 말씀의 능력이 없으면 그는 하나님 나라에 들어가지 못합니다. 자기를 부인하고 자기가 죽은 십자가를 지고 예수님을 따르는 믿음에 있지 않으면 천국을 다 보았어도 하나님 나라에 들어갈 수 없습니다.

그리고 지금 베리칩이라는 것이 설사 짐승의 표라 한다 해도 사실 사람들의 영적인 상태를 보면 구원에 이를 믿음이 그리 없는데 베리칩이 짐승의 표냐 아니냐? 하는 논쟁보다는 정말 자기 자신들이 하늘에 함께 앉히신 자가 된 믿음, 예수님과 함께 있는 예수님의 사람이냐 하는 것이 더 중요한 사안임을 알아야 합니다.

사람들이 예수님을 믿는다고 해도 얼마나 철저히 자기중심적인지 말씀을 자기가 요리하는 것입니다. 하나님의 입장에서 보는 성경이 돼야 하는데, 즉 하나님은 영이시니 영이신 하나님이 기록한 영의 일이니 또한 영의 눈 성령님의 눈으로 하나님의 것을 봐야 하는 데 자기 시각으로 보는 성경이 되어 자기 것을 말하고 전하는 것입니다.

행2장에 **말세에 내가 내 영으로 모든 육체에게 부어 주리니 너희의 자녀들은 예언할 것이요 너희 젊은이들은 환상을 보고 너희의 늙은이들은 꿈을 꾸리라 그 때에 내가 내 영으로 내 남종과 여종들에게 부어 주리니 저희가 예언할 것이요** 하신 이 말씀을 가지고도 얼마나 사람이 자기중심적인지 다 자기가 생각하고 있는 것, 잠자다가 꿈꾸는 것 생각하고 기도하다 눈앞에 그려지는 것들, 눈앞에 나타나 보이는 것들을 생각하고 예언한다고 사람들 앞에 앉혀놓고 '주님 잘 믿어라. 열심 내라. 주님이 곧 오신다. 회개하지 않으면 하나님이 심판하신다고 하셨다.'하는 이런 것을 생각하는 것입니다. 사람들이!

  그러니까 예언한다. 꿈꾼다. 환상 본다. 하는 이런 영적인 것이 또 영적인 인간에겐 얼마나 관심이 많고 호기심이 많잖아요? 인간이 영적존재이기 때문에 신비한 영적 체험을 하고자 하고 또 추구하는 것이어서 하다못해 잠자다가 꿈이라도 꾸기를 아주 바라는 거잖습니까? 잠자는 중에 꿈을 기대하면서 꿈꾸기를 기다리고 그러다 꿈이 꿔지지 않으면 초초함으로 안절부절하는 것입니다. 그 같은 꿈들로 자기를 점치고 다른 사람을 점치고 하나님의 일인 것처럼 점치다가 그 꿈이 꿔지지 않으면 초조해 한다는 말입니다. 그러니 예언한다. 꿈꾼다. 환상 본다. 하는 것을 자기가 아는 상식에다 맞추어 받아들이고 붙들고 추구하는 것이 돼 있으니 악한 영들이 이것을 잘 이용하여 가져다주는 것들로 넘쳐나는 것입니다.

  인간 심사에는 또 자기가 하나님과 통하고 있다는 것을 은근히 과시하고 싶은 욕구가 아주 깊게 깔려있기 때문에 이같이 하나님을 알지 못한 데서 나오는 자기 생각, 자기 사상들을 높이는 무지함으로 인해 사단의 영들이 주님으로 역사하여 속임을 베풀어줌으로써 예수님을 만날 수 없는 길로 나가버리게 하는 것입니다. 예수님의 이름을 알고 자기 속에서 성영님으로 맺어진 이름이 되어 있지 않으니 자기에게 없는 이름은 부를 수가 없으니 그저 주여 주님만 부르고 찾는 것입니다. 이름을 주신 하나님의 뜻도 모르고 이름으로 맺은 관계가 자기 안에 없으니 어떻게 없는 이름을 말하고 부르겠습니까? 그 사람 속에 무엇이 있느냐? 있는 그것이 나오는 것이라고 예수님께서 분명히 말씀하셨지 않습니까?

예수님을 믿는 것이면 예수님의 이름을 알아야 합니다. 성영님이 가지고 오신 그 이름이 자기 안에 있다면 그 이름의 권세와 능력이 나타나는 것입니다. 다시 강조합니다. 예수님을 믿는다는 사람들이 그 이름을 알고 그 이름으로 맺은 믿음이 돼서 부르는 것이 아니면, 그에게 그 이름이 없으면 그의 입에서 주로 '주여 주님'만 나오는 것이면 그는 지금 예수님의 사람이 아니라는 것을 분명히 말합니다. 그렇다고 예수님의 이름만 부른다고 그것이 하나님께 맞는 믿음이 되는 것이냐? 한다면 또 그렇다는 말은 아닙니다. 그동안 이름에 대해서 누차 말씀을 말했으니 잘 새겨듣고 이해되어야 할 것입니다.

하나님이 말씀하시는 예언이라고 하는 것은 기록된 성경을 하나님의 생각에 맞게 뜻대로 깨달아 가르치고 전하고 선포하는 것을 말합니다. 성경을 하나님의 의도대로 보는 영적 통찰력(성영님의 조명)입니다. 하나님의 생각과 마음을 아는 것 하나님의 깊은 사정을 아는 것 그래서 아직 이루어지지 않은 앞으로 될 장래 일, 예수님의 재림과 믿는 자의 부활과 영생과 천국과 지옥을 전하여주는 그것을 성경이 말씀하는 예언의 뜻입니다. 절대로 기록된 말씀이 근거입니다. 말씀을 빙자하여 개인 예언한다고 하는 것 다 거짓임을 알라는 말입니다. 믿는다 하지만 말씀의 뿌리가 없고 믿음이 바르지 못한 속이 빈 사람들을 사단의 영들이 이용하여 예언한다는 것으로 미혹하여 믿음의 뜻을 어지럽히고 있는 것들인 것입니다.

앞으로 될 일에 대하여 맡겨진 말씀이 있기 때문에 우리의 믿음은 눈에 보이지 않는 그 꿈과 같은 일에 대하여, 꿈과 같은 일이잖아요? 예수님이 하늘에서 다시 내려오신다. 죽었던 자가 다시 산다. 부활하여 영원히 산다 하는 이런 일들이 사실 다 꿈같은 일들이잖습니까. 참으로 예수님과 예수님으로 이루어질 꿈같은 그 나라에 대한 일들을 우리 안에 계신 성영님으로 보는 것을 말하는 것입니다. 성영님으로 보는 나라인 것입니다. 내 영안에 성영님이 오셨다면 그 나라가 내 영혼에 들어와 버렸으니 이제 눈앞에 뭐 환상으로 왔다 갔다 하는 것이 아니라 성영님으로 확실히 보는 나라가 되었고 말씀에 확실한 근거와 함께 내가 성영님으로 가진 나라가 되었기 때문에 그래서 꿈이요 환상이라고 하는 것입니다. 그러니까 예언도(맡겨진 말씀에 대한 선포) 예수님이요 꿈을 꾸는 것도 예수님이어야 하는 것입니다. 예수님으로 이루어진 하나님 나라를 영안으로 보는 것입니다.

그래서 여러분에게 당부하는 것은 요사이 나타나는 종말의 때를 알리는, 전조 현상으로 나타나는 일들 영적이던 자연적이던 간에 나타나는 그런 징조들에 대해서는 예수님의 재림의 때가 심히 가까웠다는 것을 참고는 하되 그런 것에 마음과 눈이 끌려다녀서는 안 된다 하는 것을 분명히 말합니다. 아셨습니까?

그런 것에 마음 뺏기거나 마음이 붙들려 따라다니지 말라 당부합니다. 호기심 두지 말란 말입니다. 호기심으로 예수님을 믿는 것 절대 아닙니다. 오직 예수님을 알고 예수님을 사랑해서 예수님의 말씀으로 사는 믿음이 되었다면 그 믿음은 아버지 하나님의 나라에 대한 소망을 둔 것이요 예수님의 재림을 맞는 믿음에 선 것이요. 그러므로 예수님이 오늘 재림하시든 내일 재림하시든 예수님을 만나는 것이니 그 외의 어떤 것도 마음 쓸 필요 없는 것입니다. 그 외의 어떤 것도 상관없는 거예요.

그 믿음은 당연히 예수님의 재림을 믿고 준비된 믿음이니 무엇이 염려입니까? 무엇이 그리 두렵습니까? 그러므로 경제가 무너진다고 시끄럽게 떠들거나 말거나 염려 없습니다. 왜냐? 예수님을 믿는 믿음은 어려운 때를 대비하여 살 능력을 갖추었기 때문입니다. 또한 전쟁의 소문들로 인하여 우왕좌왕하거나 말거나 왜? 예수님이 나와 함께 계시기 때문입니다. 저 건너편으로 가자 말씀하셨으면 가는 것이지 다른 이유 없습니다. 사람들이 내가 꿈에서, 환상을 통해서 주님을 만났다고, 주님이 열흘 후에 오신다고 말씀하셨다, 이틀 후에 오신다고 말씀하셨다, 환상을 보았다 하고 외치거나 말거나 이 같은 소문들에 마음이 동요될 필요가 전혀 없는 것입니다. 예수님은 분명히 오시는 것이요 믿음이 준비되어 있는 자가 맞을 것이기 때문입니다.

정말 여러분이 진리로 자유 얻고 진리 위에선 믿음이 되었다면 예수님이 내일 오시든 모래 오시든 언제 오시든 간에 맞이할 준비가 되어 있는 것이니 요동할 일이 없는 것이라는 말입니다. 왜? 예수님 말씀하셨으니까! 아니 예수님께서 성영님으로 자기 안에 오셔서 계신 성전이 되었으면 지금 예수님이 계신 곳에 자기도 함께 있는 것인데 천국이신 그 예수님과 함께 있는 자가 뭐가 모자라서 다른 것을 찾습니까? 두려워할 이유, 찾을 이유 전혀 없는 겁니다.

　아니, 예수님이 성전, 내가 성전인 이 관계가 돼야 믿음이오. 예수님은 신랑이요 나는 신부인 것이요. 그것이 구원받은 것인데, 그래서 예수님 안에 내가 있고 예수님이 내 안에 계시면 천국이 내 안에 와 있는데 어디 뭐 예수님을 눈앞에 있는 것이나 보고, 환상으로나 보고 꿈으로나 보는 예수님이냐는 말입니다. 자기 안에 계시지 않은 예수님을 그렇게 보려고 하는 것은 스스로 자신이 거짓 믿음에 있다는 것을 드러내는 일입니다. 지금 여러분이 무슨 말인지를 알고 자기 안에서 동의가 일어나 받으시는 말씀입니까?

　그러므로 절대로 예수님을 믿는다면 자기의 믿는 예수님을 사랑하여 그분에게 맞추십시오, 자기에게 맞추면 망하는 것입니다. 자기에게 맞추니까 자꾸 헛된 것 허상들을 쫓아다니는 것입니다. 그래서 성령님께서 교회들에 드러내 말하라 하신 것을 말씀드리는 중에 제 신앙 이야기를 해야 할 것 같아서 그 이야기를 좀 하고 가려 합니다. 조금 긴 이야기가 될 것 같기도 합니다. 영적인 세계에 대하여 보고 들은 그 체험들은 뭐 어떻게 다 말할 수는 없지만 대충의 것을 말씀드리고 경고의 내용을 이어가려 합니다. 그것은 다음으로 하겠습니다. 하나님 아버지께 감사드립니다. 아멘

경고 5
교회들에 경고(거짓 목사들의 실체)

하나님께서 보내신 경고의 말씀을 오늘도 이어갑니다. 하나님의 경고하심은 어느 소그룹을 향한 것이 아니고 같은 한 성경을 가지고, 같은 한분 구주 예수 그리스도를 믿는다고 하는 세상 모든 교회를 향해서입니다. 목회자이든 신자들이던 간에 이 경고의 말씀은 구분하지 않습니다. 만일에 여기 경고의 말씀들을 듣게 될 때에 (이것은 조○○목사에게 전한 것도 포함됨) 여러 가지 걸림이 되는 것에 성경을 살펴 심사숙고하기보다는 여자가 전한 말이라 하여 아니꼬운 생각을 품거나 대적하여 따지려 하거나 무조건이고 노골적으로 배척하는 사람들이 있을 것이라 생각합니다.

그러나 분명한 것은 이 경고의 말씀과 여기의 모든 말씀을 수긍할 수 없다면 듣지 않으면 될 것이요 자기 길 그대로 가면 될 것입니다. 경고의 말씀을 말해야 하는 저 자신은 성영님께서 명하신 일이니 나의 일이라 알고 하는 것이니 마찬가지로 자기의 일 열심히 하면 되겠습니다.

저는 지금까지 창세기나, 요한복음, 마태복음, 또 성전과 그 밖의 모든 말씀을 통해서 성경의 뜻이 되시는 주 예수 그리스도와 그 예수님의 크기와 넓이와 깊이와 높이에 대해서 성영님의 가르침을 받아 말씀을 전하였습니다. 믿음을 어떻게 가져야 하고 어떤 방향으로 따라가야 하는지 내 영혼에 경험이 된 말씀이 되었고 또한 그것을 전하여 왔습니다. 한편으론 오늘날 전파되고 있는 말씀들이 얼마나 방향이 잘못되었는지, 말씀을 어떻게 듣고 무엇을 들어야 하는지, 거짓된 말씀에 대해서, 거짓 선지자에 대해서 성영님께서 허락하시는 범위 안에서 지금까지 충분히 지적하여 말했기 때문에 참으로 믿기를 원한다면 인터넷에 예수님의 교회 홈페이지나 유튜브에 게시한 말씀들을 정신을 차리고 집중하여 듣는다면 얼마든지 깨달아 분별해볼 수가 있을 것입니다.

창세기에 창조의 말씀만 가지고도, 자기 믿음을 위해서 말씀을 바로 알고 하나님을 알기 원하는 진심의 사람이면, 말씀에 대한 지각이 있는 성영님의 사람이면 얼마든지 거짓을 깨달을 수가 있습니다. 다른 말씀 다 놔두고라도 제가 전한 창세기 말씀 하나만 가지고도 알 수 있다는 말입니다.

창조 때, 하나님께서 사람을 창조하신 것은 실패하신 것처럼 교묘히 아담을 핑계하여 실패하신 하나님으로 사람들 생각 속에 그려지게 해놓고 그 뒤 아담이 하나님의 창조를 그르치게 되어서 하나님께서 그것을 수습하시려고 예수 그리스도를 보내신 것 같은 그런 왜곡으로 뿌려 넣어주고 있는 그 자체 하나만으로도 그는 사단에게 이용되고 있는 거짓 선지자인 것을 얼마든지 알 수가 있습니다.

하나님의 사정에 대하여 도무지 알지 못하는 소경임을 분명히 볼 수 있는 것입니다. 하나님의 사정은 하나님의 영 외에는 아무도 알지 못한다 하셨습니다. 다시 말해 성영님만이 하나님의 깊은 사정을 알고 깊은 것이라도 통달하신다. 하나님이 성영으로 이것을 보이셨다 하셨습니다. 바로 하나님의 영적인 모든 뜻은 오직 성영으로만 보이신 것이라 하셨다는 말입니다. 그렇기에 오늘날 주의 종이 되겠다고, 말씀을 전하겠다고 나온 사람들이 창조에 대한 하나님의 사정을 보지 못한 것이면, 그래서 아담을 지으신 하나님은 실패하시고 예수 그리스도를 보내신 하나님은 성공한 것처럼 말하는 것이면, 그는 하나님이 불러 세운 것이 아니라는 것 분명히 알아야 합니다.

그야말로 하나님이 창설하신 에덴동산 안에서 아담으로 하여금 실패케 하신 하나님이시라면 아무라도 하나님의 말씀 전할 자격이 있습니다. 왜냐? 하나님께서도 실패하셨으니까! 그러나 하나님은 실패하지 않으셨기 때문에 말씀을 맡기실 일 또한 아무라도 부르시지 않습니다. 아무라도 오라고 부르는 것은 바로 사단입니다. 사단 자신이 아담을 지으신 하나님을 실패하게 했다는 자만을 가지고 있기 때문에 하나님에 대하여 그같이 거짓 증거 할 그 자격이 있는 자들을 열심히 찾아내어 아담을 지으신 하나님이 죄짓게 한 하나님인 것처럼 속이는 말을 열심히 하게 하는 것입니다.

분명한 것은 하나님께서 부르셨다면 하나님의 깊은 것까지 통달하신 성영님에 의해 하나님의 사정을 알고 성영님으로 가르칠만한 신영한 능력을 갖출 때까지 세상과 단절케 하고 말씀 안으로 들이셔서 훈련의 과정을 거쳐 나오게 하시는 것입니다.

그러나 사단은 "너 은혜 받았잖느냐? 너 죽을병에서 치료받았지 않느냐? 너 주의 종 하게 하려고 많은 은사 주었지 않느냐? 무엇으로 하나님께 그 은혜를 갚겠느냐? 주의 종 되서 주님의 일하라"하고 불러내 사람들을 주님의 종이라는 그 위치에 세워놓고 말씀을 왜곡시켜 전하게 합니다. 죽을병 치료받고 보니 무엇으로 그 은혜 갚을 길 없어 '그래, 내 인생 덤으로 주셨잖나! 내가 주의 종 돼서 열심히 하나님의 일 하자' 하는 자기 결단을 하고 나오게 하는 것입니다. 사단은 사람들의 생각에다 이런 충동질을 하여서 주의 종이라는 그 자리에 세워 놓고 하나님의 영적인 생명의 뜻을 왜곡시켜 사람들의 지성에 맞고 양심에 맞고 마음에 맞고 감정에 맞는 말들 열심히 전하도록 조장한 것입니다.

인간의 열심을 부추기고 인간 충성심을 부추겨서 자기가 앞서가게 만들고 충성하게 하는 것입니다. 양심적인 사람을 이끌어내 착한 설교하게 합니다. 도덕성이 있는 사람을 이용하여 도덕적인 설교하게 합니다. 감성적인 사람을 세워서 사람들의 감정에 호소하게 하고 감정에 끌리는 설교하게 합니다. 이와 같이 자기 생각에 들려오는, 자기 생각에다 부추기는 악의 영들의 음성들에 속아서 자기가 하나님을 위해서 무엇을 할 수 있는 것처럼, '하나님! 내가 하나님의 일 하겠습니다.' 하고 나와 다 자기도 죽고 남도 죽이는 일을 열심히 하는 것입니다.

그러나 하나님께서는 하나님의 말씀을 넣어 하늘의 뜻을 가르치려 하실 때에 절대로 이런 식으로 불러내어 이런 인간 지성에 맞고 감정에 맞고 형편에 맞는 말하게 하시지 않습니다. 그렇기에 그것을 여러분에게 지금까지 밝혀 말해왔는데 지난 어느 날 성영님께서 또 제게 말씀하시기를 '너는 이제 세상 교회들에 예수님의 이름으로 주저치 말고 드러내 경고하여 말하라 이 일을 위하여서 내가 너를 안고 가르쳐 왔느니라. 이것이 지금 네가 해야 되는 일이라'고 말씀을 하셨습니다. 성영님의 말씀이 있을 때에 내가 무엇을 말해야 하는 것인지 그 내용들이 눈앞에 그려지듯이 다 보였습니다. 그래서 일부는 이미 여러분에게 밝혀 말하여왔던 부분입니다.

저는 정말 조○○목사에게나 또 교회들을 향해서 하나님의 경고를 말하리라고는 꿈에도 생각 못 했습니다. 조○○목사에게 하나님의 경고의 뜻을 전달한 것도 성영님께서 명하시지 않았다면 제가 그것을 지적할 이유는 백번을 생각해도 없는 일입니다. 그런데 또 세상 교회들을 향해 경고하라 하시니 제가 제 입장을 생각해볼 때 과연 이 경고의 내용을 말해야 한다는 것도 그렇고, 또 말하지 않아야 한다는 것도 그렇고 저의 마음이 사실 난감하기도 하고 불편하기도 하여 너무나 싫었습니다.

"아니 내가 사람들이 알아주는 유명인도 아니요. 그렇다고 사람들이 지금까지 주신 말씀들을 진심으로 듣고자 하여 말씀 앞에 나오는 것도 아닌데, 도대체 들을 사람이 누가 있다고 이 복잡한 것을 말하라 하시는가 싶어 성영님께 선뜻 아멘 할 수가 없었습니다. 말이 짧은 내가 과연 어떻게 그것을 정리하여 제대로 전달할 수 있을까? 생각하니 머리도 복잡하고 생각이 복잡했습니다. 이같이 복잡한 틈을 타서 또 어떤 생각이 들어왔는가 하면 '내가 왜 목사가 돼 가지고 들을 자 그리 없는 이 어려운 일을 또 해야 하는가'하고 마음이 크게 스트레스가 일어난 것입니다. 순종해야 하는 것을 알기에 마음은 불편했지만 기쁘게 순종할 마음이 서지 않아 하루하루 버티고 있었습니다.

그런데 어느 날부터인가 제가 밥을 먹으나 안 먹으나 관계없이 속이 더부룩하고 답답한 겁니다. 혓바닥은 여기저기 헐어서 뜨겁거나 매운 것을 댈 수가 없게 되었고, 그리고 식도는 무엇인가가 꽉 잡고 있는 것 같고 잔뜩 들러붙어 있는 것 같아 아주 갑갑함으로 어찌할 줄을 모르겠는 겁니다. 그리고 배 속은 주기적으로 바늘로 찔러대듯이 뒤틀리듯 아프고 따갑고 쓰리고 더부룩하여 …, 이런 증세들로 너무 고통스러웠습니다. 혀에서부터 식도 배 속까지 전부 계속 편할 날이 없었어요. 그러니 온 신경이 거기에만 쓰였습니다. 밥을 먹을 때도 목에 걸려 넘어가지 않아 물과 함께 넘겼습니다. 그런데 희한한 것은 예수님의 날, 예배드리는 날에는 그 증세들이 일어나지 않았습니다.

증세가 일어난 날부터 왜 그러는지 무엇 때문인지 깨닫고 회개할 수 있게 해달라고 계속 기도하고 물어도 묵묵부답이셨습니다. 예수님의 이름으로 계속 치료를 명해도 소용이 없었어요. 그 고통을 겪으며 한 달이 지난 어느 날, 제게 어떤 생각이 났는가 하면 성영님께서 세상 교회들에 경고하여 말하라 하신 것이 있어 그것을 말해야 한다고, 이미 강단에서 선포하고 그 경고에 대한 말씀을 준비해야 한다고 했던 말입니다. 그래서 하나님 앞에서 이미 엎지른 물인데 내 생각을 앞세워 불편한 마음 가지고 불평하며 성영님을 거역하고 있었구나, 거역해선 안 되겠구나 하는 생각이 번득 들었습니다. 내가 할 일이라 하시면 내 할일하면 되는 것이지 뭐하자고 이것저것 따지고 계산하고 도대체 내가 지금 뭐하는 짓인가 하고 정신이 번쩍 들었습니다. "내 할 일 하면 그다음은 성영님의 책임이신데"라는 결론이 내 안에서 깨끗이 일어났습니다. 성영님의 명하심을 말할 수 없게 하려고 내 생각을 통해 역사하던 것 여러 가지로 생각 속에 시비 걸어오던 모든 것들에서 놓여나 내 마음이 확실하고 깨끗하게 자유가 돼 버렸고 마음이 홀가분했습니다.

  하나님 아버지께 지금까지 불편해했던 모든 잘못을 고백하며 회개의 기도를 드렸습니다. 그러자 기쁨이 넘쳐났습니다. 그 뒤 내가 몸의 증세들에 대해 까맣게 잊고 있었다는 생각이 나서 보니 음식을 입에 대지 않아도 쓰리고 아파야 했던 혀의 고통도 식도도 배 속도 고통이 사라지고 없는 겁니다. 내가 증세들을 잊고 있었다는 생각이 들었을 뿐, 언제 물러가 버렸는지 모릅니다. 그래서 불평하고 거부하는 마음을 가지고 버티니 그런 증세들이 얼씨구나 하고 따라 들어왔다는 것을 알게 됐고, 성영님께서 명하신 것을 피할 수 없는 것임을 확인하는 계기가 됐습니다.

  그 일로 인하여 고통을 겪게 되고 깨닫게 하셨으니 이제 말씀대로 말하겠다고 아버지 하나님께 고백하는데 그때 출4장에 모세가 하나님의 언약에 들어온 표시로 할례를 자기 아들에게도 행하여야 함에도 하지 않은 연고로 인하여 하나님께서 모세를 죽이려고 했던 그 사건을 생각나게 하셨습니다. 그래서 내게 나타났던 증세가 바로 그와 같은 이치였다는 것을 알게 되었습니다.

  그러나 여러분! 이제 성영님께서 경고하라 하신 말씀을 말하는 것은 말하지 않으면 안 되는 저의 입장 때문에 저의 처지 때문에 말하는 것이 아니라는 것 분명히 알기 바랍니다. 지금 목사라는 직임을 가지고 또 성경연구 한다는 직임을 가지고 하나님의 말씀을 전하고 가르치고 있는 사람들이 하나님의 심판을 피할 수가 없는 자리에 있다고 하셨습니다. 두려운 줄도 모르고 하나님의 말씀을 하나님의 의도에 맞지 않는 것들로 풀어서 그것이 하나님의 뜻인 것처럼 가르치고 전하고 있어서 그에 따른 심판을 면할 길이 없게 되었다고 하셨습니다. 또한 그 말을 듣고 따라가는 자들도 모두가 다 함께 망할 길에 있다고 하셨습니다. 이것은 오래전부터 말씀하셨던 일입니다.

제가 성영님께서 필요하다면 이름까지도 밝히라고 말씀하셨기 때문에 그래서 드러내 말하기가 좀 꺼려왔었던 이유들이 되기도 했지만 그러나 이제는 확신을 얻게 된 이상 꺼리지 않고 필요하다면 이름도 거론할 것입니다. 참으로 말하기도 불편하고 듣기도 불편한 것들을 말해야 하는 것은 제 자신을 위해서가 아니라는 것 다시 강조합니다. 여러분을 위해서입니다. 특히 목회자들입니다.

이 말을 하는 저는 수많은 목회자들이 지옥으로 향해가는 것을 보고 있습니다. 그 형벌이 어떨지 상상이 되기 때문에 참 탄식이 절로 나고 안타까운 마음밖에 들지 않습니다. 여러분 한번 생각해 보십시오, 천주교가 말입니다. 그들이 예수님을 안 믿습니까? 그들 성경이 우리와 다른 성경입니까? 그러나 예수 그리스도를 믿는다 하는 그 어마어마한 큰 단체가 배도하는 자들이요 불법을 행하는 자들이요 귀신의 가르침을 좇는 단체라는 것 잘 알고 있지 않습니까? 그러면 우리 개신교는 아닌 줄 아십니까?

오늘날 교회 안에도 그같이 사단의 세력이 얼마나 광대하고 크게 일하고 있다는 것을 알아야 합니다. 가톨릭은 아예 드러난 대적자이지만 개신교의 목사들은 드러나지 않은 음녀들입니다. 오늘날 목사들이 참으로 성영님의 부르심에 의하여 세워진 진짜 목사냐 아니냐 하는 것은 다른 문제 다 뒤로 하고 한두 가지만 보더라도 얼마든지 판단해볼 수 있고 분별되는 것입니다.

성영님께서 세우신 진짜 목사면 성경이 가르친바 없는, 성경이 명하신바 없는 그 성탄절이라는 것을 지킬 리가 없습니다. 성영님께서 세우신 진짜 목사면 부활절이라는 것을 지킬 리가 없습니다. 성영님께서 세우신 진짜 목사면 성찬에 쓰이는 떡을 이스트 넣은 빵을 사용할리 없습니다. 뻥튀기 같은 그런 과자로 예수님의 죽으심을 기념하는 떡이 되게 할리 없습니다. 이런 짓들은 예수님의 이름을 훼방하고 예수님의 피 흘려 죽으심을 모독하는 행위입니다. 위에 말한 것만으로도 성영님께서 세우신 것이 아니라는 것 백 프로입니다.

이 같은 행위들은 귀신의 가르침을 받아들여 행해왔던 가톨릭의 산물이요 하나님의 일을 훼방하는 죽은 자들에게서 나는 가증한 행위입니다. 성영님께서 불러 세운 목사면 성경을 벗어난 이 같은 귀신의 가르침을 좇아 행 할리 절대로 없습니다. 도대체 귀신을 섬기는 자들이 아니고서야 어떻게 성경에 벗어난 짓들을 할 수 있는 것이겠습니까? "아, 예! 맞습니다. 귀신의 가르침을 좇는 자들은 이 같은 가증한 행위의 권리가 당연히 있습니다. 하나님을 훼방하는 그것이 자신들의 할 일이기 때문입니다."

당신이 진짜 예수님을 사랑하는, 예수님을 아는, 예수님이 당신 안에 오셔서 계신 성전이면, 예수님과 관계없는 그런 귀신의 가르침을 좇아 행하는 것들을 분명히 분별하였을 것이요 성영님이 그 같은 것들은 불법이요 가증한 행위라고 분명히 가르치셨을 것입니다. 또한 당신이 진짜 성영님의 부르심에 의하여 세워진 목사면 하나님을 예배하는 그 강단에, 말씀을 전하는 그 예배의 장소에 검은색의 의상을 입고 올라서지는 않을 것입니다.

그것은 자신의 영혼이 영적으로 어둠에 잡혀있음을 스스로 나타내는 것이요 표현입니다. 또한 당신이 진짜 성영님의 부르심에 의해서 세워진 목사면 보신탕이라 불리는 개고기는 먹지 않을 것입니다. 왜 먹지 않아야 하는지는 당신 안에 성영님이 계시다면 성경 말씀에서 발견하고 깨달았을 것이요 성경의 뜻을 아는 자가 되었을 것입니다. 그렇지 않다면 당신은 이미 귀신에게 자신을 지배하도록 권리를 스스로 내줘버렸다는 것을 아십시오. 성경에 개고기 먹지 말라는 말씀 구절이 어디 있느냐? 고 묻는다면 당신은 성경도 보지 않고 영혼들을 멸망으로 끌고 가는 자인 것을 스스로 드러내는 일입니다. 성영님께서 말씀을 말하는 자로 세우신 것이 아니라는 말입니다.

과거에 어떤 목사가 개가 힘 있게 잘 짖어대기 때문에 개고기를 먹어야 설교 잘한다고 하는 말도 제가 직접 듣기도 했습니다. 얼마나 거북스럽고 유치하고 소름 끼치는 말인지 저는 그의 말이 너무 징그러웠습니다. 또한 하나님만이 주인 되시고 취하셔야 하는 생명이 되는 피를 먹어도 된다고 주장하고 십자가 위에서 다 폐하였다고 주장하며 먹는 자들은 하나님이 취하셔야 할 생명을 자기가 취하는 것이요 생명의 주인에게로 돌려져야 할, 지으신 분이 취하셔야 할 생명을 자기가 취하는 자요 당신은 이미 생명 되는 피는 먹지 말라 말씀하신 하나님을 정면으로 대적하는 악한 자입니다.

하나님의 말씀을 전하겠다고 나온 사람들이 위에 말한 것을 작은 일인 것처럼 무시하듯 하여 경건의 능력을 갖추지 않았다면 그것은 작은 일 무시한 것이 아니라 하나님의 말씀을 무시한 것이요 하나님의 말씀을 무시한 것은 곧 하나님을 무시한 것입니다. 예수님은 율법의 일점일획이라도 반드시 이루리라 하셨습니다. 점 하나라도 획 하나라도 하나님의 말씀이면 그것이 예수 그리스도로 말미암은 하나님 나라의 영적인 법이면 다 이루십니다. 성경은 작은 것에 충성치 않으면 큰 것에도 충성치 않는 것으로 말씀하고 있습니다. 물론 이 말씀도 인간 머리가 아는 것으로 해석할까 염려스럽긴 합니다. 그렇기에 성영님께서 불러 세우지 않았다는 것을 그런 불법행하는 열매들로 증명되는 것임을 알아야 합니다.

과거에 성영님께서 저에게 어떤 목사의 설교를 들으라고 지시하셔서 기독교 TV방송 채널을 준비하여 주일에 전한 그분의 설교를 약 일 년 남짓 듣게 되었습니다. 그때 지금 고인 되신 옥○○목사의 설교도 제가 몇 번 듣는 기회가 있게 되었는데 그 설교들을 들으면서 제가 무엇을 계속 느꼈는가 하면 말씀이 말하고자 하는 의도에서 벗어난 말을 한다는 것이었습니다. 영의 생명을 얻게 해야 할, 즉 예수님이 초점이 돼야 할 말씀들을 도덕으로 연결하고 도덕성 회복에 중점을 두는 말씀으로 삼아 말하더라는 것입니다. 인간 입장에서 듣기는 다 옳은 말로서 사람의 인격을 기르기엔 좋은 교훈이 되긴 하지마는 말씀의 의도를 벗어나는 것으로 흐르게 하고 있어서 저로서는 듣기가 매우 거북했고 걱정이 됐었습니다.

그리고 또 오래전 어느 모임에서 그때는 생존해 있었지만 지금은 고인인 하○○목사의 설교집을 교제로 하여 가르치는 것을 제가 듣게 되었습니다. 그 설교 또한 하나님을 참으로 알고 하는 설교가 아니었습니다. 하나님의 것을 말하는 것이 아니더란 말입니다. 유대인의 바리새인 서기관과 같다는 생각이 들었습니다. 인간으로는 아멘 할 수 밖에 없는 좋은 설교이긴 하나 성영님께서는 그것을 강하게 거부하셨습니다.

그리고 과거에 우리 기독교의 별이라고 불렸던 지금 고인이 된 한 ○○목사도 (설교는 듣지 않았으니 모르겠는데) 그분을 볼 때마다 얼굴에서 무엇을 보는가 하면 사랑, 희생, 교양, 평화, 박애 이런 단어들이었습니다. 설명하자면 믿는 사람들이 이 같은 덕목들을 나타내고 살아야 한다는 것을 우상 하듯 하여 예수님 위에다 두고 있는 것이 보였다는 말입니다. 예수님보다 그것을 더 높이 두었다는 생각이 강하게 들었습니다. 그렇다 하더라도 제가 존경할 분이라고 생각했지 다른 이유 없었습니다.

제가 왜 이분들의 이야기를 하는가 하면 참으로 아이러니하게도 두세 달 전에 인터넷에서 베리칩 영상들과 함께 최○○ 여 목사의 지옥에 대한 간증을 듣는 기회가 있었습니다. 지옥 간증이나 그 밖의 들었다 봤다하는 간증들은 제가 쳐다보지도 않는데 뜬금없이 이 여목사의 영상이 눈에 들어와 그냥 영상을 틀어놓고 집안일로 오가며 들리는 대로 무심히 듣고 있는데 이 목사들이 지옥에 떨어졌다는 말이 언뜻 들렸습니다. 그래서 그 대목을 다시 정확히 들으면서 좀 의외이긴 했지만 내 마음에 어떤 부정하는 것이나 의심의 여지가 전혀 들지 않았고 동시에 "아! 그렇구나! 말씀이 문제되어 걸렸구나."가 내 안에서 알아지고 동의가 절로 되는 거였습니다.

제가 그들이 말씀의 뜻을 자기들 생각에 맞게 해석하여 인간성에 맞춰주는 것은 분명히 큰 잘못이라 인정은 했지만 그러나 그땐 그것 때문에 구원받지 못할 것이라고는 전혀 생각 못했습니다. "아니 여러분 예수님을 믿고 당연히 구원받았기 때문에 목사가 된 것이지 어떻게 구원받지 않았는데 목사가 되겠습니까?" 제가 그때까지만 해도 그렇게 생각했지 말씀 방향이 빗나가 왜곡하였다 해서 지옥으로 떨어질 것이라는 것은 꿈에도 생각 못했습니다.

그런데 성영님께서 저에게 세상 교회들을 향하여 예수님의 이름으로 주저치 말고 드러내 경고하라는 말씀을 하실 때 그와 같이 최○○여 목사에게 지옥에 대한 실상을 보이고 그 목사들이 지옥에 떨어진 것을 보인 것은 그에게 보여주기 위한 목적보다는 바로 하나님의 말씀을 그렇게 하나님의 의도하신 바에서 벗어나 인간 자기의 말들로 왜곡하는 것은 다 하나님께 불법이요 가증함이 되어서 하나님이 그를 모르는 것이 된다고, 하나님의 표적에서 빗나가 다른 말을 하는 것은 하나님께 부르심을 입어 나온 자가 아니기 때문이라고 그와 그에게 속하여 그 말을 받은 모든 자들도 다 함께 멸망으로 떨어진다고, 그것을 내게 확증시켜 주려고 그들의 실상을 그 여 목사를 통해 보게 한 것이라 하셨습니다.

또 한편으로는 천국과 지옥을 본다고 그것이 자기들의 사명인 것처럼 하는 그 여 목사와 종사자들은 이제 그 보는 것들을 성영님께 닫아주시기를 기도하여 절제해야 된다고 하셨습니다. 그렇지 않으면 그들과 같은 꼴이 될 수가 있다고 하셨어요. 그래서 말씀하신 것이니 제가 전해줄 수는 없었지만 그 여 목사를 위해서 나름 기도를 하지 않을 수가 없었습니다. 하나님께서는 지옥을 보여주시는 것에 뜻이 있지 않고 또한 자기의 신념을 굳게 하는 것을 원하지 않으시고 오직 예수님을 바로 알고 영과 혼과 육의 전인으로 예수님을 사랑하여 믿는 믿음이 되라는데 있기 때문에 이제 여기의 말씀 안으로 들어와 성영님으로 말씀을 듣고 믿음의 능력을 갖추는 자 돼야 한다 하셨습니다. 그들이 이 말을 받든 안 받든 그것은 그들의 몫이겠지요.

제가 이렇게 적나라하게 말하는 것은 해야 할 일임을 알았기 때문입니다. 사람을 살리는 일이면 망설일 이유가 없다는 것을 알았기 때문입니다. 내가 주뼛하고 이것저것 생각하며 눈치 살피고 하는 것을 성영님께서 원치 않으시는 것을 알았기 때문입니다. 저는 여러분들이 고대광실을 지어준다 해도 필요 없는 사람입니다. 내 몸에 값진 보석으로 치장해준다 해도, 세상 모든 사람이 부러워할 정도의 명예를 준다 해도 다 필요 없는 사람입니다. 나는 여러분에게서 무엇인가가 아쉬운 것이 있어서 이것을 말하는 것 아닙니다. 그렇다고 사람들이 나의 전한 말씀을 듣는 기회가 있어 듣는다 해도 좋게만 듣느냐 아니라는 것 또한 너무나 잘 압니다. 그럼에도 제가 무엇 때문에 이것을 말해야 하는 것이겠습니까?

물론 저는 성영님의 명이시기 때문입니다만 그러나 듣는 입장에서는 아직 양심에 화인 맞지 않았다면 반드시 생각해봐야 할 것입니다. 혹시나 제가 사람들을 우리 교회로 오게 하려는 의도가 아니냐는 오해가 있을까 싶어 그것 또한 절대로 아니라는 것을 분명히 해두겠습니다. 나는 사람들 감당할 자신이 없는 사람입니다. 다시 말해 이것은 영혼의 일, 영적인 일을 다루는 것이기 때문에 영적이지 않는 사람들로 인해(종교인) 부대끼는 것 원하지 않습니다. 그렇기에 저는 성영님께서 허락하신 정도 외에는 사람 많은 것 절대로 원치 않는다는 말입니다.

그렇다면 제가 참을 말하는 것이냐? 거짓을 말하는 것이냐? 이 둘 중 하나이지 않겠습니까? 사람의 영혼을 지옥으로 이끌기 위한 말씀이냐? 생명으로 이끌기 위한 말씀이냐? 둘 중 하나이지 않겠는가 말입니다. 그러므로 성영님께서 무엇 때문에 이 같은 작은 소자를 들어 이 말씀을 하고 계신지, 참인지 거짓인지는 알아보아야 그것이 기회요 지혜일 것입니다. 구원에 합당한 사람이면 여기의 말씀들이 세상을 주어 지옥으로 가게 하는지 하늘의 것을 주어 천국으로 인도하는 것인지, 인간의 말인지 성영님의 말씀인지, 말씀을 근거로 함인지 말씀을 벗어난 것인지 바로 알아듣는 귀가 있을 것입니다. 신앙생활의 세월이 수년 또는 수십 년이 되면서 수많은 설교를 들었지 않습니까? 그렇다면 분별할 지각이 있지 않겠습니까?

제가 전하는 말씀과 그동안 들어온 설교들과 무엇이 다른 가를 비교해볼 수 있지 않느냐는 말입니다. 우리 예수님의 교회로 오라는 뜻이 아닙니다. 자기 믿음은 자기의 책임으로 자기가 챙겨야 하는 때요. 당신이 지옥이냐 천국이냐 하는 것이 절대로 말씀과 관계있기 때문에 들어야 할 말씀이 무엇인지 기회 주셨을 때 알아보라는 것입니다.

하나님께서는 성경을 교리에 치중하여 전하고 가르치라 뜻을 두신 것 아닙니다. 거기서 생명으로 연결되지 않으면 학문하는 것밖에 되지 않습니다. 교리 아는 것밖에 되지 않습니다. 그런데 실제로 말씀을 말하는 사람들이 성경에 대하여 학문적이고 교리적인 것은 대단히 뛰어난 실력가들이 되어 있습니다. 신학적으로는 부족함이 없습니다. 그러나 생명을 얻게 하는 하나님의 영적인 것은 보지 못하는 소경이 돼 있고 본다 해도 일부일 뿐입니다. 그러니 어떻게 사단의 역사를 보겠습니까? 악의 영들의 세계가 얼마나 다양하고 복잡한지 아십니까? 성경 말씀 안에서 하나님과 하나님의 일하심의 역사를 성영님에 의하여 보지 못하면 그것은 사단과 그 악의 영들의 일도 보지 못하는 것입니다. 이런 어마어마하고 복잡한 악한 영들의 세계는 성영님께서 눈이 되어 주셔야만 훤히 보는 것이요. 분별하는 것입니다. 성영님으로 충만한 영적 권세 앞에는 이런 악한 영들의 정체와 궤계가 다 드러나 보이기 때문에 속이려고 들어올 수가 없습니다. 말씀을 속이려고 들어올 수가 없는 거예요. 그런데 성영님께서 말씀하시는 것은 지금 말씀을 말하는 자들 중에 95% 그 이상이 말씀하신 분의 의도와 빗나간 자기의 말들을 하고 있음으로써 하나님이 모르는 자라고 하셨습니다.

말씀에서 봐야 할 것은 보지 못하고 보는 눈도 없는데, 얕은 물가와 같은 온갖 잡다한 지식 가지고 똑똑한 자기 머리와 탁월한 언변과 말기술로 말씀을 말하는 자로 나와 사단(인본)의 나라에 공헌하는 자들이 돼 있다고 하셨습니다. 사단의 이용물이 되었다는 것입니다. 그러니까 무엇과 같은 줄 아십니까? 예수님은 신약 성도의 대표가 되는 베드로에게 깊은 곳에 그물을 내려 고기를 잡으라 하셨습니다. 이것은 베드로에게만 해당되는 것 아닙니다. 말씀을 전하라 세움을 받은 자의 말씀입니다. 깊은 곳은 인간의 눈으로 볼 수 없는 곳입니다. 인간의 눈으로 들여다보이는 얕은 물가와 같은 인간의 한계에 맞는 자연적인 것을 말하는 것이 아닙니다. 성경의 문자적인 것을 말하는 것이 아닙니다. 인간 눈으로도 보지 못하고 인간 마음으로도 생각지 못하는 하나님의 영적인 뜻, 그것은 오직 성경 전체 속에서 성영님으로만 보고 아는 것으로써 그 하늘 뜻을 받아 가르치고 전하고 선포하는 것입니다. 바로 우리 주 예수 그리스도를 아는 것과 경험하여 사귐의 관계로 온전한 연합을 이루고, 또한 이루어지도록 하는 것을 말합니다. 그런데 말씀의 그물을 깊은 곳에 내려야 하는 것은 알고 있기는 하나 실제로 깊은 곳에 들어간 자가 없다는 것입니다. 왜냐? 하나님은 하나님의 말씀을 맡긴 자로 그들을 부르신 적이 없기 때문이라 하셨습니다.

하나님의 엄청난 하늘의 뜻을 담은 이 성경의 신영한 일을 신영한 것으로 분별하는 깊은 곳에 들어가지 못한 것은, 성영님이 계시지 않기 때문이요. 말씀을 가르쳐 전하라고 불러 세우지도 않았고 하나님의 뜻에서 벗어난 말하라고 세우신 적도 없다 하셨습니다. 하나님께서는 실패하신 분도 실수하신 분도 아니시기 때문에 수천 년을 거쳐 기록하게 하신 성경도, 그 성경 말씀을 전하게 하신 것도, 잘못 기록하게 하지 않으셨고, 잘못 말하게 하지 않으셨다고 하셨습니다.

예수님께서 제자들을 부르실 때 자기의 원하는 자를 부르셨다고 하셨습니다.(막3:13절) 이것은 택함입니다. 그러므로 이 같은 택함을 받아 성영님으로부터 부르심을 입어 세움을 받은 자는 하나님의 것을 사람의 것으로 뜻을 변개하여 놓고 사람의 입맛에 맞고 지성에 맞고 도덕성에 맞고 감정에 맞는 그런 인간의 정신에 교훈이나 삼을 거짓 것들로 포장하여 전하지 않는다 하셨습니다.

하나님께서는 말씀의 비밀을 열어서 보이시고 전하게 하실 자, 즉 하나님의 말씀을 맡기기 위해 부르시는 자는 반드시 자기의 비밀을 그 종 선지자들에게 보이지 아니하시고는 결코 행하심이 없다, 하나님의 하시는 일을 숨기지 않으신다, 하나님께서 그 언약을 저희에게 보이시고 친구와 이야기함같이 다 말씀하시고 알게 하였다, 성영님이 모든 것을 가르치시고 진리 가운데로 이끄신다, 라고 말씀하셨던 것처럼, 이와 같은 관계로 붙드시고 가르치시는 것입니다.

성경의 전 뜻을 열어주시고 보이시고 깨닫도록 하시는 훈련을 통하여 말씀 안에 계신 예수 그리스도와 충만한 관계, 즉 성영님으로 충만한 관계로 준비시켜 비로소 하나님의 말씀을 말하는 자로 나오게 하시는 것입니다. 이것은 절대로 기도만으로 되는 일이 아닙니다. 하나님은 자기가 나오는 자에게 말씀을 맡기신 적은 성경역사이래 한 번도 없습니다. 이것은 세상 이야기책이 아니기 때문입니다. 이것은 사람의 머리로 알 수 있는 것도 사람의 양심으로 알 수 있는 것도 아니기 때문입니다. 또한 하나님께서는 사람에 의해서 하나님의 말씀을 말할 선지자를 세우지 않으신다 하셨습니다. 사람이 세워놓은 그 신학교라는 곳을 통해서도 하나님의 사람을 기르시지 않는다 하셨습니다. 그것은 사람이 갖추어 놓은 제도요 장치일 뿐이지 하나님은 그곳에서 말씀하시는 분 아니라 하셨습니다.

하나님께서는 하나님의 말씀에 대하여 말할 자기의 사람들은 이미 아시는 바가 되어 섭리 가운데로 이끄시며 말씀 가운데로 부르시고 그 말씀 안에서 그를 성영님께서 가르치신다 하셨습니다. 그렇기에 교단이나 교파라는 것도 하나님과 전혀 관계없습니다. 그러므로 이런 것에 매인 미련에서 벗어나십시오.

　오늘날 어떤 현상인지 아십니까? 여러분! 예수님이 세상에 구주로 오실 때 사단이 뭐했습니까? 바리새인 서기관 사두개인의 가라지 들을 유대인의 지도자 위치에 뿌려 넣어서 초림의 예수님을 만나지 못할 길로 이끌어 버렸잖습니까?

　예수님의 재림의 때가 가까운 오늘날도 똑같습니다. 마지막 때에 사단은 더욱더 뛰어난 속임수로 하나님 노릇, 주님 노릇 하면서 많은 사람을 이끌다 양심을 이용하고 도덕성을 이용하고 지식을 이용하고 신비주의자들을 이용하여 말씀을 전하는 지도자 위치에 세워 놓고 그렇게 말씀의 방향을 하나님의 의도와 뜻에 맞지 않는 것들을 전하게 함으로써 재림의 예수님을 맞지 못할 길로 이끌어 사단이 인을 쳐버리도록 하고 있는 것입니다.

　구원 얻지 못할 길로 끌고 간다는 말입니다. 그럼 예수님이 이 땅에 육신으로 오시기 전에 그때 하나님께서는 뭐하셨느냐고요? 참선지자를 보내 외쳐도 듣지 않았습니다. 유대인들이, 선지자의 외침을 듣지 않고 귀를 막고 심지어는 잡아 죽였습니다. 오늘날도 하나님은 거짓이 무엇인지 성경을 통해서 다 말씀해 놓으셨지만 그러나 말씀을 통해서도 깨닫지 못하는 무지함 때문에 기회를 주시기 위해 이같이 전하게 하셨습니다. 그러므로 이 외침을 듣고도 돌이키지 않으면 더 이상의 기회는 없습니다. 지금 이 말씀을 듣는 당신이 정말 말씀을 전하는 자리에 있다면 하나님께서 기회 주셨을 때 참으로 자신이 성령님으로부터 부름을 받은 것인지, 자기의 전하는 말씀의 방향이 하나님의 마음을 알았기 때문에 하나님의 것을 말하고 있는 것인지, 분명히 알아보아야 할 것입니다.

앞에서 언급했던 세 분의 그 목사들이 지옥의 형벌로 떨어졌다고 한다면 당신은 아니라고 할 수 없다는 것 분명히 알아야 할 것입니다.

제가 이미 고인이 된 그들을 들어서 좋지 않은 결과를 말하는 것, 저 또한 하기 좋아서 하는 말 아닙니다. 매우 유감 된 일이요 매우 죄송한 일이긴 하나 그러나 기독교인이라면 그들을 유명목사들이라 스스로 말하고 알고 있음으로써 듣고 돌이킬 기회를 주고자 보이신 성영님의 뜻이니 말할 수밖에는 없습니다.

여러분이 믿든 안 믿든 상관없이 저는 분명히 그들이 정말 안타깝지만 정작 자신들이 가고자 했던 곳으로 가지 못하고 거짓 선지자들이 받는 율에 떨어졌다는 것을 절대로 인정하고 있습니다. 이제 저는 조○○목사에게 전하라 하셨던 경고의 말씀과 함께 그 밖의 여러 정황들을 통해서 이것이 하나님께 어떤 죄를 짓고 있는 것인지를 알게 되었고, 그 죄는 용서 받지 못할 거짓 선지자들이 가는 형벌의 죄라는 것을 베일이 벗겨지듯 확실히 알게 되었습니다.

최○○ 여 목사에게 그같이 지옥의 참상을 보게 하신 것은 그 목사의 신앙을 위해서도 아니요 또한 이 말씀을 드리는 저를 위해서도 아닙니다. 바로 하나님의 말씀의 뜻을 왜곡시켜 놓는 것은 하나님을 훼방하는 죄요. 다시 말해 성영님을 훼방하는 죄가 된다는 것을 내게 분명히 확인하여주시고자 함이요. 이것을 또한 교회들을 향해 주저치 않고 경고하여 말하게 하심으로써 사람들로 하여금 자기를 돌아보게 하시기 위함이신 것입니다.

여러분! 하나님의 말씀을 하나님의 생각과 맞지 않게 전하는 것, 인간 자기가 자기의 말로 전하여 사람들에게 뿌려주는 것이 성영님을 훼방하는 죄라고 하셨습니다. 또한 이같이 성영님이 말하게 하심을 따라 전하는 말씀을 외면하고 비방하는 것도 성영님을 훼방하는 죄라 하셨습니다. 이에 대하여 여러분이 납득이 되고 공감이 되겠습니까?

저는 정말 그 목사들이 앞서도 말했듯이 하나님의 생각과 말씀의 방향이 다르게 전한다고 해서 형벌에 들어갈 줄은 꿈에도 생각 못했던 일입니다. 그들도 예수님의 십자가 복음은 열심히 전하는 것이었으니 구원의 문제가 걸릴 것이라고는 참으로 감히 생각도 못 했던 일입니다.

그러니까 성영님께서 그것을 내게 확인시켜 주려고 그 여 목사를 통해 보게 하셨다고 하지 않았습니까? 인간이 듣기에는 다 맞는 말 같을지라도 말씀이 말하고자 하는 뜻에서 벗어나 하나님과 맞지 않는 것을 전하는 것이라면 하나님께 불법 행하는 것이요 그 일은 곧 성영님이 사람들의 영혼에 일하실 수 없도록 훼방하는 죄가 되어서 사함 받지 못한다는 것을 내게 증거로 보이신 일이었다 하신 겁니다.

그런데 그들의 죽음 뒤에 그 같은 불행을 만난 것이 말씀에 있었다는 것을 사람들은 도무지 알지 못합니다. 말씀의 문제로 하나님께 걸림이 되었다는 것은 참으로 한탄스럽게도 전혀 돌아볼 능력들이 없습니다. 그들이 지옥에 떨어진 것이 진짜 사실이라면 그것은 그들의 행한 일중에 자기가 뭘 할 수 있는 것처럼 행동했기 때문이라고, 그 문제점을 꼬집어 그것 때문에 지옥에 떨어진 것이다 말하고 있습니다. 그렇게 다 사람의 관점에서만 들여다보는 것입니다. 하나님께서 말씀하시는 근본의 것을 보지 못하기 때문에 그렇게 말할 수밖에는 없습니다.

그러나 외적인 것, 그들이 행한 것들이 문제가 된 것처럼 말하는 그 자신도 사실은 말씀에 대하여 그와 똑같은 입장에 있기 때문에, 그 이상은 알지 못하기 때문에 그렇습니다. 여러분! 저의 이 같은 말들을 비난으로 듣지 마시고 깨닫는 쪽으로 들으십시오. 하나님은 분명히 존재이시니 저의 모든 말과 행동은 하나님께서 다 판단하십니다. 아셨습니까? 그들이 하나님께 걸렸던 근본적인 문제는 바로 말씀입니다. 말씀에 걸렸기 때문입니다. 인간 자기가 자기들의 말을 전했기 때문입니다. 인간의 도덕심, 자기의 의협심, 인간의 양심에서 나는 것들을 높이고 행하였기 때문입니다. 말씀에 걸리니 행하는 것도 다 걸렸습니다. 말씀에 걸리니 외적인 문제들이야 당연히 따라있는 것입니다. 열매로 나타난 것이란 말입니다. 그래서 하나님 입장에서 보실 땐 거짓 선지자입니다.

그러므로 오늘날 목사가 되고 하나님의 말씀을 전하는 이 두려운 자리에 나온 동기가 어디에 있습니까? 성영님이 자기를 직접 부르셨습니까? 성영님께서 자기를 불러 말씀의 종으로 세우셨다는 것을 자기가 자신에 대하여 분명히 아는 것입니까? 그래서 성영님과 친구처럼 교제 교통하며 말씀 안으로 들어가 철저히 가르치시는 것을 배우고 보이셨음으로써 하나님의 깊은 사정을 아는 관계가 되었습니까? 성영님과 함께 하나님 편에서 하나님의 것을 전하는 말씀이 되어 사람들의 영혼을 살리고 있습니까?

그러나 이런 질문 앞에 사실은 자신이 하나님의 종이라는 것을 착각하는 사람이 많이 있음을 압니다. 하나님의 말씀을 말하는 것은 세상에서 가장 신영한 일이요 그러므로 또한 너무나 두려운 일입니다. 눈에 보이지 않는 영의 일을 다루어야 하는 이 영적인 하늘의 말씀은 인간의 머리로 성경을 천 독을 했다 해도 문자는 알아도 그 속에 들어있는 하나님의 영적인 뜻은 깨달을 수 없는 것이요, 오직 성영님이 자기의 원하는 자를 불러 훈련하시고 세우심이 아니면 할 수 없는 일입니다. 영의 세계를 성영님의 눈으로 보는 영의 사람이 되지 않고는 할 수 없는 일입니다.

그렇기에 성영님이 택하여 세우시는 일입니다. 그러면 당신은 여기에 속했습니까? 아니면 직업으로 목사일 합니까? 아니면 많은 은사가 따라 나타나는 것 때문에 주의 종 되겠다고 나왔습니까? 아니면 도무지 되는 일이 없는 것 보니까 주의 종 하라는 신호로 알고 나왔습니까? 아니면 누군가에게 당신 주의 종 사명이라는 권고 받고 나왔습니까? 예언기도를 받았더니 주의 길 가야 한다고 해서 나왔습니까?

아니면 목회자인 부모의 대를 이어 목사 돼야 한다는 부모의 뜻 받들려고 나왔습니까? 아니면 부모가 아들 바치겠다고 딸 바치겠다고 서원했기 때문에 그 서원 이루려고 주님의 종 되겠다고 나온 것입니까? 아니면 자기의 소속 교회 담임 목사가 목사 되라는 권유에 의해서 주의 종 됐습니까? 아니면 죽을병에서 치료받은 것 때문에 내 생명 주께 바치겠다고 주의 종 됐습니까? 아니면 귀신에게 붙들렸다가 놓여나 자기에게 신비한 환상이나 은사들이 따라 나타나는 것 때문에 아예 주의 종으로 나선 것입니까? 아니면 꿈에 너 주의 종 되라 했나요? 눈앞에 보이는 환상에서 목사 하라 불렀나요?

그런데 어찌하면 좋겠습니까? 하나님께서는 자기의 사명 곧 말씀을 맡길 자들을 부르실 때에 이 같은 이유들을 들어 부르지 않는다고 하셨습니다. 그래서 성영님께서 교회들에 경고하라 하심은 바로 이같이 자기가 주의 종 되겠다고 나온 동기가 이런 범주들에 속했다면 하나님께서 말씀을 말하라고 보낸 적이 없는, 하나님께서는 모르시는 자들로서 다 심판에 들어가게 된다고 속히 회개하여 돌이키라 하셨습니다. '네가 과연 누구건대 …, 참 하나님이 언제 너를 불렀느냐고… 그렇게 자기 자신도 보지 못하는 어두운 눈을 가진 자가 나와 말씀을 가지고 성영님을 훼방하느냐고… 속히 내려오라' 하신 것입니다.

제가 하나님의 이 경고를 말하게 된 것은 과거에 이미 전했던바 있었던 산상수훈 말씀을 다시 반복해야 할 필요를 느껴 다시 전하고 있는 중, 마6장이 순서가 되어 준비하는 데 성영님께서 말씀 준비를 자꾸 막으시고 방향을 틀어 거짓 그리스도와 거짓 선지자에 대하여 말하라고 강권을 하셨습니다. 그래서 지금까지 계속 이 경고에 대하여 말하여왔습니다. 거짓된 것들에 대하여 밝혀왔습니다. 거짓 목사에 대하여 밝혀왔습니다. 물론 지금까지 전한 모든 설교 말씀들도 그 점을 말하여왔습니다. 그러므로 경고에 해당 사항이 있으면 그곳에서 속히 내려가 교만한 자기 머리를 내리고 회개함이 그에게 복이라 하셨습니다. 그리고 네가 정말 살 마음이 있으면 교만한 그 머리를 내리고 헛된 거짓의 입을 닫고 겸손히 말씀을 보내신 성영님의 말씀 앞으로 나와 들으라 하셨습니다.

지금까지 이 작은 소자를 통하여 나의 뜻을 말하고 경고하였음에도 듣지 않은 그들에게는 그 형벌의 무게가 더욱 가중된다고 하셨습니다. 그러나 이미 지옥의 형벌이 확정된 목사들이 많다고 하셨습니다. 사단이 그의 하나님이 되고 주님이 되어서 주의 종이 되라고 여러 가지 합리적인 이유나 동기 등을 가져다주는 것에 이끌려 나온, 주님의 종이라는 가라지 들을 많이 뿌려놓았다고 하셨습니다.

그래서 성영님께서는 제게 전하게 하신 말씀이 세상으로 전파되어질 이때에 성영님의 인도하심과 예수님을 사랑하여 따르기를 원하는 높은 마음을 가진 영혼들이 있고, 말씀을 알고자 갈하여 목말라하는 영혼들이 있어, 여기 말씀을 귀를 열어 듣게 하고자 하실 때에 바로 이 같은 경고의 말씀과 함께 보낸다 하셨습니다.

교회들에 경고를 위해 하나님께서 그 여 목사의 마음에 지옥을 보기를 원하는 기도를 하게 하시고 모든 그리스도인들에게 경고의 예가 되게 하시려고 지옥에 떨어진 한○○목사, 옥○○목사, 하○○목사, 사람들 스스로가 유명한 목사라고 말하는 그들의 처참한 실상을 보게 하셨다고 하신 것입니다. 그 최○○ 여 목사 또한 자기 목숨을 걸고 그것을 말한 것이라 하셨습니다.

성영님은 저에게 기회를 주시는 이들도 있다 하셨으니 저는 정말 그런 이들에게 이 말씀들이 들려져 철저히 회개하여 말씀에 들어오도록 도와주시기를 간절히 바라는 것입니다. 그러나 이렇게까지 어렵게 보내신 경고의 말을 교회(사람)들이 얼마나 공감하겠습니까? 공감하지 않는다는 말입니다.

애초부터 귀도 없는데 눈도 없는데 자기를 보지 못하고 스스로 형벌의 길을 택하여 나온 자들은 돌이킬 수 없다. 즉 회개할 수 없다 하셨습니다. 그리고 말씀하시기를 이제 여기서 말씀이 나간 이후부터는 지금까지 잘못된 뜻을 가지고 전한 사람들이, 다시 말해 스스로 말씀에 대하여 성영님의 기름 부으심의 가르침을 받지 못한 자들이 슬그머니 자기의 깨달은 것처럼 모방하여 전하는 일이 있을 것이나 그런 흉내는 하나님 앞에 더욱 가증한 일이 될 뿐이라 하셨습니다.

예수님의 재림의 때가 가까워져 오는 이때는 성경의 전 뜻이 밝히 열려서 삼위 되신 하나님과 뜻도 목적도 방향도 같은 곳에 있어야 하고 그 믿음이어야 한다 하셨습니다. 그래서 성도라면 성영님으로 예수님보좌 우편에 함께 앉히신바가 된 그 영광을 성영님의 눈으로 보는 자요 천국을 소유한 것이요, 성도라고 하는 것이요, 신부의 자격이라 하는 것이요, 종말 때 있어야 할 믿음이라 하신 것입니다. 그런데 믿음이 말씀으로 세워지고 성영님으로 충만 한자를 찾아보기가 심히 어려운 정도라 하셨습니다.

그러므로 예수님의 재림이 가까운 이때에 예수 그리스도를 말씀하는 성서의 말씀을 바른 뜻으로 깨닫지 못하였으므로 말씀에 어두워 있다면 그는 하나님께서 목사로 세우신 것이 아니요 하나님이 부르신 자가 아니므로 그와 같이 모방하여 흉내를 낼 것이나 그것은 자기 정체를 숨기는 거짓 목사로서 허락될 수 없는 것이요, 모방의 천재요, 변신의 귀재인 사단이 주는 꾀요, 속이는 자요, 그러므로 스스로 사단적인 행위임을 나타내는 것이므로 이런 자를 분별할 자는 분별하라고 하셨습니다. 들을 귀 있는 자는 들어라 그 말입니다. 여러분 무슨 말인지 알아듣습니까?

그래서 사단은 이런 사람들을 붙들어서 주님 노릇하면서 하나님 노릇하면서 그들에게 또한 주여만 부르도록 주님만 부르도록 하여 주 예수님의 이름이 교묘히 묻히도록 조장하고 있는 것입니다. 예수님의 이름을 알고 그 이름으로 살지 못하도록 막는 역할을 하고 있는 것입니다. 그들 입을 통해 너무나 지당하고 달콤한 말, 교양의 말, 사랑의 말, 평화의 말, 교훈의 말, 복 받는 말, 성경의 교리적인 이런 말에 마음을 붙잡아버리고 죽을 길로 끌려가고 있는 것입니다.

오늘은 여기까지만 말씀을 드리고 교회들에 경고 말을 다음 주에 이어서 또 해야 하겠기에 다음으로 하겠습니다.

모든 영광을 삼위 되신 하나님께 돌립니다. 아멘

경고 6
교회들에 경고(주 부르며 속고 속이는 자)

¹⁹또 우리에게 더 확실한 예언이 있어 어두운데 비취는 등불과 같으니 날이 새어 샛별이 너희 마음에 떠오르기까지 너희가 이것을 주의하는 것이 가하니라 ²⁰먼저 알 것은 경의 모든 예언은 사사로이 풀 것이 아니니 ²¹예언은 언제든지 사람의 뜻으로 낸 것이 아니요 오직 성영의 감동하심을 입은 사람들이 하나님께 받아 말한 것임이니라

(벧후1:19–21)

저는 오늘도 성영님께서 세상 교회들을 향해서 주저치 말고 경고하여 말하라 하신 것을 또 말하게 됩니다. 지난번에 언급했던 것 중에서 다시 강조할 부분이 있어 먼저 그것부터 좀 말씀드리고 가겠습니다.

그리고 우리 주 예수님의 이름으로 분명히 당부합니다. 누구든지 이 경고의 말을 듣고 수긍이 되지 않으면 자기와 관계없는 것으로 여기라고 이미 당부했던바 입니다. 성경에 근거 없는, 자기 생각에 맞는 전통이나 관례나 제도 등을 앞세워 주장하려 하거나 논쟁하려는 것 절대로 거절합니다.

저의 이 경고 말씀을 듣는 이들로 하여금 제가 참말을 하는 것인지 거짓말을 하는 것인지는 기록된 성경이 분명한 해답이 되겠습니다만 그러나 저에 대해서 필요하다면 참고하도록 제가 신앙생활에서 겪으며 경험한 간증을 두 편에 담아 동영상을 인터넷에 올렸고 또 본 책자에 〈말씀과 간증 1-2편〉 실었습니다. 성영님께서 어떻게 나를 이끄시고 지도하셨는가에 대한 것과 함께 오늘날 교회들의 잘못된 가르침으로 인해 예수님을 믿는다는 사람들이 종교 생활을 하고 있다는 심각성을 말했기 때문에 관심을 가지고 듣는다면 이해하는데 도움이 될 것입니다.

여러분 제가 기독교의 어떤 영향력 있는 유명인이 아니라고 해서 이같이 경고하시는 하나님의 말씀에 귀 기울이는 것을 거절하면 그것은 하나님이 주시는 깨달을 기회를 버리는 일이 될 뿐이라는 것을 알기 바랍니다. 이것은 성영님의 말씀입니다. 그리고 오늘날 주여만 찾고 주님만 부르는 사람들이 자기의 말이 옳다고 외치며 주장하고 나오는 일이 많이 일어났고 또 앞으로도 우후죽순처럼 일어날 것입니다.

그래서 성영님께서 주시는 분별의 지혜, 영적 통찰력이 없으면 그 말이 다 맞는 말로 들리기 때문에 속고 따라가게 돼 있습니다. 여러분 제가 성영님의 강권 (경고의 말씀을 주시고 즉시 말하라)하심에 의하여 다시 또 연이어 말씀드리게 되는 것은 말씀을 전하고 가르치는 사람들 때문입니다. 저는 지금까지 누가 거짓 목사냐, 거짓 선지자가 누구냐 하는 것을 분별해 볼 수 있도록 충분히 말씀을 드려왔습니다. 그래서 지금까지의 말씀으로도 얼마든지 자기의 믿음을 들여

다볼 수 있고 또한 하나님이 세우지 않은 거짓 목사와 거짓 말씀에 대하여 충분히 분별할 수가 있습니다.

　사람들이 믿는다고는 해도 스스로는 말씀의 뜻을 깨달아 알 능력이 없기 때문에 목사들이 전하는 설교가 성경을 가지고 전하는 것이니 그 말을 무조건 믿고 듣는 것이요, 또한 자기가 듣기에 너무나 지당하고 맞는 말이니 그것이 하나님께 맞는 것인지 알 필요도 없는 것이요. 그러므로 그 설교들에 의존하고 받아들였으므로 하나님께 들어갈 영이 되지 못하여 함께 구덩이에 빠지게 되었다고 하셨습니다. 예수님을 믿는다고는 하는데 실제로 그 예수님은 알지도 못하고 만나지 못했다는 것입니다. 그러니까 말씀의 지식 없이 자기들의 기분으로 믿고 자기들의 주님을 열심히 만나 계시받고 들려주는 음성에 감격하면서 더 충성을 맹세하고 자기들의 주님을 찬양한다고 도취되어 따라가고 있다는 것입니다.

　지금 주의 말씀을 전한다고 하는 주의 종이라는 사람들이(주의 말씀, 주의 종 하는 것은 그들 표현을 인용하는 것임) 현대판 서기관들이 되어 넘쳐나고 있다 하셨습니다. 주여만 찾고 주님만 부르는 무리들이 그 주님의 종노릇하기 위하여 오늘날의 서기관들이 되어 열심히 머리를 써가며 성경을 연구하여 얻어낸 답들을 가지고 뛰어난 말솜씨로 열심히 가르치고 전함으로써 자기 자신과 그 주님에게 충성하고 있다는 것입니다. 여러분이 알아듣는지는 모르겠습니다. 다시 말해 오늘날 말씀을 말한다고 하는 사람들이 성경을 자기 머리로 풀어서 전하는 성경이 되었다는 거예요. 성경을 학문하듯이 연구하고 풀고 있다는 말입니다. 그것을 무엇으로 보이는가 하면 유명한 신학자들의 주석으로 열심히 답을 찾고, 히브리어, 헬라어, 즉 성경 원어를 연구하여 열심히 답을 찾고, 모든 번역본 성경들을 대조하여 적절한 해석을 찾는 이 같은 행위들이 바로 성경을 학문적으로 푸는 일이라 하셨습니다.

 온갖 자료들을 찾는 노력으로 자기의 가르치는 말씀이 되고 설교가 되었다는 것입니다. 그러나 그것은 성경 가지고 학문하는 것이요 자기도 알지 못하는 하나님에 대하여 거짓말을 전하는 행위라고 하셨습니다. 그래서 유명하다고 알려진 신학자들을 설교에 등장시켜 거론하며 그들의 견해를 자랑처럼 피력하고 그들을 높이는 일을 서슴지 않는다는 것입니다. 그 같이 기독교의 유명인으로 기독교에 영향을 크게 끼친 분이라고 그들의 신학을 펼치며 극찬하는 그 내용들이 정말 하나님께 맞힌 것이냐 하는 것은 알 턱이 없다는 것입니다. 왜냐? 성경을 인간 머리로 연구하여 학문적으로 풀어가는 같은 종류와 같은 무리로 그들의 주님이 세워놓은 서기관들이기 때문이라는 것입니다. 거기서 하나님과 맞는 정답이 나올 턱이 없는 것입니다.

 성영님께서 말씀하십니다. 지금 자기 머리들을 높이고 자기가 바른 뜻을 찾은 자처럼 소리 높여 외치는 이런 우스꽝스런 현대판 서기관들이, 말 풀이 잘하는 아주 똑똑한 서기관들이 넘쳐나고 있다고 말입니다. 지식은 한없이 높아가고(정신으로 가진 속은 영적 지식) 그 영들은 예수님의 생명과는 멀어있다는 것입니다. 그러므로 현재 목회한다고 목사의 직임으로 말씀을 전하는 사람들이 헬라어 찾고 히브리어 찾고 번역된 모든 성경을 이것저것 대조하여 어떤 것이 맞느냐 하는 껍데기 붙잡고 찾고 있는 것이면, 신학자들의 펼쳐놓은 문서들

들추면서 해답을 찾고 있는 것이면 그것은 성영님이 부르신 자 아닙니다. 예수님의 제자 된 서기관이 아닙니다. (마13:52)

　지금 목회자로 나와 성경 알기 위해 이 같은 방법들을 의존하고 있는 사람들, 인터넷 뒤지면서 자료 찾고 헤매는 사람들, 다 성영님의 부르심에 의한 자들이 아니라 자기가 나와서 목사 되고 서기관 되어 성영님의 역사를 가로막는 일을 하고 있다고 했습니다. 여러분 목사가 말씀 전하기 위해 필요한 것은 성경이요 그 성경 한 권이면 되는 것입니다. 성경 전체 속에 계신 삼위 되신 하나님을 알고 그 역사를 받아들여 경험하는 관계가 되고 이 엄청난 뜻을 사람들에게 전하여 가르칠 수 있는 것, 생명으로 이끌어 그 생명 안에서 살게 하는 것, 바로 성영님이 기록하신 성경 한 권이면 되는 것입니다. 성영님이 기록하신 성경은 사람 머리로 알 수 있는 것 절대 아닙니다. 그런데 이들에겐 자기 머리는 살았고 성영님은 죽었습니다.
　온갖 서적들로 서재를 가득 채우고 책장에 꽂혀있는 그 책들로 배불러 있음으로써 자기 만족을 삼고 지식 쌓아가느라 자랑스럽게 여기며 성경을 전하기 위해 그 속에서 자료를 찾고 만들어 전하는 목사라면 학식 높은 유식한 말은 할지언정 다 거짓 목사요 예수님 없는 서기관들일 뿐입니다.

　여러분! 예수님 당시의 서기관들, 오로지 성경 연구에만 몰두하여 성경을 가르치던 그 서기관들이 예수님 만났습니까? 못 만났습니까? 성경을 통하여 예수님을 알도록 하신 그 성경을 연구하던 박사들이 예수님 만나지 못했습니다. 자기 머리들 가지고 연구하니 하나님의 영적 일을 어떻게 깨달을 수가 있는 것이겠습니까? 그러므로 자기들

눈앞에 와계셨던 예수님도 만나지 못했습니다. 성경에 계시된 예수님을 성영님으로 보고 만나지 못하면 예수님이 실체로 눈앞에 와계셔도 만나지 못합니다.

오늘날도 똑같습니다. 헬라어 히브리어 열심히 연구하고 이 성경 저 성경 대조하면서 학자들이 연구하여 달아 놓은 주석들 열심히 공부하여 성경에 똑똑한 박사 되었어도 사실은 성경을 이런 방법으로 아는 것은 다 자기가 답을 찾고 자기가 답을 정해놓은 것으로써 똑같은 서기관들이기 때문에 그들에게 예수님이 계시지 않는 것 이상한 일 아닙니다. 당연한 것입니다. 예수 그리스도를 성영님으로 말미암아 영혼으로 만나 참으로 영혼에 맺은 관계가 될 수 없기 때문에, 성경 문자가 말하는 예수님은 머리로 아는 예수님이요 학문적으로 아는 예수님일 뿐이기 때문에, 그래서 그들과 관계되는 것은 주님이기 때문에 그러므로 주여만 부르고 주님만 부르며 찾을 수밖에는 없는 것입니다.

그렇게 부르는 자신들은 예수님을 부르는 것이라고 말하겠지만 그러나 그것은 자기의 착각이요, 그 주여가 누구냐 그 주님이 누구냐? 하늘에나 땅에서 범사의 하나님이 되어 하나님 노릇하는 자 사단, 범사에 주님이 되어 그 주님 노릇하는 자 그 사단(고전8:5, 살후2:4), 예수님께서 세상에 육체로 오시기 전 유대인의 모든 지도자 계층들을 전부 자기의 사람들로 뿌려 놓았던 그 사단이 오늘날도 똑같이 온통 그의 서기관들을 세워놓고 주여 부르고 주님을 부르도록 하고 있는 것입니다. 그 주님이 자기와 맺은 관계로의 호칭이 되어 열심을 다해 주님만 부르고 찾는 것입니다. 그런 사람들이 또 얼마나 충성스러운지 자기의 주님께 열심히 기도하여 묻고 지시받으며 또한 열심히 방방곡곡에 복음을 전한다고 다녔는데, 목사 되어 열심히 말씀 연구하여 풀어 가르쳐 전하였는데 그들도 또 주님으로 관계를 맺게 하여 주님 찾는 무리가 되도록 하고 있는 것입니다.

그렇게 내 일생을 주님께 바치겠습니다 하고 하늘의 면류관 바라보며 혼신의 힘을 다해 열심히 자기 주님에게 충성하다가 죽어서 예수님 계신 곳으로 갈 줄 알았는데 정작 예수님은 '나는 너를 모른다. 네가 내 안에 없었고 나도 네 안에 없었는데 내가 어찌 너를 알겠느냐?' 자기를 모른다 하신 겁니다. 그 앞에서 자기의 대한 진술을 열심히 합니다. '아니 내가, 얼마나 주님을 전하면서 주님을 위해 핍박도 받고 얼마나 열심히 주님의 이름으로 말씀도 가르쳤는데 날 모르다니요?'

'아니, 주님! 내가 교회마다 깨우느라고 마지막 때에 부름 받은 종으로 나와서 사람들에게 일루미나티에 대해서 프리메이슨이 무엇인지에 대해서 세계 경제에 대해서 종교 통합에 대해서 짐승의 표에 대해서 열심히 자료들 모으고 체계를 세워서 주님의 이름으로 가르쳐 주고 왔는데 저를 모르신다니요 말이 됩니까?

'아니, 주님! 제가 아주 목숨 내놓다시피 하여 주님의 말씀을 사람들이 듣도록 전하여 얼마나 많은 사람들을 주님께로 돌아오게 하였는데, 내가 얼마나 큰 공헌을 한 것인데 저를 모르다니요. 주님을 믿도록 헤아릴 수 없을 만큼 많은 사람들에게 주님의 십자가를 전하며 주님만이 구주시라고 전했는데 이것은 말이 안 됩니다 하고 열심히 자기 진술을 합니다.

그러나 이들 앞에 하나님의 뜻과 의도를 왜곡하여 예수님을 영으로 만날 수 없도록 예수님의 말씀을 인간의 교훈으로 삼아 전했던 모든 말씀들이 그 앞에서 그들을 정죄할 것입니다. 말씀이 그들을 심판하실 것입니다. 그러니 그 말씀의 빛 앞에서 자기의 입이 그렇다는 것을 다 직고 할 수밖에는 없습니다. 우리의 주 예수님이 저희에게 밝히 말하되 "내가 너희를 도무지 알지 못하니 불법을 행하는 자들아 내게서 떠나가라"고 말씀하실 수밖에는 없게 되었습니다. 여러분 저의 눈앞에 이것이 훤히 드러나 보이고 있습니다.

"하늘에 계신 내 아버지의 뜻대로 행하는 자라야 한다. 가시나무에서 포도를 딸 수 없고 그 열매로 그들을 알라"하셨으니, 여러분! 하나님 아버지의 나라에도 사단에게도 알려진 이름 예수님, 구원과 생명을 주신 이름 예수님 그 예수님의 이름이 그의 속에 열매가 되어 있지 않기 때문에, 그 이름이 그의 안에 와계시지 않기 때문에, 마찬가지로 예수님의 이름이 입의 열매로 나올 수가 없는 것입니다. 예수님 모르면 예수님 이름을 모르면 성경 다 모르는 것입니다.

우리 믿는 자들에게 내어주신 구원의 이름 예수님! 민간에 더 퍼지지 않게 사단이 기를 쓰고 막은 이름 예수님! 피조물의 이름이 아닌 하나님의 이름이신 예수님! 아버지가 가지고 계셨던 구주의 이름이신 예수님! 나도 내 독자를 내어주겠다, 언약하셨던 그 독생자의 이름 예수님! "아버지여 내게 주신 아버지의 이름으로 (요17장), 나는 내 아버지의 이름으로 왔다"하신 그 이름 예수님!(요5장) 아름다운 이름을 기업으로 얻으심이니(히1:4) 즉 예수님 그 이름을 아버지께 물려받았다, 아버지께 상속받으신 그 유일하신 이름 예수님! 기업으로 얻으신, 즉 상속 받으신 그 이름을 또 우리에게 성영님으로 물려주신 이름 예수님! 그러므로 그 예수님의 이름을 상속받은 자는 또한 하나님의 자녀요 그 이름으로 살고 그 이름에 영광 돌리고 그 이름으로 보존하고 아버지 나라에 가는 것입니다.

예수님의 이름을 알고 그 이름을 기업으로 얻어 그 이름이 있는 자는 삼위일체 하나님과 하나가 된 것이요, **나는 세상에 더 있지 아니하오나 저희는 세상에 있사옵고 나는 아버지께로 가옵나니 거룩하신 아버지여 내게 주신 아버지의 이름으로 저희를 보존하사 우리와 같이 저희도 하나가 되게 하옵소서 내가 저희와 함께 있을 때에 내게 주신 아버지의 이름으로 저희를 보전하와 지키었나이다 그 중에 하나도 멸망치 않고 오직 멸망의 자식뿐이오니 이는 성경을 응하게 함이니이다**(요17장) 라고 하신 이름 예수님입니다. '여러분! 이 말씀이 여러분의 영혼의 귀로 들려 기쁨이 넘치는 말씀으로 받습니까?'

그러므로 예수님의 이름을 알고 이 예수님의 이름을 기업으로 얻은 이름이 되었으면 그는 삼위일체 하나님과 하나가 되어 자기 안에 예수님의 이름이 와계시니 어찌 자기 안에 그 예수님의 이름을 부르지 않을 수가 있습니까? 어찌 그 이름을 사랑하고 존중하여 그 이름을 알리고 가르치지 않을 수가 있는 것이겠습니까? 지금까지 이 예수님의 이름을 가르치지 않은 자는 다 사단에게 종노릇한 자들이요 삯군이라는 것을 알고 분별하십시오. 자기 주에게 충성하고 있는 자들이라는 것을 아십시오. 이 말씀을 듣는 당신도 그쪽에 속하지 않았기를 바랄 뿐입니다.

우리를 구원하신 이름, 생명을 주신 이름, 능력이 되시는 이름, 권세가 되시는 이름, 우리에게 이 이름을 가지고 승리하며 살라고 주신 그 엄청난 권세와 능력의 이름 예수님! 구약에 여호와의 이름 속에 가지고 있던 그 모든 뜻을 이루시고 성취하신 이름으로 그래서 그 이름은 나를 구원하신 구원의 이름이요, 나를 치료하신 치료의 이름이요, 내게 승리주신 승리의 이름이요, 내게 평안 주신 평화의 이름이요, 내가 자녀 되는 권세의 이름이요, 내가 이 땅에 있는 날 동안 아버지 것을 받아 가질 수 있는 이름이요, 내가 아버지 나라 가는 천국의 이름이신 것입니다.

하늘에 있는 자들과 땅에 있는 자들과 땅 아래 있는 자들로 모든 무릎을 예수의 이름에 꿇게 하시고 했습니다. **모든 입으로 예수 그리스도를 주라 시인하여 하나님 아버지께 영광을 돌리게 하셨느니라**(빌2장) 했습니다. 하나님께서 어디에다 무릎을 꿇게 하셨다고요? 주님에다 무릎 꿇게 하셨다는 것 아닙니까? 예수님 이름에 무릎 꿇게 하셨다는 것 확실합니까? 그런데 왜 모두가 다 주님에다 무릎 꿇고 있지 않습니까? 하나같이 주님에다가 무릎을 꿇고 주여 주님만 찾고 있으니 이것이 바로 표적에서 빗나간 화살이요 다른 복음인 것입니다.

구원은 '주'로 얻는 것 아닙니다. '주' 로는 하나님이 아버지의 관계가 되실 수도 없습니다. 하나님은 주의 아버지가 아니요 예수 그리스도의 아버지요 그 예수 그리스도를 통해서만이 또한 우리 아버지가 되시는 것입니다. 예수님의 그 엄청난 이름을 알고 그 이름에 무릎 꿇는 자마다 예수 그리스도 그분은 나의 구주시요 나의 하나님이심을 시인하여 하나님 아버지께 영광을 돌리는 것이라고 하셨습니다. 그러므로 예수님의 이름을 알아야 영접하여 그 이름을 자기에게 모실 수 있는 것이요 그의 주가 되시는 것입니다.

그저 입만 열면 주여 주님이 나온다면 그것은 예수님을 전혀 알지 못한 것을 드러내는 것이요 그렇기에 그가 예수님을 만난 참믿음이냐 예수님의 사람이냐 하는 것 죽음 뒤에 가서 아는 것이 아니라 지금 아는 것입니다. 성경의 뜻을 벗어난 거짓 복음을 가졌음을 그냥 알 수 있는 것입니다. 예수님을 믿는 것은 자기의 믿는 그 예수님의 이름을 아는 것이요 그 이름을 영접하여 참으로 그 이름을 사랑하고 그 이름을 존중하고 그 이름에 영광을 돌리게 되는 것이요. 그러므로 예수님은 그의 주가 되신 것입니다. 성영님이 자기 안에 오셨다면 예수님의 이름이 와있는 것입니다. 예수님의 이름이 와있는 것은 성영님이 오신 것입니다.

그렇기에 관계를 주님 주여 로만 맺은 것은 성영님이 그에게 계시지 않기 때문이라는 것 그냥 드러나는 것입니다. 그러니 어떻게 구원과 죄 사함과 하나님의 모든 말씀의 복이 담겨있는, 이 엄청난 뜻을 가진 예수님의 이름, 그 이름을 가르치겠습니까? 그러니 어떻게 사람들을 예수님의 사람이 되게 할 수가 있겠습니까? 성경은 마음에 가득한 것을 입으로 말한다 했습니다. 입으로 말하는 것은 그 안에 그것이 있기 때문이다 하셨습니다.(마12장) 선을 쌓았으면 선한 것을 내었을 텐데 악한 것이 나오는 것은 악한 것을 쌓았기 때문이라 했습니다. 선이라 하니까 착한 마음 생각합니까? 악이라 하니까 악한 마음 생각합니까? 성경 말씀들을 이런 식으로, 자기의 알고 있는 상식으로 생각하기 때문에 하나님의 표적에 맞히지 못하고 다 빗나가는 것입니다.

선은 삼위일체의 하나님과 그 하나님의 것을 말합니다. 악은 사탄과 그 사탄의 일을 말합니다. 창조 때의 선악과가 바로 인간에게 선이신 하나님과 악한 자 사단의 존재를 알게 하시는 하나님의 방법이요 지혜이십니다. 하나님의 뜻이요 계시입니다. 그런데 그 계시를 성영님으로 눈이 뜨여 본 자가 없습니다. 다 악한 자 사단에게 자신을 내주고 그 주님 노릇하는 사단이 주인이 되고, 예수님의 이름 부르지 못하도록, 예수님의 이름 알지 못하도록, 그저 머리로는 아는데 영적으로는 맺지 못하도록 속이는 자 사단에게 이끌려 나와 거짓 것을 뿌려주는 것들을 자기 속에 쌓았습니다. 그렇기에 쌓은 그 악을 또 내놓는 것입니다. 악이라 하니까 인간이 생각하는 못됐고 나쁜 말하고 하는 것이 아닙니다. 아무리 입의 말이 부드럽고 온화해도 예수님을 위한 말이라도 하나님의 뜻에 맞지 않으면 악입니다.(16:21-23)

그러므로 수천 년 동안 언약하셨던 그 독생자의 이름, 구주의 이름이신 예수님 이름을 성영님이 오실 때 그 이름으로 오셔서 그 이름을 증거하여 주시는 데 자기 안에 성영님이 오셨다면 그 예수님의 이름도 와있는 것인데 그런데 그가 주님만, 주여만 부르는 것이면 성영님 없는 자인 것을 알라는 얘깁니다. 이 말씀 앞에 성경 볼 눈이 되지 못한 자신을 돌이키지 않고 이 말하는 나를 탓하고 핍박하겠습니까? 그렇다면 나야 상이 커지니 한없이 감사할 일이지만 거듭 말합니다. 아니다 싶으면 듣지 않으면 되고 자기 주님 따라가면 됩니다.

그러나 이해력이 좀 부족한 이들을 위해서, 성경을 볼 눈이 되지 못한 사람들이 목사 돼서 주여 부르고 주님 찾고 하는 것 그래서 또 다른 사람들에게 주여만 주님으로만 관계 맺도록 하여 망할 길로 끌어들이는 당신에게 기회가 된다면 돌이킬 수 있도록 앞서도 말했습니다만, 간략하게 한 말씀 더하겠습니다.

구약의 이스라엘 백성도 보니 하나님 부를 때 주여 로 불렀고 신약성서에 등장하는 사도들도 예수님에게 주님이라고 불렀는데 아니 성경적이지 않으냐? 오늘날 우리가 주님이라 부르는 것이 뭐가 잘못되었느냐? 하겠지요. 이 답변은 제가 예수님이 가르쳐 주신 기도 〈하늘에 계신 우리 아버지〉, 〈이름이 거룩히 여김을 받으시며〉의 두 편 말씀과 또 경고 2편에 다루었으니 거기서 더 참고하면 되겠습니다.

하나님께서는 오직 자신만 가지신 이름, 고유의 이름이 있습니다. 거짓 하나님 노릇하는 사단과 분명히 구분하시는 이름입니다. 그 이름을 자기 백성(이스라엘)에게 알리시고 그 이름으로 구원하시겠다고 하셨습니다. 그 이름이 '여호와'입니다. 출3:15에 **하나님이 또 모세에게 이르시되 너는 이스라엘 자손에게 이같이 이르기를 나를 너희에게 보내신 이는 너희 조상의 하나님 곧 아브라함의 하나님, 이삭의 하나님, 야곱의 하나님 여호와라 하라 이는 나의 영원한 이름이요 대대로 기억할 나의 표호니라**고 하셨습니다.

하나님께서 자기 백성을 죄에서, 마귀의 속박에서 구원하신다는 표로 주신 언약의 이름이라는 뜻입니다. 그래서 하나님이라는 칭호로 이스라엘 백성을 만나시는 것이 아니라 여호와 이름으로 만나시기 위해 성전을 짓게 하시고 그 성전에다 여호와의 이름을 두셨습니다. 그러나 이스라엘 백성은 여호와란 이름을 부르지를 못했습니다. 함부로 그 이름을 부르다가 죄인인 인간이 여호와의 이름을 망령되이 일컫는 죄가 되어 죽임을 당할까 두려워서 입에 담지를 못했습니다.

이스라엘은 하나님의 소유가 되고 하나님은 그들의 하나님이 되시는 언약을 맺은 공동체이기 때문에 그들이 하나님을 부를 때 '주'로 불렀습니다. 그러니까 하나님의 백성이요 소유가 된 공동체의 칭호가 되어 불렀기 때문에 여기에는 거짓 신 노릇하는 자 거짓 주님 노릇 하는 자 사탄이 개입할 수 없습니다. 여호와는 분명히 소유된 자기 백성의 하나님이시요 주이시기 때문입니다.

신약성서를 기록한 사도들은 예수님의 제자들로 예수님을 직접 보았고 만지고 함께 먹고 마시며 생활했습니다. 그 관계는 너무나 확실하여 제자들이 예수님에게 주여 주님 했어도 그것은 예수님을 직접 부른 것이니 관계에 문제없습니다. 주여 주님 불렀어도 분명히 알고 부른 관계였기 때문에 문제없다는 말입니다. 그래서 제자들이 기록한 성서도 함께 계셨던 예수님을 주라고 부르던 그대로 기록을 한 것입니다.

그러니까 하나님께서는 무엇으로 우리 인간을 만나신다고 했습니까? 이름입니다. 그래서 구약에서는 '여호와' 이름을 성전에다 두시고 백성을 만나셨고 그다음 신약에 와서는 예수 그리스도께서 성전으로 오셨습니다. 성전으로 오신 그리스도에게 하나님께서 어떤 이름을 주어 보내셨습니까? 예수님입니다. 그러면 오늘날 우리가 그 성전이신 분에게서 만나야 하는 이름이 무엇입니까? 예수님입니다. 바로 우리가 만나야 하는 이름 주가 아니라 예수님입니다. 바로 우리가 사랑해야 되는 이름, 그 이름이 예수님입니다. 우리를 살리신 이름 예수님입니다. 주님이 아니다 말입니다 주님이!

우리가 예수님의 이름을 알고 그 이름을 만나 영접하고 사랑하면 그 예수님이 바로 우리의 주이신 것입니다. 우리가 예수님의 이름을 알면, 예수님의 이름을 가지고 살면, 우리의 그 주 예수 그리스도께서 왜 나에게 주라고 부르지 않느냐 하고 난 너와 상관없다 하시지 않습니다. 왜냐? 이름을 아는 자는 그분이 주이심을 또한 알기 때문입니다. 이름을 알기 때문에 또한 주 예수 그리스도라고 부르는 것입니다. 그래서 예수님을 직접 목격했던 사도시대 이후에 예수님이 부활 승천해 올라가신 뒤부터 오늘에 이르기까지 우리는 이제 눈에 보이지 않는 예수님을 믿는 겁니다. 그래서 보이지 않는 그분, 만질 수도 없는 그 예수님과 우리와 직접적인 관계로 맺어지는 것은, 우리가 만나야 되는 것은, '주'로 되는 것이 아니라 주님으로 만나는 것이 아니라 바로 하나님의 계시의 말씀을 따라서 예수 그 이름을 깨달아 알고 그 이름에 무릎 꿇어 영접한 이름으로라야 되는 것입니다. 그러므로 예수님의 이름이 성령님으로 자기 안에 와계셔야 합니다.

　이 우주 안에는 자기가 창조주 하나님인 것처럼 속이며 세상 권세를 잡고 가짜 하나님 가짜 주님 노릇하는 자가 있다 그래서 예수님과 맺는 이 관계 모르고 입만 열면 주님 부르며 흘려보내는 것, 그것은 그의 속에 예수님이 계시지 않기 때문이다 하는 것 이미 충분히 다 말하였으니 알아들었으리라 생각합니다. 영적 체험 했다고, 기도 응답받았다고 환상 보았다고 해서, 그가 나 예수 믿고 천하를 얻은 복을 받았다고 해도 그것이 정말 하나님께로부터 온 것이냐 하는 것을 알 수 있는 것은 성경의 뜻에서 벗어난 것이면 하나님의 뜻대로 믿음이 돼 있지 않으면 다 거짓 주님 노릇하는 자가 가져다준 것이었다는 것을 분명히 알게 되는 것입니다.

오늘날 믿는다고 하는 사람들이 성경에 대하여, 우리 믿음에 대하여 이런 차이점을 모른다면 속는 줄도 모르고 다 속는 길로 따라가는 것입니다. 사람들의 영혼이 방향을 찾지 못하고 자기도 모르게 헤매는 이유가 다 여기에 있습니다.

저는 너무 안타까워서 그동안 하나님 아버지께 계속 기도하여 질문을 드린 문제가 있었습니다. '그러면 오늘날 예수님을 믿겠다고 나온 사람들이 목사들의 잘못된 가르침으로 말미암아 걸려 넘어지게 생겼는데 그러면 구원에 참여하는 자가 없다는 것입니까?' 그런데 성령님께서 '아니다' 하시며 의외로 아주 소망적인 답변을 해주셨습니다. 마음에 간사가 없고 즉 세상 사랑하면서 세상 것을 추구하면서 예수님을 믿는다고 하는 것이 아니라는 말입니다. 진짜 예수님 때문에 예수님을 믿는 자라는 거예요. 그리고 목사의 말만 듣고 의존하는 것이 아니라 자기 스스로 성경을 늘 상고하여 그것이 자기의 마땅한 일인 줄 알아 말씀과 늘 가까운 삶을 살면서 자기 자신이 성경 속에서 죄인임을 알았고 그래서 회개를 알았고 예수 그리스도를 성경 속에서 만나 예수님을 자기 구주로 영접하여 들이고 그 이름을 존중하고 사랑하는 자로 삶을 정결하게 사는 자들이 있어 그들이 구원을 얻어 하늘의 영광을 얻는다고 하셨습니다.

마음에는 간사가 없고 그 입에는 불평이 없고 그 삶은 절제된 삶으로 함부로 살지 않고 성경이 하나님의 모든 뜻이 있는 줄 알아 기도하며 그 성경을 스스로 가까이하여 자기의 양식이 되게 한다는 거예요. 목사들의 설교를 통해 구원 얻은 것이 아니라 스스로 설교와 말씀을 통하여 구원을 깨달았고 또한 선한 양심이 되어 계속 하나님을 향하여 찾아가는 자라 하였습니다. 그들에게 예수님의 이름이 와 있기 때문에 그래서 삼위일체의 하나님과 하나가 되었고 그 예수님의 이름이 그들을 보전하여 보호하고 마침내 하나님 나라에 이른다고 하셨습니다.

그러니까 그의 안에 예수님의 이름이 와있기 때문에, 성영님과 오신 그 이름 때문에 성영님께서 그와 함께 계셔서 지키심을 받고 보호받는다 하셨다는 말입니다. 그들이 성경을 다 깨닫진 못했어도 성경 다 몰라도 그들의 영혼은 성영님이 와계신 깨끗한 성전이 되었으므로 성영님으로 행한다고 하셨습니다. 그때 제 마음에 '줏대가 있고 중심이 바른 자들이로구나.'하는 감동이 있었습니다. 이런 순수한 신앙인들이, 오직 예수님께 소망을 둔 사람들이 얼마나 있을지는 모르겠으나 그의 안에 계신 예수님의 이름(성영님이 오신 증거)이 그를 끝까지 보존하시고 하늘에 들인다고 하셨습니다.

제가 앞에서 예수님을 만나지 못했던 서기관들에 대해서 말하다 방향이 다른 데로 나왔습니다. 다시 돌아가 말씀드립니다. 오늘날 예수님을 만나지 못한 서기관들의 특징이 그렇게 온갖 자료 들을 뒤지고 신학자들의 주석으로 맞추고 그 학자들을 높이고 누구는 어떻게 말했다, 누구는 저렇게 말했다 하며 그 사상 그 신학의 논리들을 펼칩니다. 앞에서 언급했던 것들로 나타나는 것이 특징입니다. 그러나 성경 밖의 사람들, 다시 말해 기독교 이천 년 역사 속에 나타나 기독교의 지대한 영향을 끼쳤다고 하는 사람, 유명하다고 알려진 성경학자들이면 뭐합니까? 오늘날 어느 유명목사 어느 유명학자 세계적으로 알려진 권위 있는 자라고, 기독교의 큰 영향을 끼친 분들이라고 말하지만 도대체 무슨 영향을 끼쳤습니까? 그 같은 칭송들로 예수님보다 더 존귀한 자들이나 되는 것처럼 떠드는 그들이 도대체 기독교의 무슨 영향을 끼쳤습니까? 어떤 영향을 끼쳤는데요? 예수님을 바르게 믿도록 인도하여 참믿음이 되게 하여 온전한 구원에 이르게 한 것에 영향을 끼친 일이겠습니까?

그런데 기독교 이천 년 역사가 흘러오는 가운데 사단이 자칭 선지자라 하는 거짓 선지자들을 세워 성경이 말씀한바 없는 하나님께서 명하신 적이 없는 것들을 그같이 성경을 빙자하여 인간 양심을 발동시켜서 뿌려놓은 그런 가증한 행위들 하나도 분별하지 못하고 똑같이 받아들여 행하고 예수님의 이름을 모독하고 훼방한 그런 것이 기독교의 영향을 끼쳤다고 하는 것일까요? 잘도 속아 넘어가는 것을 보면서 박수치는 사단에게 더욱 쾌재를 부르게 하였기 때문에 영향을 끼쳤다고 하는 것일까요? 그래서 이들이 전부 사단이 뿌려놓은 서기관입니다. 저보고 너무 지나친 말하는 것 아니냐 하십니까? 성영님의 눈으로 훤히 보고 있으니 말 못할 것 없잖아요? 지금 자기들이 하나님이 되어 하나님 자리에 앉아 있는 목사들이 얼마나 많은 줄 아십니까?

성영님께서 말씀하셨습니다. 지금까지 하나님의 종이라는 사람은 많았는데 자기가 하나님의 종이라고 주의 종이라고 하면서도 성경에 대하여 하나님의 마음을 가지고 하나님의 마음에 맞게 말한 자가 없었다 하셨습니다. 하나님의 마음을 알고 성경을 열어 줄자가 없어서, 전 성경 안에서 사람이 꼭 알 필요가 있는, 알라고 기록한 하나님의 일에 대하여 아버지의 마음을 알고 아버지의 마음에 맞혀 열어준 자가 없었다고 하셨습니다.

　성서를 통해 하나님 아버지의 뜻과 마음을 열어서 보이셨음에도 사실은 아버지의 뜻과 마음을 아는 자가 없었다고 하셨습니다. 하나님 아버지의 뜻과 마음을 알아야 아버지의 만족하심이 되어 다음 일을 열어 가실 수가 있는데 주의 종이라고 하는 자들은 넘쳐났어도 주님을 위해 목숨을 바친 사람들은 넘쳐났어도 하나님의 마음을 열어준 자가 없어서 다음 일을 열어 가실 수가 없다고 하셨습니다. 이 말씀이 무슨 뜻인지는 제가 아직 이해 못했지만 그러나 성영님이 이것을 말씀하셨습니다. 그래서 사람이 예수님을 믿는다고 나왔어도 하나님을 바로 아는 자가 없으니 하나님의 마음 또한 아는 자가 없다고 하셨습니다.

　여러분! 모세가 보지도 못한 일을 약 이천오백여 년이 지난 하나님의 창조의 일과 그 뒤에 일어난 일들을(창세기) 기록했다는 것을 목사치고 모르는 사람은 없을 것입니다. 그런데 오늘날 주의 종이라고 하는 사람들이 이미 다 기록하여 놓은 성경을 보는 것임에도 보지 못하는 것은 왜인가 하는 것입니다. 여러분 성경을 기록하게 하신 분이 누구십니까? 성영님입니다. 그러면 기록된 성경의 모든 뜻을 아는 분이 누구입니까? 성영님입니다. 바로 성영님으로부터 가르침을 받지 않았기 때문입니다. 신학자들보다 온갖 서적들보다 더 위에 계신 분! 그 위에 계신 분이 누구십니까? 그들에게는 거짓됨이 많이 나타나는 것이지만 그러나 성영님은 거짓이 없습니다. 그래서 목사가 되려는 사람들은 성서를 기록하신 주인이 되시는 성영님께 성경을 배워야 그것이 거짓이 아닌 참을 알고 전할 수 있는 것이요 성영님이 부르신 자인 것입니다.

성영님으로부터 가르침을 받지 않으면, 설사 성영님께서 가르치신다 해도 말귀를 알아듣는 귀가 없으면 다 거짓말하는 것입니다. '아니 그러면 성경 연구도 하지 말라는 것이냐? 목회자가 당연히 목회하러 나왔으면 성경 연구 하는 일은 기본적인 일로서 가장 중요한 일 아니냐? 라고 말하고 싶지 않겠습니까? 맞습니다! 당연히 해야 할 일입니다. 당연히 거쳐야 되는 일입니다.

목사가 되기 전에 처음은 성경을 알기 위해 다 그렇게 할 수 있습니다. 그러나 자기의 노력으로 어느 궤도에 오르면(교리적인 것, 역사적인 것, 문자적인 것) 정말 그를 성영님께서 말씀으로 사람들의 영혼을 양육하라고 부르시는 사람이면, 이제 그 머리에서 떠나라고 명하시고, 또는 떠날 수 있도록 강권하여 섭리하시면서 성경의 전 뜻을 성영님이 친히 알 수 있도록 가르치시고 교육하시게 돼 있습니다. 성영님께서 가르치시는 성경은 헬라어 몰라도 히브리어 몰라도 그 말씀에 대하여 눈을 열어 보게 하시고 깨달아 알게 하시는 것입니다.

그래서 목회자, 즉 말씀을 전하는 목사가 되었다면, 또는 가르치는 위치라면 성영님과 함께 이 성경 한 권 가지고 하는 것입니다. 그런데 이 영적인, 하나님의 영적인 역사를 자기 머리로 해보겠다고, 천연적인 타고난 말재주 가지고 또는 기술된 언어 능력 가지고 해보겠다고 나왔으니 그 주인이 누가 되는 일이겠습니까? 분명히 아십시오. 하나님은 타고난 말재주 사용하지 않습니다. 타고난 착한 양심 사용하지 않습니다. 아이큐 높은 타고난 머리 사용하지 않습니다. 높은 학문했다고 그 학문 이용하여 말씀 말하게 하지 않습니다. 하나님은 하나님께서 부르실 자가 누구인지 하나님께서 친히 아십니다. 하나님의 말귀를 알아들을 지혜가 있는 자를 하나님께서 아시고 그들을 부르시는 것입니다.

  그러나 예수님의 재림이 가까운 이때는 하나님께서 말씀을 위해서 부르는 자는 끝났다고 했습니다. 성영님께서 말씀을 깨달을 수 있도록 친히 기름 부으심으로 가르치시는 때가 지났다고 하셨습니다. 이제 정신을 차리고 깨어 하나님이 불러 세운 깨달은 자의 말을 듣고 근신함으로 자기의 믿음을 돌아보아야 할 때라고 하셨습니다. 하나님께서 보내시는 경고의 말을 귀담아듣고 자신을 돌이켜 믿음을 살피라 하셨습니다. 말씀으로 속사람을 능력으로 세우라는 말입니다. 더 이상 경고하시는 일에 사람을 보내지 않는다 하셨습니다. 네가 스스로 성경을 깨닫지 못하여 아직 말씀에 밝음이 없으면 여기 하나님이 보내신 자의 전한 말씀 앞으로 나와서 들으라 하셨습니다. 네가 아직 주의 종이라고, 하나님의 종이라고 하면 네가 전한 말이 이후에 너를 판단하는 말씀이 될 것이라 하셨습니다. 사람을 찾으려 하지 말고 말씀을 찾으라 하셨습니다.

  여러분 저는 이 말씀을 말해야 하는 일로 이 한 주간 얼마나 영적인 전투를 해야 했는지 아십니까? 당신이 지금 지옥의 형벌로 들어가느냐 아니면 영생으로 들어가느냐 하는 것을 성영님께서 보이신 대로 냉철하게 가려주는 것이니 좁은 소견으로 오해 말고 심각하게 듣고 깨닫기를 바랍니다. 그러나 듣기 원치 않으면 그냥 무시하십시오.
  오늘은 시간상 여기까지만 말씀드리고 다음에 또 이어가겠습니다. 삼위 되신 하나님께 영광을 돌립니다. 아멘

경고 7
내가 세계 최대라는 교회의 믿음을 시험하였노라

¹⁰제자들이 예수께 나아와 가로되 어찌하여 저희에게 비유로 말씀하시나이까 ¹¹대답하여 가라사대 천국의 비밀을 아는 것이 너희에게는 허락되었으나 저희에게는 아니되었나니 ¹²무릇 있는 자는 받아 넉넉하게 되되 무릇 없는 자는 그 있는 것도 빼앗기리라 ¹³그러므로 내가 저희에게 비유로 말하기는 저희가 보아도 보지 못하며 들어도 듣지 못하며 깨닫지 못함이니라
¹⁶그러나 너희 눈은 봄으로 너희 귀는 들음으로 복이 있도다

(마13:10-13,16)

    저는 오늘도 계속하여 너는 세상 교회들에 주저치 말고 드러내 경고하여 말하라 하신 것에 대하여 말씀을 하게 됩니다. 이것은 제가 누구를 정죄하거나 비판하고자 하는 뜻에서 하는 말이 아니라는 것을 분명히 밝혀드립니다. 성영님께서 저에게 무엇을 말해야 할 것인지를 이미 몇 달 전부터 많은 말씀으로 이르셨다고 하지 않았습니까?

    십수 년 전에 저에게 한 사건이 있었습니다. 그 사건은 성영님께서

나를 인도하시기 위한 것으로서 지극히 개인적인 것이라 여겼기에 그동안 잊고 있었습니다. 그런데 많은 말씀으로 성영님께서 경고를 이르신 그때에 제게 이르시기를 십수 년 전의 그 사건은 세상 교회들에 경고해야 할 것으로 주신 사건이었다고 하셨습니다. 이미 십수 년 전부터 하나님께서 보내신 경고의 시작이었다는 것을 상기시키시며 말씀하셨습니다.

제가 이 사건에 대한 것을 이렇게 세상 교회들을 향해 말하리라고는 전혀 생각도 못한 일로써 잊어버리고 있었는데 하나님의 경고는 거기서부터 시작이었다는 것을 이번에 다시 말씀하여 이르시며 저에게 세상 교회들을 향해 입을 열도록 하신 일이 되어 부득이 그때 일부터 말씀을 드리게 됩니다. 이것은 제가 말씀을 듣고 강단에 서기 전 있었던 일입니다.

1998년 초에 예수님의 교회 장로에게 전도 받아 교회 출석하던 부부가 있었습니다. 그 부부의 청에 의하여 그들이 경영하는 사업장에 가서 예배를 드리고 나오던 중 그러니까 그때 이 부부가 2층 건물 전체를(큰 가건물) 임대하여 식당을 경영하다가 망했습니다. 식당업의 적자로 인해 여기저기 사체 빚 끌어다 쓰다가 빚더미에 앉게 된 겁니다. 제가 이것을 후에 알게 되었지요. 그때 이들이 건물 일층은 문을 닫고 이층 내부를 반으로 막아서 한쪽에서 어떤 영업을 하여 간신히 생활을 유지하고 있었는데 저희 부부가 그런 깊은 속사정까지는 알지 못한 가운데 그 영업장에 가서 예배를 드리고 나오던 중 그 옆 공간을 들여다보며 지나가는 말로 왜 여기는 비어 있느냐 물었습니다. 왜 비어 있는지 궁금하고 알고 싶고 해서 물은 것이 아니라 나오는 길이라 그냥 물었습니다.

그때 성영님께서 저에게 "이곳이 예배의 장소가 될 것이다"라는 말씀을 순간 하셨습니다. 이것을 남편에게만 이야기하고 내 마음 안에 간직하고 있었습니다. 사실 그때 교회 설립 문제로 기도하고 있는 우리 부부에게 성영님께서 어디로 와야 하는지 지역을 지명하여 주셨고 또 거할 집부터 구하라 명하셔서 집을 구해 그 집에서부터 목사인 남편의 집례로 예배를 드리고 있었습니다. 그런데 몇 개월 사이에 사십여 명 가까운 인원이 되다 보니 건물 주민들에게 민폐가 되어 매우 미안스럽고 조심스러운 마음이었는데 그들에게 양해를 구하면서 예배 장소에 대해 기도하던 때였습니다.

여러분! 이런 얘기 시시콜콜 하자니 말씀드리는 저도 불편스럽긴 합니다만 어찌하겠습니까. 성영님께서 잘못 가고 있는 세상의 믿음을 경고하라 하시고 하나님의 뜻을 알리는 일이라 하시니 그 과정을 이렇게 시시콜콜하게 되는 것 이해하기 바랍니다.

그래서 그 2층 장소를 예배의 처소로 주시는 것이면 그 증거로 말씀하신 것을 그 부부가 내게 먼저 말할 수 있게 하시라 했었습니다. 성영님께서 그 일을 즉시 진행해주셨습니다. 그들 부부가 주일 예배 마치고 돌아가려고 나서는데, 건물에 사는 남자들이 서넛이 마당에 서서 나가는 사람들에게 시비조로 교회에 대한 불평을 한 겁니다.

그러자 그 부부가 다시 돌아와서 괜찮으시다면 우선 자기 영업장이 건물임대인과 계약 만료까지는 7~8개월은 여유가 있으니 비어 있는 그곳에 들어오셔서 예배드리는 것이 어떻겠느냐 했습니다. 건물이 인천 계양구 지역의 요충지입니다. 그래서 어려움 없이 예배자리를 옮겨 갈수가 있게 되었습니다. 물론 남의 신세를 진다거나 피해를 주는 것 등은 절대로 원치 않기에 더더욱 교회이기에 거저 들어 갈수는 없는 일로서 교회 재정을 다 털어 맞춰진 일천만 원을 보증금 명목으로 건네고 들어갔습니다.

이후 계약 만료 기간이 다가오자 건물을 비워달라는 건물주의 통고가 왔다고 전해 듣게 되었습니다. 그런데 제가 그 부부에게 간혹 건물주에 대한 신상을 자연스럽게 듣게 되었습니다. 건물 주인이 ○○건설회사 회장인데 여의도 ○○○교회에 나간다더라. 또 이후 그 양반이 여의도 ○○○교회 장로라고 하는 것 같더라 등등이었습니다.

그래서 제가 내심 무엇을 기대했는가 하면 '아! 성영님께서 여기로 오게 하신 이유가 있으셨구나. 교회 장로라 하니 당연히 교회 편에 서 있을 것이고 어차피 집장사요 임대업 하는 것이니 교회에게 임대해줄 것을 거절하진 않겠구나.' 하는 생각을 하게 됐습니다.

그래서 건물을 비우라는 독촉이 들어오기에 교회와 계약을 다시 해주시라 청을 넣었는데 건물을 임대하지 않겠다고 거절을 했습니다. 그래서 재정적으로 형편이 없으니 하나님께 교회가 어디로 옮겨야 하는지 기도하면서 마땅한 장소를 물색해 보기는 했지만 도무지 마음이 동하지를 않았습니다. 한편으로는 몇 개월 사용하자고 여기가 예배 처소가 될 것이라 하셨나 싶어서 그것을 묻는 기도를 해야 했습니다. 어느 날 성영님께서 "네가 생각하면 네 문제이니 너는 나의 일을 하라"는 알쏭달쏭한 말씀을 주셨습니다. 그러나 그 말씀은 교회 문제를 어찌할까 염려하지 말고 성영님이 말씀하신 것을 순종하여 따르라는 말로 알아들었습니다. 다시 말하면 이곳이 예배 장소라 하셨으면 움직이지 말라는 뜻으로 들렸다는 말입니다.

그래서 움직이지 않았습니다. 이후 장로라는 그 건물주 측에서 건물을 비우라고 독촉을 해와도 교회가 움직이지 않자 보증금에 대한 일천만 원을 내어줄 것이니 철수해 달라고 타협점을 제시했습니다. 그러나 제가 어떤 답변도 하지 못했습니다. 참으로 성영님의 명하심이 아니었다면 저의 성격상으로는 그렇게 있을 수 없는 일입니다. 제 입장으로는 도무지 할 수 없는 일이요 말이 되지 않는 일입니다. 그들도 교회가 하는 행동에 이해가 되지 않는 것은 마찬가지였지 않겠습니까. 저의 입장에서도 진퇴양난이었습니다. 그러나 말씀하셨으니 움직일 수 없었습니다. 그저 난처한 사항을 놓고 기도만 할 수밖에 없었습니다.

건물주 측에서 법원에 명도 소송 제기를 했기에, 교회의 입장은 경우로도 이성적으로도 법으로도 변명의 여지없는 어긋난 범법행위임은 맞다는 것을 자인하여 답변서를 제출하였습니다. 건물주 측에서 찾아올 때마다 교회가 경우도 모르고 뻔뻔한 것으로 보일 수밖에는 없었습니다. 참으로 얼굴 대하기가 민망하고 송구하고 어찌할 바 모를 지경이었지만 그러나 '여기가 예배드릴 장소라' 하시니 라는 말밖에는 할 수가 없었습니다.

그러던 어느 날 성영님께서 내게 또 이르셨습니다. **너희 맞은편 마을로 가라 곧 매인 나귀와 나귀새끼가 함께 있는 것을 보리니 풀어 내게로 끌고 오너라 만일 누가 무슨 말을 하거든 주가 쓰시겠다 하라 그리하면 즉시 보내리라**(마21장)는 말씀을 기도할 때마다 계속 상기시키시더니 비로소 이르시기를 **하나님께서 쓰시겠다 하라**는 것이었습니다. 그리고 그가 즉시로 이 말씀을 받아야 할 것이라는 것이 마음에 강하게 들었습니다.

하여 '제가 이것을 어떻게 말하겠습니까? 성영님께서 그에게 직접 말씀하시면 듣지 않겠습니까? 성영님이 직접 말씀 하세요' 했더니

"나는 내 종을 통해 말할 것이다" 하셨습니다. 그래서 건물주 그 장로라는 분의 본사 사무실이 서울에 있다 하여 전화를 걸어 찾아 뵐 것을 말하고 남편 목사와 교회 장로와 함께 올라갔다가 문전에서 만남을 거절당하고 그냥 돌아왔습니다.

이후에 건물 문제로 오는 이사라는 분이 안수 집사라 하였는데, 그에게 하나님께서 "내게 이렇게 말씀하셨으니 어쩌겠느냐 나의 입장도 어쩔 수가 없다"는 것을 전달하게 되었습니다.

그러자 그의 말이, 건물주 이○○ 장로라는 분이 자비를 들여 조○○ 목사의 해외 집회 때마다 수행원이 되어 보필하는 일을 한다고 자세한 내막을 내게 이야기를 해주었습니다. 이름만 대면 알 수 있는 큰 건설 회사이니 그것은 물질로 큰 부를 만났다는 의미가 되겠지요. 그렇게 수입의 대부분을 조○○ 목사를 해외 집회 시마다 그림자처럼 따라다니며 아낌없이 사용하고 있다고, 그 교회에서 물질의 큰 복을 받아 그같이 하나님을 위해 물질을 사용한다고 칭송하듯 제게 자랑삼아 들려준 것입니다. 그래서 제가 건물주 장로의 신상을 거기까지 알게 되었습니다.

그 후 법원 판결은 건물주는 화해금으로 일천만 원을 교회에 주고 교회는 언제까지 건물을 명도 하라는 이행명령서 통보가 왔습니다. 물론 이것은 건물주 측에서 교회에 대한 호의를 베푼 것이라 생각하고 있습니다. 그러나 그 판결이 났다고 해서 교회가 나올 수는 없었습니다. 일천만 원 때문에 교회가 철수하지 않는 것이 아니기 때문입니다. 성영님의 허락하심이 아니니 움직일 수가 없었습니다. 이후에 성영님께서 저에게 상세 설명하여 장로에게 편지를 보내라는 감동을 강하게 주셨습니다.

그리하여 성영님의 명하신 교회의 입장과 사과의 뜻, 즉 하나님께서는 세계적인 목사만 필요한 것이 아니라 작은 소자를 통해서도 하실 일이 있다 하시며 장로님과 이 일에 연관을 두었으니 이것은 내가 한 치도 의도한바 없는 일로 오직 성영님의 말씀대로 따른 것이니 이 일의 결정은 다른 사람에게 의사를 물어서가 아닌 친히 하나님께 기도하여 답을 들어야 한다는 당부와 ……. 그러나 하나님과 합의가 안 되면, 확신과 믿음이 오지 않으면 그 일에 대한 원망도 오해도 하지 않을 것이니 교회에 주려 했던 그 돈으로 집 달리를 붙이라 했습니다. 하나님께서 쓰시겠다고 전하라 하여 나로 이 곤경 가운데 있게 하셨지만 더 이상 어떤 변명도 어떤 행동도 내 쪽에서는 할 수가 없으니 나의 대답은 유감이기는 하나 이것으로 드릴 것밖에 없다는 것을 밝혀 서신을 보내게 되었습니다.

　이후 그 대답은 '하나님이 그렇게 남의 것을 빼앗으라 하는 하나님이냐, 너무 뻔뻔한 것 아니냐, 살다가 당신 같은 사람들은 처음 보았다, 어떻게 교회가 남에게 이렇게 피해를 줄 수가 있느냐, 말도 안 되는 일이고 누구한테 창피해서 말도 못하겠다, 어떻게 상식도 모르느냐, 사람들도 다 잘못된 교회라고 말한다, 철수하라'였습니다.

　이 같은 비난은 하나님과 관계없는 인간의 일이라면 당연합니다. 제자신도 인간의 일이었다면 그 같은 불편한 말을 들어야 할 이유는 하늘이 무너진다 해도 참으로 없을 일입니다. 이후에 집달리가 되었지만 말대로 그들을 원망할 것도 오해할 것도 없었습니다. 하나님께서 판단하실 일이지 저의 입장으로서는 그들에게 미안할 뿐이었습니다.

그러나 믿음이 보이지 않는 그들에 대하여 너무 슬펐고 그런 일을 당하는 것이 속상했습니다. 하나님 아버지께 왜 나로 이렇게 수치 당하게 하시느냐고, 왜 나를 이렇게 곤혹스럽게 하셨느냐고 묻지 않을 수가 없었습니다. 그때 성영님께서 말씀하시기를 "나는 내 종을 보내 일차적으로 교회의 믿음을 시험하였노라"고 하셨습니다. 그때 '일차적으로' 라는 말씀을 분명하게 하셨습니다. 저는 성영님께서 말씀하신 일차적으로가 무엇을 말하는 것인지 몰랐기 때문에 그냥 듣고 말았지마는, 그리고 그 뒤로 잊어버린 사건이었지만 이후에 조○○목사에게 그 같은 경고 말씀을 보내게 될 줄은 누가 꿈엔들 생각했겠습니까?

이 차 경고의 뜻을 두고 하신 말씀인 줄 알지 못했습니다. 다시 말해 일차적으로 하신 것은 또 경고가 있다는 뜻임을 전혀 생각지 못했다는 말입니다.

성영님께서 조○○목사에게 하나님의 경고 말씀을 구체적으로 말하라 하셨을 때 사실 구체적으로까지는 할 수가 없었습니다. 그것을 글로 써야 한다는 것이 내게는 복잡하고 힘든 작업이었기 때문입니다. 성영님께서는 그 경고가 그에게 마지막 경고라고 하셨습니다. 그래서 생각하기를 이미 누군가를 통해서 수차 하나님의 경고하심을 전달했는데, 이제 마지막으로 나를 부르셨다는 것인가 했습니다. 그러나 몇 달 전부터 일차적으로 믿음을 시험하셨다는 것에 대해서 다시 되새겨 보게 되었는데 성영님께서 그에 대한 답을 달아주셨습니다. 그것은 지금까지 조○○ 목사에게 하나님께서 친히 보낸 자는 없었다고 하셨습니다. 더 깊은 말씀도 하셨는데 이 말은 제가 절제합니다.

하나님께서는 온 세계가 주목하여 우상하고 있는 그 교회의 믿음을 나의 사랑하는 자를 보내 친히 시험하셨다고 하셨습니다. 일차적으로는 교인의 대표가 된 장로들이 조○○목사를 따른 것인지 성영님을 따라 예수님을 믿는 것인지를 나의 종을 보내 시험하셨다 하셨습니다. 여기에 더 많은 말씀을 하셨지만 절제합니다.

또한 조○○목사는 그가 행한 모든 일에 참으로 하나님의 뜻을 따라 하나님의 일을 하였는가? 말씀을 자기 뜻대로 왜곡케 한 죄를 볼 수 있도록 나의 종을 보내었다고 하셨습니다. 말씀을 인본주의가 전하였으므로 표적에서 빗나갔음을 분명히 보아 아는 것임에도 그들은 하나님의 보내는 말씀을 무시해 버렸다고 하셨습니다. 하나님께서는 그들이(조○○ 목사 외에 다수를 말함) 하나님의 심판대 앞에 서기전에 기회를 주시는 경고를 보내신 것이라 하셨습니다. 그 경고의 말 또한 일부에 불과합니다.

말씀을 하나님의 의도하신 바 없는 것으로 왜곡하여 사람들의 혼과 육을 살찌우게 하였고 마음이 세상 것을 붙잡도록 맞추어준 거짓 선지자 일을 열심히 하였다고 하셨습니다. 이미 했던 말이지만 지금 세상에 전파되고 있는 그 많은 가르침과 설교들이 예수님 없는 서기관들의 가르침들로 무성하고 지식만 높아진 것이 되어 홍수를 이루고 있다고 하셨습니다. 하나님의 표적에서 빗나간 서기관들의 가르침들은 다 사탄의 영들의 노략거리가 되고 사탄이 그들의 주님이 되고 또한 그들도 주여 주님만 찾고 부름으로써 사탄과 관계를 이루었다고 하셨습니다.

제가 조○○ 목사에게 하나님의 경고를 보냈을 당시쯤 2009년 7월경에 저에게 어떤 일에 대한 생각이 들어오더니 며칠 동안 사라지지 않고 계속 그 생각이 떠나질 않고 있었습니다. 떨쳐 내지지 않는 그 생각 때문에 성영님께 질문을 드리니 그리하여 보라는 감동을 주셨습니다.

그것은 기독교에 영향력 있는 목사들이 하나님 편에서 옳은 것은 옳은 것으로 좀 받아들이고 선봉에 서서 성경을 잘못 전하고 잘못 행하고 있는 일들에 대하여 공론화시키고 고쳐본다면 우리 기독교가 성경대로 믿는 믿음에 변화가 일어나지 않을까 하여 특히 성탄 절기나, 성영님을 불이라고 하는 것 등 그 밖의 복음을 왜곡한 부분들을 성경의 뜻과 같은지 심사숙고하여 살펴보기를 진지한 뜻으로 청을 넣어 명성이 있는 목사들 몇몇에게 성영님의 감동에 의한 것임을 밝혀 서신을 보냈습니다. 그러나 유감스럽게도 연락이 한 곳도 없었습니다. 어찌 유명인으로 이름난 귀하신 분들이 작은, 더구나 일개 여자의 말을 들으려 하겠습니까만 하늘의 아버지가 이들을 합당이 여기시기만을 바랄 뿐입니다.

저는 지난 12년도 초에 여러 가지로 마음이 복잡하기도 하고 또 나이가 육십을 넘고 보니 정신이 피곤하기도 하고 또 나이 들어서까지 강단에 오래 서 있는 것 그리 보기 좋은 모습은 아닌 것 같기도 하고, 그리고 믿음을 위해서 성경을 알아야 할 중요한 것은 대부분 다 말하였다고 생각했기 때문에 이제 누구든지 자기가 원하기만 하면 그 말씀으로도 성경을 깨달아 하나님의 뜻을 아는 믿음이 될 수 있다고 생각되었기에 말씀 전하는 것을 그만 접으려고 결심하게 되었습니다.

조○○목사에게 경고의 말을 전한 일과 믿는다 하는 사람들에게 자기 믿음을 그 경고의 말씀에 비춰볼 수 있도록 세상에 공포하게 된 것이 내 사명에 포함된 일로 내 할 일은 거기까지라는 결론을 내리게 되었습니다. 그 일까지가 내게 주신 사명이었음을 알았다는 말입니다. 물론 성영님께 저의 이 결정에 대하여 물으니 과거에 "내 생각이 네 생각이고 네 생각이 내 생각이라"고 말씀을 하신 때가 있었는데 그것을 기억케 하시며 결정을 존중하셨습니다. 그래서 편한 마음으로 접기로 했었습니다.

동안도 함께하던 성도들이 여러 차례 어느 때든지 어렵지 않게 말씀을 들을 수 있도록 말씀을 인터넷에다 올려줄 것을 요청하던 바였고, 또 많은 사람들이 잘못된 말씀들로 인하여 믿음을 바로 갖지 못하고 있는 것을 우리가 다 그 가운데 있었던 경험자들로 잘 아는 것이니 인터넷에라도 말씀을 올려서 사람들에게 들을 수 있는 기회를 주어야 한다고, 인터넷은 세계로 들어간다고 하는 안타까움의 강청으로 인하여 인터넷에다 홈피를 만들고 말씀을 올리는 계기가 되었습니다. 저도 최후 수단으로 인터넷을 통해 말씀이 전파돼야 하겠다는 생각을 하게 되었고 이후 성영님의 허락하심을 받아 기쁘게 올리게 되었습니다.

물론 그동안 말씀을 인터넷에 올리고 책도 발간하는 것이 좋겠다는 의견이 분분했지만 그 동안에는 성영님께서 말씀이 없으셨기에 못 들은 척 했었습니다. 그리고 설교 말씀을 책으로 만드는 것은 웬일인지 허락지 않으시고 성경으로 족하다고 하셨습니다.

만일에 사람이 저의 전한 말씀들이 아멘으로 동의가 되면, 이제 자기의 말씀으로 받기 위해서는 자기가 스스로 말씀을 받아 기록하며, 자기 영혼에 새기고 생명을 얻도록 하는 그 수고와 애씀이 있어야 하는 것이라고 하셨습니다. 생명을 풍성히 얻는 것은 거저 얻어지는 것이 아니라 하셨습니다. 그래서 책을 만드는 것은 성영님께서 내게는 허락지 않은 일이니 억만금을 준다 해도 나는 할 수가 없지만 보내신 경고와 함께 그 외 모든 말씀들은 사람들로 하여금 듣고 선택할 기회가 되도록 인터넷의 올리는 것은 허락하셨기에 기쁘게 올리게 되었습니다.

그러나 하나님의 명대로라면 조○○목사가 이것을 순종하여야 했습니다. 참으로 참 하나님을 안다면, 이후에 하나님 앞에 설 때를 생각한다면 참으로 있을 수 없는 일입니다. 당신이 말씀을 왜곡하였으므로 사람들의 영혼을 잘못 이끌었음에 대하여, 하나님의 뜻대로 전하고 가르치지 못한 자기의 경솔함과 무지를 깨끗이 공포하고 성영님께 자기의 자리를 내드리고 문을 열어 드려야 했습니다. 마음을 완강히 하지 않았어야 했습니다. 물론 성영님께서 돌이키려야 돌이킬 수 없는 그의 영적 상태를 보여주셨으니 이런 말이 무슨 필요겠습니까?

오직 하나님만이 영광 받으셔야 하는 그 예배에서, 하나님께 예배한다는 그 예배에서 사람들로 하여금 목사 자신이 박수갈채를 받고 영광을 받는 모습을 보여주셨습니다. 수많은 사람들이 그가 이룬 성공을 보고 그에게 찬사를 돌리고 그를 우상화하여 자신도 그 같은 성공을 꿈꾸면서 그의 성공의 전략을 배우느라고 마음과 눈과 귀를 그에게다 두고 있음을 보았고 그들도 다 하나님의 심판을 피할 수 없게 되었다고 하셨습니다. 이에 대한 말도 절제합니다.

그러므로 여러분에게 묻습니다. 성영님께서 일차적으로 하시고 또 마지막으로 하시며 그들의 믿음을 시험하셨다는 말씀과 그 과정을 여러분이 이같이 듣게 되었으니 이것이 우연히 있었던 일이라 여기겠습니까? 이 말씀을 전하는 제가 의도한 일이라 보겠습니까? 거짓으로 듣겠습니까? 그러나 예수님의 이름으로 분명히 충고하여 말하겠습니다. 하나님께서 이렇게 드러내 주시기까지 하시며 여러분에게 기회를 주셨다는 것을 분명히 알고 계십시오.

저 역시 하나님께서 나를 통해 이 일을 하시리라고는 감히 꿈에도 생각 못했습니다. 그러나 사람들이 알아줄 만한 것도 없고 보아줄 만한 것도 없는, 아주 작고 보잘것없는 자를 들어서 말씀하시는 것을 기뻐하시고 말하도록 하셨습니다. 저의 전한 모든 말씀, 이 같이 말씀을 주신 이때부터 믿는다 하는 모든 사람들의 믿음을 판단(측정)하는 말씀이 될 것이라 하셨습니다.

제가 앞에서 언급했듯이 이제 전할 말씀은 전했다 싶어 말씀 전하는 일은 그만 접을 것으로 결정을 내렸으나 마음 한편으론 걸리는 것이 있었습니다. 마음이 좋게 딱 떨어지지 않고 한 20% 모자란 것 같은 불편한 마음이 남아 있었습니다. 그것은 예수님의 말씀과 비유 말씀들을 하나같이 예수님의 의도와 다른 무익한 것들을 뿌려주고 있어서 사람들이 예수님을 만나지 못할 길로 끌려가고 있기 때문에 그것을 아는 제 입장에서는 마음이 매우 불편했습니다. 마치지 못한 비유 말씀들이 있는 것 때문에 마음이 자꾸 걸렸다는 말입니다.

여러분이 저의 전하는 말씀을 들어 보았다면 그동안 들었던 말씀들과 무엇이 다른지 알 수 있지 않겠습니까? 말씀에 관심을 둔 믿음이면 자기의 전한 말씀의 내용이 어떻게 다른가, 방향이 어떻게 잘못 되었는지 알 수 있지 않느냐는 말입니다. 그러므로 예수님을 바르게 믿지 못하도록, 예수님과 바른 관계로 나갈 수 없도록 이끈 것이 되어서 그것이 성영님을 훼방하는 죄에 걸리는 것이라고 말씀드리지 않았습니까?

여러분 오늘 읽은 본문에서 예수님이 비유로 말씀하신 이유가 뭐라 하셨습니까? 유대인들이 예수님의 행하신 이적과 표적 나타내심을 눈으로 보고, 전파하신 천국 복음의 말씀을 귀로 듣고 하였음에도 예수님을 메시아로 영접하지 않았습니다. 그렇기에 비유로 말씀하신 것이라 하셨습니다. 그들이 비유의 말씀을 듣고도 깨닫지 못한다면 그것은 천국이 허락된 자가 아니기 때문이라 하셨습니다. 악한 자 마귀의 자식들이기 때문에 비유를 듣고도 예수님을 깨닫지 못하는 것이라 하셨습니다. 다시 말해 비유의 말씀을 듣고도 깨닫지 못하면 그것은 저희 쪽, 사단의 사람들이기 때문이라고 하셨다는 말입니다.

그러면 오늘날 주의 종이라고 하는 사람들이, 말씀을 가르치고 전하는 목사들이 말입니다. 예수님의 말씀을 예수님의 생각과 같은 뜻으로 알아듣지 못한다고 하면, 예수님과는 다른 방향으로 나가 전하여 예수님과 맞지 않는 딴소리를 하는 것이면, 그것이 어느 쪽 사람이라는 것이겠습니까? 천국의 비밀을 아는 것이 허락된 자겠어요? 아니, 불러 세우셨다면 그것은 예수님의 증인으로 예수님을 증거하라고 세워주신 예수님의 사람이라는 말인데 그러면 예수님과 같은 마음이 되고 예수님의 생각과 같아야 하고 같은 말을 해야 하는 것이지 않겠습니까? 왜 방향이 그렇게 다른 것입니까? 그래서 오늘 본문의 말씀이 바로 하나님께서 자기의 사람들에게는 알리시고 보이시지만 사단에게는 감추었기 때문에 비유를 들어 말씀하심에도 알아듣지 못하면 그것은 천국의 비밀을 아는 것이 허락되지 않은 사단의 사람들이기 때문이라는 것을 말씀하신 뜻이었습니다.

예수님이 말씀하신 대로 사람의 영혼을 낚아채는 주님 노릇하는 자의 종의 역할을 하는 자들이라는 것을 알라는 말입니다. 거짓 주님, 거짓 하나님 노릇하는 사단에게 속한 자들임을 알라 그 말입니다. 어떻게 예수님을 알지도 못하고 보지 못하는 사람들이, 예수님의 말씀을 보지 못하는 소경된 사람들이 말씀을 전하러 나올 수가 있습니까? 성영님이 말씀을 통해 증거하시는 예수님을 말씀 안에서 만나야 하고 그분의 생각, 그분의 뜻과 같아야 하고 그분과 교제하는 관계가 되어야 합니다. 그래서 예수님과 생각도 뜻도, 방향도 같아야 합니다.

그러므로 오늘날 말씀을 전한다고 하는 사람들이 눈이 가려져 그 속에 계신 예수님을 보지 못하는 이유가 어디 있는가? 하는 것 깊이 생각해 볼 수 있어야 합니다. 열리지 않은 말씀 가지고 사람들이 왜 그렇게 목사들이 되어 나와 두려운 줄 모르고 성영님의 일하심을 방해하는 자리에 있는 것인가? 깊이 생각해 보아야 할 것입니다. 이제 여기의 말씀이 나간 이후부터는 말씀의 방향을 슬그머니 돌려 자기의 깨달은 것처럼 흉내 내는 일들이 속속 있겠습니다만,

그러나 지금까지는 성경의 문자적인 것이야 누구나 다 읽을 수 있는 것이니 다르게 말할 수는 없으나 그 말씀의 속뜻, 즉 영의 생명을 얻고 혼이 예수님으로 고침 받아야 하는 레마, 예수님과 같은 방향의 말씀은 없었다는 것 이것은 성영님께서 내게 말씀하시고 보이셨기에 분명히 밝혀 말합니다. 그래서 참으로 믿기 원하는 사람이라면 믿음을 바로 할 수 있도록 성영님께서 말씀을 보내셨기 때문에 이제는 깨닫지 못할 이유도 믿음을 바로 갖지 못할 이유도 없습니다.

그러면 저의 전한 말씀이 성경의 뜻에 맞는 말씀인지 아닌지 무엇으로 증명하겠느냐 하는 사람도 있지 않겠습니까? 저는 이런 질문에는 여러 정황상 답변할 마음 추호도 없습니다만 굳이 말해야 한다면 첫째는 성경 말씀이 근거요 둘째는 성영님께서 증명하여 주십니다. 또한 들을 귀가 있으면 그 스스로가 알아들어질 것입니다. 성영님은 한 분이요 그러므로 성영님이 그의 믿음을 돕기 위해 와계신 사람이면 말씀을 들을 때 그 영에 운동이 일어나 마음이 뜨거워지고 "맞아 이것이다 그래 이것을 말씀하는 거야" 하는 외침으로 동의가 일어날 것입니다. 그 영(성영님이 계신 영)이 알아듣는다는 말입니다.

생명의 말씀이 자기 영에 들려지니 영에 기쁨으로 동함이 일어나고 "아! 맞다"는 복창이 일어나고, "맞아 이것을 말씀하신 뜻이다"하는 감격이 일어나게 되어 있습니다. 말씀을 집중해 듣노라면 귀와 눈이 아래를 향해 있지 못하고 자기도 모르게 얼굴이 하늘로 끌어올려지듯이 하는 그런 현상이 자기에게서 나타나는 것을 느낄 것이요 아멘 아멘이 자기 속에서 터져 나오게 될 것입니다. 이 같은 경험에 의해 자기 영혼에 맺어진 말씀이 되고, 생명과 능력을 얻는 말씀이 되고, 영원히 잃어버리지 않는 영혼에 새겨진 말씀으로 남을 것입니다. 성영님으로 말씀을 받게 되어 내가 예수님 안에 예수님이 내 안에가 된 성전의 관계를 이루는 능력으로 나갈 것입니다. 자기 자신이 성경이 된다는 말입니다. 그러므로 믿는 자는 누구든지 성전으로써 성경이 돼야 하는 것입니다.

자기에게 성영님이 계시면 말씀을 들을 때마다, 즉 들었던 말씀을 다시 반복해서 듣는다 해도 들을 때마다 새롭고 또 새로운 말씀으로 들려질 것입니다. 저의 전한 말씀으로 말미암아 이 같은 경험을 갖게 되면 그때는 여기의 말씀 외에 다른 말씀들을 들을 수가 없다는 것을 스스로가 압니다. 다른 말들을 듣고자 하는 생각이 들지 않게 되어 있습니다. 영이 생명을 얻을 자는 그렇다는 말입니다. 왜냐? 곧 생명이요 영이신 레마의 말씀을 받아들여 그 영에 예수님의 생명이 임하면 생명을 주지 못하는, 생명 없는 말을 들을 수 없기 때문에 그런 것입니다. 예수님의 생명이 없으면, 또한 생명을 얻지 못할 자면, 예수님의 생명이 없는 말 듣기를 좋아할 것이요. 그것은 인간의 혼에 맞는 지식을 가져다주는 인간의 말이요 세상적인 복에 맞추어진 혼적인 것으로 육신에 힘을 주는 말이요 종교인들이 듣는 말이기 때문에 그러므로 성영님이 계셔서 생명과 관계되는 자는 다른 말을 들을 수가 없다는 말입니다.

그러나 생명 없는 혼에게 맞는 말도 그 말이 달콤하고, 들을 때 기쁘고, 참좋은 말로 들리기도 하기 때문에(지성과 감정에 맞는 말) 듣는 당시에는 소망을 얻고 기쁨을 얻게 됩니다. 그런데 그 말씀을 다시 반복하여 듣게 된다면 처음에 들을 때 있었던 그 기쁨의 감동이 그리 일어나지 않을 뿐만 아니라 또 듣고 싶은 마음이 사라집니다. 그러나 영의 생명이 되는 말씀은 들을 때마다 새롭고 또 새로운 말씀처럼 들리는 것입니다. 영의 기쁨이 샘솟아 올라옵니다. 왜냐하면, 여기에는 성영님의 기름 부으심이 있기 때문입니다. 그래서 듣고 또 들어도 깊은 감동이 일고 더 깊은 깨달음이 있고 영혼에 반갑고 즐거운 말씀으로 들리는 것입니다. 바로 성영님이 계신 사람에게서 나타나는 경험입니다. 알아듣습니까? 들을 말씀과 듣지 않아야 할, 즉 생명 없는 혼에 주는 죽은 말씀과 성영님의 기름부우심의 생명의 말씀에 대한 이 같은 차이를 분명히 경험케 됨으로써 알 수 있는 것입니다.

그래서 성영님이 계신 사람은 성영님께서 보내신 이 생명을 주는 말씀을 들을 때 기쁨이 일어나고 영혼에 새기는 말씀이 되어 생명의 풍성을 얻고 예수님의 성품으로 변화를 받는 것입니다. 그러므로 생명 없는 말, 쭉정이가 되는 말을 들을 수 없는 것 당연한 이치입니다. 그 영이 산자는 레마의 말씀으로 사는 것이기 때문에 이것도 좋고 저것도 좋다 할 수 없다는 것 당연하지 않겠습니까? 이것이 알아들어지는지 모르겠습니다. 알아들어 진다면 성영님으로 말미암은 영감이 있다는 증거입니다. 그러므로 예수님의 교회에서 나가는 말씀이 성영님으로 말미암은 그런 영적 경험으로 참을 말하는 것인지 거짓을 말하는 것인지를 알게 될 것입니다. 영혼에 생명을 얻을 자, 영혼에 생명이 있는 자만이 들리는 말씀입니다. 영과 혼이 부활의 생명을 더 얻게 되는 말씀입니다.

성영님께서 제게 말씀하신 것은 하나님께서 마지막 때에 믿음이 있는 자를 찾으시는 말씀이라 하셨습니다. 마지막 때에 하나님께서 믿음에 있는가를 측정하는 말씀이 된다 하셨습니다.

저는 학식이 없는 사람이라 학식 높은 사람들이 쓰는 유식한 말은 할 줄 모릅니다. 그러나 아버지와 아들 예수님과 성영님을 알고 삼위되신 하나님의 마음과 뜻을 분명히 알고 있는 영적인 사람으로 성영님으로 충만한 예수님의 사람입니다. 또한 내 영혼은 이미 성영님으로 하나님 우편에 계신 주 예수님께로 들어가 있는 사람입니다. 나는 이미 오래전에 죽었고 그러므로 하늘에 앉힌 바 되어 (이것은 성영님에 의한 나의 믿음이기 때문에 듣는 여러분이 이해가 되든 안 되든 납득이 되든 안 되든 상관없습니다.) 그같이 하늘에 앉힌 바 되었기 때문에 세상에 대하여 아무것도 두려운 것 없는 사람입니다. 그러므로 내 영에 오신 성영님으로 들어가며 나오며 하늘의 꼴을 얻는 겁니다. 말씀을 깨닫는 양육을 받아왔습니다.

창조 이전에 이미 뜻을 세우시고 이루신 삼위 하나님의 구원과 역사에 대하여, 우리의 믿음이 반드시 깨닫고 꼭 알 필요가 있는, 우리 영혼에 받아들여야 하는 중대한 하나님의 뜻에 대해서만큼은 누구보다 더 잘 알기에 당당하게 말할 수가 있습니다. 그러나 듣는 것을 원치 않고 적대심 가진 자들에겐 굳이 들으라고 사정하는 말씀 또한 아닙니다. 꼭 들어 달라고 사정하는 말씀 아니라는 말입니다. 내게 교만하다고 해도 할 수 없고, 성영님이 계시면 이렇게 겸손함이 없느냐 비난한다 해도 상관없습니다. 이 모든 일의 판단은 하나님 아버지께서 친히 하실 것이니 사람들이 이 말씀 앞에 무슨 말을 한다 해도 성영님께서 주시는 말씀들을 말 못할 일 없습니다.

그러므로 이 말씀을 듣고 받은 여러분도 기회가 되는 대로 사람들에게 여기 홈페이지에 들어와 말씀을 체계적으로 듣도록 부지런히 전하기 바랍니다. 기회를 갖게 하라는 말입니다. 그러나 듣지 않으면, 말씀을 자기 지식 가지고 따지고 나오면 사정할 일은 아닙니다. 절대로 논쟁할 필요도 없습니다. 지금은 말씀에 대한 분별력이나 판단력이 없는 어린아이 같은 때가 아니요 산 믿음이냐 죽은 믿음이냐가 보내신 말씀 앞에서 드러나는 때이기 때문에, 논쟁할 가치 없다는 것입니다. 절대 논쟁은 피해버려야 합니다. 논쟁으로 이기려고 하는 것은 어리석은 일이니 유념하기 바랍니다.

또한 예수님을 믿는다는 사람들이 세상 것들을 잡기 위해 마음을 다 두고 있다면 그것은 예수님을 사랑할 리는 없습니다. 세상에 잡혀있는 것이기에 통하지 않습니다. 혹 깨달을 기회를 얻게 될까 하여 전해는 주되 논쟁들은 하지 마십시오. 열심히 전하는 것은 하십시오. 그것이 여러분에게 성영님께서 마지막 때 주시는 마지막 사명입니다. 여기의 말씀을 듣는 여러분이 기회 주시는 이때에 이 사명에 참여하여서 이후에 하나님 앞에 설 때 책망 듣지 않기를 바랍니다. 아셨습니까?

그래서 제가 말씀 전하는 일을 접으려고 하였다가 마치지 못한 말씀이 마음에 걸려 하는 수 없이 접는 일을 보류하고, 물론 보류할 수밖에 없는 불가피한 다른 일이 또 있게 되어서 이끌려온 것이 벌써 일 년 남짓 된 것 같습니다. 앞으로 일 년이 될지 이 년이 될지는 모르겠으나 말씀에 대하여 성영님께서 되었다는 승인이 있을 때까지 속지 않아야 하는 말씀에 대하여 전할 것으로 생각하고 있습니다.

그같이 보류하는 일이 말씀이 불가피한 이유가 되어 이어오게 되었는데 또 이렇게 경고의 말씀을 전하게 하실 줄을 제가 어떻게 알았겠습니까? 성영님께서 거짓 그리스도, 거짓 선지자들이 나오는 경로를 말씀하시며 그들이 얼마나 누룩을 넣은 왜곡된 말들로 하나님의 뜻을 훼방하고 성경이 가르친바 없는 가증을 행하여 사단을 돕고 있는지 그것을(나 또한 상당 부분 말씀에 비추어 이미 알고 있었지만)구체적으로 일러주시면서 교회들에 경고하여 말하라 하셨습니다. 저는 말씀 전하는 일을 당분간은 할 것으로 결정하고 그 과정을 나오면서 성영님에 대하여서도 더 깊이 깨닫고 경험하는 기회가 되었습니다.

제가 말씀 전하는 일을 내려놓는 것에 성영님께서 존중해주셨다고 했잖습니까? 그런데 내게 아직 해야 할 일이 남아 있는 것에 대해서는 성영님께서 억지로 끌어다가 협박하듯이 '안 하면 너 죽어! 그것이 네가 해야 할 사명이야' 하신 것이 아니라 참으로 지극히 인격적인 관계 속에서 이끄시더라는 것입니다. 설명하자면 **마음에 소원을 두고 행하신다.**(빌2:13)는 빌립보서의 말씀처럼 성영님께서 자기의 가지신 소원을 내 마음에다 두셨다는 것입니다. 그러니 나는 그 소원을 따라서 행하기를 원한 것이고 그 일을 위해서 기도하게 하셨다는 것입니다.

그러므로 성영님께서 행할 수 있도록 지혜와 능력을 주시고 또한 그 일을 행하도록 이끌어 가신다는 것을 확실히 깨달았습니다. 지극히 인격적인 관계 속에서 함께 일할 수 있는 관계로 이끄신다는 것을 알았습니다. 강제도 아니요. 억지도 아니요. 협박도 아니라 사기 속에 성영님이 두신 그 소원을 따라 기도하게 하시고 성영님의 이끌림을 받아 자발적으로 행하여 나간다는 말입니다. 이것이 또한 달란트의 일이요 므나를 남기는 일이라는 것을 깨닫게 되었습니다.

저는 말씀을 다 마쳐놓지 못한 불편한 마음 때문에 보류하는 것이 되었지만 그것이 바로 성영님께서 두신 소원이 있었기 때문이요 그 소원을 따라 행하여온 것이 바로 세상 교회들에 경고를 보내야 할 사명을 행하는 일이었음을 알게 하여 주셨다는 말입니다. 이것이 하나님께서 사람들을 위해 말씀을 보내시는 일, 성영님으로 내게 주신 달란트, 므나를 남기는 일이었다는 말입니다. 이해됩니까?

오늘날 아버지와 아들과 성영님, 이 삼위의 참 하나님과 관계를 맺지 못하게 하여 망할 길로 끌어들이는 속이는 자 사단의 일을, 사단이 자기의 사람들을 세워서 교묘한 방법으로 인간에게 맞는 방법으로 뿌려놓은 거짓 것들을, 이같이 드러내 주시며 선포하라 하신 성영님의 말씀을, 여러분이 듣고 깨달아 돌이켜야 한다는 것을 분명히 경고하여 선포합니다.

지금 자기가 거짓이었음을 깨닫게 되었을 때는 지체 말고 가차 없이 돌이키고 잘라 버리고 철저히 회개하고 여기의 전한 모든 말씀을 잘 듣고 믿음을 바로 세우고 오직 예수님과 하나 되기를 힘쓰며 예수님의 성품으로 변화를 받는 것으로 영광을 하나님께 돌리는 복이 있도록 하여야 할 것입니다.

오직 주 예수 그리스도가 중심이 된 믿음이 되는 것, 하나님께서 자기에게 주신, 자기에게 남겨야 하는 달란트, 사명이라는 것을 분명히 알기 바랍니다. 성영님으로 말미암아서 자신에게 남기라 주신 사명인 것을 알라는 말입니다.

　말씀을 여기서 맺습니다만 그러나 경고는 다 끝나지 않았습니다. 다음에 계속 경고와 눈을 뜨고 봐야 할 것들을 말씀드릴 것입니다.

　모든 영광을 삼위 되신 하나님께 돌립니다. 아멘

경고 8
말씀과 간증 1

¹⁷자랑하는 자는 주 안에서 자랑할지니라 ¹⁸옳다 인정함을 받는 자는 자기를 칭찬하는 자가 아니요 오직 주께서 칭찬하시는 자니라

(고후10:17-18)

    저는 예수님을 믿기 시작한 때부터 '성경 봐라, 기도해라, 죄를 버려라' 라는 것을 누가 강조하고 당부하고 재촉했기 때문에 행한 것이 아닙니다. 예수님을 믿기로 하였으니 당연히 성경을 알아야 한다고 생각했고 말씀을 따라야 한다고 생각했기 때문에 성경을 알고 말씀대로 믿고자 했습니다.
    그래서 성경대로 예수님은 내 구주시요 하나님의 아들로 내 하나님이신 것을 참으로 믿었습니다. 내가 가진 모든 것은 다 배설물로 여겼고 예수님을 아는 것 외에는 다른 것 아무것도 원치 않았습니다. 그러니까 성경을 아는 것과 예수님을 아는 것 그 외의 것들은 아주 무식하기로 작정한 것입니다. 제가 성경을 보면서 성영님으로 깨달은 것은, 그리고 믿는다는 사람들에게서 보게 된 것은 세상 것 가지고 세상 지식 가지고 인간으로 아무리 똑똑해 보았자 그것으로 성경을 아는 것도 하나님을 알 수 있는 것도 아니라는 거였습니다. 오히려 세

상이 바라는 것을 인정하고 높이고 추구하는 마음을 그 안에 가지고 있으면 있는 만큼 하나님과의 관계에는 담이 된다는 것, 믿음이 될 수 없다는 것을 알았습니다. 세상은 하나님과 원수가 된다는 그것을 머리로만 알게 된 것이 아니라 그 이치를 확실히 깨닫게 된 것입니다. 그래서 저는 품고 있던 세상을 다 내버리고 세상에 대해서는 아주 무식하기로 가난하기로 작정해버렸고 그러므로 또한 사람에게도 지도받기를 원치 않았고 성영님께서 말씀으로 지도해주시는 것을 따르면서 믿음을 가졌고 믿음의 길을 걸어왔습니다.

제가 처음 교회 나온 초기 때 성경을 읽으려고 창세기를 열고 그 시작의 말씀, 서두에 기록된 창1:1의 말씀이 무엇입니까? **태초에 하나님이 천지를 창조하시니라** 이잖아요? 제가 이 말씀을 읽는데 뭔가 크게 열리는 것 같은 희한한 느낌을 받으면서 하나님이 천지를 창조하셨다는 것이 확실하게 믿어진 것입니다. 그리고 곧 따라서 '아! 하나님이 천지를 창조하셨으니 여기에 기록된 모든 성경 말씀도 하나님의 말씀이니 믿지 못할 이유가 없구나.' 하는 생각이 들었습니다. '아니, 하나님이 천지를 창조하셨다는데 성경이 그 하나님의 말씀이라고 하는데 믿지 못할 이유가 없잖아요?' 하나님이 천지를 창조하시니라는 말씀이 확실히 믿어지니 그 뒤에 기록된 모든 말씀 또한 믿지 못할 이유가 없다는 생각이 밀고 들어왔습니다.

그래서 **하나님이 천지를 창조하시니라**는 이 말씀으로 성경을 만나는 시작이 되었고 받아들인 처음 말씀이 되었습니다. 물론 하나님이 천지를 창조하시니라가 믿어지고 성경 전체를 믿게 된 것은 내가 믿으려고 해서가 아니고 성영님께서 그 말씀을 믿을 수 있도록 내 안에 넣으셨다는 것을 이후에 제가 깨닫게 되었습니다. 그러니까 성경을 처음 대하는 내게 "하나님이 천지를 창조하시니라"가 한순간에 믿어졌으니 그 뒤 모든 말씀도 믿게 된 것이요 성경의 모든 말씀을 내 것으로 받아들일 수 있는 문이 열리게 됐다는 것 여러분이 이해되겠습니까? 나는 전혀 알지 못했지만 내게 이 일이 이루어지도록 성영님께서 도우시고 전개하여 오셨다는 것을 몇 년 전에 비로소 알게 하셨습니다. 그리고 성경을 계속 읽어 나가는데 그중에서도 마음이 대단히 설레고 마음을 붙잡는 말씀들이 아주 많았습니다.

특히 제가 다니엘서를 읽으면서 참 많은 감동을 받으며 눈물을 많이 흘렸는데 그것은 다니엘과 다니엘의 세 친구의 신앙 때문이었습니다. 신상 앞에 절하지 않는 절개 있는 신앙, 이글거리는 풀무 불(화력)속에 던짐을 당할지라도 신앙의 절개를 지킨 이 다니엘과 그 세 친구 사드락, 메삭, 아벳느고의 신앙이 참으로 존경스러워 그 감동으로 읽고 또 읽으면서 '그래 신앙이란 이거야! 이것이 신앙이지, 자기 형편 따라 믿고 변하는 것은 신앙일 수가 없지! 라고 감탄해마지 아니하면서 눈물을 흘리며 이것이 신앙이구나 하는 것을 알게 되었습니다.

그래서 제게는 다니엘 사드락 메삭 아벳느고의 이 이름이 아주 친숙하게 되어 입에 붙은 이름이 되었습니다. 그리고 그들이 내 기억 속에 늘 함께 있습니다. 저는 세상의 친구는 없습니다. 인간적으로 친하다 해도 예수님을 믿지 않고 거절하고 믿음을 비웃듯이 하며 세상 것을 위해 사는 자면 그것은 나와 친구가 될 수 없기 때문에 그러니 세상에 친구가 있을 리 없는 거지요. 바로 성경 속에 있는 이들을 나의 친구로 삼고 신앙을 배우고 교제를 나누는 것입니다. 그래서 저는 성경에서는 친구가 많습니다. 그런데 실제로 이들의 신앙을 배우는 데는 그냥 감동받고 존경하는 것으로 되는 것이 아니었습니다. 생각지도 못한 고통과 고난을 통해 죽음을 통과해야 즉, 예수님의 죽음은 곧 내 죽음임을 믿는 것과 함께 죽음을 통과해야 했습니다. 혼의 자아가 온전히 죽고 예수님의 생명과 말씀으로 다시 사는 믿음이 되기 위해서 그 같이 죽음을 통과해야 될 고난을 겪어야 한 것입니다. 나도 죽어야 되었던 것입니다. 죽어야!!!

내 안에 가진 세상을 온전히 버리고 내 자아(무엇으로도 깰 수 없는 차돌같이 단단한 내 자아의 모습을 봄)가 깨져 버려야만 비로소 껍데기를 벗은 부활의 몸이 되기 때문에 겪어야 할 고통이요 고난이었다는 것을 많은 세월이 흐른 뒤에야 깨달은 것입니다. 그것이 하나님의 사랑의 방법이신 것을 깨달아 알게 되었습니다.

그다음 제가 예수님을 믿기 시작한 지 약 7년이 되었을 때쯤 성영님께서 나에게 성경을 기록하라 하셨습니다. 그래서 '아니 성경책이 없는 것도 아닌데 이 많은 내용을 뭐 하자고 기록하라 하시는 것인가?' 하는 의아함도 있었고, 성경 분량이 너무 엄청나서 기록할 엄두도 나지 않아 그냥 못 들은 척하고 있었는데 어느 날 성경을 옮겨 써야 할 것으로 마음에 결단하도록 하게 하시는 어떤 계기를 주시고 나로 기록을 시행하게 하셨습니다. 기록하다가 죽으면 죽고 죽더라도 기록하자는 결단을 하고 약 3년 가까운 동안 성경 한 권 반 이상을 옮겨 적게 되었습니다. 성경을 옮겨 기록하면서도 왜 성영님께서 기록하라 하셨는지를 몰랐습니다. 단지 이 성경 말씀이 손의 기록으로 끝나지 않고 영혼의 생명이 되고 마음에 기록되게 해주시라고 기도하면서 했습니다. 기록이라는 말은 애초에 성영님께서 그렇게 말씀하셔서 나도 그렇게 표현하는 것입니다.

 그런데 성경 기록이 끝나고 많은 세월이 흐른 뒤, 성경의 기록은 옮겨 적으라는데 있지 않고 성경의 뜻을 내 안으로 가져오는……, 내 안에 기록이 되게 하시는 뜻이었다는 것을 알게 하셨습니다. 하나님의 일하심과 영적인 전역사가 내 안에 들어오시도록 하는 뜻이었다는 것을 알게 하셨다는 말입니다. 알아들어 지는지 모르겠습니다만 다시 말해 내 자신이 성경이 되라는 것이었다는 말입니다.

 그래서 성경을 기록하는 그 당시 때는 나의 삶이라는 것이 그야말로 광야 메마른 곳, 사방을 둘러봐도 길이라곤 보이지 않는 황량한 곳, 그 한가운데에 버려진 것 같은 삶이었습니다. 물론 예수님을 처음 믿기로 한 때는 하나님께서 물질을 주시는 것부터 해서 여러 가지 영적인 것들 즉 신유가 나타나게 하시고 귀신을 쫓아내는 등 많은 것을 경험케 하여 믿음을 가질 수 있게 하셨고, 살아계신 하나님이신 것을 참으로 고백할 수 있게 하셨습니다.

 이후 삶은 점점 더 미궁 속으로 빠져드는 것과 같았고, 숨조차도 쉬기 어려울 정도의 정신적 고통과 함께 빛이라곤 손톱만큼도 보이지 않는 캄캄함에 빠져 있었습니다. 실제로 삶으로 지옥을 겪어야 했습니다. 성경을 기록하는 일과 탄식 같은 기도 외에는 그 어떤 것도 희망을 가져볼 수가 없게 돼 버렸어요. 도무지 옴짝달싹할 수가 없었습니다. 살 수도 죽을 수도 없는 황량함과 캄캄함의 극치요 그야말로 살면서 겪는 지옥생활이었다는 말입니다. 깊은 어둠의 나락으로 떨어져 꽁꽁 묶여있는 것과 같았고 내가 살기 위해서는 오직 하나님을 찾고 부르는 것밖엔 허락되지 않았어요.

육의 것을 철저히 붙잡고 놓지 못하고 있던 나에게 그것은 곧 하나님과 원수 관계요 지옥을 놓지 않으려고 붙잡고 있는 것과 같다는 것을 철저히 깨닫게 하시려고……. 내 영혼이 지금 어디에 속해 있는지 알도록 하시기 위해 그대로 삶으로 나타나 체험되게 하셨습니다. 예수님께서 십자가 위에서 죽음에 내줘버린 그 육의 것들에서 나오게 하시려고 육의 것을 추구하는 것이 어떤 것인지 살아서 그 지옥을 겪게 하심으로써 오직 주 예수 그리스도를 보내신 하나님만 바라고 찾을 수 있는 통로 하나만 두시고 조금씩 육이 죽는 그 길을 통과하여 나올 수 있도록 하신 것 외엔 다른 어떤 것도 허락되지 않았던 것입니다.

　그러니까 '나 좀 살게 해주세요.' 하면 '너는 기도로 살리라 기도하라' 하셨고 '나 질식해서 죽겠습니다.' 하면 '너는 기도로 살리라 오직 나만 바라 기도하라 길을 막은 자도 나요 길을 여는 자도 나니라 너는 기도하라'였습니다. 그때는 하나님 아버지의 이 같은 사랑을, 죄로 깜깜한 지옥을 가진 그 망할 육의 마음으로 어떻게 알 수가 있었겠습니까? 아버지의 길이 참으신 사랑으로 점차 영의 밝음으로 나오는 힘을 얻게 되었고 이제 살든지 죽든지 이끄시는 대로 살리라 결심하고 그것을 하나님께 고백하고 오직 주 예수님께 생각을 사로잡아 마음을 고정시킬 것으로 결심하게 되었습니다. 이제 세상에서 어떻게 살까 하는 아등바등하던 고민도 다 내려놓고 마음에 집착하고 있던 세상 것들도 다 내려놓고 죽이시든지 살리시든지 살리면 살 것이요 죽이면 죽으리라 하고 오직 예수님께 붙어 예수님만 알기로 작정을 했습니다.

어느 날엔가는 예배모임의 기도회 때 성영님께서 "내가 너에게 천국 열쇠를 주리니" 라는 말씀을 하셨는데 이것이 믿음의 승리, 사단이 건드릴 수 없는 엄청난 권세의 말씀인 줄은 전혀 모르고 그저 예수님의 이름이 천국 열쇠인가 하는 정도로만 생각하고 그 뒤엔 잊어버렸습니다. 제가 말씀 전할 때 성영님께서 왜 이 말씀들을 하셨는가? 하는 것을 간증한 적이 있었는데 들으신 분도 있습니다. 그리고 기도로 살리라 하신 것은 엎드려서 기도만 하는 것을 말하는 것이 아니라 세상에서 나와 말씀을 배우고 하나님의 뜻을 확실히 깨달아 아는 믿음과 삼위일체 하나님을 경험하는 관계가 되어 하늘을 소유하는 영적후사가 되어야 하는 것, 하나님의 뜻대로 믿는 믿음이 돼야 하는 일을 말씀하신 뜻이었다는 것을 말씀드립니다.

그러나 제가 성경을 옮겨 쓰는 일을 하고 또 열심히 성경을 읽기는 했어도 성경을 바로 깨달을 수는 없었습니다. 그리고 이제는 살든지 죽든지 오직 예수님께만 내 모든 관심을 고정시키고 살리라고 결단하고 결심했지만 내 마음은 여전히 공허하고 슬픔이 있고 괴로움이 있고 어쩌면 그리도 행복한 마음이나 평안이라고는 말 표현 그대로 손톱만큼도 찾을 수가 없었습니다.

어둠 속에서 헤매는 내 영의 모습을 내가 보는 겁니다. 광야 속에 홀로 버려진 것과 같은 내 영의 모습을 내가 보고 있었습니다. 제가 영적인 체험을 솔직히 참 많이 했습니다. 그럼에도 그런 것들이 나의 비어 있는 영혼의 고통을 해결해주는 것은 아니었습니다. 그렇다고 내가, 나는 죄밖에 지은 것이 없는 죄인이라는 것 아담으로부터 이어온 내 죄 때문에 예수님께서 십자가에 달려 피 흘리시고 죄를 사하신 내 구주시라는 것을 모르는 것이 아니었습니다. 너무나 분명히 알고 믿고 고백하여 예수님을 내 구주로 영접해 모셔 들인 믿음이었습니다. 예수님께서 나의 죄 때문에 십자가에 달려 온몸을 찢기시고 피 흘리시던 그곳에 나도 같이 있으면서 죄 때문에 통곡하는 내 모습을 내가 보기도 했습니다.

그리고 날마다 날마다 내 죄를 보면서 애통하고 애통하며 죄를 고백하고 걸음마다 자국마다 다 죄뿐인 것을 보면서 가슴이 저리고 아픈 마음으로 "하나님 아버지 어찌 이리도 죄뿐입니까? 나 같은 죄인을 위해 예수님이 그렇게 수모와 고난을 받으시며 십자가에 달려 손과 발에 못 박히고 피 흘리고 죽으셨습니까?" 하고 아주 애통하며 때로는 방바닥에 힘없이 주저앉아 다리를 뻗고 통곡하기도 하였고, 하나님의 그 사랑에 대해서 항상 눈물로 감사하곤 했습니다. (그런데 이 후에 깨달은 것은 내가 하는 것을 보니까 즉 분내고 미워하고 욕하는 이런 기타 등등의 내 모습들을 보면서 애통하고 죄를 고백한 것이지 십계명과 율법들에 비추어 죄를 보고 회개함이 아니었다는 것을 크게 깨달음. 내가 아담이요 십계명을 범한 죄인이요 그러므로 성품이 죄였음을 깨닫게 되어 바른 회개를 하게 됨)

나의 메마른 심영에 예수님의 그 은혜는 깊이 뿌리내려져 있었고 그 피를 믿음으로 받아들여 가지고 있었습니다. 죄 사함 받은 증거의 피로 가지고 있었다는 말입니다. 그럼에도 내 마음은 무겁고 무엇인가 답답했습니다. 그 상황 가운데서 제게 성경을 알고 싶다는 강한 생각이 들었습니다. 문자적인 것, 시대적인 것, 겉의 것이 아닌 말씀들 속에 두신 뜻을 바로 알아야 되겠다는 말이지요. 그 소망이 크게 있게 되었는데 그러면 성경을 제대로 배울 수 있고 깨달을 수 있는 가장 좋은 첩경은 바로 설교이겠구나. 거기에 깨닫는 방법이나 말씀에 대하여 궁금한 뜻을 알 수 있겠구나 했었습니다. 그리고 말씀을 듣고 은혜라는 것을 받으면 내 마음이 겪는 고통 불안 공허 같은 것들에서 해방되지 않을까 하는 생각을 하게 되었습니다.

그래서 그 뒤로는 각종 모임들의 예배나 세미나 등 또 그때 당시의 유명하다는 목사들의 설교를 듣기 위해 열심히 쫓아다니게 되었고 또 이후에는 출석 교회가 매년 유명 목사들을 초빙하여 부흥집회 등을 장기간 하게 되어서 많은 설교를 듣게 되었습니다. 그리고 그 목사들의 설교 테이프를 세트로 구입하여 틈만 나면 듣고 또 라디오 방송 채널을 고정해 놓고 듣곤 했습니다. 왜냐하면 사실 깨닫기를 원한 성경은 답이 될 만한 뜻은 듣지는 못했지만 설교를 들을 땐 마음에 기쁨이 일어나고 살 힘이 막 생기곤 했기 때문입니다. 그래서 더더욱 설교 듣는 것을 전념하며 깨달은 말씀을 듣게 될 것을 기대했습니다.

참으로 성경을 제대로 알고 싶어서 깨달아 보려고 힘쓰고 많은 몸부림을 쳤습니다. 또 남편이 신학을 하며 공부하던 모든 교재들, 신앙서적, 성경주석들을 다 탐독하고 탐구해 나갔습니다. 그런 시간들이 내게는 행복한 시간은 되었습니다(그러나 이것은 외적인 혼의 것이었지요). 그래서 성경의 전체적인 역사의 흐름과 인물들의 일과 시대적인 배경 등등은 알게 되었습니다. 성경 안에 하나님 아버지의 살림하신 내용들이 나의 살림으로 들어오게 되었고 성경의 줄거리가 보이게 되었습니다.

예를 들면 내가 부엌살림을 할 때에 쌀이 어디 있는지 솥이 어디 있는지 칼이 어디 있는지 도마가 어디 있는지 양념이 어디에 있는지 찾아 헤매지 않아도 살림하는 내가 있는 곳을 알고 있듯이 성경이 그렇게 알아졌다는 말입니다. 그러나 내 속은 여전히 말할 수 없는 공허함이 찾아들곤 했습니다. 설교의 말씀들이 얼마나 좋은지 들을 때는 큰 감동을 받고 기쁨이 넘치기는 했지만 그러나 시간이 얼마 지나면 또 곧 본래 있던 자리로 돌아갔습니다. 그 고통의 장소로 돌아와 버리는 거였어요. 평안이 있는 것 같으면서도 또 평안이 전혀 없었습니다. 꼭 밑 빠진 독에다 물 붓는 것과 같았습니다.

앞에 어떤 희망도 보이지 않았습니다. 늪에 빠져 도무지 나올 수가 없는 상황과 같았습니다. 때로는 마음이 우울감에 사로잡히고 '너 무엇 하러 사니? 도대체 너 사는 이유가 뭐냐?' 하는 물음을 듣곤 했습니다. 그런 물음에 나도 모르게 '그러게 나도 지금 무엇 때문에 이렇게 고통을 겪으며 비참하게 사는지 모르겠다. 왜 이렇게 사는 게 힘드냐. 왜 이렇게도 어렵냐!' 하고 동조하여 답하곤 했습니다. 그러니까 '네가 말씀 좋아서 그렇게 말씀으로 살아보겠다고 몸부림치지만 그러나 너 지금 형편을 봐라 너 얼마나 지금 힘드냐? 하나님이 살아계신다면 너를 이렇게 버려두시는 것이 하나님이냐? 말씀이 너에게 무슨 만족을 주냐? 너에게 무슨 유익이 있냐? 네가 예수 믿는다면서 말씀에 집착해 보았자 소용없지 않냐 포기해라' 하는 생각이 밀려 들어오는 일이 반복되었습니다.

그런 어느 날 곧 이어서 그것이 마귀의 속삭임이라고 마귀가 가져다주는 생각이라고 이 시험을 내 스스로 물리칠 수 있어야 한다고 성령님이 이르셔서 마귀의 속삭임에 동조하던 내 어리석음을 회개하고 내가 왜 사는지에 대하여 당당히 외치고 쫓아내기도 했습니다. 그러니까 내 주변의 사람들을 통해서도 악한 영이 시험을 참 많이 하고 들어왔지만 그때마다 성영님이 어떻게 해야 될 것에 대해서 계속 일러주시는 일을 하셨던 것입니다.

　또한 내 속에 미움 원망 용서할 수 없는 것 등을 다 버려야 하는 숙제를 안고 그것을 위해 기도는 수없이 했지만 또다시 무너지고 또 무너지는 한계를 겪으면서 참 많이 애통하며 괴로워했습니다. 그러나 어느 날 성영님께서는 **내게 능력주시는 자 안에서 내가 모든 것을 할 수 있느니라**(빌4:13)는 말씀으로 내게 미움, 원망, 용서할 수 없는 것들에서 놓여나는 능력을 주셨습니다. 아니, 그 힘으로 붙잡고 있던 귀신이 말씀 앞에 떠났다는 것이 맞는 것 같습니다. 이후에 깨닫게 된 것은 이 같은 미움, 원망, 용서할 수 없는 이런 쓴 뿌리들은 내 안에 영생을 가질 수도 없고 하나님의 영적인 뜻을 깨달을 수도 없는 장애물로써 애통하며 소원하는 기도에 성영님께서 말씀으로 치유되게 하셨다는 것을 알게 되었습니다.

　그런데 성경을 읽다 보면 거기에서 왜 하나님이 그렇게 하셨는가? 하는 도무지 인간의 상식으로는 이해가 되지 않는 또 하나님을 원망할 수밖에 없는 그 왜? 라는 질문에 대하여 성경 속에 많이 있잖아요? 그 질문들에 대하여 그 어마어마하게 들은 설교들 속에서 '아 그렇구나! 아 그것이구나! 아 그러셨구나.'하고 내 속에서 깨끗이 복창이 일어나 해결되는 속 시원한 해답을 얻어낼 수가 없었습니다.

　내 영혼의 목마름, 끝없는 갈증으로 고통 받는 내 영의 소원을 하나님 아버지께 아뢰고, 아뢰고 끊임없이 아뢰어 간구를 드렸습니다. 그 같은 몸부림이 있을 때 어느 날 성영님이 나에게 말씀하시기를 '세상에는 내 말을 바르게 알고 믿는 자가 적어서 내가 일을 할 수가 없단다.'라고 하셨습니다. 처음에야 무슨 뜻인지 도무지 제가 납득할 수 없는 말씀이었지만 몇 년 뒤 그 말뜻을 확실히 체험으로 알게 됐습니다. 그리고 어느 때 부터인가 내 마음속에서 자꾸 일어나는 어떤 생각이 있었는데 그동안 그렇게 많이 들어온 그 좋은 설교들에는 무엇인가 부족한 것이 있다. 진짜를 빠트린다. 진리를 거스르고 대적하는 것이 있다고 하는 것이었습니다. 나는 생각지 못할 이런 어려운 생각들이 자꾸 올라오는 거였습니다. 그리고 내 스스로 결단이 내려졌는데 이제는 세상에 전해지는 설교는 다 그만 들어야겠다는 것입니다. 모든 설교 듣는 것들은 이제 끝내고 이제 교회도 주일(예수님의 날)에 가서 예배만 드릴 것으로 결단하게 되었습니다.

그리고 이후에 어떤 변화가 왔는가 하면 그렇게 열심을 품고 들어오던 설교들이 듣고 싶다는 생각이 깨끗이 없어지고 이상하리만큼 듣기가 싫어진 것입니다. 물론 그 이후 내게 왜 이런 현상이 일어났는가에 대해서는 성영님께서 친히 가르치시기 위한 역사였음을 알게 하셨습니다. 보혜사 성영님께서 진리를 가르치고 예수님의 생명의 풍성한 은혜에 들게 하여 음부의 권세가 이기지 못하는 믿음이 되게 하시려고 나로 세상 모든 것에서 귀 닫고 오직 성영님의 가르치심에 거하게 하시려는 것이라고 하셨습니다.

네가 얻고자 하는 것을 그들이 줄 수 있는 것이 없다. 그 속에서는 얻지 못한다. 이제 네가 듣는 것을 금하라 하셨습니다. 그들의 말은 너에게 줄 수 있는 것이 부족하다. 모자람이 많다. 빠진 것이 많다는 말씀을 반복하셨습니다. 반복하셨다는 것은 그동안 성영님께서 내게 그 일을 마음에 깨닫도록 이끄셨는데 내가 그것을 알아차리고 확실히 깨달아 그 일에 대하여 성영님께 알았다는 것을 답해드릴 때까지 하셨다는 말입니다. 그러니 성영님의 가르치심이 없다면 말씀을 바르게 깨달아 볼 수 있겠습니까? 하나님의 생각과 마음을 알 수 있겠습니까? 그래서 저는 그때 하나님의 깊은 것이라도 통달하시고 참되고 거짓이 없는 것을 가르치시는 성영님에 대하여 깊이 깨닫는 바가 되었고 그렇기에 사람에게서는 들을 이유가 아무것도 없다는 것을 알게 되었습니다. 그래서 성영님의 가르치심만 듣고 따를 것을 결단하고 그 고백을 했습니다.

이후에 제가 분명히 깨닫게 된 것은 그 설교들에 영의 생명이 돼야 할 영적인 레마의 말씀은 너무나 빈약하고 혼의 감정과 지성을 만족하게 하는 말들만 뛰어났기 때문에 그렇게 마음에 힘이 되고 기쁘기도 했다는 것입니다. 성영님으로 말미암은 생명이 되는, 영에게 주는 말씀이 없었기 때문에 돌아서면 또 곤고함을 겪게 되었다는 것을 알게 됐습니다. 왜 그렇게 곤고하냐? 왜 그렇게 공허함에 고통을 겪느냐? 내 안에 예수님의 생명이 없기 때문이었다는 말입니다. 그것을 알지 못했기에, 그것을 알 수가 없었기에, 사람들의 전하는 설교들을 들으면 이것이 해결 될까하여 그렇게 찾고 노력했고 몸부림을 쳤지만 얻지 못한 것입니다. 찾지를 못한 것입니다. 해결이 되지 않았습니다.

그때의 설교들은 대부분 성경의 인물들을 주인공으로 세워 그들이 어떻게 했더니 하나님이 이런 큰 복을 주셨다 그러니 이 복 받으라는 것이었고 예수님의 말씀도 윤리와 도덕으로 연결하여 인간의 도덕성을 회복해야 하는 말씀인 것처럼 세워놓고 땅에서 인간이 좌절하지 않고 힘을 얻고 잘 되는 소망을 갖게 하고, 땅에서 성공해야 되는 말씀으로 세워 전하는 것들이었습니다. 영에 주는 말씀이 아니라 인간 정신에게 맞는 말들이었던 것입니다. 영이 구원을 받아 생명의 말씀을 공급받고 생명으로 충족되어야 하는데 그것이 되지 않으니 여전히 공허하고 혼돈가운데 있게 된 것이라는 말입니다. 영의 목마름 영의 갈급함을 생명 되는 양식으로 채움 받지 못하여 겪는 영의 고통이었습니다. 영에게 맞는 말씀을 얻지 못하여 영이 겪는 기갈이었습니다.

이제는 목사들이 요구하고 강조하는 것들에서 깨끗이 떠나 나오니 마음이 그렇게 편할 수가 없었습니다. 어떤 꽁꽁 묶여있던 사슬에서 풀려난 것과 같은 자유요 기쁨이 샘솟았습니다. 내게 주신 성경 말씀을 성영님께서 친히 가르치시고 그 가르치심만이 거짓이 없고 참이라고……, 큰 감동으로 역사하시니 너무나 큰 자유요 기쁨을 말로 표현할 수가 없습니다. 이제 성영님만 따르고 성영님께서 말씀하시는 것만 듣기로 했습니다. 한발 가라면 한발 갈 것이요 있으라 하면 있을 것이요 성영님이 나보다 나를 더 잘 아시니 이제 성영님께서 하신다는 믿음에 딱 서버리니 너무 자유하고 행복했습니다.

제가 한편으로는 영적 체험을 많이 했다고 했잖습니까? 환상 보았다고 그것이 속사람의 생명은 되지 않았습니다. 귀신 쫓아냈다고 해서 그것이 내 영혼의 생명이 되지는 않았습니다. 내 몸의 병이 치료되고 다른 사람이 나로 인해 병이 치료되고, 내 삶의 문제들을 해결 받았다고 해서 그것으로 영의 생명이 되진 않았습니다.

그것은 외적으로 얻는 기쁨일 뿐입니다. 사라지는 것으로써 정신의 기쁨일 뿐입니다. 무슨 말인지 납득이 됩니까? 그러니까 천국도 성영님께서 말씀과 함께 내 영에 들어오셔야 그것이 생명이 되고 천국인 것이지 눈앞에 보이는 것, 환상으로 천국 본다고 환상으로 예수님을 본다고 그것이 자기 영혼에 이루어진 생명의 천국이 되는 것 아닙니다. 눈앞에 보는 것들로는 존재의 여부를 믿을 수 있는 표적은 될지언정 자기 영혼에 맺은 것은 아닙니다. 그렇기에 구원받은 증거도 아니요 외적인 경험일 뿐입니다. 이해가 됩니까?

그래서 예수님을 믿는다 할 때 하나님의 뜻이 무엇인가, 자기와 어떤 관계가 되어야 하는가, 자기가 누구인가에 대해서 말씀을 통해 알지 못하면 사실 자기가 믿는다는 예수님은, 자기 안에 계시지 않는 것입니다. 그러니까 '자기가 누구인가를 보게 해주세요. 내 죄를 보게 해주세요. 나는 아무것도 할 수 없고, 말씀을 깨달을 수 없는 땅의 머리, 죄의 머리, 어둠의 머리 밖에 가진 것이 없으니 하늘의 빛을 주시는 분은, 말씀을 깨닫게 하시는 분은 오직 성영님이시니 성영님께서 나를 보게 해주시고 말씀을 깨닫게 해주시라' 기도하라고 제가 늘 말씀드리는 것입니다. 그런 사모함을 가지고 믿음을 위해 기도하면서 이 말씀을 받아들이면 똑같이 영혼이 살게 되는 것입니다. 그래서 성영님으로 자기를 보고 알지 못하면 사실 예수님도 자기 영혼에 맺어지는 예수님이 되지 못하는 것입니다. 이것을 아셔야 합니다.

저 자신도 창조 때의 말씀, 창조를 통해서 성영님께서 내가 누구인가를 보게 하신 뒤에야 예수님과의 관계가 확실해졌고 비로소 "내게 능력주시는 자 안에서 내가 모든 것을 할 수 있다"는 말씀을 보내셔서 내 안에 있는 모든 악한 것들 미움 원망 용서할 수 없었던 것들에서 놓여나 치유가 되어 평안을 얻게 되었습니다. 누구도 빼앗지 못할 예수님의 그 평안으로 다스림을 받으니 예수님을 처음 믿기 시작한 때부터 헤매오던 내 영혼의 방황이 비로소 평안한 자유를 얻게 되었습니다.

그래서 성영님께서 내안에 함께하심을 내가 확실히 아는 관계, 이것은 느낌이 아닙니다. 실제로 함께 있음을 아는 것입니다. 내안에 온전한 연합으로 함께 계신 성영님께서 눈을 열어 성경 말씀을 보게 하시고 하나님의 깊은 사정, 영적인 뜻을 깨달아 알게 하시니 그 기쁨이라는 것은 말로 표현할 수가 없는 겁니다. 그러니 성영님에 의해 내 안에 하늘이 소유되었으니 땅의 것들이 뭐 그리 중요하겠습니까? 그렇게 아등바등 소유하기를 원했던 세상 것들이 바울의 말처럼 분토요 나는 죽고 오직 예수님으로 사는 믿음이 되니 세상 것들에서 깨끗이 놓여나 얼마나 자유지 않겠어요? 자유! 아무리 근심되는 산 같은 문제가 있다 해도 하늘의 평안의 능력이 와있으니 그 평안이 근심을 삼켜버리고 문제는 믿음을 굳게 세우는 발판 역할을 하다가 마침내 떠나는 것입니다.

그렇기에 성경 말씀을 통해서 자신이 누구인가를 알고 예수님을 믿게 된 그 귀함을 안다면, 참으로 영생의 복을 안다면, 성영님께서 전하라 보내신 이 같은 레마의 말씀을 듣는 귀가 있을 것이요 그 복 때문에 자기 영혼에서부터 감사가 넘쳐나게 될 것입니다. 스스로는 성경 말씀을 깨닫지 못하여 영혼에 양식이 돼야 할 레마, 영이요 생명이신 말씀을 얻지 못해 겪는 갈증의 고통으로, 영혼의 목마름으로 헤매었다면 성영님께서 보내신 하늘의 말씀, 영혼의 생명이 되는 말씀을 들을 수 있다는 이것에 천하를 얻은 것보다 더 기쁜 감사가 넘쳐날 것이라는 말입니다. 자기가 살아야 하고, 또한 살기 위해서 받아들여야 할 말씀을 들을 줄도 모르고 누누이 당부함에도 이후 영혼에 레마로 세워진 능력이 없다면 그것은 구원 얻기를 원하거나 영생을 얻고자 하는 것은 아니었을 것입니다. 하나님의 복을 받고자 한 것은 아니었을 것입니다.

　자주 하는 말이지만 새겨듣기를 바라는 마음에서 또 언급합니다. 교회는 세상 말 들으려고 오는 곳 아닙니다. 세상 지식의 말 들으려고 오는 곳 아닙니다. 세상 뉴스 정보 들으려고 오는 곳이 아닙니다. 학문 깨우치러 오는 곳 아니에요. 도덕, 교양 강의 들으려고 오는 곳이 아닙니다. 인간이 죄 때문에 멸망하게 되었다는 것을 들어야 합니다. 영원한 죽음의(불못으로 들어갈) 형벌에 처하였다는, 망하게 된 인간 자기를 알아야 하는 것입니다. 그래서 그 인간을 죄에서 구원해 내시려고 하나님의 아들 예수 그리스도께서 세상에 오셔서 그 죄를 지고 십자가에 달려 죽으셨고 다시 살아나셨다는 그 복음을 들어야 하는 것입니다. 복음이신 예수 그리스도를 알아야 합니다. 죄에서 구원하여 다시 살아나신 예수 그리스도의 부활의 생명을 얻게 하시고 영생 복락에 들어가게 하시려는 하나님의 소원, 하나님의 그 뜻을 끊임없이 듣고 앎으로써 그 뜻대로 믿음을 가져야 하는, 하나님께서 인간에게 전하는 그 말씀을 듣기 위해서 오는 곳입니다. 이 같은 복음의 말씀을 듣고 배워서 자신을 알고 예수님을 확실히 아는 관계가 되고 자기의 예수님으로 한 몸을 이루기 위해, 그 일을 위해 오는 곳입니다. 아셨습니까?

그렇기에 저는 하나님 앞에 갔을 때 너는 세상에서 무엇을 주고 왔느냐? 하고 물으신다면 '아버지께서 주신 사람들에게 잘 먹고 잘살게 해주시는 하나님을 전한 것이 아니라 구원의 복음을 전하고 왔다고, 예수 그리스도 안에서 아버지의 소원을 내 소원으로 받아 그 뜻을 말하고 왔다는 것을 당당히 말씀드리고 싶어서 그 소원을 가지고 여러분에게 지금까지 예수님의 이름으로 인간의 죄와 예수 그리스도로 말미암은 죄 사함과 구원과 생명을 외쳐왔습니다.

자, 그래서 그때 당시에 제가 성경을 기록하면서 또 성경을 읽고 탐구하는데 열중했기 때문에 그같이 성경을 읽고 기록하면서부터 마음을 사로잡는 말씀이 많이 있었습니다. 그 말씀들을 접할 때마다 "아! 그렇구나!" 하는 감격과 함께 마음에 큰 행복감을 느끼면서 왜 그런지 친근하고, 하나님이 어떤 분이신가를 내가 아는 것 같고 그 말씀들이 내게 각인이 되는 경험을 하게 되었습니다. 그 뒤에 잊어버린 것이 아니라 그 말씀들이 내 안에 새겨지듯 하여 항상 되새김하듯 생각나는 말씀들이 되더라는 말입니다. 다시 말해 내 안에서 아주 친한 말씀들이 되었던 것입니다. 그중에서 성영님께서 제게 역사하셨던 말씀들, 저의 간증이 되게 하신 말씀들이 있는데

창18:17에 **여호와께서 가라사대 나의 하려는 것을 아브라함에게 숨기겠느냐** 그러니까 하나님께서 믿음의 조상 아브라함에게 숨기지 않으셨던 것처럼 하나님의 사람들에게는 하시는 일을 숨기지 않으신다는 것을 알았습니다.

시25:14에 **여호와의 친밀함이 경외하는 자에게 있음이여 그 언약을 저희에게 보이시리로다** 하셔서 바로 하나님께서 창세로부터 언약

하신 구원의 뜻, 예수님의 오심에 대하여, 오실 때까지 사단에게는 감추시려고 예표로 상징으로 비유로써 나타내셨던 언약의 뜻을 하나님을 경외하는 자에게는 친밀하게 하셔서 다 보이신다는 것을 알았습니다.

아모스3:7에 **주 여호와께서는 자기의 비밀을 그 종 선지자들에게 보이지 아니하시고는 결코 행하심이 없으시리라**고 분명히 말씀을 하셨습니다. 또한 출33:11에 **사람이 그 친구와 이야기함같이 여호와께서는 모세와 대면하여 말씀하시며** 하셨고,

요15:15에 **이제부터는 너희를 종이라 하지 아니하리니 종은 주인의 하는 것을 알지 못함이라 너희를 친구라 하였노니 내가 내 아버지께 들은 것을 다 너희에게 알게 하였음이니라**고 하셨습니다. 예수님을 사랑하여 따르는 제자들에게는 비밀 없는 친구처럼 속내까지 다 열어서 말하듯 다 알게 하였다는 것입니다. 저는 과거에 이 말씀만 생각하면 얼마나 멋지고 아름답고 기쁜 일인지 그렇게 마음에다 두고 예수님과 늘 대화하는 말씀이 되었습니다. 그래서 제가 여러분에게도 이 말씀을 깊이 묵상하는 말씀이 되라고 당부했잖습니까?

요14:16,17에 **내가 아버지께 구하겠으니 그가 또 다른 보혜사를 너희에게 주사 영원토록 너희와 함께 있게 하시리니 저는 진리의 영이라 세상은 능히 저를 받지 못하나니 이는 저를 보지도 못하고 알지도 못함이라 그러나 너희는 저를 아나니 저는 너희와 함께 거하심이요 또 너희 속에 계시겠음이라** 하셨습니다. 그 하나님께서 우리 속에 영으로 오신다는 것, 이것이 얼마나 큰 이적이며, 얼마나 놀라운 일이며, 얼마나 어마어마한 복입니까? 하나님의 영이 우리와 함께 계시고 우리 속에 계시겠다는 것 아닙니까? 바로 이 같은 복이 내게 이루

어져 버렸습니다. 그러니 성경의 말씀을 깨닫지 못할 이유가 어디 있다는 말입니까? 하나님의 깊은 사정까지 통달하신 성영님이 내게 오셨으니 성영님이 기록하게 하신 말씀을 통해 하나님 아버지의 마음을 알 수 있는 것이요 아버지의 마음을 담아놓은 말씀을 깨닫지 못할 일 없는 것입니다. 그렇기에 저는 이복을 받았습니다. 삼위 하나님이 내 안으로 들어오셨습니다. 이것이 저의 간증입니다. 잘 먹고 잘살게 해주셨다 그런 것이 내 간증이 아니라 삼위의 하나님이 아주 내 안으로 오셨다는 것 이것이 나의 간증입니다. **이것이 나의 영원한 간증입니다 여러분!**

요14:26에 **보혜사 곧 아버지께서 내 이름으로 보내실 성영 그가 너희에게 모든 것을 가르치시고 내가 너희에게 말한 모든 것을 생각나게 하시리라** 하셨습니다. 예수님의 제자들도 성영님이 오시지 않았을 때는 예수님의 말씀을 알아듣지를 못했습니다. 예수님은 하늘의 것을 말씀하고 계신 것인데 제자들은 땅의 것으로 듣고 예수님이 이스라엘을 통치할 왕으로 오신 줄 알고 이스라엘 나라는 어느 때 회복되느냐고 땅에서 있을 일만 말한 겁니다. 그러니까 예수님의 말씀은 하늘의 것이었다는 것을 어느 때 깨달았습니까? 성영님이 오시자 모든 말씀의 뜻이 열리고 깨달아져 그 기쁨이 크니 죽음도 두려워하지 않고 나가 예수님을 증거하고 외치고 다닌 것입니다.

요일2:27에 **너희는 주께 받은바 기름부음이 너희 안에 거하나니 아무도 너희를 가르칠 필요가 없고 오직 그의 기름부음이 모든 것을 너희에게 가르치며 또 참되고 거짓이 없으니 너희를 가르치신 대로 주안에 거하라** 하셨습니다.

하나님은 자기의 사람들에게 숨기시는 분이 아니라, 무조건 일방적인 것이 아니라, 자기의 사람으로 하여금 하나님을 알게 하시고 하나님께서 그 사람과 함께 이야기하신다는 것, 그래서 이것을 나로 알게 하시려고 처음 성경을 읽을 때 이 모든 말씀들을 만나게 하시고 내 안에 큰 레마로 들어오게 하셨습니다. 이같이 먼저 말씀을 보내시더니, 마침내 때가 되니 아버지와 예수님과 성영님, 이 삼위 하나님께서 내 안으로 아주 들어와 버리셨습니다. 내가 성전이 되었다는 말입니다. 성영님은 인격이시기에 영적인 대화, 인격적인 대화를 할 수 있는 분이라는 것, 내 안에 와계신 성영님께서 내 믿음을 도우시고 이모든 성경을 나로 깨닫게 하시고 가르치시는 분이시라는 것, 그러므로 "성영님이 하신다." 는 결론이 내 안에 딱 세워지니 더 이상 여기에 무슨 답이 필요했겠습니까? 그렇기에 사람에게 무엇을 얻고자 하는 것 다 끝내고 오직 성영님을 바랐습니다. 그래서 성영님께서 다 하셨습니다.

그리고 성영님께서 이 같은 영적 지식을 깨닫기 전부터도 저에게 필요한 말씀을 때때로 주셨습니다. 그때마다 성영님의 말씀임을 직감으로 알았습니다. 단지 그 말씀이 무슨 뜻인지는 그때그때 깨닫지 못하고 오랜 시간이 흐른 뒤에야 알게 되었습니다. 예를 들어 참고로 말씀을 드립니다만.

아직 신앙이 어렸던 어느 날 남을 지도하는 위치에 있는 사람들의 모임에서 서로 간증한다는 말이 기도했더니 남편이 출세했다, 자식이 고위직 뭐가 됐다, 더 크고 좋은 차를 주셨다, 더 큰 집으로 옮겨주셨다 하는 등등의 자랑들이었습니다. 그것을 듣고 있던 내 심영이 우울해져 집으로 돌아오는 길에 차를 타는 것도 싫고 하여 걸으며 '왜

난 그런 것들을 자랑할 것이 없나요. 나도 그런 자랑 좀 하게 자랑거리 좀 주세요.'하고 그냥 혼자 하는 말처럼 하였는데 "세상 것은 자랑할 것이 되지 못하느니라 그럼 너는 오직 나만 자랑하라 나 예수만 자랑하라."라는 말씀을 하시며 헛된 허상들로 우울해 하는 것을 깨셨습니다.

또 어느 땐가 제가 아주 애써 기도하는 문제가 있었습니다. 가정환경으로 인해 마음에 쌓인 상처와 분노를 스스로 감당하지 못해 방황하는 어떤 청소년 여자아이를 위해 무엇인가를 놓고 도우심을 청하여 기도하는데 도무지 답을 주시지 않았습니다. 그래서 마음이 낙심이 되어 하나님께 삐친 마음을 가지고 말씀을 드리길 '제가 집안이 더러우면 청소하고 나서 깨끗하다는 것을 아는 것이 아니라 청소하기 전에 깨끗해질 것을 알고 청소합니다. 그렇듯 마찬가지로 이제는 저에게 아버지께서 답을 하시지 않는 기도는 하지 않게 해주세요. 이제는 기도하지 않겠습니다.' 하고는 아예 기도를 하지 않았습니다. 그러기를 한 달이 넘었을 때 예수님의 날 예배드리러 가서 엎드려 말씀드리길, "내가 왜 기도하지 않는지 남편이 묻길 레 아버지가 아시니 아버지께 물으라고 했습니다. 내가 왜 기도하지 않는지 아버지가 아시잖아요?" 하는데 느닷없이 내 속에서 올라와 내 입으로 외치기를 "이 때를 위하여 하나님께서 나를 훈련시키셨나이다."였습니다. 내가 의도하지 않은 나에 대한 이 말을 내 입으로 왜 하게 하셨는지 그때는 몰랐지만 지금은 잘 알게 되었습니다.

어느 날 기도 중에 "나는 부족해, 나는 못 났어, 나는 미련해서……. 라는 말을 입에 담지 말라 너는 겸손을 말하려는 것이지만 네 입의 말로 얽히리라. 마음과 행동으로 낮추고 겸손하라" 하셨습니다. "예수님이 미련하냐?" 물으셨습니다. 아니요. "예수님께 부족한 것이 있더냐?" 물으셨습니다. 아니요. "예수님이 못 나셨느냐?" 물으셨습니다. 아니요. "그 예수님이 네 안에 계시느니라." 하셨습니다. 바로 입의 말에 권세가 있으니 내가 나 자신을 미련하다 말하면 미련으로 얽히게 된다는 말입니다. 그래서 생각과 입의 말을 고치도록 하셨습니다.

어느 날 또 "내가 너를 위해 큰 이적을 예비해 놓았나니" 하셨습니다. 여러분! 이 엄청난 복을 내게 명하신 것입니다. 사실 저 같은 사람이 하나님의 말씀을 전하게 된 이것이 이적입니다. 다른 이들이 깨닫지 못한 것을 나로 알도록 하셔서 세상에 전하라 하신 이것이 이적이 일어난 것입니다. 저는 이것으로 받고 있습니다. 앞으로 또 어떻게 역사 하실 것인지는 저는 모릅니다. 그것 또한 아버지가 하실 일이니까요.

그리고 "네가 이 믿음의 시험에서 인내하지 않으면 너는 나의 일을 할 수가 없단다. 네가 인내로 합격하면 시온의 영광이 있다." 하셨습니다. 쓰리고 아픈 고통의 세월을 지나며 믿음의 시험과 연단을 받으며 내 자아 육이 죽어야 하는 것, 사단의 온갖 방해와 영적인 전투를 하며 영적인 사람으로 단단히 세워져야 하는 신앙의 여정을 말씀하신 것입니다.

오늘은 여기서 맺습니다. 다음에 계속 이어서 말씀드릴 것으로 하고 오늘 이 간증으로 영광을 돌리게 하신 성영님께 감사드립니다. 아멘

경고 9
말씀과 간증 2

⁹기록된바 하나님이 자기를 사랑하는 자들을 위하여 예비하신 모든 것은 눈으로 보지 못하고 귀로도 듣지 못하고 사람의 마음으로도 생각지 못하였다 함과 같으니라 ¹⁰오직 하나님이 성영으로 이것을 우리에게 보이셨으니 성영은 모든 것 곧 하나님의 깊은 것이라도 통달 하시느니라 ¹¹사람의 사정을 사람의 속에 있는 영 외에는 누가 알리요 이와 같이 하나님의 사정도 하나님의 영 외에는 아무도 알지 못하느니라 ¹²우리가 세상의 영을 받지 아니하고 오직 하나님께로 온 영을 받았으니 이는 우리로 하여금 하나님께서 우리에게 은혜로 주신 것들을 알게 하려 하심이라 ¹³우리가 이것을 말하거니와 사람의 지혜의 가르친 말로 아니하고 오직 성영의 가르치신 것으로 하니 신영한 일은 신영한 것으로 분별하느니라 ¹⁴육에 속한 사람은 하나님의 성영의 일을 받지 아니하나니 저희에게는 미련하게 보임이요 깨닫지도 못하나니 이런 일은 영적으로야 분변함이니라 ¹⁵신영한 자는 모든 것을 판단하나 자기는 아무에게도 판단을 받지 아니하느니라 ¹⁶누가 주의 마음을 알아서 주를 가르치겠느냐 그러나 우리가 그리스도의 마음을 가졌느니라

¹⁸아무도 자기를 속이지 말라 너희 중에 누구든지 이 세상에서 지혜 있는 줄로 생각하거든 미련한자가 되어라 그리하여야 지혜로운 자가 되리

라 ¹⁹이 세상 지혜는 하나님께 미련한 것이니 기록된바 지혜 있는 자들로 하여금 자기 궤휼에 빠지게 하시는 이라 하였고 ²⁰주께서 지혜 있는 자들의 생각을 헛것으로 아신다 하셨느니라 ²¹그런즉 누구든지 사람을 자랑하지 말라 만물이 다 너희 것임이라

(고전2:9–16, 3:18–21)

제가 오늘 읽은 본문은 말씀에 대하여 설명하고자 함이 아니고 저의 간증을 받혀주는 말씀이기 때문에 읽게 되었다는 것 밝혀드립니다. 신영한 일은 신영한 것으로 분별한다, 세상 지혜의 가르친 말로 아니하고 성영님의 가르치신 것으로 한다 하는 것을 여러분이 들으심으로 깨닫고 이 같은 복에 함께하는 여러분이 되기를 바라는 마음에서 본문 말씀을 힘입어 두 번째 말씀과 간증을 합니다.

그리고 한 가지 제가 여러분에게 오해소지가 되지 않도록 먼저 짚고 갈 것이 있습니다. 성영님께서 저에게 인터넷에 들어가지 말라 명하셨다고 하지 않았습니까? 그런데 나는 또 인터넷에다 말씀을 올렸습니다. 그러니 말씀은 올려놓고 인터넷 들어가지 말라 하셨다는 것을 들으신 여러분이 생각할 때 앞뒤가 맞지 않는 말이요 행동이라고 하지 않겠습니까? 나야 성영님께서 말씀하셨으면 내가 이해가 되냐 안 되냐? 맞느냐 안 맞느냐에 있지 않고 맞는 것을 말씀하셨을 것이니 여기엔 이유가 없습니다만. 그리고 같은 지혜안에 있는 이들은 금방 그것에 이해가 되고 말귀 알아듣습니다만,

여러분은 제가 오래전부터 컴퓨터에서 떠나라고 인터넷에 들어가지 말라고 계속 말해왔으니 말뜻을 알아졌으면 좋겠으나 그렇잖으면

우선 이해가 되지 않겠지 않느냐 말입니다. 그래서 성영님께 말씀드리길 '사람들이 말하길 언제는 인터넷에 들어가지 말라 해놓고 또 말씀을 그 인터넷 속에다 올린 것은 뭐냐? 앞뒤가 맞지 않는다고 하겠습니다.' 하고 말씀드리니 대번에 뭐라고 하셨는가 하면 "네게 무엇이 모자람이 있어서, 내가 너에게 준 것에 무엇이 부족한 것이 있어서, 그것을 찾고자 네가 그곳에 들어가느냐? 네가 무엇을 찾기 위해 그곳에 가느냐? 너는 그곳을 필요로 하는 곳이 아니지만 그 안에는 너에게 있는 말씀을 필요로 하는 자들이 있느니라." 하셨습니다.

그러니까 저에게 묻고 친히 대답까지 하시면서 좀 뭐랄까? 성영님 마음에 어떤 측은함이라든가 안타까움을 가지고 말씀하신 것이 아니라 '그래 너희가 그렇다면 기회를 주어 그것이 진실인지 보겠다.' 하시는 뜻으로 말씀하셨다는 것을 제가 확실하게 느낄 수가 있었습니다. 그러니까 인터넷 속에서 바른 가르침을 주는 말씀을 찾는다고 하는 이들이 많이 있어서 그들에게 말씀을 들을 수 있고 깨닫는 기회를 주시고자, 또 그들이 바른 가르침을 찾는다고 하니 진심으로 말씀을 받는 것인지, 바른 가르침을 찾는 것인지 보려함이라 하셨다는 말입니다.

마지막 때에 주시는 기회요 말씀을 바로 깨닫기를 원하지만 스스로는 깨닫지 못하여 말씀을 찾는다고 하는 그들 앞에 이 말씀을 주시는 것으로써 그들 자신이 참으로 믿음에 있는가? 믿음이 있는가? 보게 하실 것이다 하셨습니다. 알아듣습니까? 그리고 계속 말씀이 있었는데 그것까지 다 말하려면 오늘 해야 할 내용에 들어 갈수 없기 때문에 다음에 하겠습니다.

저는 성영님께서 인터넷에 들어가지 말라는 말씀만 하신 것이 아니라 과거에 기독교 TV 방송도 사실 들여다보지 말라고 하셨습니다. 제가 조〇〇 목사에게 경고의 서신을 보내기 전에 성영님께서 그의 설교를 들으라 하셔서 그 설교를 듣는 방법은 기독교 TV 방송이겠구나 생각이 들어 그 방송채널을 일부러 준비하여 일 년 남짓 시청을 했습니다. 그 뒤 그 채널을 그대로 두었는데 그때 당시에 저에게 어떤 일이 있었는가 하면 예배의 말씀을 준비해야 하는데 완전 백지 상태가 되어 도무지 생각이 나지 않았습니다. 사실 앞에서도 그 같은 현상을 제가 서너 번을 겪어왔습니다.

하여 성영님께 도움을 청하고 내가 왜 이렇게 말씀이 꽉 막혀버리고 아무것도 모르는 것처럼 되었는지 내가 무엇을 회개해야 하는지 깨닫게 해달라고 기도함에도 어떤 답이 없었습니다. 그러니 갑갑하고 답답하여 혹 다른 사람의 설교를 들으면 무엇인가 말씀 준비할 힌트를 얻으려나 싶어 기독교방송 TV채널을 틀려고 리모컨을 찾고 있었습니다. 그런데 그때 성영님께서 느닷없이 "네가 그곳에서 무엇을 얻기 원하느냐? 내가 주는 것이 부족해서 찾고자 하느냐?"고 호통을 치셨습니다. 그래서 그 기독교 방송을 보지 말라는 뜻으로 알아듣고 행동을 멈추고, '도대체 내가 왜 이러느냐고 말씀해주시라'고 성영님께 또 호소하며 말씀 준비를 하려고 해도 어떻게 그렇게 전혀 생각이 나지 않는지. 어떻게 그렇게 꽉 막히는지 신기할 뿐이었습니다. 그냥 하얀 상태 아주 백지상태였습니다. 한 주일 내내 그렇게 마음의 몸살을 하다 토요일 저녁이 되었는데 주일 예배의 말씀을 어찌해야 될지 기도하면서 이미 지난 설교 말씀 노트를 꺼내 이것저것 뒤적이다가 눈길이 닿는 내용이 있어서 읽는 중에 '맞아! 이 말씀을 다시 말해야 되겠구나.'라는 생각이 강하게 들었습니다.

그와 동시에 성영님께서 격한 음성으로 "네가 무엇 때문에 그렇게 말씀을 준비하려고 애쓰는 것이냐? 지금까지 주어진 말씀도 듣는 사람들 속에서 무시를 당하고 있는데 너는 애쓰지 말라." 라고 핀잔 같은 말씀을 느닷없이 하신 겁니다. 그래서 말씀에 대해 왜 그렇게 하얗게 백지처럼 돼 버렸는지를 단번에 알게 되었습니다. 성영님께서 그렇게 막으셨다는 그 원인을 제가 알게 되니 참 감격스럽고 기뻤습니다. '성영님께서 그러셨구나.' 알게 되니 제가 아주 기뻤다는 말입니다. 진실로 믿음을 위해 말씀을 목말라 찾는 자도 없고 듣지 않는다고 말씀이 무시당하고 있다고 그곳에 말씀을 주려고 애쓰지 말라는 것이었습니다.

이런 현상을 제가 서너 번을 겪고(이전 일들에는 성영님께서 말씀하지 않으셔서 몰랐음) 알게 되니까 내가 성경이 다 열려서 안다 해도 성영님이 막으시면 절대로 안 된다는 것을 확실히 경험으로 알게 되었습니다. 내 능력 내 지혜로 하는 것이 아니라는 것을, 성경 가지고 인간을 말하는 것은, 인간의 지혜와 지식으로 얼마든지 할 수 있는 것이지만 성영님의 지혜의 말씀, 하나님의 영적인 뜻은 성영님께서 여시지 않으면 또 막으시면 절대로 인간이 할 수 없다는 것을 확실히, 아주 확실히 체험으로 알게 되었습니다. 그래서 제가 여러분에게 전하는 말씀들이 성영님께서 열어주시지 않으면 또 허락하심이 아니면 내가 할 수 있는 말씀이 아니라는 것을 알아야 한다는 것 예수님의 이름으로 분명히 선포합니다.

제가 지금부터 십여 년 전 2000년도쯤에 성영님께서 제게 무슨 말씀을 하셨는가 하면 "천 명 중의 한 명을 찾기가 어렵다." 하셨습니다.

무엇을 찾기가 어렵다는 것인지를 제가 알아들었습니다. 말씀의 뜻대로 참믿음이 된 자, 하나님과 얼굴을 마주 대할 수 있는 관계, 하나님과 얼굴을 마주 대하여 보는 관계, 하나님 마음에 합한 믿음에 있는 자를 그렇게 천 명 속에서 한 명을 찾기가 어렵다는 말씀이었습니다. 말씀을 알아듣기는 했지만 제가 너무나 황당했고 놀랐습니다.

왜냐면 그때만 해도 저는 누구나 예수님을 자기의 구주로 믿는 자는, 그래서 열심히 교회 나와 봉사하고 헌신하는 자는 다 구원을 받은 것 인줄로 알았기 때문입니다. 그런데 천 명 중에서 한 명을 찾기가 어렵다 하셨으니, 물론 영혼의 구원만이라도 받은 자의 수가 그렇다는 것을 말씀하시는 것은 아닐 것이라는 생각은 합니다만 그러나 제게 정확히 말씀하신 것은 천 명 중에서 한 명을 찾기가 어렵다는 것이었습니다. 이것은 성경에 기록된 말씀이 아니고 저 개인에게 주신 말씀이었기 때문에 그때는 제가 이 일에 대해 함부로 입에 올리는 것을 조심했습니다.

그러나 성영님께서 말씀하신 이후부터 차츰차츰 사람들의 영적인 상태(예수님이 그 안에 있지 않은 모습, 종교인)를 다 볼 수 있는 눈이 되어 주셨고, 또 성경 말씀에 비춰보아도 사람들의 전하는 말씀이, 방향이 잘못되어 있다는 것(이미 알고 있었던 것이지만)을 확연히 알 수가 있었습니다. 그리고 그때는 몰랐지만 이후 분명히 알게 된 것은 그 말씀을 하신 때부터 조○○목사에게 경고의 말씀을 보내실 것을 어떤 사건들을 내게 주시면서 그것으로 내게 계속 예고하셨다는 것과 내가 그것을 행할 능력이 될 때까지 기다리셨다는 것을 알 수 있었습니다.

저는 지금까지 성영님이 제안에서 친히 일하고 계셨음을 여러 가지의 일로 확실히 경험해 왔습니다. 성영님께서 말씀하셨으면 말씀하신 그것을 또 친히 행하시고 이루신다는 것을 분명히 많은 경험을 통하여 알게 되었습니다. 성영님께서 내게 알고 있으라는 듯 먼저 말씀을 하시고는 말씀하신 그것을 내가 어떻게 방법을 취해 하는 것이 아니라 나도 모르는 가운데 성영님께서 행하여 놓으신다는 것, 바로 성영님은 창조의 영이시라는 것을 저에게 경험케 하여 알게 하셨습니다. 그러니까 여러분 안에 성영님이 오셨으면 말씀에 의해 새로운 피조물로 재창조가 되는 것이다 말이지요. 이것을 여러분이 알고 믿으시라는 말입니다.

그리고 제가 여러분에게 말씀을 전하는 입장에 서게 된 것도, 또 세계의 기독교가 우상하고 있는 조○○목사에게 하나님의 경고를 전한 것도, 또 목사라는 위치에서 말씀을 전하는 사람들에게 경고하여 말해야 하는 일에 있어서도 그것을 말하는 신성엽 이라는 사람을 성영님께서 어떻게 가르쳐 이끄셨는가? 어떻게 말씀을 전하게 하신 이 귀하고 두려운 자리에 서게 되었는가는 말해야 되겠다는 생각이 강하게 있어서 이렇게 제 이야기를 두 번에 걸쳐 하게 되었습니다.

물론 이 생각도 충동에 의한 것이 아니고 아주 오래전부터 성영님께서 개입하신 신앙의 길에 대해 누군가가 듣고 참고가 되도록 해야 되겠다는 것을 계속 마음에 가지고 있었습니다. 그래서 이제 말할 필요가 있는 때가 되었구나 하는 생각을 하게 된 것입니다. 이번에 제가 저의 지난 간증 일기를 쭉 읽다 보니까 저로 하여금 이 말씀들을 전하고 말하게 하시기 위해 가르치시고 이끌어 오신 것임을, 나의 길을 계시하신 것이었다는 것을 새삼 깊이 깨달아 보게 되었습니다. 예정하신 것이었다는 것을 알게 되었다는 말이지요.

　남편이 목회 길을 간다고 신학을 하고 목사 안수를 받았어도 나는 죽어도 아니라고 목회자의 길은 나와 상관없으니까… 나는 아니니까… 나 끌어들이지 말라고……. 만일에 목회해야겠거든 그 일에 뜻 있는 사람 만나서 가라고 내 입장을 남편에게 분명히 밝혔었습니다. 그런데 나는 그렇게 전혀 원하지 않았지만 뒤돌아보니 지난날에 제가 예사롭지 않은 꿈들도 많이 꾸었습니다. 그래서 그 꿈들도 제가 이 길을 가야 되는 것을 계시한 꿈들이었구나 하는 것을 발견하게 되었습니다.

　여러분의 믿음을 좀 굳게 하기 위해서 제가 꿈에 대한 이야기를 하나 말해보겠습니다. 꿈 쫓아다니라는 뜻 아니니 새겨듣기 바랍니다. 성영님께서요 제가 이 길에 나오지 않으면 안 되도록 몰아붙여서 저도 할 수 없이 순종하겠다고 마음을 좀 열긴 했습니다. 그런데 또 어느 순간 내가 어떻게……, 하는 자신감이 없어지고 염려와 두려움이 엄습하곤 했습니다. 그것을 고백하는 내게 성영님께서 처음엔 "너는 움직이는 성전이다. 너를 성전 삼아 내가 할 것이라"고 부드럽게 말씀하여 용기를 주시곤 하셨습니다. 그럼에도 또 제가 마음이 자꾸 반복하여 무너지는 것입니다. 나는 사람들이 말하는 그런 시대적인 능력을 갖지 못하였고 사람들을 이끌 수 있는 그런 통솔력이나 리더십(Leadership)도 갖지 못하였고 누가 나 같은 여자의 말을 들으려 하겠나 하는 고민이 들어오니 도저히 갈 수 있을 것 같지 않았습니다. 그래서 그것을 고백하여 두렵고 괴로우니 나 아니라고 말씀하여 주시라고, 아버지 하나님이 착각하셨다고 계속 기도로 아뢰었는데 어느 날 느닷없이 "내가 한다. 내가 할 것이다. 내가 해"라고 화가 잔뜩 나신 음성으로 답을 하셨습니다.

또한 때때로 말씀하시길 "아브라함이 갈대아 우르를 떠날 때 갈 바를 알지 못하고 나갔던 것처럼 무엇을 어떻게 할까 하는 어떻게 할 것을 염려하지 마라. 사람을 의지하지 않으려는 네 마음을 보았으니 내 이름을 가지고 나가라. 어떤 일이든 조급하고 초조해 하지 말라. 조급하고 초조해 함은 자신이 하려고 하는 욕심에서 나는 마귀의 것이니라. 하나님의 때를 기다리라 믿음에 있는 자는 그때를 아는 눈이 있다. 사람의 방법과 계획을 버려라 장소가 좋으니 나쁘니 건물이 커야 하니 작아야 하니 이런 인간의 계산도 버려라. 내 방법은 사람의 방법에 두지 않았으니 사람들의 방법을 따라 하려 말라. 나의 말에 순종할 때 내가 할 것이다. 내가 은혜 줄 자에게 은혜를 주고 긍휼히 여길 자를 긍휼히 여기리라." 라고 너무나 분명하고 확실한 말씀을 때때로 하시며 이 길을 오지 않으면 안 되도록 이끄신 것입니다.

갑갑하고 암담한 마음이 들 때마다 아버지께 호소하는 나에게 이같은 말씀들을 하심으로써 이 사명을 감당해야 하는 것이 내가 가야될 길인 것을 알게 하셨던 것입니다. 이 과정 속에서 97년 여름으로 접어들 때 우리 둘째 아들이 죽을 수도 있었을 그런 심한 고열로 약 일주일 남짓 고생을 했습니다. 아들을 붙잡고 기도하기를 이틀이 되었음에도 만질 수가 없을 만큼 불덩이 같은 심한 열은 내리지를 않았습니다. 삼일 째 되는 날 하나님께 왜 그러느냐고 기도하다가 아들 옆에서 잠깐 잠이 들었는데 꿈을 꾸게 되었습니다.

새파란 풀들이 나 있고 이슬에 젖은 참으로 싱그럽고 아름다운 큰 들판과 함께 모를 내어 놓은 논들이 있었는데 그 논에 모들이 어떤 곳은 아주 양분을 잘 먹고 잘 자라 있고 또 어떤 모들은 아주 빈약한 모습으로 자라지 못하고 있는 것을 보았습니다. 그 논들 옆 한쪽에 있는 그 들판에는 새파란 풀들이 나 있고 그 풀들 위에는 이슬방울이 촉촉하게 적셔 있는데 그렇게 푸르고 물기 머금은 들판의 모습이 참으로 보기가 아름다워 참 좋다는 생각을 하면서 사방을 둘러보고 있는데 논둑에서 제법 큰 뱀이 기어가는 것이 보였습니다. 보니 뱀이 악어처럼 짧은 네 개의 다리가 달려있었습니다.

그 뱀이 기어가다가 어느 순간에 공중으로 올라가는 거였어요. 그리 높지 않은 곳, 비행기가 떠가는 정도의 높이까지 이르더니 그 뱀이 용으로 변한 것입니다. 그러더니 자기 온몸의 힘을 다해 빛을 발산하는데 그 빛으로 인해 용의 모습과 그 주변이 훤히 보였습니다. 용의 모습은 점차 광채가 나는 모습으로 변하면서 나중엔 눈이 좀 부셨습니다. 그러나 아무리 빛을 크게 하려고 힘을 다 했어도 그 빛의 크기는 내가 눈이 부셔서 볼 수 없는 빛이 아니라 한눈에 다 들어와 보이는 빛밖에 되지 않았습니다.

그리고 꿈을 깼는데 내게 어떤 뜻을 주신 것 같아서 내 나름으로의 해석이 따라 붙었지마는 성영님께 내가 알아야 할 것이면 해석해 주시기를 구하니 에덴동산에서 하와를 꼬이던 뱀이었다 하시며 그 뱀이 용이 되어 빛을 발산하던 것은 사단 자신의 능력과 권세를 과시하려는 궤계였으며 세상의 빛으로 오신 예수님처럼 가장하여 힘이 있는 것처럼 거짓된 빛을 가져다주는 사단의 속임이라고 가르쳐 주셨습니다. 예수님으로 말미암아 권세가 깨어진 속이는 자 사단의 정체라고 하셨습니다.

그때 당시 혈기가 강했던 아들의 혈기를 통해 들어와서 내 자존심을 상하게 하여 무너지게 하려고 시험하는 자로 들어왔다고 하셨습니다. 그래서 꿈속이었지만 사단을 내가 보았고 그렇게 두려워할 존재가 아니라는 것을 확실히 알게 되었고 이제 예수님의 사람은 건드릴 수는 없으나 끊임없이 사람을 통해서 가시처럼 속임을 가지고 들어오기 때문에 속지 않으면 된다는 것을 알게 되었습니다.

그러니까 여러분 다시 말합니다. 예수님이 땅에 계실 때 누런 천의 세마포 걸치고 다니시던 것처럼 하늘 보좌에 가서도 그와 같은 모습으로 다니시는 것 아닙니다. 뭐 천국에 가서 예수님 보니까 머리는 갈색이고 세마포를 입으셨고 빛이 나고 자애롭고 인자해 보이셨다 하는 것들은 다 거짓임을 알라는 말입니다. 하늘 보좌로 올리우시고 영광을 얻으신 예수님의 그 영광스런 모습을 사도 요한이 요한계시록 1장에서 분명히 말해주고 있잖습니까?

사단의 영들이 세상에 계실 때의 예수님의 모습으로 흉내 내지 못할 줄 아십니까? 천하만국을 순식간에 예수님의 눈앞에 보여주던 자입니다. 사단이, 사단이 되기 전에 피조물 중에서, 지음 받은 천사들 중에서 가장 아름답고 가장 영화롭게 지어진 존재입니다. 지혜도 모든 능력도 가장 으뜸인 존재로 지음을 받았습니다. 겔28:13절 이하를 읽었다면 다 알 수 있지 않습니까? 이사야 14장에서는 **너 아침의 아들 계명성이여** 했습니다. 계명성이 무엇입니까? 어두운 새벽에 가장 크고 뚜렷하게 빛나는 별을 말합니다. 바로 피조물로서는 하늘에서 가장 아름답고 가장 영화로움으로 지음을 받았다는 것을 계명성으로 표현한 것입니다. 그러니까 얼마든지 아름다운 모습으로 영화로운 모습으로 빛을 둘러 가장하여 나타나는 존재라는 것을 알라는 말입니다.

어찌 되었든 제가 신앙생활 하면서 말씀대로 살지 못한 것들이 많았기 때문에 예수님의 피 흘리심의 은혜를 내가 붙잡는 것이 되지 못하여(몰랐기 때문에) 늘 죄책감을 품고 살고 있었습니다. 그 죄책에 대한 죄의식으로 마음에 괴로움을 가지고 있는 나에게 어느 날 무엇을 경험케 하셨는가 하면 내 앞에 백지하고 흑지가 놓여있었습니다. 그런데 제가 두 가지 중에 하나를 잡아야 한다는 것을 순간 알겠는데 무엇을 잡아야 할지 갈팡질팡한 겁니다. 그 짧은 순간에 여러 말씀들이 떠올랐습니다. 무엇을 집어야 할지는 오리무중이었고 죄용서의 말씀들이 제 생각 속에 왔다 갔다 하는데 그 순간 롬8:1,2의 **그러므로 이제 그리스도 예수 안에 있는 자에게는 결코 정죄함이 없나니 이는 그리스도 예수 안에 있는 생명의 성영의 법이 죄와 사망의 법에서 너를 해방하였음이라**는 말씀이 와서 내 머리를 쾅 치듯 했습니다. 그 순간 내 마음에서 어두움이 확 걷히는 것을 보았습니다. 무엇인가 어둠의 덩어리가 확 빠져나간 듯했습니다. 그리고 내가 하얀 백지를 향해서 아! 이것이구나 하고 외치며 집었는데 하나님의 죄 용서가 어떤 용서인지에 대해서 내 안에서 확실하게 알아져 버린 겁니다.

내 안에서 일어난 온전한 이 자유! 이 기쁨이 너무 커서 온 집안을 이리 돌고 저리 돌면서 감사 감사를 외치며 말하기를 '하나님 아버지 사람들이 이 자유를 모르고 지금까지 내가 죄에 속고 있었던 것처럼 속으며 살고 있습니다. 나는 이미 용서함을 받은 자요 의롭다 함을 받았음에도 안다고 하는 내 자신 안에서는 죄책감을 품고 속고 살아왔습니다. 아! 이제 저는 자유 합니다. 저는 자유입니다.' 많은 고백을 하면서 감사를 외쳤습니다. 그래서 진정한 죄 용서의 능력은 죄책감(죄의식)까지 해결 받는 것임을 확실히 깨달았습니다.

그러면 여러분! 제가 이런 경험을 가졌으니 이것을 여러분에게 말씀드릴 능력이 되었습니까? 안 되었습니까? 하나님의 나라는 말에 있지 않고 능력에 있다고 했으니 예수님이 이루신 말씀이 내게 능력으로 이루어져 그 능력에 의해 전하는 것입니다. 그렇기에 여러분도 마음속에 죄의식(죄책감)까지 다 해결 받고 살고 있습니까? 온전한 자유로 살고 있습니까? 혹시 잘못했을 때 죄의식이 들어와 참소할 때 '이제 나는 참소 받지 않는다. 죄가 나를 주장할 수 없다. 예수님이 흘려주신 죄용서의 피가 내게 증거로 있으니 나는 하나님의 자녀이니 이제 참소를 가지고 물러가라' 하는 그런 자유능력으로 승리하며 살고 있습니까?

어느 날 성영님께서 내게 말씀하시길 "이제는 아브라함과 모세를 연구하라." 하셨습니다. 제가 말했다시피 무엇을 연구하라는 것인지 알지 못했어요. 성경에 기록된 대로 아브라함과 모세의 삶에 대해서 부지런히 살피고 며칠 열심히 읽어보고 뭘 더할 것이 없다 싶어 말았습니다. 그러나 뭘 연구해야 하는지에 대한 기도는 어느 정도 했지요. 그리고는 몇 년이 지났는데 성영님께서 "창세기에 창조를 연구하라" 하시더니 또 이후 "성전을 연구하라" 하신 겁니다. 여전히 나는 무엇을 연구해야 하는 것인지 모르니까 그냥 기도하면서 말씀 들여다보고 열심히 읽어 보았습니다.

이후 성영님께서 또 말씀하시기를 "내가 모세에게 성막을 지을 것을 일일이 지시한 것처럼 너에게도 일일이 지시할 것이다." 하셨습니다. 그런데 이 같은 말씀들을 시간이 지나면서 다 잊고 있었습니다. 단지 제가 강단에 올라가 말씀을 설교해야 할 때가 되었을 때 성영님을 의지하여 전할 말씀을 준비하는데 말씀의 뜻을 알아지게 하시고 보이게 하시고 깨달아지게 하셨습니다.

설교 말씀을 준비하는 중에 말씀의 뜻을 하나하나 알려주시고 준비케 하셨습니다. 성영님께서 친히 알려주셨습니다. 보아야 할 것은 보이시고 창조를 열어서 가르쳐 보이셨고, 그리고 우리 인간 머리로는 도무지 알 수 없어서 왜냐고 질문했던 답답한 문제들이 풀려나가는데 여러분 제가 말씀을 준비하면서 얼마나 기뻤을지 상상이 갑니까?

어느 땐 성경을 열면 내가 감당할 수 없을 만큼 너무나 감격스럽고 벅차서 슬그머니 성경을 덮고 내 온 영과 혼과 몸으로 하나님을 찬양하곤 했습니다. 성경을 열기만 하면 말씀들이 내게 달려 나와서 나랑 놀자 하는 것 같았습니다. 여기를 봐도 저기를 봐도 아버지의 사랑하심이 나에게 달려오시듯 하니 내가 큰 기쁨에 취해 감히 성경을 더 들여다보지 못할 때가 많았습니다.

과거에 제가 사모라는 직함보다는 목사의 직임이 필요했습니다. 내가 목사가 되고 싶거나 목사라는 타이틀을 갖고 싶어서가 아니라 말씀을 전하여 사람들을 예수님께로 이끌기 위해서는 권위적인 것이 필요했습니다. 권위를 내세우자는 것이 아닙니다. 그래서 신학교라는 곳을 갔습니다. 솔직히 말합니다. 저는 신학교의 가르침이라는 것이 아무것도 필요치가 않았습니다. 신학교가 도대체 뭐하자는 것인가 싶고 한마디로 성경 가지고 학문 갈고닦는 곳으로만 내게 비쳤습니다. 도대체 하나님과 멀어지게 하는 칼빈의 사상 신학을 왜 가르치고 뿌리는 것인지, 그들의 사상이 왜 필요한지 도무지 이해가 되지 않았고 참 한심했습니다. 저는 교수들이 강의할 때 그분들을 놓고 기도하고 앉아있었습니다. 나 같은 것을 쓰려 하지 마시고 이 시대에 맞는 저분들이 제대로 쓰임 받을 수 있게 해달라고 말입니다.

어느 날 강의 시간에 속으로 그 교수를 위해서 기도하는 중에 성령님께서 기도를 막으시며 하신 말씀이, 나는 그것을 다 잊고 있었는데 아브라함에 대해서 모세에 대해서 연구하라 하셨던 그것이 내게 다 이루어져 있다고 하셨습니다. 아브라함과 모세를 연구하라 하셨던 것은 그 인물들을 연구하라 하신 것이 아니고 그들을 통해 주신 하나님의 뜻을 보라 하신 것으로써 아브라함에게 하신 독자 이삭의 약속은 곧 하나님의 독생자이신 예수 그리스도를 보내실 것에 대한 약속이요 그러므로 독자 이삭이 태어나는 것은 그들 신앙과 신앙의 계보 속에 하나님이 와 계시다는 것이요.

모세 또한 하나님께서 율법을 주신 것은 예수 그리스도를 알게 하기 위함이요 그래서 성경은 예수 그리스도를 말하기 위해 쓰였다는 것과 구약에 언약하신 예수 그리스도를 모르면 신약에 나타나신 예수 그리스도 또한 모르는 것이라 그러므로 구약에 비밀처럼 계셨던 예수 그리스도에 대하여 그것을 너에게 가르쳤노라 하셨습니다.

말씀하신 후 한 달이 되자 같은 일이 반복되었습니다. '모세에게 성막을 지을 것을 일일이 지시하셨던 것처럼 내게도 지시할 것이다.' 하신 것 바로 모세에게 성막을 짓게 하신 것은 하늘의 하나님의 보좌가 있는 지성소로써 그 성막은 예수 그리스도를 말하고 알게 하는 것이요 지성소는 하나님이 계신 보좌요 오직 예수 그리스도 안에서만 하나님을 만날 수 있고 참성전이신 예수 그리스도 안에 들어가는 자마다 하나님을 만나게 되고 아직 땅에 있는 나에게 성영님이 들어오신 것은 예수님이 오신 것이요 예수님이 오시니 아버지도 오셨다는 것이요 그러므로 내가 성전이 된 이 엄청난 관계, 이것이 내게 이루어졌다는 것을 말씀하여 주셨습니다.

그래서 지난 일을 생각해보니까 내가 성전이 되는 그 과정을 성영님께서 얼마나 마음을 쓰시며 낱낱이 가르치시고(그때 당시는 그것을 몰랐지만) 나는 내가 성전이 되었다는 이 확신의 신앙이 되었다는 것, 돌아보게 되었습니다. 그러므로 교회에도 이 모든 깨닫게 하시는 뜻을 열심히 가르쳐왔고 말입니다. 나는 그 일로 인해 지금도 틈만 나면 감사하고 생각만 나면 감사하고 있는데 그때는 그것이 '성막을 지을 것을 모세에게 일일이 지시한 것처럼 너에게도 일일이 지시할 것이다.'가 이루어지게 하셨다는 것에 대해서는 정말 몰랐습니다.

그러니까 하나님께서 천지 창조하실 때 있으라고 하시니 그대로 있게 되었던 것처럼 성영님께서 말씀하신 그 일도 그대로 내 안에 이루어졌다는 것이지요. 성영님께서 말씀하시고 말씀하신 그것을 또한 친히 내 영혼에 이루어지게 하셨다는 것입니다. 그것을 내게 확인시켜 주신 것입니다. 그래서 성영님은 창조의 영이시요 지혜의 영이신 것

제가 확실히 경험하게 되었습니다.

  그리고 한 달 정도가 지난 어느 날 그 같은 일이 또 있게 되었습니다. 강의에 예의를 갖춰 앉아 있었지만 마음은 성영님과 교제를 나누고 있었습니다. 그런데 수년 전에 내게 말씀하신 것, "이 세상에는 나의 말을 바르게 믿는 자가 적어서 내가 일을 할 수가 없단다."라고 하셨던 말씀이 무슨 뜻인지 한순간에 깨달아진 것입니다. 지금까지 모든 가르침 속에 있는 뜻, 다시 말해 하나님 아버지의 뜻은 믿는 사람들이 하나님의 창조하신 뜻을 깨닫고 성전을 깨달아 성전의 관계가 되고 아버지와 아들의 관계로 만나 영광을 받으시고, 그 기쁘신 관계가 이루어지기를 원하신 것이 하나님의 간절하신 소원이요 뜻인데, 바로 그 관계가 된 자가 없다는 것을 알게 하셨습니다.

  바르게 믿는 자가 적어서 성영님께서 사람 안에서 행하실 일을 못 하신다고 하셨습니다. 그리고 '너로 인해 기쁘다.' 하셨습니다. 성경에 많은 말이 있지만 바로 하나님의 뜻은 창세기의 창조에서부터 인간은 누구인가? 인간은 예수님을 만나야만 살도록 지음을 받았다는 것, 그래서 성경 처음부터 끝까지 그 예수님을 말하기 위해 쓰였고 인간은 예수님이 아니면 지옥 형벌에 들어간다는 것을 알게 하기 위해서 쓰였기 때문에 그러므로 인간이 성전의 관계가 돼야 하는 것이 하나님의 뜻이요 이루시는 일이라고 하셨습니다.

  그래서 그것을 내게 알고 있으라는 듯 먼저 그와 같이 창조를 연구하라 아브라함을 연구하라는 등등으로 지시하시고 지시하셨던 모든 뜻을 친히 내 안에서 가르쳐 이루시고 나에게 그것을 확인시켜 주시는 것으로 신학 과정이 되게 하셨습니다. 성영님께서 명하시고 가르치시고 이루시는 것으로 성경 말씀의 영적인 공부를 시키셨다는 말입니다. 그리고 어떤 계기가 있을 때마다 "내가 너에게 그것을 가르쳤지 않느냐" "너는 내가 가르쳤노라" "내가 너의 교사가 되었느니라."는 말씀을 하시며 내게 알아 달라고, 알고 있으라고 하시는 듯이 확인을 하시곤 하셨습니다.

또한 그렇게 천 명 중에서 한 명을 찾기가 어렵다고 하신 것은, 말도 안 된다는 생각을 가지고 있는 내게 사람들의 영적 상태를 보게 하여 주셨습니다. 예수님을 믿는 사람들은 넘쳐나고 있는데 실제 그 영적 사람은 예수님의 생명의 능력들이 없고 여전히 혼돈하고 공허한 어둠에 있는 모습이요 믿음의 모양들만 있는, 요란하고 떠들썩한 모습들만 커 있는 것을 보게 되었습니다. 허울들만 있지 실속이 없더라는 말입니다. 이것은 누가 뭐라 해도 말씀이 문제가 되어 있다는 것이 가장 큰 이유라는 것 저는 알고 있습니다. 가르치고 전하는 말씀에 엄청난 문제가 있다는 말입니다.

하나님 아버지께서 우리에게 성경을 주신 것은 우리로 하여금 예수님을 만나 생명을 얻게 하려는데 있습니다. 그래서 성경은 인간이 누구냐? 하는 인간에 대해서 정확하게 알려주고 있고 또한 예수님이 누구이신가에 대해서도 확실하게 말씀해주고 있기 때문에 얼마든지 예수님을 만나 예수님의 생명을 얻어 영생복락에 들어갈 수가 있습니다.

그렇기에 하나님의 관심은 사람이 생명이신 예수님을 만나 인격적인 사귐의 관계가 되고 예수님의 생명을 풍성히 얻고 그 예수님으로 말미암아 하나님 아버지께 영광을 돌리는 자들이 되는 것에 있습니다. 만일에 이 같으신 하나님의 뜻을 알지 못하고 믿는다 한다면 그것은 자기 신념일 뿐이고 이방인들이 자기도 알지 못하는 신을 섬긴다고 하는 것과 다를 바 없습니다. 세상 사람들이 자기들도 섬기는 신이 있다고 말할 때 그것은 그 신이 어떤 신인지 정확히 알기 때문에 섬기고 비는 것 아닙니다. 자기들도 알지 못하는 귀신에게 빌고 제사하는 것입니다.

그렇기에 참으로 믿는다면 자기의 믿는 삼위 하나님을 정확히 알고 믿는 것이 되어서 실제적인 경험의 관계가 돼야 합니다. 예수님은 자기의 구주요 천국의 생명을 얻게 하신 것을, 하나님은 그 예수 그리스도로 말미암아 아버지이신 것을, 아버지의 영이요 예수님의 영이신 성영님으로 확실히 깨달아 알고 경험의 관계가 돼야 하는 것입니다. 성경의 말씀은 우리로 하여금 성영님으로 깨달아 영혼에 경험하는 말씀이 되고 그러므로 예수님을 아는 능력이 되어 예수님과 한 몸을 이루게 하시려는 것에 있습니다. 그렇기에 말씀을 그저 성경책 안에만 두고 문자적으로만 보는 것으로 그친다면 그것은 윤리가 되고 도덕이 되고 인간 이야기가 되고 세상 이야기가 될 뿐인 것입니다. 인간과 세상 이야기 밖에 나 올 것이 없다는 말입니다. 그 방향으로 풀어 나갈 수밖에는 없게 되어서 결국은 성경이 자기에게 하나의 인간 지식을 더해주는 것 밖에 되지 않는 것입니다.

그래서 성경 말씀을 문자적으로만 안다면 아무것도 아닙니다. 말씀 안에 계시된 하나님의 뜻 그것은 곧 예수님을 깨닫게 하시기 위한 것이기 때문에 예수님으로 연결되어 깨달아 경험의 말씀이 되지 않으면 말씀 안다고 하는 것 다 소용없습니다.

여러분이 하나님의 계시의 말씀을 스스로 깨닫는 데까지 열리지 않았다면 깨달은 말씀을 듣게 될 때에 그것을 성영님의 도우심 가운데 자기의 믿음으로 받아들여 경험의 말씀이 되게 하는 그 선한 열심이 분명히 있어야 합니다. 만일 그 열심이 없다면 절대로 바른 믿음이 될 수는 없습니다. 제가 왜 저의 신앙을 간증하지 않으면 안 되는지 여러분이 말씀 안에서 다 듣게 된 줄로 믿습니다. 저의 간증 말씀은 여기서 맺습니다. 오늘 본문으로 읽은 말씀에 대해서 여러분이 다시 성영님 의지하시고 깊이 상고해 보는 말씀이 되길 바랍니다.

다음에 그대로 이어서 교회들에게 경고하라 하신 말씀을 하겠습니다. 이 간증을 하게 하심으로써 영광을 받으신 아버지와 구주 예수님과 성영님께 감사 올립니다. 아멘

경고 10
경고의 말씀과 사도신경의 서론 1편

만일 누구든지 알지 못하면 그는 알지 못한 자니라

(고전14:38)

만일 누구든지 알지 못하면 그는 알지 못한 자니라는 말씀을 가지고 하나님의 경고를 전해드리면서 사도신경에 대해서 말씀을 하려고 합니다. 성영님께서 계속 경고하라는 말씀을 주셔서 제가 그 경고에 대해 말하기가 참 마음이 힘들긴 하지만, 그러나 전해야만 하기 때문에 오늘 사도신경 말씀 들어가기 전에 앞서 경고의 말씀부터 말해야 하게 되었습니다. 오늘도 각자 자신을 살피는 말씀이 되기를 바랍니다.

제가 일찍이 초 신자들의 믿음을 위해서 사도신경을 한번 다루려고 했었습니다. 신앙고백은 본인의 믿음을 고백하는 것인데 성경의 뜻을 아직 알지 못하는 초 신자들이 교회가 사도신경을 하고 있으니 외워서 따라 하지 않겠습니까? 예수님이 **너희는 이렇게 기도하라**고 가르쳐 주신 기도도 물론 마찬가지입니다. 그것은 절대로 바람직하지 않고, 알고 믿음에 의한 고백이어야 하기 때문에 그래서 초 신자들의 믿음을 돕고자 한번 다루려고 했었는데 그동안 기회를 보지 못했습니다.

그런데 제가 몇 달 전에 인터넷 성도들에게서 사도신경을 해야 하느냐 하지 않아야 하느냐 하는 질문들을 받았습니다. 이유인즉, 미국 한인교회의 어떤(전○○) 목사가 사도신경의 문제점을 파헤쳐서 제시해주었는데 정말 듣고 보니 사도신경이 문제가 심각한 것 같더라 사도신경은 사탄의 이야기이고 사도신경을 하면 지옥 간다고 했다는 것입니다. 그래서 한번은 다루어야 했기에 이후 말씀을 드릴 것이라고 했습니다.

그래서 제가 얼마 전에 사도신경을 하려다가 방언에 대한 말씀을 하게 되었는데 왜 그랬는가 하면, 제가 방언도 사도신경도 말씀을 준비하려고만 하면 성영님께서 계속 거부를 하셨다고 했잖습니까? 그럼에도 제가 약속한 일이라 사도신경을 준비해보려고 했는데 여전히 말로 설명하기가 좀 어려울 정도로 말씀 정리가 안 되고 생각이 아주 복잡하고 마음이 많이 불편했습니다. 그래서 성영님께서 거부하신다는 생각이 들어 제가 방언에 대한 말씀은 포기하고 있었지만 사실 사람들에게는 하겠다고 약속을 했기 때문에 약속을 들은 이들이 제 사정을 알 수 없으니 저를 실없는 사람으로 오해할 수도 있을 것이라 여겨 제 마음이 편치가 않았습니다.

그런데 '아! 방언을 왜 다루지 못했는지 먼저 그 설명을 좀 해야 되겠다'는 생각이 번득 들었습니다. 그래서 그 이야기를 여러분에게 하게 되다 보니 방언에 대한 충분한 설명은 되지 않았지만 그래도 방언을 어떻게 봐야 하는가에 대해서 알 수 있는 정도까지는 할 수가 있게 되었고 그래서 여러분이 들은 정도까지는 알게 되었으리라 생각은 합니다. 그때 사도신경까지는 나가지 못해 다음에 하겠다고 했습니다.

그런데 제가 이 사도신경을 준비하려고만 하면 도무지 집중이 되지 않고 이제는 설교하기가 진짜 싫다는 생각이 물밀 듯 밀려들어 오면서 나도 모르게 펜을 내던져 버리고 자리에서 벌떡 일어나는 일을 한주 내 계속 반복했습니다. 마음을 다잡고 책상에 앉아 보지만 도무지 되지 않았습니다. 이제는 설교하기가 정말 싫다는 생각으로 마음에 몸살이 난 것입니다. 말씀 전하는 것 이제 너무 싫다는 생각밖에는 도무지 들지 않았습니다. 얼마나 싫은지, 금요일 저녁에 어떤 분이 '밖에서 식사하려는데 나오셔서 함께 식사하지 않으실래요?'하고 전화가 왔는데 다른 때 같으면 금요일 토요일은 제가 예배와 말씀 준비 때문에 전화 통화도 잘 안 하는데 얼씨구나! 하고 나가서 밥을 먹었습니다. 그때는 얼마나 기쁜지 몰라, 몸살이 나 있는데 불러주니까 …….

한 주 동안 이 같은 마음의 곤경을 힘겹게 치르면서 토요일 저녁때가 되어 저의 남편이 내 이 상황을 이미 알고 있지만 쉬고 있는 남편에게 가서 "나 설교하기 싫어서 마음에 몸살이 나 버렸다. 예배 말씀이 준비되지 않았다. 성경 읽을 내용이라도 주시면 예배 때 말씀을 읽고 거기에 어떤 설명도 할 것 없이 예배를 마치고 싶다는 생각이 든다. 그런데 마땅히 읽을 내용도 생각나지 않는다. 성영님께서 방언에 대한 말씀을 왜 하게 하지 않으셨는지 그것을 남편이 들었으니 아시지 않느냐. 사도신경도 마찬가지로 성영님께서 거부하신다고 했잖느냐. 아마도 나에게 말씀을 말하는 것 이제 그만하라고 준비시키시는 것 같다."라고 내게 일어난 일을 남편에게 말하고 방을 나오는데, 바로 그 순간 성영님께서 뭐라고 말씀하셨는가 하면 오늘 이 본문 말씀입니다. "만일 누구든지 알지 못하면 그는 알지 못한 자니라. 알지 못한 자는 알지 못한 자로 그냥 버려두라."고 하셨습니다.

여기 본문은 뭐라고 했습니까? **알지 못하면 그는 알지 못한 자니라** 했잖습니까? 그런데 **알지 못한 자니라**가 끝이 아니라 거기에 해석을 또 달아주셨는데 "그냥 버려두라"는 것이라고 했습니다. 알지 못한 자니라는 '그냥 버려두라'는 것이라고 해석을 달아주셨어요. 그리고 말씀하시길 "보낸 바 없는 자들의 말을 들으려고 그 마음이 취하여 쫓아다니는 자들에게는 줄 것이 없으니 네가 무엇 때문에 그리 수고하겠느냐 알지 못하는 자들은 알지 못하는 것을 그 마음이 쉼 없이 헐떡거리며 찾아다니고 우리가 아는 것을 말해도, '우리가 아는 것을 말해도' 하신 것은 성영님께서 제게 말하라 하신 말씀, 성영님과 함께 전하는 여기의 말씀을 말합니다.

그러니까 우리가 아는 것을 말해도 그들은 자기의 아는 것이 아니므로 듣지 않는다고 하셨습니다. 영혼이 고침을 받고 생명을 얻게 하는 하늘의 진리 말씀을 저희 앞에 보내나 미련한 다섯 처녀와 같은 자는 등은 가졌으나 기름은 없으니, 다시 말해 예수님 믿으면 구원받는다는 등은 가졌으나 기름은 없으니, 알지 못하는 것이니 알지 못하는 자들로 그냥 버려두라 하신 것입니다.

또한, 자기가 알지 못하는 것을 말하는 자들이 여기의 말씀을 자기의 아는 것처럼 하여 알지 못하는 자기 것에다 혼합하여 열심히 흉내 내어 말하는 거짓이 난무하고, 난무할 것이라 하셨습니다. 성영님 없는 자의 말은 아무리 아는 것을 흉내 내어 외쳐도 여전히 자기가 알지 못하는 것이라고 했습니다. 그러나 스스로 아는 자, 성영님이 계신 자는 아는 것처럼 흉내 내어 외치는 것들에 귀를 기울이지 않을 것이나, 스스로 알지 못하는 성영님 없는 자는 흉내 내는 말들을 좇아갈 것이니 그냥 버려두라 하셨다는 말씀입니다. '그냥 버려두라' 하는 것은 성영님과 관계없다 그 말입니다.

신앙을 고백하라 해서 하고, 하지 말라 해서 안 하고 하는 것은 이미 자기 믿음에서가 아닌 자기가 알지 못하는 것을 흉내 내는 것일 뿐으로, 그러므로 해야 하느냐 하지 않아야 하느냐를 묻는 것에는 대답할 것이 없다는 것을 말씀한 것입니다. 믿는다는 것은 자기가 아는 것을 믿는 것이지 알지 못하는 것을 믿는 것 아닙니다.

여러분! 여러분이 믿는 것은 자기가 알기 때문에 믿는 거잖아요? 알지 못하는 것을 믿는 것 아니잖아요. 알지 못하는 것을 흉내 내는 것은 믿음이 아닙니다. 흉내는 믿음 아니에요. 그냥 모르면서 외우는 것 믿음 아니란 말입니다. 모르면 하지 마세요. 알지 못하는 것, 흉내 내지 마시란 얘기에요. 우리가 예수님을 믿는다 하는 것도 예수님을 알기 때문에 믿는다 하는 것이지 알지 못하는데 어떻게 믿는다 할 수 있습니까? 자기가 믿는 대상이 누구인지도 모르고 믿는다고 하는 종교인과 같을 뿐입니다.

여기에 해당되는 분은 저의 말에 대단히 불쾌감을 표시할는지는 모르겠습니다만 사실을 사실로 말씀드릴 뿐입니다. '그냥 버려두라'는 것은 성영님께서 지금까지 보내신 여기의 말씀으로 사람들이 믿음이냐 종교인이냐, 참이냐 거짓이냐, 진단이 났다는 것을 말씀하는 것입니다. 온 땅이 다 듣도록, 온 세상이 다 듣도록 들은 사람들은 또 부지런히 전하고 전해서 다 듣도록 경고의 말씀을 보냈고, 경고의 말씀을 보낸 것뿐만 아니라 그 거짓의 행태들을 다 목도하여 보도록 하게 하셨다는 것입니다. 온 땅이 다 보고 알게 하셨다 했습니다. 온 땅이 다 알도록 아예 그 정체들을 드러내 주시기까지 하셨다 네가 눈멀었으면 눈뜨라고 눈을 떴으면 보라고 아예 말씀과 함께 드러내 보이기까지 하셨다고 하셨습니다.

그리고 믿음이 무엇인지, 믿음을 어떻게 가져야 하는지를 알도록 하시는 성영님의 가르침의 말씀을 이미 여기에서 다 보내었기 때문에 핑계치 못 한다 핑계할 수 없다고 하셨습니다. '내가 말씀 몰라서 예수님 똑바로 못 믿었는데요.' 하고 이제는 핑계할 수 없다고 하셨어요. 그러므로 그만 버려두라 하신 것입니다. 그만 버려두라 하셨다는 것 여러분이 물론 믿거나 말거나 입니다. 그러나 얼마나 이것이 지금 두려운 말씀인지 심각하게 알아들어야 할 것입니다. 해야 하는지 하지 않아야 하는지를 알지 못하는 자나, 사도신경하면 이단이고 사도신경 안 하면 이단이고, 사도신경하면 지옥 가고 사탄의 말이라고, 안다고 떠드는 그나 다 한 가지로 성경의 뜻을 성영님으로 보지도 듣지도 못한 소경들이요 알지 못한 자니, 알지 못한 자들로 버려두라는 것입니다.

제가 이같이 근래에 겪고 경험한 일들을 장황하게 말하는 것은 바로 경고하라 하신 것을 이제 말하게 하시려는 일이었기 때문입니다. 제가 마지막 경고의 말씀을 한 번 더 할 것이라고 이미 말씀드린 바 있습니다. 아시는 분은 아십니다. 그때에 하게 하시지 않고 자꾸 미뤄

지게 하셨던 그 마지막 경고하신 말씀들을 지금 계속하게 하시는 것이라는 말입니다. '사람을 삼가라'는 제목의 말씀 중에서도 경고가 있었지 않습니까? 이제는 제가 설교하고 싶지 않아 마음에 몸살이 나기까지 했던 것은 이제 더 이상 말씀을 보내는 것을 하지 않으신다는 것을 저에게 알게 하신 일이었고, 지금까지 보낸 말씀으로 모든 자들의 믿음을 판단하는 기준이 될 것이라 하셨습니다.

물론, 성경 말씀이 모든 것의 기준이 됩니다. 그러나 스스로 말씀을 깨닫지 못하는 자들에게 믿음을 바로 할 수 있는 기회로 주시는 말씀으로 보내졌기 때문에 그렇습니다. 제가 성영님께서 왜 막으셨는지, 왜 거부하셨는지 알게 되었기 때문에 저야 이제 성영님의 뜻을 따르는 것이지만 제가 사도신경을 다루겠다고 약속했던 것은 마칠 수 있도록 도와주시기를 구하면서 성경의 뜻대로 믿음을 가진 나의 신앙을 고백하여 왔던 사도신경에 대해서 말씀을 드리게 되는 것입니다.

오늘날 성영님께서 보내신 말씀을 그 영혼으로 받은 사람들은 영의 기쁨으로 충만한 경험 속에서 열 처녀의 비유가 말하는 지혜로운 다섯 처녀와 같이, 지혜가 있는 것이 무엇이겠습니까? 성영님에 의해 말씀을 듣는 귀가 있어 들어야 할 말과 듣지 않아야 할 말을 판단하는 영적 지각이 있다는 말입니다. 스스로 아는 지혜, 성영님으로 아는 지혜가 있는 것입니다. 그 지혜가 있는 영혼들은 여기서 나간 말씀을 잘 듣고 자기의 영적 생명을 얻는 말씀으로 받고 날마다 새김질하고 새김질함으로 생명의 충만한 가운데로 들어가는 기회로 삼고 또한, 말씀을 잘 삼가 들으며 시대적인 상황 파악을 하면서 만일에 어떤 변수가 생겨 인터넷의 말씀들이 없어진다 해도 상관없이 언제든지 어떤 방해도 받지 않고 듣는 말씀이 되도록 준비를 지혜롭게 자기 것으로 소유할 것이라 하셨어요.

그것이 내 생각인지 아닌지는 아직 모르겠으나, 어느 땐가는 여기의 말씀들을 다 내려야 할 때가 있을 것이라는 생각이 가끔 들 때도 사실 있습니다. 지혜로운 다섯 처녀와 같이 지혜가 있는 믿음은 성영님과 함께하는 믿음을 말하는 것이요, 깨어 있는 믿음이요, 깨어 있는 믿음은 벌써 이 살리는 말씀과 함께 있기를 원하여 말씀을 사랑하고 사랑하여 준비를 잘하는 것으로 나타나게 되어 있다는 것입니다. 유익이 되지 않는 모든 것은 다 잘라내 버리는 지혜로 나타난다는 말입니다. 성영님이 계신 믿음, 성영님의 인도를 받는 믿음은 열 처녀의 비유가 말하듯 그 같은 슬기로운 다섯 처녀와 같은 지혜가 따라오게 되어 있습니다.

어떤 분이 전○○목사라는 사람의 〈비성경적인 사도신경〉이란 제목의 영상 파일과 함께 자문 좀 부탁한다고 하는 제목의 글을 제게 보내왔습니다. 그래서 그분이 사도신경에 대한 그 영상의 말을 혹 잘못 듣고 잘못 받아들인 것인지, 나에게 그 영상 파일 내용을 좀 들어보고 그에 대하여 자문한다는 줄로 알았습니다. 그런데 그의 글 내용을 다시 보니, 이 사도신경의 문제점 제시로 인해서 아마 수만 명이 딜레마에 빠져 있을 것이고 그러니 성영님께 명확하게 알아봐 주시면 매우 감사하겠고……. 아니, 본인에게도 성영님이 와계신데 왜 본인은 못 알아볼까요? 성영님은 어디 특정인에게만 계시는 분입니까? 오늘날 믿음을 돕기 위해서 참으로 예수님을 사랑하고 믿기를 원하면 돕고자 와계시면서 믿음을 도와주시고 또 그 사람 안에 들어오셔서 도우시는 분인데 성영님께 저에게 알아봐 달라는 거였습니다.

성영님께 명확하게 알아봐 주시면 매우 감사하겠고 자기는 천주교에서 만든 사도신경이 사탄의 계책이 숨어 있다면 마귀의 교묘한 계책이 숨어 있는 이것을 예배 시간에 하지 않아야 한다고 생각하고 자신도 사도신경을 하지 않고 있고, 아마 목사님도 사도신경에 문제가 있어 하지 않아야 한다고 말하면 이단으로 몰릴 수도 있다. 그렇지만 목사님은 목에 칼이 들어와도 선포하실 분이라고 믿는다. 꼭 알려주시면 감사하겠다는 글이었습니다.

그러니까 그 글의 내용인즉슨 사도신경에 문제가 있어 하지 않아야 한다는 것을 나에게도 선포해 달라는 말이지요. 그러면 이단으로 몰릴 수도 있겠지만 그래도 그 목사가 문제점을 제시한 것을 들어 보고 나도 그것을 지지하여 선포하라는 것이지요.

그러면 여러분, 이 사람이 저라는 사람을 제대로 본 것입니까? 보지 않은 것입니까? 저에게서 나간 말씀을 제대로 들은 것일까요? 듣지 않은 것일까요? 듣지 않았어요! 제대로 들었다면 제가 그 같은 부탁은 하늘이 무너져도 듣지 않을 것이라는 것을 충분히 짐작했을 것입니다. 여러분은 어떻습니까? 저의 신앙 성격으로 볼 때 남이 하니까 하고 남이 안 하니까 안 하고, 저 교회가 하니까 하고 저 교회가 안 하니까 안 하고 하는, 이런 인간적인 것이 저에게 있다고 보셨습니까?

이단이라고 할까 봐서, 그것이 두려워서 해야 할 것을 하지 않는 거짓의 믿음이 제게 있다고 보이십니까? 누가 들으면 네 자랑이냐 할 수도 있겠지만 맞습니다. 예수님 안에서 저는 저를 자랑합니다. 저를 자랑함이 곧 내 안에 계신 예수님을 자랑하는 것이니 그것을 제 스스로가 얼마든지 알고 저를 자랑합니다. 저는 사람이 아무리 하나님의 일로 옳은 일이라고 해도, 옳은 말이라고 해도, 성영님의 말씀이 아니면, 성영님의 지시가 아니면, 사람 따르지 않습니다. 아무리 사람이 옳아도 사람 따르지 않습니다. 사람 말 듣지 않습니다.

그런데 저는 사도신경으로 나의 신앙을 고백하고 있는 신경이니 이거 어쩐답니까? 이미 예수님 보좌 우편에 지금 가 있는, 그 믿음으로 살고 있는 제가, 이거 사도신경하면 지옥 간다고 그렇게 목이 터져라 외쳐대니, 이거 어쩐답니까? 그 말대로라면 (지옥 가야 하는데) 지옥 못 가게 됐으니 말입니다.

성경을 깨달았다고 하는 제가 사도신경 하나 깨달아 보지 못해서, 하나님께 합당한 고백이 되는 것인지 되지 않는 것인지 몰라서, 다른 교회에서 하니까 누가 안 하면 이단이라고 한다고 해서, 그런 것 영향 받고 하는 것 저에게는 0.1 퍼센트도 없습니다. 우리 신앙의 고백으로 마땅한 것임을 얼마든지 소화했기 때문에 진짜 신앙고백을 하고 있는 것입니다.

물론 신앙고백의 내용이 약간 부적절한 곳은 있습니다. 그러나 우리 믿음은 얼마든지 그것을 소화할 수 있다는 얘기입니다. 내 안에 믿음이 있다면 우리는 얼마든지 믿음으로 고백하는 것입니다. 사도신경하면 지옥 간다고 했다는 그 목사가 누구인지 여러분 중에서도 알고 있을 것이고 내용을 들었을 것입니다. 만일에 그 전○○ 목사라는 사람의 사도신경하면 사탄이고 사도신경하면 지옥 간다고 하는 말을 듣고 마음에 그것을 옳은 것처럼 받아들인 사람이 있다면 이 교회에서 지금 당장 돌아서 나가기 바랍니다.

그러면 여러분들 믿음은 어떻습니까? 제가 예배에 신앙고백을 하고 있으니 어쩔 수 없이 따라 했습니까? 아니면 자기의 깨달은 믿음이 되었기 때문에 하셨습니까? 아니면 그냥 열심히 외우기만 하셨습니까? 그동안 저에게 말씀을 듣고 말씀으로 믿음을 배우신 분들이 만일에 말씀이 근거가 된 믿음이 되었으므로 고백한 것이 아니라 자기도 모르는 것을 앵무새처럼 따라한 것이었다면, 해야 하느냐 하지 않아야 하느냐 하는 이 어정쩡한 태도들이 있었다고 하면 그것은 예수님을 예수님으로 믿는 것이 아니고 종교인 노릇한 것일 뿐입니다. 여기 말씀 안 들었단 말입니다. 듣지 않았어요. 들은 것이 아니에요.

  어떤 집사가 저에게 말하기를 '물론, 사도신경으로 신앙고백을 하는 것에 문제가 있다는 것은 오래 전부터 들어서 알고는 있는데 자신도 그것을 받아들이는 입장이기는 했지만 이제는 목사님의 말씀을 듣는 사람으로서 목사님이 사도신경을 하고 계시니 목사님이 그만한 확신이 있으니까 하시는 것이고, 맞는 것이니 하시는 것이겠지 하고 저도 목사님을 따르는 것이 질서라 생각하기 때문에 하기로 했다.' 라고 했습니다. 그러면 이것이 말씀에 의한 자기 믿음에서 난 것입니까, 아닙니까? 아닌 것 맞습니까?

  목사가 하니까 하는 것 아닙니다. 여러분 자신이 말씀의 근거가 된 믿음이 되었기 때문에 하는 거예요. 저는 제가 믿음이 되었기 때문에 여러분에게 가르치고 내 신앙을 고백하는 것이지만 여러분도 말씀을 듣고 배워 자기의 믿음이 되어서 고백하는 것이 돼야 하는 것입니다. 목사가 하기 때문에 하는 게 아니에요. 그런 것은 자기도 모르는 것을 따라 외우는 흉내 내는 앵무새와 같을 뿐입니다. 자기 스스로가 성경의 뜻대로 알고 하는 믿음의 고백이 아니면 해야 한다, 하지 않아야 한다 하는 이 같은 논쟁은 다 알지 못한 자니 알지 못한 자들로 버려두라 하신 말씀 안에 있는 것일 뿐입니다.

여러분! 우리가 신앙을 고백한다 할 때 그 신앙고백의 근거는 어디 있습니까? 성경입니까, 성경 밖의 것들입니까? 성경입니다 성경! 물론, 이 사도신경의 문제점을 제시한 그 목사가 사도신경이 성경에서 틀렸다 하는 것을 말하기 위해서라고 말했지만 그 말은 자기를 믿게 하려고 말한 구실일 뿐입니다. 이제 그것을 제가 성경으로 반박할 것입니다.

성경 밖의 것은 어떤 것도 들어야 할 이유 없습니다. 성경 밖의 것 끌어다 붙이는 것 다 미혹이요 거짓임을 분명히 말합니다. 오직 성경이 근거예요. 성경에 없는 것, 성경이 말씀하고 있지 않는 것, 명하시지 않는 것들을 했을 때는, 예를 들어 성탄절 같은 것 부활절 같은 것 이런 것들을 했을 때는 그 출처가 어디서냐 바로 그것은 사람들을 이용하여 하나님의 뜻을 어지럽히는 사단의 흉계임을, 그것이 어디서 출발했다는 것을 속지 않도록 하기 위해 밝혀 말할 수는 있겠으나 그러나 성경이 말씀하고 있으면 그 출처는 어디예요? 성경인 것이니 성경 밖의 것들을 끌어다 붙여 혼란을 주는 것 사람을 이용하고 인간 지식을 이용한 사단의 흉계일 뿐이니 들어야 할 이유 절대 없는 것입니다.

신앙생활 몇 년 이상이 되었다면 이 신앙고백은 성경에 근거된 뜻을 따라서 자연스럽게 믿음이 되고 고백이 되게 되는 것입니다. 자기 믿음을 위해 성경을 읽고 하나님과의 인격적인 관계가 되기를 원한 것이면 그 믿음은 성영님께서 성경의 뜻을 깨달아 알게 하시면서 사도신경을 할 것으로 알게 하십니다. 자연스럽게 하게 하신다는 말입니다.

제가 어떤 사람이 보내준 그 목사의 〈비성경적인 사도신경〉이라는 제목의 영상 파일을 열고 들어 보다가 실소를 금치 못했습니다. 사도신경으로 종교 개혁을 일으키기 위해서 종교 개혁 날을 손꼽아 기다렸다는 말을 듣는데 어이가 없어 그냥 웃음이 터져 나왔습니다. 제가 그런 말들을 듣고 있자니 얼마나 싫은지 5분 남짓 듣다가 나도 모르게 영상을 꺼버렸습니다. 더 들을 수가 없어서 반사적으로 껐습니다. 그때 저의 입장은, 질문한 이들에게 사도신경을 다루겠다고 약속을 했으니 그 목사의 말을 듣기는 들어봐야 할 텐데 도무지 듣는 것을 못 하겠는 겁니다. 듣다가 끄고 듣다가 끄고 하기를 서너 번을 반복하다 하는 수 없이 다른 이에게 그 내용을 글로 옮겨주라고 부탁하여 옮겨진 글로 읽게 되었어요.

아니 여러분, 사도신경으로 종교 개혁을 일으키겠다고 한 거잖아요. 그러니 웃음이 날 것밖에는 더 있겠습니까. 사도신경하면 지옥 간다. 사단의 것이다. 그래서 사도신경을 파헤쳐서 종교 개혁하겠다고 나오니 말입니다. 종교 개혁한다고 하는 것이나 사도신경하면 지옥 간다, 사단의 것이다 하는 것이나 그 밥에 그 나물인데 웃음이 나올 것밖에 더 뭐있겠습니까.

성경을 안다면, 참으로 하나님을 안다면 그런 망발로 용감할 수는 없습니다. 사도신경으로 종교 개혁을 일으키기 위해서 종교 개혁 주

일이라는 날을 손꼽아 기다렸다니, 성경에 얼마나 어두우면 이런 무지한 말과 행동으로 하나님의 뜻을 가리는 일을 하겠습니까? 그러면서 계속 하는 말이, 마틴 루터의 종교 개혁이라는 것을 들먹이며, 다시 한 번 종교 개혁이 일어나야 할 때가 바로 지금이라고 깨닫게 되었다. 지도자들은 전부 다 개혁의 대상이 되었다. 개혁 자체를 두려워하고 있다. 오늘날 21세기에 다시 종교 개혁이 일어나야 한다.

  10월 31일 날 마틴 루터가 종교 개혁을 일으켰는데, 자신도 10월 31일 날 사도신경으로 종교 개혁을 일으키기 위해 이날을 손꼽아 기다렸다. 그러니 자신과 인터넷으로 말씀 듣는 성도들이 깨어나서 목숨 걸고 종교 개혁이 일어나야 한다. 개혁자가 바로 자신과 인터넷 말씀 듣는 성도들이니 이제는 성도들이 목숨 걸고 일어나야 할 때가 되었다. 우리나라 이단 연구 교수가 사도신경 외우면 이단이 아니라고 말해놓으니까 이단 되기 싫어서 너도 나도 예배 때마다 사도신경을 외우게 되었다. 자기가 오늘을 기다렸던 이유는 바로 이 사도신경을 파헤치기 위해서다. 그래서 이 사도신경을 일생일대 단 한 번도 외우지 않는 저와 여러분이 되시기를 주님의 이름으로 축원한다 했습니다. 역시 자기 주님이 있어요. 자기 주님이!
  10월 31일이 종교 개혁 날인가 봅니다. 저는 그런 것은 다 잊어버렸어요. 인간의 역사에 대한 학문이 필요해서 알려는 것이면 모를까 믿음에는 전혀 필요 없는 것이니 알고 있을 이유 없습니다. 성경만 알면 되니 성경 밖의 것들은 관심 없습니다.

  그러니까 자신도 10월 31일 날 마틴 루터 흉내 내어 종교 개혁을 일으켜서 영웅이 되어 보겠다는 것 아닙니까? 그래서 종교 개혁 해보겠다고 어떤 여자도 달려와서 "목사님 말씀에 큰 은혜 받고 있습니다. 그런데 사도신경하면 지옥 간다고 했습니다."하는 큰 소식이나 전해주러 온 것처럼 우리 교회에 오지 않았습니까? 그래서 종교 개혁 해보겠다고 왔었구나 하는 것을 후에 제가 눈치를 챘습니다. 종교 개혁하는 주인공들이 되어 보려고 감히 이 교회에까지 와서 사도신경 하면 지옥 간다고 한 것 아니겠습니까? 종교 개혁해보려고 내게 영상을 보내고 질문들을 한 것이 아닌가 말입니다.

그러니까 종교 개혁하는데 저보고 힘 좀 보태라는 것이지요. 도대체 종교 개혁이라는 것이 맞는 말이냐 말이에요. 어디서 나온 말입니까, 어디서? 여러분! 어디에 예수님께서 종교 개혁하라 하신 말씀 있습니까? 종교가 부패하면 너희가 가서 개혁해야 할 것이라 하신 적 있습니까? 예수님은 종교를 말씀하신 적 없습니다. 종교를 세우신 적 없어요. 예수님은 종교의 교주가 아닙니다. 예수님께서는 마지막 때에 징조가 있을 것인데 바로 거짓 선지자가 많이 일어나 많은 사람들을 미혹하겠으며 불법이 성하므로 많은 사람의 사랑이 식어지리라 하시고, 너희가, 누구의 미혹을 받지 않도록 하라고요? 사람의 미혹을 받지 않도록 주의하라고 말씀하셨지 종교 개혁하라 하지 않으셨습니다. 종교 개혁이라는, 성경이 가르친 바 없는 그 같은 겉껍데기들로 속이러 들어오는 것들이 바로 주의해야 하는 사람의 미혹인 것입니다. 종교 개혁 착각하지 마시란 말입니다. 무슨 종교 개혁입니까. 예수님께서는 많은 사람이 내 이름으로 와서 말할 것이다. 나는 주의 종으로 부름을 받아 나왔다 하고 나와서 많은 사람을 미혹케 하리라. 내가 미리 너희에게 말하였으니 미혹 받지 않도록 주의하라 하셨지 무슨 종교 개혁이냐는 말입니다.

여러분! 그러면 우리가 지금 예수님을 믿는 것이 종교입니까? 종교는 사람이 만들어 놓은 것을 종교라고 하는 것입니다. 우리는 종교를 믿는 것이 아니라 죄인을 구원하여 영생을 주시는 하나님의 생명의 뜻을 믿는 것입니다. 그것을 기독교라 하는 거예요. 세상 사람들은, 세상 학문은, 세상 종교들은 하나님이 사람을 지으시고 찾아오신 이 생명의 뜻을 믿지 않기 때문에 종교라고 말하는 것이지만 그러나 믿는 사람들이, 그것도 지도자라고 하는 자들이 종교라고 말한다면 그것은 하나님의 뜻을 종교로 끌어내리는 종교인이요 사람을 미혹하는 자들입니다.

하나님께서 인간을 찾아오셔서 생명을 주시는 이 엄청난 뜻을 한낱 종교로 전락시키는 가증입니다. 목사 자신이 지금 목청 터져라 종교를 개혁한다고 부르짖는 것으로 이미 그 자신 스스로가 종교인이라는 것을 드러내 주는 것임에도 불구하고 그것을 알지 못하면 알지 못한 자들로 버려두라는 것입니다. 앞에서 말했잖습니까? 지금 거짓의 행태들을 다 드러내 주시고 있다고요. 그럼에도 알지 못하면 알지 못한 자니 버려두라 하신 겁니다. 제가 버려두고 안 버려두고 할 수 있어서가 아닙니다. 하나님께서 보낸 바 없기 때문에 진리를 말해도 그 진리를 거스르는 일을 한다는 것입니다. 알지 못한 자는 알지 못한 것이 그들의 것이니 고쳐보려고 할 것 없다는 것입니다. 자기의 아는 겉껍데기와 같은 것들로 사람들을 미혹하여 예수님을 만날 수 없게 하는 종교인의 전형이라는 것입니다.

여러분도 '사도신경하면 지옥 간다. 사단의 것이다.'라고 말한 그 목사가 누구인지 이미 다 알고 있잖습니까? 그래서 종교 개혁이라고 하니, 나야 종교를 믿는 것이 아니고 종교에 속하지 않았기 때문에 그 목사가 자기 종교 개혁하겠다는데 나와 관계없으니 내가 끼어들 일은 아닙니다만 그러나 혹 받을 영혼들에게 기회가 될까 해서 그 목사의 사도신경의 문제점이라고 하는 것들에 대해 말씀으로 변증하려고 하는 것입니다.

그동안 성영님께서 방언이나 사도신경에 대해서 준비하려고만 하면 왜 그렇게 거부하고 막으셨는지 그 이유를 여러분도 들으셨으니 알게 되었잖아요? 또한 그동안 계속 경고하라 하신 것을 이어서 말씀을 드리는 것입니다.

제가 그동안 이 예수님의 날에 전할 예배의 말씀을 준비할 때마다 겪고 느낀 것이 있습니다. 말씀을 준비한다고 하는 것이 나에게는 영과 혼과 육 전체가 얼마나 힘쓰고 애씀의 수고를 해야만 되더라는 것이지요. 한편 한편 말씀을 준비하는 내용이 쉽게 되지 않고 아주 마음이 애쓰고 수고의 씨름을 해야 했습니다. 그러니까 왜 이렇게 힘들어야 하는지 때로는 불평 섞인 물음을 하면서 지금까지 오게 되었습니다.

다른 목사들을 보면 얼마나 언변이 좋은지 예수님의 날 예배 설교뿐만 아니라 한 주 내내 여러 번을 설교함에도 어떻게 그렇게 술술 쏟아내는데 왜 나에게는 그런 언변의 능력도 없고, 한편 말씀을 하는 것임에도 이렇게 애쓰고 힘써야만 되는 것인가 했습니다. 어느 날 말씀하시길 '힘쓰고 애씀이 어찌 너에게만 있더냐? 여자가 해산의 고통을 겪어야 자식을 얻는 것처럼 말씀 안에 생명의 보화를 얻는 것 또한 수고로움을 통해서 얻게 되고, 그것이 예수님의 남은 고난을 채우는 너에게 주신 사명이다.' 하시면서 나에게 아브라함을 보이시고,

야곱이 얍복 강가에서 어떤 사람과 축복을 얻기 위해 애쓰고 힘써 씨름을 하던 것을 보이시고, 예수님의 겟세마네 동산에서 애쓰고 힘써 기도하시던 것을 보이셨습니다.

그때 제가 '아! 이렇게 힘들고 애씀이 있는 것에서 생명의 말씀이 나오게 하셨구나. 힘써 애써 씨름하는 데서 생명의 말씀이 나오게 하시고 이것은 또 예수님의 십자가 고난에 참여하는 것이 되었구나.'하는 것을 깨달았습니다. 그렇기에 이 같은 경고의 말씀을 보내시는 일에까지 내가 사명으로 세움을 입었다는 것을 알게 되었습니다. 여자에게서 예수 그리스도가 태어나 세상에 오시도록 하셨고, 여자로 하여금 세상 종말의 때에 예수 그리스도를 드러내고 거짓을 드러내는 일을 하게 하셨다는 것을 알았습니다.(여기까지 1부 말씀)

(2부 말씀 시작) 저는 일찍이, 그러니까 20년 전 정도쯤 되는 것 같습니다. 아직 성경의 뜻을 깨닫지도 못한 나에게 사단이 밀 까부르듯 온갖 시험으로 나를 괴롭게 하던, 아주 극심하게 시험할 때에 오늘 우리가 읽은 요20:23의 **너희가 누구의 죄든지 사하면 사하여질 것이요 뉘 죄든지 그대로 두면 그대로 있으리라**의 (참고로=이 말씀은 2부 말씀 본문입니다.) 말씀을 강권하여 주셨습니다. 이 말씀은 예수님이 제자들에게 하신 말씀인 것은 알겠는데 그러나 죄는 예수님만이 사해주실 수 있는 것임에도 왜 제자들에게 죄사하는 권세가 있는 것처럼 말씀하셨는지 납득이 가지 않는 가운데 또 내게 이 말씀을 하신 것에 대해 이해가 불가하여 제 스스로가 이 말씀을 온전히 깨달아 알 때까지 마음에 두고 있을 수밖에는 없었습니다. 그리고 까맣게 잊어버리곤 했었지만 때때로 성영님께서 일깨워 주시면서 왜 나에게 이 말씀을 하셨는지, 무슨 뜻인지, 말씀을 놓고 기도하게 하셨습

니다. 그래서 성영님께서 자기의 택한 사람에게는 그의 마음에 성영님의 소원을 두시고 즉, 말씀을 주시고 기도하게 하시고 행할 수 있는 능력으로 이끄신다는 것을 알았습니다.

그때에 또 어떤 말씀을 하셨는가 하면 '너를 축복하는 자를 축복할 것이고 너를 미워하는 자를 미워할 것이다. 네가 저주하면 나도 저주하고 네가 축복하면 나도 축복할 것이다. 음부의 권세가 너를 이기지 못하리라.' 하셨습니다. 그런데 그동안 내 마음에만 두고 있었던 이 말씀들을 왜 하셨는지 이제는 잘 알게 되었습니다. 무슨 말인가 하면 내가 인정이 되지 않는 것은 하나님께서도 인정하시지 않는 것이고, 내가 인정이 되는 것은 하나님께서도 인정하신 것임을 아는 관계가 되었다는 것을 알게 되었다는 말입니다. 하나님께서 인정하시지 않는 것은 나도 인정이 되지 않고, 하나님께서 인정하시는 것은 나도 인정이 되는, 성영님으로 말미암은 이 관계가 되었음을 알았다는 말입니다.

성영님께서 내게 어떤 뜻을 두셨는지, 이제는 나에 대한 이야기를 할 때가 되었다고 하셔서 제가 여러분에게 이 같은 이야기를 적극적으로 말 합니다. 제가 드리는 이 모든 경고의 말씀들과 저에 대한 이야기는 받든지 안 받든지, 말씀 듣는 분들의 몫이 될 것입니다.

하나님께서는 오늘날 믿는다 하는 사람들 앞에 말씀에 대하여 거짓과 참을 두셨으니, 다시 말해 거짓이 판을 치는 이때에 들을 자는 듣고 나오라고 참된 말씀을 분명히 보냈기 때문에 이제는 참을 받기에 마땅한 자는 참을 받을 것이요 거짓을 받기에 마땅한 자는 거짓을 받을 것이요 그러므로 각자의 몫으로써 핑계치 못한다 하셨습니다. 예수님은 **너희가 뉘 죄든지** 라고 '너희가'라고 하셨지만 성영님께서 내게 말씀하실 때는 '너희가'라고 하신 것이 아니고 "네가"라고 하셨습니다. "네가 뉘 죄든지 사하면 사하여질 것이요, 뉘 죄든지 두면 그대로 있으리라."고 하셨다는 말입니다.

이같이 말씀하신 것은 나에게 잘못하는 사람의 죄를 내가 사해주면 사해지고 그대로 두면 그대로 있다고 하신 말씀이 아니고, 물론 이것도 절대로 피할 수는 없습니다만 사람이 나의 신앙에 대하여 자기 시각 자기 기준으로 보고 판단하는 것이면 하나님과 관계되는 일이기 때문에 절대로 피할 수 없다는 말입니다. 그러나 더 근본의 뜻은, '네가 말씀을 주면 그 말씀을 듣고 돌이키는 자, 말씀을 듣고 받는 자는 사함을 받을 것이나 듣지 않는 자는 사함을 받을 길이 없다.'는 말입니다.

오늘날 이 종말의 때에 믿는다 하는 사람들이 지금 대부분 하나님의 표적에서, 의도하신 뜻에서 벗어나 있어 예수님 안에 들어가지 못한 죄들 가운데 있는데, 그 죄들을 말씀으로 다 드러내 주고 경고의 말씀을 전하는데 이같이 말씀으로 방향을 제시하고 죄들을 드러내 주는 것들에서 듣고 회개하여 돌이키면 사함을 받는다는 것을 말씀하는 것입니다.

그래서 제가 오늘날 하나님의 말씀이라고 전해지고 있는 것에 대해서는 하나님의 것인지, 사단의 것인지, 사람의 것인지, 그냥 들으면 압니다. 그리고 내 안에서 성영님이 거부하시고 거절하시기 때문에 거짓에 대해서는 저에게는 속일 수도 없을 뿐만 아니라 가망 없는 것인지 아닌지 판단이 내려져 버립니다. 이것이 내게 주신 권세라는 겁니다.

그러니까 '뉘 죄든지 그대로 두면 그대로 있으리라.'로 제 안에서 판단이 돼 버린다는 말입니다. '저것은 하나님에게서 나온 것이 아니다 하나님과 관계없는 것이다.' '저것은 하나님께 불법이요 큰 죄다.'라고 판단이 내려집니다. 그것은 그 죄가 그대로 있게 되어서, 이후에 하나님 앞에 설 때에 그 죄의 무게만큼 정죄를 받고 심판에 떨어진다는 말입니다. 교만은 사단의 것들임을, 하나님 말씀을 빙자하여 사단의 일들에 쓰임 받고 있는 인본주의로, 절대로 돌이킬 가망이 없는, 고침 받을 길이 없음이 판단이 되어서, 그같이 판단되는 것은 하나님께서도 그대로 두고 영원한 심판 날에 심판하신다는 말씀입니다. 그 죄의 값을 당하게 될 것이라는 말씀입니다. 여러분이 새겨들으십시오. 이것은 사람의 권한이 아니라 내안에 계신 성영님에 의해서 판단이 내려지는 거예요. 이것을 권세라고 합니다. 음부의 권세가 이기지 못하는 권세입니다. 말씀과 성영님으로 충만하게 된 자의 권세입니다.

예수님을 믿기는 하는데 성격이 좀 나빠서 이제 예수님 믿는 믿음으로 변화 받고자 자기 나쁜 성격 좀 고쳐보려고 참으려고 노력했는데도 무너지고 또 무너지는 이런 차원을 말하는 것이 아닙니다. 이것은 기회가 있습니다. 오히려 자기의 죄성에 대해서 알고 애통하고 말씀으로 자신을 다스리며 성영님의 도우심을 간절히 구하면 기꺼이 도우십니다.

바로 하나님의 말씀에 대한, 하나님의 뜻에 대해서 말하는 것입니다. 예수님을 믿는 것을 종교로 끌어내려 놓는 자, 세상 것을 앞세워 샤머니즘화 하는 자, 인본의 해석으로 윤리 도덕이 되게 하는 자, 절대로 돌이킬 수 없는 자기 지식에 속는 자, 사람이 하나님을 믿고 섬겨야 하는 영적 존재라는 것을 알기는 하나, 말씀에 해석에 대해서는 이같이 새김질이 안 되는 바리새인과 서기관과 같은 자들을 말하는 것입니다. 자기가 목사가 되어 나온 지도자들입니다. 그리고 그 지도자를 신처럼 우상화하는 자들입니다. 하나님의 뜻에 대한 말씀은 전혀 알지 못하면서 그 목사의 말을 맹목적으로 받아들이고 맹종하는 자들입니다. 그러므로 교만이요, 우매요, 가망 없는 거짓의 무리들임을 저의 전하여 온 말씀에 의해 판단이 돼 버려서 그 죄가 그대로 있다는 말입니다. 이것이 **뉘 죄든지 그대로 두면 그대로 있으리라**입니다.

　제가 과거에 요20:23의 말씀을 성영님께로부터 받은 뒤에 있었던 일입니다. 복잡한 마음을 좀 정리할 겸해서 오산리 기도원이라는 곳에 올라갔습니다. 그런데 그 기도원 주차 공간은 관광차들로 가득 메워져 있었습니다. 알아보니 기도원 특별 행사에 순복음 계통의 인천의 어떤 큰 교회 담임 목사가 강사로 초빙되어서 설교하게 되었는데 '우리 목사님 설교하는 곳에 교인들이 다 참석하여 기도원을 가득 메워야 한다.'고 교구마다 다 동원되어 왔다는 것입니다.

　저도 그 교회를 출석했던 신자였을 때는 동원된 사람으로 흔한 일이었기에 그냥 그런가 보다 했습니다. 그런데 행사 마치고 수십 대의 차량 행렬이 나가는데 제가 그 모습을 보면서 무엇인지 옳지 않은 것 같다는 생각이 들고, 목사를 지나치게 높이는 것 같다는 생각이 들고, 그 목사를 신앙하고 섬기는 것 같다는 생각이 들었습니다. 또한, 목사의 그런 처신이 어떤 집단의 교주의 행세 같다는 생각이 들었습니다.

그때 성영님께서 내 생각에 대답하시듯 느닷없이 말씀하시기를, '네 생각이 옳다. 하나님에게서 나온 것이 아니다.' 하셨습니다. 그러면서 곧 따라서 '아! 성영님이 주신 생각이었구나!' 인간 최고의 양심을 발휘해 윤리와 도덕을 세우는 종교인이요, 높임을 받으려는 타락한 죄의 속성이라는, 제가 알지 못하는 이 같은 생각들이 계속 이어졌습니다. 성영님께서 인간 열심인 그 종교적인 모습들을 내게 보이시면서 뉘 죄든지 그대로 두면 그대로 있으리라가 무엇을 말씀하는 것인지 성영님께서 판단하신 것을 내 생각 속에 주시고 나로 가르치시기를 시작하셨던 것입니다. 그리고 이후 가르치신 말씀에 의해 성경의 뜻이 확실히 열려서 내 것이 되게 되니, 말씀과 성영님의 충만함에 이르니, 이제는 성영님께서 생각에 주지 않으셔도 아는 능력이 되었습니다.

그래서 성영님께서 강하게 거부하시는 것, **뉘 죄든지 그대로 두면 그대로 있으리라**로 판단된 예수님을 믿는다고 하는 종교인들의 모습은, 구원도 받고 복도 받는 종교를 만들어 사람들의 종교심을 불러일으키고, 온 힘을 기울여 사람들의 영혼을 끌어들여서 구원받은 자의 복은 또한 세상에서도 잘되는 것이라는 종교를 심어 주고, 그 종교에 속아 나온 사람들을 이용하여 또 온갖 방법을 동원해서 사람들을 속임의 길로 끌어들이는 것입니다. 그렇게 얻은 수많은 영혼들을 거머쥐고 말씀을 빙자하여 자기 사상을 열심히 뿌려 넣어주는 겁니다. 도덕성이 회복 돼야 한다고 인간 도덕을 열심히 뿌립니다.

서로 사랑하고 용서하고 화목해야 한다고, 인간 양심이 가지고 있는 인애와 사랑에 대해 열심히 뿌립니다. 인간 양심이 가지고 있는

효의 사상을 열심히 뿌립니다. 그래서 세상에 자기 이름을 내고, 가문의 자랑과 영광을 삼고, 사람들의 마음속에 훌륭한 인품 고상한 인격자라는 인식을 심어 주어 존경을 받고, 예수님을 믿는 믿음이 세상 종교들보다 좀 월등한 종교나 되는 것처럼 세상 가운데 또 하나의 종교가 되게 하는 종교의 교주 노릇들을 하는 것입니다. 알아들었는지 모르겠습니다.

그래서 이같이 **네가 뉘 죄든지 사하면 사하여 질 것이요, 뉘 죄든지 그대로 두면 그대로 있으리라** 하신 이것이 예수 그리스도 안에서 하나님 아버지가 내게 성영님으로 주신 하늘의 권세입니다. '내가 너에게 천국 열쇠를 주리니 음부의 권세가 너를 이기지 못하리라.' 하신 내게 주신 권세입니다. 저에게 이 같은 말을 듣는 여러분이 만일에 자기중심의 머리로 듣는 것이면 네 자랑이나 하는 것이냐 하겠지만, 그러나 성영님의 귀가 되어 듣는 것이면 같은 마음으로 동감하실 것입니다. 저에 대해서 드러내면서까지 세세히 참과 거짓을 밝혀 말하도록 하셔서 돌이킬 기회를 주셨음에도 불구하고 돌이키지 않는 것이면 이후에 어떤 변명으로도 핑계치 못할 것이라 하셨습니다.

그러니까 이 사도신경으로 종교 개혁을 해보겠다고 하는 이 전○○ 목사도 성영님의 판단이 이미 내려진 종교 목사라는 것을 분명히 밝혀두겠습니다.

제가 여러 설명을 생략하고 단도직입적으로 말씀을 드립니다. 지난 2012년 4월쯤에 제가 인터넷상에서 베리칩이라는 것이 계시록에서 말한 짐승의 표인 666이라는 말을 처음 접하게 되었습니다. 그래서 그 관련된 영상들을 따라다니며 좀 들어 보았습니다. 들으니 많은 사람들이 베리칩이 666이라고 외치고 전하는데 인터넷을 달구다시피

하였고, 또 많은 사람들이 온통 거기에 관심을 두고 있었습니다. 그래서 참으로 짐승의 표가 맞는가 하여 그 관련 영상들을 여러 편 듣기는 했지만 정황상 짐승의 표라는 데 거부할 수 없을 만큼 증빙이 되기는 했지만 그러나 저는 짐승의 표라는 것에 확신이 들지 않았고 반신반의였습니다.

설사 베리칩이 짐승의 표라 할지라도 계시록이 말씀하는 짐승의 표는 저와 관계가 없으니 저의 입장으로는 사실 들을 필요는 없었습니다. 짐승의 표를 받는 것은 예수님이 재림하신 이후 환란시대를 들어가는 자들에게 해당되는 것이고, 그 환란시대는 예수님을 믿으나 그들 안에 예수님이 계시지 않는 이들과 종교인들 바리새인과 같은 자 서기관과 같은 자 사두개인과 같은 자들이 들어가는 것이기 때문에 나는 하늘이 무너진다 해도 관계없는 일이니 그리 관심 둘 필요는 없는 일이었습니다.

그러나 인터넷에서 말씀을 듣는 이들에게서 베리칩을 짐승의 표로 봐야 하느냐 하는 질문들이 들어 왔고, 또 예수님의 교회 안에서도 그 믿음에 있지 못한 이들이 있다는 것을 생각할 때에, 그냥 넘겨 버릴 수만은 없는 일이라 생각되어 성영님께 그 베리칩을 놓고 짐승의 표와 관련되는지 그 유무에 대해서 계속 질문을 드렸는데 오랫동안 답을 주시지는 않았습니다, 사실은! 그런데 어느 날 관련 유무 말씀이 아니고 '너와 상관없는 것이니 네 할 일을 하라.' 하셨다고 이미 여러분에게 말했지 않습니까?

그런데 그때에 뭐라고 하셨는가 하면, '베리칩에 대해서 연구하고 증빙을 청구하여 그것을 짐승의 표라고 집중적으로 전하는 저들은…….', 이것은 제가 베리칩이 짐승의 표가 아니라고 하는 것 아닙니다. 짐승의 표일 수도 있고 아닐 수도 있겠지요. 아직 저에게는 허락되지 않았기에 단정 짓지 않습니다. 아셨지요? 아니든 기든, 요한계시록에 보면 매매수단으로 쓰인다는 말이 있어요. 그렇기 때문에 우리가 몸속에 넣는 것은 하지 않아야지요. 베리칩이 되었든 뭐든 우리 몸에 집어넣는 것은 하지 않아야 한다는 말입니다. 그러니 무엇이 됐던지 신체에 맞을 일 없죠. 여러분, 몸속에 넣지 않아야 한다는 것 아시죠? 어떤 것이 되었든 말입니다.

그러니까 성영님께서 '저들은 모두 다 자기가 자기 영이 어디 있는지 알기 때문에…….', 자기 영이 안다는 것입니다. 지금 성영님과 함께 하나님 보좌 우편에 예수님 계신 곳에 있지 않기 때문에 자기 있을 곳을 스스로 준비하는 무리들이라고 말씀하셨어요. 다시 말해, 성영님이 불러 세운 자들, 말씀을 전하게 하려고 세움을 받은 자들이 아니라고 말씀하셨다는 말입니다. 그들은 환란 가운데 들어간다고 하셨습니다. 예수님 재림하신 후의 환란인지, 구원이 없다는 것인지, 그것은 모르겠으나 성영님께서 그렇게 말씀하셨습니다.

그때 이 전 씨 성의 목사가 베리칩을 전하다가 죽겠다고, 베리칩을 받으면 지옥 간다고, 베리칩 전하는 일에 목숨 내놓았다고 외쳤습니다. 그런데 그 목사가 또한 베리칩을 전한 것과 함께 세상의 교회들, 즉 대형 교회들의 타락상을 꼬집고 치는 설교를 하느라고 울부짖듯 목청을 높여 외치고 있었습니다. 제가 베리칩을 듣다 보니 할 수 없이 그 말까지 듣게 되었는데 성영님께서 듣고 있는 내게 '나는 저들을 보내지 않았다.' 하셨기에 이미 그때 저에게 판단이 내려졌습니다.

성영님께서 보내지 않았다 하셨으니 그가 말씀을 전한다고 하지만 하나님의 의도에 맞는, 뜻에 맞는 답이 그에게서 나올 수는 없습니다. 그때 이미 저는 베리칩을 떠나서 알맹이가 없는 말씀을 그가 전하는 것에 성영님과 뜻을 같이 하는 것이 아니라는 것 즉시 판단이 됐었습니다. 표면을 말할 수는 있어도 속은 보지 못하여 말할 수 없다는 말입니다.

그때 이후 베리칩 이야기를 듣는 것 어느 누구에게서든지 깨끗이 금해버렸습니다. 접어버렸습니다. 사람들을 향해 가르치는 사람들이 말씀의 방향을 잘못 풀어주면 그가 아무리 죄를 지적하고 타락상을 지적하여 외친다 해도 하나님과 상관없습니다. 성영님이 하라 하신 것이 아니면 인간 자기가 정의감에 불타서 자기 의에 도취되어 하는 것으로, 그것은 곧 스스로가 바리새인이요, 사두개인이요, 서기관이요, 종교인, 지도자의 자리에 있다는 것을 드러내 주는 일입니다. 자기 스스로가 인간 양심이 좀 된 사람이라 여겼기 때문에 오늘날 교회들과 지도자들의 하는 짓거리를 보니까 더 두고 볼 수 없어서 그것을 바꾸어 보려고 나왔다는 말입니다.

그러니 그동안 교회나 목사들에게 실망하고 불만이 쌓여있는 사람들, 갈 교회가 없다고 탄식하고 있는 사람들이, 그래서 인터넷에 들어가서 말씀 듣는다는 사람들이 대부분이 거기에 해당되기 때문에 인터넷 들어와 찾고 다니는 것 아니겠습니까? 그러니까 이 목사의 울부짖듯 하며 교회와 목사들의 잘못을 비판하는 외침이 자기들의 가려운 데를 긁어주는 것 같고 자기 속을 후련하게 해주는 것 같은 것이 되었지 않겠습니까? 그러니 이제 이 목사를 제대로 만났구나 하고 구세주 만난 듯 따라가지 않겠습니까? 그러나 여러분! 여러분이 믿는다 할 때 여러분의 속을 시원하게 해주는 말을 듣는 것이 아닙니다. 저는 여러분의 속을 시원하게 해주는 말씀을 드리는 것 아닙니다. 저는 그 목사들과 원수진 것 없어요. 제가 그 목사들을 비판하자는 데 있지 않습니다. 그 같은 데 머물러 있는 여러분들도 거짓 믿음이고, 또한 거짓에 속아서 멸망으로 들어가게 생겼기 때문에 성영님께서 저를 통해서 기회를 주시는 것이니, 참으로 예수님을 믿기를 원하면 정신들 차리라는 말입니다.

그러나 이같이 세세히 드러내 주는 말씀 앞에서도 듣지 않는 것은 알지 못한 자니 그냥 버려두라 하셨고, 뉘 죄든지 그대로 두면 그대로 있으리라 하셨습니다. 또한, 성경에 깊이가 없어 자기 지식의 말씀과 지혜의 말씀이 되지도 않은 사람들이 어떤 계기를 통해 기도 중에, 또는 꿈이나 환상을 본다고, 천국 지옥 봤다고 그것을 밑천 삼아서 주의 종이라고 나온 것, 다 거짓이라는 것을 아십시오. 믿는다는 사람들이 말씀으로 삼위 하나님을 알지 못하고, 말씀으로 맺은 믿음이 되지 않고 있는 것을 사탄은 너무나 잘 알기 때문에 이 마지막 때는 사탄이 온갖 도구들로 미혹하는 수단을 삼아 회오리처럼 휩쓸고 있다는 것을 알라는 말입니다.

또한, 그때 베리칩을 듣게 되었을 때 저에게는 생소하고 의외인 일루미나티니 프리메이슨이니 하는 이런 제목들의 영상물들이 눈에 많이 띄었습니다. 참으로 예수님을 믿는 믿음으로 사는 저에게는 이런 일루미나티나 프리메이슨이나 세계 경제에 대한 문제나 또는 종교통합 문제 등 이런 것들이 좀 생소했고, 예수님 안에 있는 저로서는 대단히 거부가 일어났습니다.

그때 본명인지 가명인지는 모르겠으나 외국 쪽의 이름을 가진 사역자라 불리고 선교사라 불리는 젊은이들의 말씀 영상이 베리칩과 맞물려서 저의 눈에 잘 띄어서 들어 보게 되었습니다. 거기에 김 아무개도 있고 차 아무개도 있습디다. 이들이 세계 경제 문제, 또 신세계질서 등, 또 일루미나티니 프리메이슨이니 하는 강연을 펼치는데, 제가 이 젊은이들의 열정과 기술에 감탄해 마지않았습니다. 대단한 말기술과 정보자료 등을 어떻게 저렇게 꼼꼼히 수집했을까 하는 감탄이 절로 난 겁니다. 한 젊은이는 모습은 없고 목소리만 내보냈는데 목소리가 참 정겹고 듣기 좋다는 생각을 하면서, 듣고 있자니 그 내용에는 계속 거부감이 들었습니다.

그때 성영님께서 '저 무리들도 다 환란으로 들어가게 된다.' 하셨습니다. '저들이 지금 환란으로 들어갈 준비를 열심히 하고 있다.'고 하셨습니다.(성영님께서 말씀하신 환난은 7년 환난만 말씀하지 않는 것으로 제가 이해되었다는 것을 참고로 밝혀 둡니다.) 제가 성영님의 그 같은 말씀에 새삼스럽지는 않았습니다. 의외라 들어보긴 했지만, 그러나 이미 그들이 그렇게 뛰어난 말기술로 전하는 그것들은 예수님과 반대되는 방향의 것들인 것을 알았기 때문입니다. 믿음을 갖는 것은 그런 것들과는 전혀 관련 없기 때문입니다. 성영님께서 나로 하여금 이 마지막 때에 성영님과 반대되는 모든 거짓을 드러내게 하시려고 듣게 하셨던 것입니다.

그중에 한 젊은이가 '마지막신호'라고 했나 '마지막 성도'라고 했나? 아마 그런 제목으로 책을 출간했다고 했습니다. 그 책을 가지고 저 멀리에서 내게 달려온 여자도 있었습니다. 목사님 전하시는 말씀에서 성경에 대해 자기가 막히는 내용들이 해결되었다고, 너무 감사하다고 충성할 것처럼 대화가 그러더니, 그 먼 데서 나에게 보라고 그 책을 가지고 왔더란 말입니다. 그래서 나는 그런 책 안 본다고 내가 그 저자의 설교를 두 편 가까이 듣기는 했으나 내 것이 될 것은 아무것도 없어서 보지 않는다 했다가, 그래도 가져왔으니 (예의상) 내가 시간 내서 한번 보고 돌려줄 테니 두고 가라, 나는 책이 필요 없으니 다시 살 것 없이 내가 보고 다시 돌려줄 테니 두고 가라 했다가 한 번도 들춰보지도 않고 우편으로 돌려보냈습니다.

그 이후로도 정신없는 여자들이 나에게 그들과 함께 한통속이 되어 일 좀 해보자고 쫓아온 사람들도 있었지 않습니까? 이후에 들으니 그 책의 판매 부수가 어마어마했다고 들은 적이 있습니다. 이것이 의미하는 바가 무엇이겠습니까? 사람들의 믿음의 방향이 다 빗나가 있다는 것을 의미해주고 있는 것입니다.

이런 말씀드리는 것 난감하기는 합니다만, 그러나 성영님께서는 필요하다면 이름까지도 거론하라고 하셨기 때문에 제가 이런 내용에 대해서 말하지 않을 수가 없게 되었어요. 제가 그 책 저자인 그 젊은이의 프리메이슨이니 세계 경제니 하는 말을 듣고 있노라니 자기의 강연 내용과 매치되는 영화가 있는데 그것을 여러분이 꼭 보라고, 그런 내용은 좀 봐야 여러분의 믿음에 유익이 된다고 하며, 그 영화 제목이 아마 〈매트릭스〉라고 했나 정확히는 잊어버렸는데, 그런 영화를 소개하고 있었습니다.

그런데 제가 아는 블로그(blog)에 보니 그 제목의 영화가 올라와 있기에 볼 기회가 됐었지요. 공상과학을 다룬 것 같은 굉장히 오래된 영화였는데 무대가 꼭 지하 세계 같았고요, 많은 무리들이 군대처럼 그 지하 공간에서 자기 의지나 의식이 없고, 무엇인가에 의해서 정신을 조종당하여 로봇처럼 따라 움직이는 것 같았는데 제가 더 볼 수가 없어서 그냥 꺼버렸습니다. 지하 세계의 그 음침한 분위기의 그 장면 속에서 귀신들이 바글바글했습니다. 그 영상 속이 귀신들의 일터요 귀신들의 천국이었습니다. 아마 영적 세계에 어둡고 믿음 없는 사람들이었으면, 제가 믿음이 없는 사람이었다면 그 귀신들이 쏟아져 나와 나를 잡아 버렸을 것입니다.

그래서 이런 속임의 것들로 조정을 당하여 도무지 생각 없이 접하고 듣고 취하니 그 영화의 장면과 똑같이 귀신들에 씌어서 귀를 잡히고 눈을 잡히고 정신이 잡혀버릴 것이니 어떻게 생명을 얻는 것으로 돌아 나올 수가 있겠습니까? 여러분!

사람들이 말입니다. 하나님이 말씀하시는 믿음에 대해서 정말 너무 바른 이해가 돼 있지 않습니다. 정말 너무 너무 이해가 되어 있지 않습니다. 하나님을 아는 것처럼 말하지만 정말 너무 모르고 있습니다. 그러니까 두려운 줄 모르고 주의 종이라는 이름 달고 나오는 것이지 않습니까? 그래서 하나님을 사랑하는 것도 인간으로 사랑하는 겁니다. 인간 사랑도요, 목숨 내줄 수 있어요. 자기의 모든 것 내놓을 수 있어요. 그래서 인간으로도 얼마든지 도취하여 사랑할 수도 있고 도취하여 목숨 내줄 수 있고 도취하여 자기의 것 다 내줄 수 있기 때문에 그것이 믿음인 줄 착각하고 스스로 속는 것입니다.

그러나 그 입에서 나오는 말을 들어 보면 성령님이 있는지 없는지 그냥 아는 것입니다. 그래서 오늘날 종말에 관계되는 것들에 초점을 두고 집중되어서 그 마음이 좇아가는 것 다 자기 안에 예수 그리스도께서 계시지 않기 때문이라고 이미 말씀드렸습니다.

이런 베리칩이니 프리메이슨이니 일루미나티니 세계 경제니 신세계 질서니 하는 것들은 다 예수님과 반대되는 사단이 세운 나라입니다. 사단과 하나님이 없는 인간이 함께 협력하고 합작하여 이루어 놓은 세상이요 세상 문화요 세상 지식이요 세상 정보요 사단과 함께 망할 악의 세계요 예수님 밖의 것입니다.

그래서 예수님을 참으로 믿는 것이면 예수님을 더 알기를 원하는 것이지, 예수님 밖의 것들을 듣고자 쫓아다니지 않습니다. 예수님 안에 들어온 자는 그런 세상에 대해서 전혀 관심이 없게 됩니다. 세상 명예 물질 다 준다 해도 그런 무익한 것들, 이미 심판받기로 작정된 것들과는 바꾸지도 않고 듣지도 않습니다. 세상 것에 문을 닫아버리고 오직 보좌 우편에 계신 예수님만 바라보고 예수님의 말씀 하나하나를 깊이 묵상하며 그 말씀에 즐거워하게 되어 있습니다.

그런데 그들이 세상 문화를 잡고 있는 사단의 것들에 대해, 또는 베리칩에 대해서 펼쳐 전하고 다니는 이유가 오늘날 성도들의 믿음을 깨우기 위함이라고 말하고 있습니다. 종말의 때를 맞은 성도들에게 때를 아는 믿음으로 준비시키기 위해서 수고를 한다는 것이었어요. 그런 사단과 인간의 문화와 세상 나라 것들을 조목조목 짚어주면서, 이런 것은 일루미나티이고 이런 것은 프리메이슨 쪽이고, 앞으로 신세계에서는 어떻게 이루어지고, 머지않아 경제 대공황이 닥치는데 그때를 대비해서 준비하는 것이 지혜라고 말하고 있습니다. 그러니까 뭐예요? 환란의 때를 준비하라는 말이잖습니까? 성경은 이따위 것 아는 것을 지혜라고 하신 것 아닙니다.

  예수님은 재림하실 때 노아의 때에 임함과 같다고 분명히 말씀하셨습니다. 안전하다 평안하다 할 그때에 도적같이 오신다고 분명히 말씀하셨어요. 그러니까 환란이 아니다는 말이에요. 예수님의 재림은 환란의 때가 아니에요. 환란 때 오시는 게 아니란 말이에요. 환란 전에 재림하셔서 성도들을, 신부될 자들을 데리고 가 버리신 후에 환란이 있게 되는 것입니다.

  그래서 그들은 그 지혜 있는 자 되려고 말입니다. 앞으로 그 경제가 어떻게 되겠느냐가 관심사가 되어 있습니다. 예수님을 믿는다 하는 사람들이 자기가 그때를 대비해 어떻게 준비를 해야 하느냐가 관심사입니다. 환란으로 들어갈 준비를 하느라고, 그것이 예수님을 믿는 사람들이 가져야 하는 믿음인 줄 알고 끌려다니는 것입니다. 구원받지 못했음을 스스로 알기 때문에 그 지혜 찾고 다니는 것입니다. 그것이 준비하는 믿음이요 깨어 있는 것인 줄 아는 것입니다. 사단의 조직 세계에 대해 안다고 해서 믿음이 깨어나는 것 아닙니다. 실제로 아는 것이 아니라 세상 돌아가는 지식을 좀 더 아는 정도밖에 아무 의미 없습니다. 잘 새겨들으십시오. 그렇기에 우리 믿음은 그런 것에 속지 말고 세상 뒤로해버리고 깨끗이 떠나 나와 버리면 끝나는 것입니다. 더 말할 것 없는 것입니다.

  오늘날 능수능란한 말씀씨 가지고 사회 경제를 풀어 가르치고 계시록의 환란의 때를 준비하라고 가르치는 것은 다 미혹하는 것이요 환란으로 들어가게 된다는 것을 분명히 아십시오. 백 번 천 번을 들어도 그것을 통해 예수님을 아는 것도 아니요 천국에 들어가는 것 아닙니다. 영적 능력 갖추는 것 아닙니다. 도대체가 예수님도 모르는 사람들이, 그래서 '주여, 주님'만 불러대는 사람들이, 오늘날 성영님으로 오셔서 계신 예수님과 인격적인 관계를 맺지 못하고 있는 사람들이, 그런 세상 정보 세상 문화 좀 안다고 해서 믿음이 깨어나는 것이겠습니까?

그래서 자기 자신이 예수님으로 맺은 믿음이 되지 못하니 그저 '주여, 주님'만 부르면서 그 관계가 누구와 맺은 관계인지도 모르고 그것이 믿음인 줄 알고 따라다니는 것입니다. 참으로 사람들이 믿는다는 믿음의 말은 분명히 있기는 한데, 빛의 말은 가졌는데, 실제로 예수님과 하나님에 대한 분명한 지식을 가지고 성영님으로 예수님을 알고 그 예수님과 인격적으로 관계가 된 자가 없고, 믿음의 초점을 예수님께 두는 자도 없고, 다 자기에게 맞추는 자가 되어 있어서 그같이 본질이 아닌 것들을 좇고 따라가고 있는 겁니다.

그러니 사단이 얼마나 그 심리들을 잘 아느냐 말이에요. 심리를 너무나 잘 알기 때문에, 사람을 어떻게 속여야 다 속아 넘어가는지 너무나 잘 알기 때문에 그런 지도자들을 사단이 쫙 깔아 놓았습니다. 그러니까 예수님이 훤히 내다보시고 '미혹의 때 종말의 때에 미혹이 있을 것이다. 많은 사람이 내가 기름부음 받은 자라고 나와서 미혹할 것이다. 내가 너희에게 이미 말했다.' 하셨지 않습니까? 저도 누누이 이것을 이미 말하여 왔습니다.

종교 개혁하라고 하시지 않았어요. 그런 것 하라고 하지 않으셨어요. 요란하고 복잡하고 떠들고 그냥 들레고 말이지요. 믿음이란 그런 것 아닙니다. 성영님과 나와의 인격적인 관계의 교제 속에서 예수님을 알고 내 영혼으로 하나님을 찬양하고 이렇게 또 성도들이 모여서 예배하면서 우리가 생활 속에서 정말로 예수님 계신 것을 내가 삶을 통해서 나타내며 이웃에 복음 전할 자 있으면 전하는 것이지, 그냥 요란 법석 떨면서 무슨……. 참, 말이 나오지 않습니다.

이런 세상 돌아가는 정보들 안다고 '아! 저것은 프리메이슨이래, 저것은 일루미나티 쪽이야' 하며 아는 자신을 대견히 여기고, TV 보고 앉아서 '저것은 사단의 표징이야, 저것은 사단의 전시안이야, 어머! 저것은 적그리스도가 곧 일어난다는 시대를 알리는 춤이야!' 하고 안다고 하는 그것이 믿음의 능력이 아니란 말입니다. 어차피 세상은 그 방향으로 끝없이 발전해왔고, 또 계속 발전해가고 있는 것인데, 그래서 우리의 믿음은 얼마나 그곳에서 떠나 나와 세상을 초월한 것이 되었느냐에 있는 것이지, 그런 것들을 자기 머리가 좀 알고 있다고 해서 그것이 믿음의 능력인 줄 알면 큰 착각입니다. 겉의 것, 세상 것들 아는 것, 지식 있는 것처럼 하는 것, 우리에게 아무것도 아닙니다. 그래서 다 환란으로 들어간다고 한 것입니다.

그래도 그런 세상 돌아가는 것, 세상 문화 경제를 모르는 것보다 알고 대처할 수 있다면 믿음의 도움이 될 수 있는 것 아니냐고 하겠습니다만, 그러나 무엇을 대처한다는 것입니까? 지금 예수님과 함께 있지 않은데 예수님이 와계신 믿음이 되지 않았는데, 예수님이 자기 안에 성전의 관계가 돼 있지 않은 사람이, 자기 자신이 구원받은 것인지 확실히 보장받지 못한 사람이, 그런 것들을 안다고 해서 구원에 도움이 어떻게 될 수가 있다는 말입니까?

본질이 아닌 그런 것들은 참고 사항일 뿐입니다. 만일에 이 말씀을 듣는 여러분이 참으로 예수님을 잘 믿어 구원의 복음을 얻기를 원하신다면, 정말 깨어나려면 여기 말씀 앞으로 나오십시오. 모든 것 다 깨끗이 버리고 여기 말씀 앞으로 깨끗이 돌아서서 말씀을 듣고 또 듣고 성영님 의지하시며 끊임없이 듣고 또 들어서 새김질하고 새김질하여 생명을 얻도록 하십시오. 여기저기 것들을 누더기 걸치지 말고, 누더기 다 벗어 버리고, 이 구원의 생명을 주는 말씀으로 들어와 듣고 자기의 말씀으로 받아 삶을 얻으라는 말입니다.

하나님은 그리스도 예수님을 알게 하시기 위해서 창세기부터 요한계시록까지 성서를 주셨습니다. 그래서 예수님을 아는 것이 믿음이에요. 예수님의 깊이와 높이와 넓이와 크기를 아는 것이 능력이에요. 예수님을 아는 분량만큼이 복인 것입니다. 예수님을 알고 예수님과 함께 있는 자면 생명의 말씀의 빛 앞에 그와 같이 사단과 육체가 된 사람이 이루어 놓은 코스모스의 어둠의 것들이 무엇인지 너무나 확연히 드러나고 보이는 것이기 때문에, 그같이 믿음에 반대되는 것들은 절대 용납할 수도 없을 뿐만 아니라 듣는 것조차도 보는 것조차도 내 생활에 용납하는 것 절대로 거절하게 되어 있습니다.

내가 생명을 얻어 천국을 소유했다면, 천국을 소유한 사람이 도대체 어떻게 그런 죽음에서 나온 사단의 것들을 들을 수가 있으며 따라갈 수가 있으며 쳐다보고 있을 수가 있으며 생활에 용납할 수가 있겠습니까? 성영님이 자기 안에 와계시면 그 같은 세상 문화 문명의 지배는 받지 않습니다. 예수님 안에 있으면 전혀 관계없는 것이 돼 있는 것입니다. 자기 안에 성영님이 계시면 그런 것들은 보기도 싫을 뿐만 아니라 듣기도 싫은 것입니다. 생명이 있다면 어떻게 죽은 쓰레기들을 보고 들을 수가 있습니까?

　오늘날 대체로 젊은 사람들이 성경을 가르친다고 나와서 말입니다. 젊은이들이 지금 깨달았으면 얼마나 깨달았겠습니까? 성경의 이 말씀, 생명의 깊이를 아는 영적인 일에 있어서는, 이게 무슨 몇 년 사이에 이루어지는 일이 아닙니다. 몇 년 사이에 되는 일이 아니에요. 머리 좋다고 아는 것도 아니고 말잘 한다고 말할 수 있는 것도 아닙니다. 지옥을 거치며 자기가 죽어야 합니다. 죽어야 예수님의 생명을 얻게 되고 죽음에서 나와야 성영님의 지혜가 있게 되고 성경을 가르침 받아, 눈을 열어 보게 하시는 것을 깨닫고 나와야 하는 것인데 그 시일이라는 것이 몇 년 사이에 이루어지는 것이 아니란 말입니다. 오늘날 젊은이들이 말 수단 가지고, 얼마나 능수능란한 말솜씨 가지고 비본질적인 것들을 펼치고 다니며 사람들의 관심사를 그쪽으로 쏠리게 하고 있어서 영혼을 다른 방향으로 끌고 가고 있다는 것, 예수님의 이름으로 분명히 말합니다.

　예수님께서 **내가 너희에게 말하였으니** 라고 말씀하신 것처럼 저도 여러분에게 분명히 말합니다. 여러분! 하나님께서는 하나님 자기의 말씀을 넣어 말할 자를 그렇게 말 수단에 넣지 않았어요. 성경 역사 속에서 다 보더라도 하나님은 인간 말 수단 속에 하나님 말씀 넣지 않았습니다. 그리고 세상 지식, 높은 학문을 하여 많이 배워 아는 것에다 넣지 않으십니다. 절대로 넣지 않으시고 넣지 않으셨어요. 지식이 넘치는 곳에다 넣지 않으십니다. 자기 똑똑한 머리로 아는 성경 지식 가지고 나올 수 있는 것이 아닙니다. 이 성경은 절대로 자기 머리, 그 지식 가지고 나올 수 있는 것이 아닌 거예요. 남이 깨달은 것 가지고 자기 지식으로 덧붙여 삼아서 나올 수 있는 것이 아닌 것입니다.

하나님의 말씀은 살아 있는 생명이기 때문에 생명이신 예수님과 말씀 아는 것을 영이신 성영님께 직접 보고 듣고 가르침을 받아야 하는 것입니다. 성경은 영적인 것을 말씀하는 것이기 때문에 직접 성영님께 받는 것이 아니면 가르치는 자로 설 수는 절대로 없는 것입니다. 그런데 그만한 과정을 거치는 세월도 되지 않은 이 젊은이들이, 성경의 영적 본질을 깨닫지도 못한 이들이 뭣 하러 나오는 것이겠습니까? 아주 높은 자기 말 수단에 자신도 속고 남도 속이는 것입니다. 하나님께서는 분명히 말씀을 말 수단에 넣지 않으셨고 세상 지식이 높은 데다 넣지 않으셨습니다. 하나님의 말씀은 영적인 것이고 영적인 일이기 때문에 세상 것에다가 넣지 않으셨다는 것 여러분이 분명히 알기 바랍니다.

오늘 저는 이와 같이 경고로 주신 말씀을 지금까지 계속적으로 세세히 전해드렸습니다. 여러분의 믿음이 깨어나 생명 얻는 기회가 되기를 소원하며 전해드렸습니다. 지혜는 바로 하나님이 보내신 이 경고를 듣고 돌이키는 것이 지혜입니다. 말씀을 맺습니다. 이어서 다음에는 사도신경으로 들어가겠습니다.

모든 영광을 삼위의 하나님께 돌립니다. 아멘

경고 11
사도신경 폐지론 반박, 변증 2편

¹⁵가라사대 너희는 나를 누구라 하느냐 ¹⁶시몬 베드로가 대답하여 가로되 주는 그리스도시요 살아 계신 하나님의 아들이시니이다 ¹⁷예수께서 대답하여 가라사대 바요나 시몬아 네가 복이 있도다 이를 네게 알게 한 이는 혈육이 아니요 하늘에 계신 내 아버지시니라 ¹⁸또 내가 네게 이르노니 너는 베드로라 내가 이 반석 위에 내 교회를 세우리니 음부의 권세가 이기지 못하리라 ¹⁹내가 천국 열쇠를 네게 주리니 네가 땅에서 무엇이든지 매면 하늘에서도 매일 것이요 네가 땅에서 무엇이든지 풀면 하늘에서도 풀리리라 하시고

(마16:15-19)

전능하사 천지를 만드신 하나님 아버지를 내가 믿사오며

(사도신경)

사도신경에 대한 말씀을 드리면서 또한 성경의 말씀으로 사도신경 폐지론에 대한 반박과 변증을 하려합니다. 오늘은 **전능하사 천지를 만드신 하나님 아버지를 내가 믿사오며** 를 알아보겠습니다.

먼저 사도신경이 무엇인가? 사도신경이란 말은 사도들의 신앙고백이라는 말입니다. 다 아시지요? 사도라는 것은 예수님의 부름을 받았다. 택함을 받았다. 예수님의 택함을 받아 예수님의 증인으로 세상 가운데 보냄을 받았다는 말입니다. 예수님께 택함을 받은 사도들은 예수님의 열두 제자를 말합니다. 열둘은 하나님 자녀의 수, 구원의 수, 하늘에 들어간 수의 의미입니다. 그래서 '사도신경'하는 것은 사도들의, 즉 제자들의 신앙을 고백한 고백서, 또는 신앙을 말한 글이라는 말이에요. 성경의 전 역사를 믿고 아버지와 아들과 성영님의 전 뜻을 믿는다는 그 신앙고백서라는 말입니다. 알아들으십니까?

그다음 우리가 사도신경의 신앙고백을 왜 해야 하는가? 제가 간단 간단하게만 말씀드릴 거예요. 우리가 예배 때 사도신경을 꼭 해야 하는 법칙은 없습니다. 그러나 사도들의 신앙고백은 곧 우리의 신앙, 즉 교회의 고백이 돼야 합니다. 누구만 예수님이 택하여 세운 사도라고 했습니까? 열두 제자만이 예수님이 직접 택하여 세운 사도예요. 하나님의 나라에는 질서가 있습니다. 구약을 거치지 않고 신약의 복음을 받을 수 있을까요? 구약 없이 신약의 복음을 받을 수 없듯이 우리 이방인들이 사도들을 절대로 초월할 수가 없습니다. 하나님께서는 예수님의 공생애 모든 행적을 이 사도들을 통해서 기록이 되게 하셨고 또한 사도들에 의해서 증거 되게 하셨습니다. 그러므로 사도들의 증거를 따라 우리가 복음을 받게 되었고 예수님을 믿게 된 것입니다.

예수님께서는 우리 믿음은 사도들의 믿음의 고백 위에 세워질 것이라는 것을 분명히 말씀하셨어요. 오늘 우리가 읽은 본문 말씀에 **너희는 나를 누구라 하느냐** 하시자 베드로가 대답하여 가로되 **주는 그리**

스도시요 살아계신 하나님의 아들이시니이다 했어요. 그러자 예수님께서 이를 너에게 알게 하신 이는 혈육이 아니요 네 부모가 아니라 하늘에 계신 내 아버지시니라 또 내가 네게 이르노라 너는 베드로라 내가 이 반석 위에 내 교회를 세우리니 하셨습니다. 이 반석이 뭐예요? 예수 그리스도를 그리스도요 하나님의 아들이신 것을 하나님께서 알게 하시고 믿게 하신 것, 그 믿음이 바로 베드로에게 말씀하신 반석입니다. 하나님이 알게 하시고 믿게 하신 그 예수 그리스도요 그 예수 그리스도를 믿는 믿음을 말합니다. 그 믿음 위에 내 교회를 세우리니 음부의 권세가 이기지 못하리라고 하셨습니다. 그러므로 이 사도들의 신앙고백 위에 무엇을 세운다는 것입니까? 교회를 세우겠다. 예수님이 교회를 세운다 하셨으니, 누구를 교회라고 합니까? 예수님을 믿는 우리를 교회라고 하는 것입니다. 바로 하나님 아버지께서 예수님을 알게 하셔서 믿는 자를 교회라고 합니다.

그러면 우리 믿음이 사도들의 믿음 위에, 이 신앙의 고백 위에 세워진 교회이면 우리에게도 무엇이 나와야 합니까? 그 신앙고백이 나와야 지요. 사도들의 신앙이 곧 우리의 신앙이 되고, 사도들의 삶의 방향이 우리의 삶의 방향이 되고, 사도들의 고백이 곧 우리의 고백이 되어 나와야 합니다. 성영님께서 알게 하시고 믿게 하신 예수 그리스도의 이루신 하나님의 전 뜻을 우리도 사도들과 같이 고백할 수 있는 믿음이 돼야 하는 것입니다. 우리가 사도들을 높일 수는 없는 것이기에 사도들의 기록한 복음의 말씀을 믿음으로 받아들이고 하나님의 이 질서의 뜻을 깨달아서 사도들의 신앙위에 우리 신앙이 세워지고 그같이 우리 믿음이 사도들의 터 위에 세워졌음에 대한 신앙고백이 나와야 한다는 말입니다. 알아듣습니까?

그래서 이것을 바울도 분명하게 제시했습니다. 우리 엡2:20-22을 찾아 함께 읽습니다. **너희는 사도들과 선지자들의 터 위에 세우심을 입은 자라 그리스도 예수께서 친히 모퉁이돌이 되셨느니라**

그러니까 우리가 사도들과 선지자들의 어디에 세우심을 입었다고요? 터 위에 세움을 입었다라고 했습니다. 선지자들은 이제 구약 선지자들을 말합니다. 구약의 선지자들이 무엇을 전했습니까? 오실 예수님에 대해서 전했어요. 바로 구약의 선지자와 신약의 사도들이 예수 그리스도를 믿는 믿음의 터가 된 겁니다. 예수님은 그 터의 모퉁이 돌이 되셨습니다. 터의 기초석이 되셨다는 말입니다. 그래서 21,22에 모퉁이 돌이 되신 **그의 안에서 건물마다 서로 연결하여 주 안에서 성전이 되어가고 너희도 성영 안에서 하나님의 거하실 처소가 되기 위하여 예수 안에서 함께 지어져 가느니라**고 했어요. 서로서로 연결하여 집이 지어져 감으로 하나님이 거하실 처소가 되는 것이다 말이지요. 바로 하늘의 예루살렘 성이 이루어져 가는 것을 의미하는 것입니다. 사도들이 터가 되고 그 위에 사도들이 전하는 복음을 듣고 있는 우리가 서로서로 연결하여 지어져 가는 것이 하늘의 예루살렘 성이 지어져 가는 것을 의미한다는 말입니다. 그래서 이 같은 하나님의 뜻을 알고 믿음이 돼 있으면 되었다는 그 표시가 뭐냐? 사도들의 신앙고백이 곧 우리의 신앙고백임을 말하는 것입니다.

우리 계시록 21장을 가 보겠습니다.

⁹일곱 대접을 가지고 마지막 일곱 재앙을 담은 일곱 천사중 하나가 나아와서 내게 말하여 가로되 이리 오라 내가 신부 곧 어린양의 아내를 네게 보이리라 하고 ¹⁰성영으로 나를 데리고 크고 높은 산으로 올라가 하나님께로부터 하늘에서 내려오는 거룩한 성 예루살렘을 보이

니 ¹¹하나님의 영광이 있으매 그 성의 빛이 지극히 귀한 보석 같고 벽옥과 수정 같이 맑더라 ¹²크고 높은 성곽이 있고 열두 문이 있는데 문에 열두 천사가 있고 그 문들 위에 이름을 썼으니 이스라엘 자손 열두 지파의 이름들이라

(계21:9-12)

9에서 어린양의 아내를 보이리라 하더니 10에서 무엇을 보여주셨어요? 예루살렘 성을 보여주셨습니다. **거룩한 성 예루살렘을 보이니** 했습니다. **어린양의 아내라** 하는 '아내'라는 표현은 예수님과 온전히 연합된 **한 몸을 이룰지로다** 하신 '한 몸 된 관계'가 되었음을 말하는 것입니다. 그래서 예루살렘 성이 무엇인지 여러분이 이해되셨지요? 바로 사도들의 터 위에 세워진 성도들을 말한다는 말이에요. 예루살렘 성이 무슨 물건으로 건물이 지어져서 성이라고 하는 것이 아니고, 사도들 위에, 사도들과 같은 믿음이 된 자, 사도들과 함께 세워진 믿음의 성도를 의미하는 것이라는 말입니다. 아셨지요?

그리고 14에 **그 성에 성곽은 열두 기초석이 있고 그 위에 어린양의 십이 사도의 열두 이름이 있더라** 성곽은 무엇을 말해요? 그 성곽은 성 둘레를 말합니다. 성곽에 열두 기초석이 있고 그 위에 어린양의 십이 사도의 열두 이름이 있더라 했는데, 십이 사도는 누구예요? 예수님의 열두 제자들입니다. 주 예수 그리스도를 믿는 믿음 위에 십이 사도의 이름이 있다고 하는 것은 이제 신약에서 예수 그리스도의 피로 죄 씻음 받아 구원함을 받은 성도들도 그 사도들 안에 있음을 의미하는 것이고, 사도들이 터가 되어서 우리 믿는 자들이 그 위에 연결하여 건물이 지어져 감으로 성전이 되는 것이라는 말입니다. 그것

을 성곽이라 말하는 거예요. 그래서 신약의 대표가 바로 십이 사도라는 것을 의미하는 것입니다.

우리가 참으로 믿음을 가졌으면 우리의 신앙고백은 사실 무수히 많습니다. 우리가 날마다 시인하고 고백하는 그것이 우리의 신앙고백이 됩니다만. 그러나 선지자들과 사도들이 전한 말씀을 따라 사도들의 믿음 위에 세워진 그 믿음의 신앙고백이 있어야 하겠습니까? 없어야 하겠습니까? 있어야 하는 것입니다. 이 공동체 예배의 신앙고백이 있어야 합니다. 그것이 하나님의 질서요 예루살렘 성전으로 지어져 가는 일입니다. 우리가 사도들을 예수님처럼 높이고 사도들을 전할 수는 없습니다. 그러나 예수님께서 택하여 신약의 대표로 세우셨고, 우리는 그 사도들이 전한 말씀을 받았고, 그 십이 사도의 증거하는 말씀을 믿음으로 받았으니 그러므로 십이 사도의 터 위에 세워진 믿음이 되었음을 이 예배 중에서 고백하여 올리는 것입니다. 그러면 우리가 사도신경으로 신앙고백을 왜 하는 것인지 이 정도로만 말씀드려도 알게 되었지요? 여러분이 아멘 하셨습니다!

그러면, 사도신경으로 들어가 보겠습니다. 사도신경 첫 소절이 **전능하사 천지를 만드신 하나님 아버지를 내가 믿사오며** 이지요? 이미 말씀드렸다시피 제가 전 씨 성 가진 목사가 사도신경의 문제점을 파헤치겠다고 한 그것을 성경으로 반박하여 말씀을 드리겠다고 했기 때문에 그 목사의 말한 내용을 그대로 여러분께 제시해 드리면서 반박의 말씀을 할 것입니다.

그런데 이 말씀을 하게 되면서 우려되는 것이 뭐냐? 어쩌면 그리도 사람들이 영적 시야가 없다는 것입니다. 있다 해도 너무 좁아터져 가지고 제가 말씀드리기가 보통 어려운 것이 아니에요. 알아들을 귀가 없으니, 그러니 이 전 씨 성을 가진 목사가 이런 억지 같은 말을 해도 알아들을 귀가 없으니 거기에 쏠려 들어가는 것 아니겠습니까? 그 내용을 들은 수많은 사람 중에 몇이나 거부했을지 상상이 갑니다. 제가 이렇게 말하는 것 여러분께 죄송해해야 하는지는 모르겠습니다만, 성경을 보는 영적 눈들이 그렇게 좁으니 나의 말을 알아들을까 우려가 된다는 말입니다.

그 목사가 뭐라 했는가 하면, 그 목사의 말을 듣습니다. "이 사도신경이 얼마나 비성경적인가? 얼마나 사탄 적인가? 이것을 교회에서 한다면 마귀가 기뻐하고 사단이 기뻐하는 일이 된다는 것 오늘 말씀을 통해 절감을 해보는 시간이 되길 간절히 원합니다." 했습니다. 마귀가 기뻐하고 사단이 기뻐한다고 했네요. 마귀가 사단이고 사단이 마귀인데 무슨 별개처럼 두 존재처럼 말하고 있으니 자신이 영적존재에 대해서 어두워 있다고 자신을 스스로 소개를 했군요.

계속 읽습니다. "그러면 첫 번째로, 전능하사 천지를 만드신 하나님 아버지를 내가 믿사오며, 맞느냐 틀리냐? 첫 단추부터 틀렸다. 하나님이 천지를 만드셨느냐? 창조하셨지? 만든 것 아니다. 인간은 만들고 조작할 수가 있지만 하나님은 만드신 분이 아니라 창조하신 분이다. 만들었다는 말 자체는 바로 진화론이 여기서 나올 수밖에 없다. 창조는 인간이 할 수 없다." 아니 여러분, 누가 언제 인간이 창조했다고 말했습니까? 인간이 창조했다고 말한 것 여러분은 들어본 적 있습니까? 그 사람은 사도신경에서 인간이 창조했다는 말로 듣게 되었다는 것을 들어 봤나 봅니다.

그리고 하는 말이 "창조는 인간이 할 수 없다. 유일한 하나님만이 할 수 있는, 창조자인 그분이 창조하셨지, 만들었어? 그런 하나님 난 안 믿어! 이건 진화론을 믿는 거다. 여러분! 창조론을 믿느냐? 진화론을 믿느냐? 사단의 이야기다. 어떻게 이런 것을 외우면서 교회에서 비성경적인 것을 시작할 수 있느냐? 사탄아 물러가라" 했습니다.

여러분이 지금 들으신 대로, '전능하사 천지를 만드신 하나님 아버지를 내가 믿사오며'에서 '만드신' 했다고 하여 그 같은 악평을 하고 나왔습니다. 악평 정도가 아니라 아주 사단 적이라고 단정 짓고 몰아 붙였어요. 어떻게 이런 억지가 있습니까? 지금 이것은 성경의 증거는 두고라도 논리적으로도 전혀 맞지 않습니다. 여러분이 논리에 맞는지 안 맞는지 생각해보십시오.

물론, 말씀드린 대로 사도신경에 전체적인 내용을 보면 부적절한 표현이나 거짓된 표현이 분명히 있기는 합니다. '외아들'하는 것, 그러면 여러분은 '외아들'하는 것은 다 시정되었지요? 이제 말씀이 나갔으니까 여러분이 못 들었다 안 들었다 모른다 할 수 없습니다. 분명히 성영님께서는 오늘날 말씀을 다 너희에게 보냈기 때문에 나는 못 들었으니, 못 들어서 예수님 똑바로 못 믿었다고 핑계할 수 없다고 하셨다는 것을 여러분에게 말씀드렸습니다. 그렇기에 '외아들'이라고 하는 것은 거짓된 것으로 거짓말이라고 이미 밝혀드렸습니다. 이 '외아들'이라고 하는 것은 사도들의 것이 아닙니다. 이것은 전혀 영적이지 않는, 예수님과 관계없는 인간 생각에서 난 것으로써 사단의 것이라는 것은 분명히 인정합니다.

그리고 '동정녀' 또 '공회'는 오늘날 우리에게는 다소 부적절한 표현이긴 합니다. 그런데 이것은 우리 안에 분명한 믿음이 있으면 전혀 문제될 것은 없습니다. 그리고 **전능하사 천지를 만드신** 하는 것도, 저도 물론 성경은 **태초에 하나님이 천지를 창조하시니라** 하셨으니 '창조하신'이라고 해야 맞는 표현인 것 같은데 왜 '만드신'이라고 했을까 하여 과거에 고민을 한 적도 있었습니다. 그러나 그 고민을 성영님께서 바로 해결해주셨기 때문에 그 뒤로는 '만드신'하는 것을 내 믿음으로 당당히 고백하고 있습니다.

왜냐? 내가 '만드신'했어도 내가 믿는 하나님 아버지가 천지를 창조하신 것을 창조주인 것을 내가 알고 있고, 내가 '창조하신'했어도 내가 믿는 하나님 아버지는 또한 만드신 분이신 것을, 천지를 지으신 분이신 것을 내가 분명히 알고 있기 때문입니다. 그러면 여러분은 압니까, 모릅니까? 내가 분명히 알기 때문에 그래서 아버지가 나를 알고 나도 아버지를 알기 때문에 내가 '만드신' 했어도 그분은 나를 지으시고 만드신 창조주시고 아버지이신 것은 변함이 없는 거예요. 이 믿음으로 한다면 변함없는 것입니다. '만드신'했어도 아버지는 창조하신 분이고 '창조하신'했어도 아버지는 만드신 분인 것이지, '만드신' 했다고 해서 '그분은 창조주가 아니고 인간이다.' 하지 않는다 말입니다. 할 수 없다는 말입니다.

여러분! 질문을 좀 하겠습니다. 진솔하게 대답해주세요. 여러분의 믿음을 정확하게 답해주기 바랍니다. 창조라는 것은 아무것도 없는 것에서 있게 하신 것 그것을 무에서 유가 되게 하셨다고 말하지요? 여러분이 '만드신'이라고 했어도 자기 믿음이 창조주이신 것을 믿고 했습니까, 믿지 않고 했습니까? 믿고 하셨어요? 창조주이신 것을 여러분 자기 안에서 믿고 하셨어요? 여러분이 '전능하사 천지를 만드신'

하고 고백한 것 때문에 '아! 하나님은 창조하셨다는 것이 아니고 '만드신'하는 것 보니 인간이네! 하나님은 창조만 하신 분이라고 해야지 만들었다고 하는 것 보니까 어머, 인간이잖아!' 그런 분 있다면 손 좀 한번 들어 보실까요? 좀 솔직하시자고요. 그 목사 말 듣고 받아들인 분 있으면 손 한번 들어보시자고요. 아무도 없습니까?

여기 계신 분들 중에서 사도신경을 비성경적이라고 말한 그 목사의 말에 아멘으로 받았다면 그것을 인정하고 확증할 수 있기 때문이었을 테니 정정당당히 손을 들어 표하시고 이 부분을 나도 좀 공감할 수 있도록 설득력 있는 설명을 부탁하고 싶어서 그렇습니다. 여러분, 신앙고백이라는 것은 우리 안의 믿음을 고백하는 거예요. '만드신' 했어도 그 만드신 속에는 '창조'도 '지으심'도 다 들어 있는 것입니다. 이 믿음이면 사단이 어떻게 속이고 들어옵니까? 자기가 모르니까 속이고 들어오는 거잖아요 모르니까! 종교인이니까 속이고 들어오는 것이지요. 속이고 들어와 또 속이는 말 뿌리는 것입니다. '아! '천지를 만드신' 하는 것 보니 창조주 하나님이 아니고 인간이구나!' 하고 이런 미련 떠는 사람 있느냐는 말입니다.

여러분! 저~ 밖에요, 믿지 않는 사람들에게도 '우리 인간이 천지만물을 만들었고 사람도 만들었다. 그러니까 그것을 좀 믿어라.' 해보세요. 그리고 '하나님이 천지만물을 만드시고 우리 인간을 만드셨다 그러니 하나님을 믿어라.' 한다 할 때, 믿지 않는 사람이라 할지라도 이 두 가지를 제시한다면 인간이 만들었다고 하는 것을 받아들이겠습니까? 하나님이 만들었다고 하는 것을 받아들이겠습니까? 인간이 만들었다는 것을 받아들이지 않겠어요? 절대로 아닌 것 여러분도 인정합니까?

믿지 않는 자라 할지라도 '인간이 천지 만물을 만들고 인간을 만들었다.'는 것과 '하나님이 천지 만물을 만드셨고 인간을 만드셨다.'하는 것 중에서 어느 것을 받아들일 수 있겠냐 한다면 아니, 지각이 있는 이상에는 인간이 천지 만물을 만들고 인간이 인간을 만들었다는 것을 받아들일 자가 어디 있겠느냐는 얘기예요! 아무리 믿지 않는 자라 할지라도 말입니다. 인간이 만들었다 해도 만든 자가 인간이라는 것을 받아들이지 않는다는 말입니다. 그것은 그 목사가 하나님을 인간 종교로 끌어내리기 위해서 자신만 아는 소리를 하고 있는 것입니다.

그러면 여러분, **전능하사 천지를 만드신 하나님 아버지를 내가 믿사오며** 할 때 천지를 창조는 하셨지 만드신 것은 아니다 하는 분 있습니까? 창조하신 분이지 만드신 분은 아니다 한다면 손 한번 들어 보시지요. 성경을 관심 없어서 안 읽었다면 모를까, 여러분이 관심가지고 성경을 보았다면 창조는 곧 만드신 것이고, 창조는 곧 지으신 것이고, 지으신 것은 곧 만드신 것이고, 만드신 것은 곧 창조라는 것, 그것은 우리 안에 성영님이 계시면 자연스럽게 물 흐르듯이 알아지는 거예요. 그렇기에 우리가 '만드신' 했어도 우리 믿음은 하나님이 천지를 창조하셨다는 것이 대전제가 된 가운데 천지를 만드신 하나님 아버지를 믿는다는 우리의 신앙, 우리의 믿음을 고백하는 것이지, 하나님이 창조하셨다는 것을 거부하기 위해서 '만드신'하는 것이 아닌 것입니다.

하나님은 천지를 만들기도 하셨고 짓기도 하셨습니다. 창조하시고 만드시고 지으셨다 하는 이것은 떼래야 뗄 수 없는 관계예요. 하나님이 만드셨다 해도 거기에는 창조가 있고, 하나님이 창조하셨다고 해도 거기에는 만드신 것이 있고, 또 거기에는 지으신 것이 있고, 하나님이 지으시고 해도 거기에는 창조가 같이 있는 것입니다. 우리의 신앙고백은 말씀 그대로 우리 안에 가진 신앙을 고백하는 것이지 **태초에 하나님이 천지를 창조하시니라** 하신 이 말씀 구절을 '만들었고'로 변개시키려고 하는 것이 아니란 말입니다. 바꾸어 놓으려고 만들어 고백하는 것이 아닌 것입니다. 그 창조가 뭐냐? 바로 사람을 만들고 사람을 지으시고 모든 자연계를 만드시고 지으시는 일이더라는 것입니다.

창1:27에 **사람을 창조하시되 남자와 여자를 창조하시고** 했습니다. 사람을 뭐했다고요? 창조하셨다. 지금 제가 창조를 말하는 겁니다. 그리고 창1:5, 창5:2, 창6:7, 신4:32, 사45:12에 **사람을 창조하시고**라고 창조를 말씀했습니다. 분명히 창조를 말씀하신 것 맞습니다. 그러면 이 목사의 주장이 사실적인 것이 되려면, 신빙성이 있으려면, 거짓이 아닌 참말을 하는 것이 되려면 성경 전체 속에서도 계속 무엇으로만 말씀해야 하는 것이겠습니까? 창조만 말해야 되겠지요? 사람을 창조했다 했으니 끝까지 성경이 창조로만 말을 해야 하지 않겠습니까? 그래요 안 그래요?

그 목사의 주장대로 라면 하나님은 창조하신 분이지 만드신 분이 아니다 그런 하나님은 안 믿는다 주장했으니, 지금 그 주장대로 사람이 창조되었다고 한 것 창조하셨다고 한 것은 맞습니다. 그래서 성경이 그 목사의 주장이 맞는 것으로 뒷받침해주려면 다른 말로 표현하면 절대로 안 되는 것입니다. 그런데 성경은 그렇게 사람을 창조했다고 해놓고 또 뭐라고 했는가 하면, 창1:26, 창2:22, 욥10:8, 욥31:15

에, 그리고 마19:4에 이것은 예수님의 말씀입니다. 막16:6, 행17:26, 엡2:10에서……. 또 찾으려면 한도 없어요. '사람을 만들었다.'고 말씀하고 있습니다. 하나님이 사람을 만들었다고 하셨다는 말입니다.

그다음 성경은 창2:8, 욥32:22, 욥36:3, 시149:2, 사17:7, 사45:9, 사51:13, 마12:4에서 뭐라고 말씀하셨는가 하면 사람을 '지으신' 것으로 말했습니다. 그렇다면 하나님이 대단히 거짓말을 하셨잖아요. 하나님께서 성경에다 너무 거짓말 하셨잖아요? 계속 창조만 일관성 있게 말씀하셔야 하는데 왜 '만들었다' '지었다'하고 나오시는가 말입니다. 그러면 사람을 말할 때도 창조하시고 만드시고 지으시고 하셨으니, 그 목사 주장대로라면 '만드신' '지으신' 하는 것은 다 빼버려야 하는 것 아닙니까? 성경에서 빼버리든지 성경을 버리든지 해야 하고 그 목사의 말을 믿고 그를 따라야지요. 아니, 성경 자체가 하나님이 만들었다 말씀하고 있으니, 성경이 스스로 하나님을 인간으로 만들어 놓고 있으니 어떻게 성경을 믿고 따릅니까? 그들이 말대로라면 말입니다.

아마 그 목사 성경은 우리와 다른 성경인가 봅니다. 만들었다고 한다면 그 하나님 안 믿는다고까지 했으니, 여러분 그 하나님 안 믿는다고까지 했다니까요! 그러면 그가 지금 하나님을 믿는 거예요 안 믿는 거예요? 진짜 안 믿는 겁니다. 하나님을 교묘히 훼방하고자 하는 술책을 펴고 있습니다. 자기가 누구인지를 스스로 드러낸 것입니다. 그런데 왜 사람들이 들을 귀가 없는 겁니까. 왜?

더 할까요? 골1:16에 **만물이 그에게 창조되되** '창조'를 말했어요. 뭐가 창조되었다고요? '만물이 창조되되'하고 분명히 '창조'라고 말했습니다. 계10:6에 "하늘과 그 가운데 있는 물건, 땅과 그 가운데 있는 물건, 바다와 그 가운데 있는 물건을 창조하신"이라고 창조를 말했습니다. 그러니까 만물을 창조했다는 말이지요? 엡3:9에 **만물을 창조하신 하나님** 해서 이같이 창조를 말씀했습니다. 그런데 행4:24에서는 **천지와 바다와 그 가운데 만유를 지은 이시요** 했습니다. 이 성경이 이같이 거짓말하고 있으니, 이거 어떡합니까? 행17:24에 **만유를 지으신 신께서는** 해서 이같이 지으셨다고 했습니다. 그리고 사45:12에 **내가 땅을 만들고** 창세기 1장에서는 두 큰 광명도 별들도 땅의 짐승, 육축, 땅에 기는 모든 것, 그러니까 만유지요? 이 만유를 만들었다고 말씀했습니다. 그래서 이것을 말씀하실 때 창2:7에서 **창조하시며 만드시던 모든 일을 마치셨다** 라고 하셨던 것입니다. 떼래야 뗄 수 없다는 말씀입니다.

그러면 '전능하사 천지를 만드신' 우리는 누구를 믿는다는 겁니까? '천지를 만드신 하나님 아버지를 믿는다. 하나님 아버지를 믿사오며' 입니다. 만드신 했던 지으신 했던 창조하신 했던 그것은 하나님 아버지를 믿사오며 하는 것은 절대 변할 수 없습니다. 여러분 천지를 만드신 하나님 아버지를 믿지요 하나님 아버지를? 분명히 천지를 만드셨다고 성경은 기록하고 있기 때문에 우리 믿음은 '창조하셨고' 또 '만드셨고' '지으셨고' 했어도 만드시고 창조하신 분, 뗄 수 없는 그런 관계로서의 믿음을 가지고 고백하는 것이기에 우리는 여기에서 '만드신' 했어도 절대 하자 없습니다. 우리 믿음은 절대 문제없습니다. 만드신 분 하나님 아버지가 맞습니다. 그것이 곧 또한 창조입니다. 아멘입니까?

그리고 또 하는 말이 '만드신 하나님은 만드신 분 아니니, 만든 것은 인간이나 하는 것이니 그런 하나님 나는 안 믿어! 그건 진화론을 믿는 거야! 여러분, 창조론을 믿습니까? 진화론을 믿습니까?'하고 물었네요. 이게 질문입니까? 이게 지금 도무지 논리에 맞는다고 생각이 듭니까? 그러면 여러분께 묻습니다. 진화론자들이 창조주 하나님을 믿습니까? 진화론자들이 하나님을 믿어요? 그들이 하나님을 알아요? 이 우주 만물을 만드신 하나님을 그들이 믿느냐는 말입니다. 천지를 만드신 했더니 그들이 인간이 만들었다는 것으로 받아들였습니까? 크게 좀 대답해보세요.

　그들은 도무지 하나님을 믿지 않는 사람들이에요. 하나님을 인정하지 않는 무리들입니다. 이 천지를 지으신 하나님을 믿으려 했는데 '만드셨다' 하니까 진화론을 주장한 것이 아니고, 그들은 하나님을 모르면서 받아들이지 않기 때문에 진화론을 주장하고 나오는 것입니다. '천지를 만드신' 했어도, 그들이 천지를 만드신 하나님을 믿을 수만 있다면 하나님이 만드신 그것들에 이미 진화론을 갖다 붙일 수 없는 하나님의 창조물인 것을 말하는 것이기에 진화론을 만들어 낼 수가 없는 것입니다. 하나님을 믿는다고 한다면 아무리 '만드신' 했어도 진화론이 거기서 나올 수가 없는 것이다 말이지요. 만드신 하나님을 믿을 수만 있다면 그것은 하나님이 창조하신 것임을 곧 또한 믿는 것이기 때문에 진화론이라는 것을 주장할 자는 아무도 없습니다. '하나님이 만드신' 했다고 해서 여기서 진화론을 믿는다고 했다는 것은 어불성설로 성립되지 않습니다.

진화론은 하나님이 없는 사단 아래 있는 불신자에게서 나오는 것이지 도대체 '하나님이 만드신'에서 진화론이 나온다는 말은 여러분이 지각이 있어 생각해봐도 억지 주장하고 있다는 것 알 수 있을 것입니다. 맞지 않다는 것 분명히 인정하십니까? 이 우매한 말은 그저 우매에서 비롯되는 것이고 우매하니 하나님을 받아들이지도 믿지도 않는 것이지 만드신 했어도 하나님의 사람이 될 자는 다 믿음 안에 들게 돼 있습니다.

오늘 말씀은 여기서 맺습니다. **전능하사 천지를 만드신 하나님 아버지를 내가 믿사오며** 이 부분에 있어서는 여러분이 믿음을 바로 정립하여 선지자들과 사도들의 가르침을 따라 예수 그리스도 안에서 하나님 아버지와 관계된 믿음의 신앙고백이 되었기를 바랍니다.

오늘도 우리의 믿음을 도우신 성영님께 무한 감사드립니다. 아멘

경고 12
사도신경 폐지론 반박, 변증 3편

저를 믿는 자는 심판을 받지 아니하는 것이요 믿지 아니하는 자는 하나님의 독생자의 이름을 믿지 아니하므로 벌써 심판을 받은 것이니라

(요3:18)

그 외아들 우리 주 예수 그리스도를 믿사오니

(사도신경)

벌써 심판을 받은 것이 무엇 때문이라는 것입니까? 독생자의 이름을 믿지 아니하므로 했습니다. 독생자의 이름을 믿지 않는 것이 벌써 심판에 든 것이니 그러므로 우리 믿음은 독생자의 이름을 알고 믿는 것입니다.

그래서 먼저는 **전능하사 천지를 만드신 하나님 아버지를 내가 믿사오며**에 대해 알아보았지만 그다음 이어지는 것, 원래의 내용이 무엇입니까? **그 외아들 우리 주 예수 그리스도를 믿사오니** 그러면 우리는 지금 외아들이 아니고 뭐라고 바꿔 고백합니까? "그 아들 독생자 우리 구주 예수 그리스도를 믿사오니"입니다.

신앙고백이라는 것은 자기가 알고 믿는, 자기의 신앙을 고백하는 것이지 알지 못하고 믿지 않는 것을 그냥 외워서 하는 것이 아니라고 말씀드렸습니다. 이 신앙고백은 표현 그대로 우리 신앙을 고백하는 것이지 외우는 것이 절대 아닙니다! 자기가 알고 맺은 관계로서의 고백이라는 것 그러면 누가 알게 하신다는 것입니까? 성영님께서. 성경에 기록된 말씀을 성영님이 믿게 하시고 알게 하시기 때문에 그러므로 우리가 분명히 알고 믿는 우리 믿음을 이 공중예배에서 고백하는 것입니다.

창조주 하나님을 예수 그리스도 안에서 아버지로 만난 자마다 하나님 아버지를 아는 것입니다. 그러므로 우리가 '하나님'한다 해도 그 하나님은 아버지와 아들 예수님과 성영님의 세 인격으로 계시는 분이신 것을 우리 믿음은 이미 알고 부르는 것입니다. 마찬가지로 **전능하사 천지를 만드신** 했어도 아버지는 창조주이시고 그 아버지는 우주 만물을 창조하셨고 만드셨고 지으신 분인 것을 우리는 분명히 아는 것입니다. 아들이, 자녀가 아버지를 모른다면 그는 자녀가 아니기 때문인 것이지 아버지의 아들이면 아버지를 당연히 아는 것입니다. 그리고 예수님을 믿은 지 얼마 안 되었다 하더라도, 또한 믿은 세월이 오래여도 그가 바른 참뜻을 알기를 갈망하고 그 영혼에 목마름을 가졌다면 하나님 아버지의 것인 말씀의 참진리를 듣게 될 때에 자연스럽게 믿어져 알게 되고, 그래서 그도 자녀임이 증명이 되는 것입니다. 아들만이 아버지를 아는 이것은 변할 수 없는 진리입니다 진리!

여기 사도신경에서 '외아들'한 것은 사도들의 증거가 아닙니다. 사도들은 예수님을 외아들이라고 할 수가 없고 외아들로 증거 한 적이 없습니다. 성경 또한 외아들이라고 할 수 있는 근거의 말도 전혀 없습니다. 없어야 성경이요 진리입니다. 이것은 사도 이후에 거짓 교사들이 사람의 믿음이 알아차리지 못할 것을 뻔히 알고 인간 상식에 맞는 친숙한 말로 사용했다고 생각을 합니다. 그러나 이 같은 거짓은 전 성경이 열린 성영님의 사람에게는 전혀 속일 수 없습니다. 여러분! 하얀 바탕에다가 검은색 찍어 놓으면 그 검은색이 안 보일까요? 감추어 질까요? 산 위에 있는 동네가 숨겨질까요? 그러니까 전 성경이 열려서 하나님의 뜻을 확연히 아는 사람에게는 속일 수도 숨겨질 수도 없습니다.

예수님을 '독생자'하니까 혹 '외아들'이라고 했다면, 이것은 하나님의 구원하시는 일을 완전히 뒤집어 사람의 일로 즉, 종교로 끌어내리는 일인 것입니다. 이 '외아들'하는 것은 무엇이 문제인지 이미 여러분에게 다 다루어서 말씀드렸기 때문에 알기 원하시면 요한복음 〈독생자, 은혜, 진리〉 제목의 말씀과 〈조○○목사에게 주신 경고〉의 내용 하반부쯤에 다루어 놓았기 때문에 같이 연결해서 들으시면 되겠습니다. 그리고 여기 우리가 신앙고백으로 드리는 사도신경에서 이 '외아들'만 빼고는 다른 부분은 그가 믿음을 어떻게 가졌느냐에 있는 것이지 하나님의 뜻대로 하는 고백으로는 문제될 것은 없다고 말씀드린 바입니다.

'외아들'하는 것은 사도들의 믿음의 터 위에 세워진 믿음이 되는 것이 아니라 자기에게는 하나님의 뜻은 없다는 종교인임을 스스로 직고하는 것과 같습니다. 그렇다고 외아들 하지 않는다 해서 또 참믿음이라는 것은 또 절대 아닙니다. '에이! 그럼 사도신경 안 하는 것이 좋겠네!' 한다 해도 그 또한 자기를 기만하는 말이요, 믿음에 있지 않음을 스스로 드러내는 것입니다. **만일 누구든지 알지 못하면 그는 알지 못한 자니라**일 뿐입니다.

그래서 말씀을 가르친다는 것이 뭡니까? 말씀을 전한다는 것이 무엇입니까? 복음을 듣고 예수님을 믿겠다고 나오는 사람들에게 선지자들과 사도들이 증거하고 전한 이 성경의 말씀을 성영님으로부터 받아서 전하여 가르치고 또한 이 같은 속임의 것들을 속지 않는 참말씀으로 가르쳐 줌으로써 성경 보는 눈을 열어 주고 성영님으로 믿는 믿음이 되도록 해야 하는 것입니다. 그러면 우리는 그 '외아들'을 무엇으로 바꿨습니까? 우리는 이미 '그 아들'이라고 바꿔서 고백하고 있습니다. 사도가 **주는 그리스도시요 살아 계신 하나님의 아들이시니이다** 하고 고백했으니 우리들도 사도와 같이 주는 그리스도이신 것을, 살아 계신 하나님의 아들이신 것을 분명히 믿기 때문에 고백하는 것입니다.

이와 같이 성경과 다른 완전한 왜곡은 사단의 하수인들의 조작에 의한 것임을 알기 때문에 성경의 뜻대로 고쳐서 사도들의 신앙고백이 우리의 신앙고백이 되도록 해야 할 것입니다. 이것이 우리가 드리는 예배의 뜻이기도 합니다.

그런데 저는 이 말씀을 드리는 계기로 해서 저와 함께하시는 여러분에게 성영님께서 저에게 주시는 권한으로 말하고자 합니다. 우리가 '그의 아들 우리 주 예수 그리스도를 믿사오니' 하던 것을 오늘 이후부터 독생자를 포함하여 **그 아들 독생자 우리 구주 예수 그리스도를 믿사오니**로 고치겠습니다. 들으셨습니까? 정확한 복음이지요? 이것은 흠잡을 수 없는 사도들의 증언이요 사도들의 고백이요 우리들의 고백이기 때문에 더 이상 흠 없는 거지요? 오늘 이후로 우리는 **그 아들 독생자 우리 구주 예수 그리스도를 믿사오니**로 바꾸고 우리의 신앙, 우리의 믿음을 성경대로 고백하고자 합니다. 독생자를 또는 그 아들을 빼버렸는지는 모르겠으나, 우리는 사도들의 증언을 따라 바른 신앙, 바른 믿음의 고백을 하겠다는 말입니다.

그러면 사도신경 하면 지옥 간다고, 사탄이라고 말한 그 목사가 '그 외아들 우리 주 예수 그리스도를 믿사오니'에서 뭐라고 했는가 하면, "맞느냐? 또 틀렸다 예수님이 외아들이냐? 독생자지. 이게 또 틀렸다. 예수님은 독생자다." 그러니까 원래는 독생자 했는데 그 독생자를 외아들로 바꾸어 놓은 것처럼 아주 단정 짓고 말했습니다. 그리고 하는 말이, 여러분이 들으면서 판단되기 바랍니다. "독생자라는 말은 홀로 스스로 계실 수 있는 분, 하나님이라는 삼위의 속성을 우리에게 말씀해주고 있다." 그 목사가 독생자를 이같이 말했습니다. 그러니까 외아들이 아니다 하는 것은 어디서 주워들었나 봅니다. 만일에 본인이 독생자의 뜻을 성영님께로 가르침을 받아 성경에서 깨달아 아는 능력을 갖추었다면 이런 애매모호한 말은 하지 않았을 것입니다.

독생자에 대해서 '예수님은 하나님의 독생자다, 예수님은 독생자다,'라고 말해놓고 곧바로 뭐라고 했는가 하면 '독생자라는 말은 홀로 스스로 계실 수 있는 분, 하나님이라는 삼위의 하나님의 속성을 말씀해주는 것이다.'했습니다. 무슨 독생자의 설명이 이랬다저랬다, 애매모호하고 두루뭉술합니까? 예수님이 독생자라 했으면 왜 독생자라 했는지, 그 뜻을 정확하게 열어 주어야 할 텐데 독생자라는 말은 하나님의 속성을 말한다는 것으로 얼버무렸습니다.

예수님은 하나님의 독생자라 했으니 본인 말대로라면 그러면 예수님이 하나님의 속성이라는 말이잖습니까? 예수님이 하나님의 속성입니까? 성경에 대해서 하나님의 영적인 뜻에 대해서 얼마나 어두우면 이런 식으로 얼버무리겠습니까? 그러니까 '외아들'이라고 하는 것이 아니다 하는 것을 주워듣고 하는 말이라는 것 본인에 대한 답을 본인이 확실히 해주잖습니까?
그러니까 하나님의 뜻과는 무관한, 종교개혁이라는 무지한 말을 하고 나오는 것입니다. 하나님의 죄 사하시고 구원하시는 생명의 뜻을 '자기 주님' 앞세워 종교로 끌어내리는 일을 하자고 선동하는 것이라는 말입니다. 세상에, 뒤의 내용들도 죽 읽어 보니 이것은 또 더 가관입니다. 성경을 짓밟듯 하면서 귀에 걸면 귀걸이 코에 걸면 코걸이 식으로 자기 말을, 자기 것을, 자기 주님의 것을 열심히 전개해 놓았습니다.

독생자를 삼위 하나님의 속성이라고 하는 것 아닙니다. 굳이 말하여야 한다면 하나님의 본체, 또는 하나님의 본질이라고 말할 수 있습니다. 물론 본질과 속성은 하나입니다. 그러나 본체의 본질은 하나님 자신을 말하는 것이고, 속성은 하나님 그 자신이 가지고 계신 특성을 말합니다. 구별됩니까? 본질 면에서는 영이시다 유일하다 스스로 계신 알파와 오메가, 처음과 나중이 되신다는 말입니다. 영원히 동일하시다. 신성과 인성이다. 신성은 완전한 참 하나님 되심, 즉 유일한 신이라는 것이고, 인성은 완전한 참사람 되심, 즉 참생명이라는 말입니다. 세 위의 인격으로 계신, 즉 아버지와 아들과 성영님으로 계신 이 같은 하나님 자신을 말하는 것입니다. 그러니까 본체가 누구예요? 독생자입니다. 하나님 안에 함께 계신 하나님, 그분이 생명인데 생명을 주는 생명이시라 하는 것입니다.

그리고 본질의 속성은 사랑, 의, 지혜, 빛, 은혜, 긍휼, 거룩, 이와 같은 등등의 것을 하나님의 속성이라고 합니다. 그러니까 예수님께서 우리 안에 와계시면 바로 이 예수님의 속성이 우리에게서도 나타나야 되는 것입니다. 그러나 본질은 우리 것이 아니에요. 하나님 자신이다 말이에요. 그러니까 독생자를 하나님의 속성이라고 말하는 것 맞아요? 안 맞아요? 안 맞아요. 독생자에 대해서 알 수 있도록 이미 다루어 놓았다는 것 앞에서 언급한 대로 참고하기 바랍니다.

오늘 우리가 본문처럼 읽은 말씀에서 독생자의 이름을 믿지 아니함으로 벌써 심판을 받은 것이라고 무서운 말씀을 하셨습니다. 또한, **요3:16에 하나님이 세상을 이처럼 사랑하사 독생자를 주셨으니 이는 저를 믿는 자마다 멸망치 않고 영생을 얻게 하려 하심이니라**고 하셨습니다. 하나님이 예수 그리스도를 주셨다고 해도 될 텐데 '독생자를 주셨다'고 하셨다는 말입니다. 예수님의 이름을 믿지 아니함으로 해도 될 텐데 '독생자의 이름을 믿지 아니하므로'하셨다는 말입니다.

그러므로 여러분이 예수님을 알고, 예수님을 믿고 예수님과 성전의 관계가 되어 예수님의 신부의 자격으로 재림을 맞는 믿음이 되려면 이 독생자가 무엇인지를 알아야 하고 그 독생자의 이름을 알아야 하지 않겠습니까? 예수님이 누구신지를 분명히 알고 그 믿음이 돼야 하지 않겠습니까? 자기가 믿는다고 하는 예수님이 자기의 예수님이면 자기의 예수님을 알아야 하는 것이지 않습니까?

예수님이 독생자이시면 그 독생자를 아느냐? 예수님이 말씀이라고 했으면 그 말씀을 아느냐? 예수님이 빛이시면 그 빛에 대해서 너희가 아느냐? 예수님이 생명이시면 그 생명에 대해서 너희가 아느냐? 혼돈하고 공허한 곳에 **빛이 있으라 하시매 빛이 있었고**의 그 빛을 너희가 아느냐? 등등의, 예수님을 아는 것은 빈껍데기이면서, 예수님 좀 말해보라 하면 도무지 말할 능력들은 없으면서, 자연스럽게 나와야 할 예수님은 없으면서, 경제니 프리메이슨이니 일루미나티니 베리칩이니 환상이니 음성이니 꿈이니 하는, 속이는 밥으로 끝없이 가져다주는 그따위 것들은 자기 속에 능력으로 채우려는 것에 급급해 있으니, 그에게 어떻게 예수님이 성영님으로 오셔서 계실 수가 있으며 예수님을 말할 수가 있겠습니까?

그러니까 이렇게 말씀 가지고 속이고 들어와도 말씀의 빛이 자기 속에 없으니 분별 못하고 "아이고 내 편 만났구나! 하며 그래, 종교개혁합시다!" 하고 따라가는 것 아닙니까? 참으로 알아야 할 예수님을 알지 못하니, 예수님과 전혀 관계가 없으니, 어떻게 예수님의 생각을 알고 어떻게 예수님의 뜻을 알고 따를 수가 있겠습니까?

오늘날 말씀을 전한다고 가르친다고 하는 사람들이 예수님을 영으로 아는 바가 없으니 예수님을 말해야 하는 데서 겉껍데기 같은 것들이나 전하면서 세상 성공이나 세상적인 복이나 말하고, 그렇지 않으면 예수님을 믿는 것은 이것이 아니구나 하고 세상의 것에 있지 않다는 것을 알았다 하면, 종말론자들이 되어서 예수님 밖의 것들을 열심히 전하는 데 온갖 정열을 쏟고 있고, 아니면 인간 박애 심, 또는 도덕심을 끌어내어 행하게 하는 것으로 이끄는 데 열심을 다하고 있는 것을 보는 것입니다.

성영님께서는 오늘날 말씀이라고 전해지는 것에서 하나님의 마음에 만족하시는, 하나님의 기쁨이 되시는, **하나님이 보시기에 좋았더라**의 말씀이 없다고 하셨습니다. 여섯째 날 동안 창조하시고 지으신 것을 보시고 하나님이 보시기에 좋았더라 하셨던, 그 보시기에 좋으셨던 것은 바로 이스라엘 속에 넣으신 하나님의 영적인 뜻을 의미하는 것이었고, 그 좋으신 하나님의 영적인 뜻을 예수님께서 오셔서 이루셨고, 그리고 창조의 여섯째 날 그 모든 것을 보시니 보시기에 어떻다고 하셨어요? **심히 좋았더라**하셨습니다.

그냥 좋았더라 좋았더라 하시더니 마지막에는 **보시기에 심히 좋았더라** 하시고 일곱째 날 안식으로 들어가셨다고 하셨습니다. 안식에 들어가시게 된 그 보시기에 심히 좋으신 것을 예수님께서 오셔서 이루시고 하늘 보좌에 들어가 참 안식이 되셨는데, 예수님이 누구시라고요? 지금 뭐라고 했습니까? 참안식이세요. 예수님 자신이 안식이십니다. 예수님이 생명이십니다. 생명 안에 안식이 있습니다.

그러니까 하늘 보좌에 들어가 참안식이 되셨는데, 그런데 오늘날 이 참안식의 복을 받아 함께 안식에 앉힌 바 되어서 성영님으로부터 이 성경의 말씀을, 이 복된 말씀을 배우고 받아서, 하나님이 보시기에 심히 좋았더라의 바통을 받아 이 땅에 그 복을 전하는 자가 없다고 하셨습니다. 무슨 말인지 알아듣습니까? 하나님이 보시기에 심히 좋았더라 하신, 하나님의 아주 만족하신, 그 기쁘신, 하늘의 것 예수님께서 이루시고 하늘안식에 들어가신 그 안식에 함께 들어가 성영님과 함께 전하는 자가 없다고 말씀하셨다는 말입니다.

하나님 아버지께서 보시기에, 들으시기에 심히 좋은 생명을, 심히 좋은 예수님을, 하나님의 마음에 맞게 성경의 뜻대로 말하는 자가 없다고 말씀하셨다는 말입니다.

오늘날 마지막 때에 있을 미혹과 속임과 일들은 창조 때부터 계속 가르쳐 오신 것이니, 그러므로 말씀을 알면 예수님을 아는 것이요 예수님을 알면 예수님과 한 몸을 이루니, 그 앞에 거짓과 어둠의 것은 그냥 보여 아는 것인데 예수님을 알면 사단의 역사나 인간 역사가 한 눈에 다 보여 아는 것인데 사람들이 예수님을 알기보다 거짓을 알기를 좋아하고 거짓을 따라가기를 좋아하고 거짓을 행하기를 좋아한다고 하셨습니다. 예수님을 믿는다고 하는 사람들이 말입니다.

그러니까 사람들이 정작 알아야 할 것에는 왜 마음이 없습니까? 자기 마음이 그와 같기 때문입니다. 그렇게 경고의 말씀을 보내면서까지 우리가 알 것이 무엇인지 열심히 하나님의 뜻을 말하여 왔음에도 이 말씀을 듣는다 하면서도 왜 그렇게 모르는 것입니까? 왜?

이 마지막 때에 사단은 인간 역사 속에 넣은 자기의 산물들을 잘 알아야, 세상 돌아가는 것 경제 돌아가는 것을 잘 알아야, 정치 돌아가는 것을 잘 알아야 구원의 때를 준비할 능력이라고 그것이 믿음이요 하나님의 뜻인 것처럼 속임을 베풀게 하고 있다고 하셨어요. 이미 다 말씀드렸던 것입니다만 그래서 많은 사람들이 눈과 귀를 잡히고 혀를 잡혀서, 혀를 잡는다는 것이 무슨 말입니까? 거짓 방언을 넣는다, 거짓된 자기의 말을 하게 만든다는 말입니다. 하나님의 말씀인 것처럼 하지만 거짓말을 사람들에게 전파하게 한다는 말입니다.

그 거짓 선지자들 거짓 선생들이 말하는 그 말이 참인 줄 알고 그것이 하나님의 뜻인 줄 알고 사람들이 듣고 따라가는 것입니다. 마음에다 인간 열심을 부추기고 인간 충성심을 부추기고 선한 일인 냥 옳은 일인 냥 주님 위해 목숨도 바치라고 하는 것에 옳다고 여겨 분별해볼 지각이 없으니 다 속는다는 것입니다. 그래서 이 말씀으로 판단하고 분별하라고 보내셨음에도 듣지 않는다는 것입니다. 그들은 끝났습니다. 성경 말씀에서 다 알려주었음에도 인간 역사와 함께 세상은 사단에게 속한 사단의 역사라는 것을 다 알려주었음에도 불구하고 알지 못하여 속임에 빠져 믿는다는 사람들에게 그것을 알라고 이와 같이 말씀을 보내었음에도 듣지 않으려고 한다면 '알지 못하면 알지 못한 자로 버려두라'고 하신 것입니다.

  여기에서 보낸 창세기 말씀만 깨달아도 하나님도 알고 사단도 아는 영의 눈이 크게 열리게 되니, '그런 것들은 사단의 세계요 나와 관계없음!' 하고 떠나 나와 사는 능력이 얼마든지 되는 것입니다. 사람들이 믿는다 하면서 성경 말씀을 통하여 사단과 인간이 이룩한 세상을 알고 그 같은 것들에서 나와야 하는 것이지 왜 그렇게 예수님 밖의 것들 사단과 하나님 없는 인간들이 이룩한 것들에 머물러 있는 것입니까? 여러분이 참으로 믿음이면 왜 그렇게 남의 것에 관심을 두는 것입니까? 남의 신랑 것에 왜 그렇게 관심을 두느냐는 말입니다. 깨끗이 버리고 나와야 할 것을 왜 그렇게 찾고 다니느냐 말입니다. 거기 예수님 계십니까? 거기에서 예수님 만납니까?

  종교개혁이란 것도 남의 신랑 것입니다. 남의 신랑 것! 그런데 거기서 구세주 만난 듯이 하십니까? 여러분의 영이 곤고함으로 고통 받고 죽음의 두려움에서 놓이지 못하게 하는 것들인데 왜 그렇게 그것들에 목매십니까? 여러분이 살려면 예수님을 아십시오. 예수님을 아십시오. 예수님을 아십시오! 예수님을 알면 다 아는 것입니다. 그런 사단의 것들에서 나와 예수님께로 들어가 예수님과 함께 있으니, 신랑과 함께 있으니 내 눈에는 내 귀에는 내 마음에는 신랑이신 예수님만 보이고, 예수님의 말씀만 듣고 싶고, 예수님만 사랑하고 싶은 것이고, 예수님의 뜻이 내 뜻이 되고, 예수님의 생각이 내 생각이 되어, 함께가 되니 그 이상 아무것도 필요 없는 것입니다. 아무것도 두려움 없는 것입니다. 아무것도 염려 없는 것입니다. 그러므로 여러분이 참으로 예수님을 믿으려면 예수님을 좀 제대로 아는 믿음이 되시란 말입니다. 그 예수님과 뜻도 생각도 하나가 되시라는 말입니다. 성영님께서 그 믿음이 되게 하시려고 이같이 말씀을 보내시는 것 아닙니까? 기회를 주시는 말씀을 보내신 것입니다.

 세상에 말입니다. 여기서 전하는 이 엄청난 말씀들을 깨닫지 못하고 받아들이지 않는다면 창세기, 요한복음 등등의 말씀으로 성경을 알 기회를 삼지 못한다면 그것은 저주이지 않겠어요? 이 같은 엄청난 말씀들을 보내었는데도 알아듣지 못하는 것이면, 그는 끝났습니다. 끝났어요. 이런 말 제가 함부로 하는 것이 아니라는 것을 여러분이 분명히 아십시오. 사람의 믿음을 깨우는 것은 분명히 성경이지만 이 성경의 비밀과 같은 하나님의 영적인 뜻은 누구나 깨달을 수 있지 못하기 때문에, 하늘의 뜻을 말씀하셨는데 사람이 땅의 뜻인 것처럼 사사로이 풀어 하늘 뜻을 가리기 때문에, 그래서 이와 같이 성영님의 충만한 지배 안에서 하나님의 깊은 사정까지 다 보여 알게 해주시고 들려주시고 가르쳐 보내신 것입니다. 그래서 여기의 말씀을 듣는 것이 여러분의 믿음이 깨어나게 된다는 것을 분명히 전달합니다.

오늘날 성영님께서 세상 교회들에게 경고의 말씀을 보내시고 보내신 말씀을 듣든지 안 듣든지 그 말씀으로 거짓을 다 드러내 주고 있다고 했지 않습니까? 여러분이 눈으로 보고 확인하도록 다 드러내 주고 있다고 말했잖습니까? 이것은 지금 어떤 목사만, 어느 교회만 해당하는 것이 아닙니다. 개개인 다 마찬가지입니다. 말씀 듣는 여러분 모두 다 마찬가지라는 말입니다. 이 말씀이 지금 그가 믿음인지 거짓인지 다 드러내고 있다는 말입니다.

저는 요사이 여기의 말씀을 듣고 여기의 말씀으로 믿음이 되었다고 말하는 사람들에게서도 계속적으로 보고 느끼는 것은 그들의 거짓된 믿음의 모습입니다. 자기 속에 사탄을 두고 있어요. 자기 속에 아간을 두고 있습니다. 자기 속에 오만한 사탄을 모시고 있다는 말입니다. 그러니까 자기가 믿음이 좋은 줄 착각하고 있는 거예요. 자기가 하나님이 보시기에 믿음이 된 줄로 착각에 빠져 있습니다. 하나님이 말씀을 보내 거짓을 드러내는 것이 저 멀리만 있지 않다는 말입니다. 이 말씀 앞에 있는 이들에게서도 계속 드러내시고 계신다는 것 아시라는 말입니다.

성영님께서 사람들에게 '제발 좀 예수님 잘 믿어라. 예수님 좀 잘 믿어야 된다.'하는 말 이제 하지 말라고 하셨습니다. 때가 기울었다. 더 이상 그 말이 사람들에게 필요치 않다. 자기가 믿느냐 안 믿느냐인 것이지 사정하지 말라고 하셨습니다. 이 말씀을 듣겠느냐 안 듣겠느냐 말씀에 굴복하고 자기의 죄를 통회 자복하고 회개하여 이 말씀으로 사는 능력을 갖추겠느냐 안 갖추겠느냐 자기에게 있는 것이지

설득하지 말라 하셨습니다. 때가 기울었으니 '예수 잘 믿어야 된다. 잘 믿어라.' 하는 말 필요 없으니 하지 말라 하셨습니다. '목사가 왜 그렇게 사랑이 없어!' 하겠지만 내가 사랑이 있느냐 없느냐의 문제가 아니라는 것 분명히 해두겠습니다.

여러분, 이 말씀 앞에서 자신의 잘못됨이 드러나거든 받아서 회개하십시오. '시험 들었네. 상처 받았네' 그런 오물 쓰레기 같은 말로 믿지 않으려는 핑계하지 말고, 이런 핑계 만들려는 사람은 꼭 보면 자기를 향해하는 것으로 듣고, 상처 받았네 시험 들었네 하고 말씀에서 나갑니다. 제가 지적하는 것이라면 개인을 향해서도 이겠지만 믿는다는 사람들의 믿음을 바로 해야 하는 것이기에 전하라 하시는 것을 모든 사람들을 향해서 하는 말입니다. 그렇기에 여러분 속에 들어 있는 고쳐야 할 것 버려야 할 것 모든 죄들을 들추고 말씀으로 들추어낼 때에 그것을 시험 들었네 뭐 했네 하지 말고 하나님 앞에 회개하고 돌이킬 것은 돌이키고 버릴 것은 버리고 '하나님 죄인을 구원해 주신 것 감사합니다.' 하고 온전히 엎드려 굴복하는 여러분 되기를 바랍니다.

십자가에서 죽었는데 왜 옛사람으로 살면서 지금까지 쌓아온 믿음의 덕을 무너뜨리고 무너뜨리고 하는 것인가 말입니다. 이제는 정말 여러분이 믿을 것이냐 말 것이냐, 자기 믿음을 자기가 챙겨야지 다른 사람이 해줄 수 없다는 것 분명히 알기 바랍니다. 이와 같이 경고의 말씀을 수없이 보내면서까지 귀가 열려 듣게 하시려고 듣는 귀가 아프도록 강단에서도 입이 마르도록 전하면서까지 여러분의 영혼이 바른 길로 돌아서 오기를 원해서 성영님께서 안타까워하시며 전하여 오게 하셨습니다.

그런데 성영님께서 그 안타까워하는 마음을 제게 내려놓으라고 하셨습니다. 내가 안타까운 마음을 갖고자 한다고 해서 가져지는 것도, 버리려고 한다고 해서 버려지는 것도 아니고 '예수님 잘 믿어라 잘 믿어야 한다, 그런 말 이제는 필요치 않으니 하지 말라.' 하셔서 저도 버릴 능력이 됐습니다.

그동안 정말 마음에 안타까움 안쓰러움 얼마나 참정말 말씀을 준비하면서도 전하면서도 가슴에 끌어안고 이 고통의 아픔을 견딜 수 없어서, 고통스러워서 '하나님 아버지 저 영혼들 어떻게 해요? 예수님을 믿는다 해도 잘못 믿는 저 믿음 어떻게 해요? 다 자기중심이 본위가 되어 가지고 예수님이 없는데 어떻게 해요?' 영혼들이 보여 안타까워서 괴로워서 그 많은 눈물을 흘려왔고, 저요, 이 강단에서 이 말씀 전하면서 사실 저의 가정의 자식들 살피지 못했어요. 제 자식의 믿음조차도 살피지 못하고 지금까지 왔어요. 그러면서 성영님께서 내게 주신 일이라고 내 자신이 거기에 마음을 두고 지금까지 왔어요. 이같이 그 애통하는 마음을 주셔서 말씀을 전하고 전해왔는데 지금은 그 애통이 사라졌습니다. 그 애통하는 마음이 없어져버렸어요.

성영님께서 "이제 네가 아느냐?" 하셨습니다. 사람들의 그 중심, 교만함 여전히 사단을 두고 있는 그런 모습들 "네가 보느냐? 왜 구원하지 않느냐고 네가 나에게 탄식하느냐? 저들이 나를 버린다. 말씀을 버린다. 자기 방법대로 믿는다. 착각에 빠졌다. 자기가 최고인 줄 안다. 고개를 뻣뻣이 하며 완고한 마음을 도무지 내려놓을 줄 모른다." 이 같은 여러 충고들로 말씀하시고 이렇게 아픈 고통, 이런 것들을 나로 내려놓게 하셨습니다. 얼마나 눈물 흘리며 기도해왔던 것들을 이제는 그만 하라고 말씀을 하셨습니다.

그래서 이제는 믿으려면 자기가 잘 믿을 것이고, 믿지 못할 것이면 그것도 자기 문제인 것이지, 자신과 성영님과의 관계의 일이지 나와는 관계없는 일이라는 무심한 마음이 돼 버렸습니다. 앞에서 말씀드렸지만 제가 그러고 싶거나 그렇지 않고 싶거나가 아니라는 것입니다. 믿음은 스스로 각자 자기가 책임져야 하는 때가 되었기 때문에 더 이상 하나님은 기다려 주시는 그 기간이 지나갔기 때문에 저에게 주신 말씀이었습니다. 여러분이 알아듣는 지혜가 있기 바랍니다.

말씀을 맺고요. 우리 아버지 하나님께 모든 감사 예수님의 이름으로 올립니다. 아멘

경고 13
사도신경 폐지론 반박, 변증 4편

이는 성영으로 잉태하사 동정녀 마리아에게 나시고 본디오 빌라도에게 고난을 받으사 십자가에 못 박혀 죽으시고 장사한지 사흘 만에 죽은 자 가운데서 다시 살아나시며 하늘에 오르사 전능하신 하나님 우편에 앉아 계시다가 저리로서 산자와 죽은 자를 심판하러 오시리라 성영을 믿사오며 거룩한 공회와 성도가 서로 교통하는 것과 죄를 사하여 주시는 것과 몸이 다시 사는 것과 영원히 사는 것을 믿사옵나이다 아멘

성경 마태복음 1장을 우선 펴 놓으세요. 사도신경에서 오늘 먼저 살펴볼 순서는 **이는 성영으로 잉태하사 동정녀 마리아에게 나시고**입니다. 우리 마1:18-21까지 읽겠습니다.

[18]예수 그리스도의 나심은 이러하니라 그 모친 마리아가 요셉과 정혼하고 동거하기 전에 성영으로 잉태된 것이 나타났더니 [19]그 남편 요셉은 의로운 사람이라 저를 드러내지 아니하고 가만히 끊고자하여 [20]이 일을 생각할 때에 주의 사자가 현몽하여 가로되 다윗의 자손 요셉아 네 아내 마리아 데려오기를 무서워 말라 저에게 잉태된 자는 성영으로 된 것이라 [21]아들을 낳으리니 이름을 예수라 하라 이는 그가 자기 백성을 저희 죄에서 구원할 자이심이라 하니라

18에 무엇으로 잉태 되었다고요? 성영으로 잉태된 것이 나타났다. 또 20에서 저에게 잉태된 자는 무엇으로 되었다고요? 성영으로 된 것이라. 또, 눅1:26-35에 들어가 보죠.

²⁶여섯째 달에 천사 가브리엘이 하나님의 보내심을 받들어 갈릴리 나사렛이란 동네에 가서 ²⁷다윗의 자손 요셉이라 하는 사람과 정혼한 처녀에게 이르니 그 처녀의 이름은 마리아라 ²⁸그에게 들어가 가로되 은혜를 받은 자여 평안할지어다 주께서 너와 함께 하시도다 하니 ²⁹처녀가 그 말을 듣고 놀라 이런 인사가 어찌함인고 생각하매 ³⁰천사가 일러 가로되 마리아여 무서워 말라 네가 하나님께 은혜를 얻었느니라 ³¹보라 네가 수태하여 아들을 낳으리니 그 이름을 예수라 하라 ³²저가 큰 자가 되고 지극히 높으신 이의 아들이라 일컬을 것이요 주 하나님께서 그 조상 다윗의 위를 저에게 주시리니 ³³영원히 야곱의 집에 왕 노릇 하실 것이며 그 나라가 무궁하리라 ³⁴마리아가 천사에게 말하되 나는 사내를 알지 못하니 어찌 이 일이 있으리이까 ³⁵천사가 대답하여 가로되 성영이 네게 임하시고 지극히 높으신 이의 능력이 너를 덮으시리니 이러므로 나실 바 거룩한 자는 하나님의 아들이라 일컬으리라

27에 처녀에게 이르니 했는데 그 처녀의 이름이 뭐라고요? 그 처녀의 이름은 마리아라. 30에 천사가 일러 가로되 하고 누구를 불렀습니까? **마리아여** 불렀지요.

자, 그러면 그 목사가 사도신경을 말한 그 내용을 좀 듣겠습니다. "이는 성영으로 잉태하사 동정녀 마리아에게 나시고, 여기에서 또 틀렸다. 왜 내 눈에만 틀린 것이 보이냐? 여러분도 보실 수 있어야지 성경을 아는 사람이라면 성경을 읽지 않느냐?"

여기서 여러분에게 질문을 하겠습니다. 여러분! 지금 이 목사가 성경을 읽으시죠? 물었는데 그러면 여러분 성경을 읽으시죠? 지금도 읽으셨지요? 이 목사가 '여기서 또 틀렸는데 여러분도 보실 수 있어야지 왜 내 눈에만 틀린 것이 보이냐?' 했는데 그러면 **이는 성영으로 잉태하사 동정녀 마리아에게 나시고** 하는 이 부분이 성경이 증거한 내용이 아닙니까? 성경에 증거가 없습니까? 성경에 없는 이야기에요? 여러분이 크게 좀 대답하세요. 대답해야 할 부분에 있어서는, 모르면 입 다물 수밖에 없겠지만 아시면 그 믿음이 됐으면 믿음을 좀 고백하시라는 말이에요. 하나님께 고백을 드리는 것이고 그럼으로써 하나님과 강단의 목사와 성도가 호흡을 같이 하는 거예요. 예배에 아버지도 계시고 우리도 함께 있는 의미가 되고 아버지가 영광을 받으시는 것이라는 말입니다.

그럼 여기 동정녀라는 단어가 무엇을 의미하는 것인가요? 결혼 안한 여자? 마리아가 자기가 말했잖아요. **나는 사내를 알지 못하니** 라고 말했으니 바로 사내를 알지 못하는 처녀라는 말을 다른 말로 동정녀라고 한 것이지요. 우리가 예수님의 제자들을 '열두 제자' 또는 '열두 사도' 또는 '십이 사도', '십이 제자'라고 말을 하지만, 그러나 '열두 사도' '십이 사도' 해도 같은 동의어라는 것은 맞지요? 마찬가지로 '동정녀' 했어도 '처녀' 했어도 그것은 '사내를 알지 못하는 여자'라고 하는 데 있어서는 동의어라는 말입니다. 그러면 성경의 증거는 맞는데 여기 **성영으로 잉태하사** 하는 것이 성경의 증거와 틀렸다는 것일까요? 그러면 무엇이 틀렸다고 지옥 가네 사탄이네 하며 호들갑을 떠는 것일까요?

 그러면 여러분이 참으로 예수님을 믿는다면 자기가 믿는 예수님을 알지 못하고 믿을 수는 없습니다. 그러므로 자기의 믿는 예수님이 성영으로 잉태하사 동정녀 마리아에게 나셨다는 것이 성경이 증거하는 것을 분명히 믿습니까? 그리고 그것을 하나님께 고백하신 것 맞습니까?

 또 그 목사의 말을 듣습니다. "성경이 진리라고 믿는 사람이라면 아버지가 나오면 그의 아들 예수 그리스도가 나오고 그다음 성영님이 나오게 되어 있다. 그런데 마리아가 튀어나왔다. 삼위의 자리에 마리아가 들어가고 그가 하나님으로 영광을 받는다. 여기에 성영님이 나와야 된다. 순서적으로 아버지가 나왔으면 아들이 나오고 성영님이 나와야지, '이는 성영으로 잉태하사 동정녀 마리아에게 나시고' 여기 보면 마리아를 부각시키기 위해서 하나님의 자리에 성영의 자리에 삼위의 자리에 마리아를 등극시키고 있는 것을 본다." 했습니다.

 여러분 '뭐 눈에는 뭐만 보인다'는 그 속담 아십니까? 딱 그 짝입니다. 그 짝. 여러분이 지금 읽은 이 목사의 주장하는 말을 들으면서 어떤 생각으로 들었습니까? 아! 순서적으로 틀렸구나! 마리아를 등극시킨 것 맞구나! 라고 새삼 깨닫기나 한 것처럼 옳다고 동감했습니까? 속이는 자의 간계로 들었습니까? 나는 여러분이 들을 귀가 있기를 바랍니다만. 만일에 성경을 빙자하여 참인 것처럼 이 같은 교묘한 속임을 쓰는 이런 말을 들으면서 맞는 말로 여기고 사도신경을 배척해버렸거나 그의 말에 아멘으로 받았다면, 그것은 그 목사의 영과 동질로서 분명히 예수님의 이름으로 말하건대 이 목사가 있는 곳에 함께 있게 될 것입니다. 명심하기 바랍니다.

그다음 말입니다. "아니, 여러분! 성경 보면 아버지가 나오고, 아들 예수님이 나오고, 그다음에 성영님이 나오게 되어 있는데, 성영님이 나와야지 하나님의 자리에 성영의 자리에 삼위의 자리에 마리아를 부각시키기 위해 마리아를 등극시켰다."라고 나왔습니다. 유치하기 짝이 없습니다. 이 같은 말을 하고 나오는 이것이 지금 성경을 부정하는 것이고 사람들의 믿음을 농락하고 나오는 것이지, 어떻게 이렇게 무지한 억지 논리가 있습니까? 아니, 여러분! 성영님이 안 나왔습니까? 여기 아버지도 아들도 성영님도 다 계시지 않습니까? 도대체 성영님이 어떻게 계셔야 하는데요? 자리 딱 펴고 앉아서 좌정해 계셔야 하는 겁니까?

전능하사 천지를 만드신 하나님 아버지를 내가 믿사오며 하는 것은 천지 만물을 창조하시고 만드신 하나님 아버지를 믿는다는 것이고, **그 아들 독생자 우리 구주 예수 그리스도를 믿사오니**는 하나님의 아들 독생자 예수님이 우리의 구주가 되심을 믿는다는 것이고, **이는 성영으로 잉태하사 동정녀 마리아에게 나시고** 하신 것은 그 아들 독생자가 동정녀 마리아에게서 성영님으로 잉태되어 나셨다는 그 성영님의 하신 일에 대한 것을 말한 것이고, 그러므로 아버지와 아들 예수님과 성영님의 일, 즉 삼위 하나님의 전 역사와 이루신 뜻을 믿는다는 그 믿음을 말한 것입니다. 그러면 지금까지 저의 신앙고백으로 드려온 사도신경을 여러분도 그 믿음이 되었기 때문에 고백을 하신 것입니까? 믿음이 되었기에 고백하셨다는 것 믿습니다.

사도신경 중에서 **성영을 믿사오며**가 있잖습니까? 이것은 단순히 성영님을 믿는다는 것이 아니라 이와 같이 성영님께서 하신 일, 독생자를 잉태시키시고, 예수 그리스도께서 행하신 모든 사역은 성영님으로 행하셨고, 십자가의 죽으심도 다시 부활하신 것도 성영님으로 죽고 성영님이 일으키시고, 부활 승천하신 뒤에 그 성영님을 또 세상에 보내셔서 하나님 아버지의 이 같은 구원하시는 전 뜻을 믿는 사람들에게 이루어지게 하시고, 다시 말해 죄를 회개시키시고 말씀을 믿게 하시고 구원과 영생을 얻도록 도우시고 부활하게 하시는 이 모든 것은 성영님의 일이시기 때문에 그래서 성영님의 하시는 전 역사를 믿는다는 것의 고백입니다.

예수님의 이루신 모든 뜻을 예수님의 것을 가지고 오늘날 세상 속에 오셔서 일하시는, 나에게 오셔서 이루어지게 하시는 그 성영님의 일하심을 믿는다는 고백이라는 말입니다. 예를 들어서 나를 낳으신 어머니를 '어머니'라고만 불러도 그 어머니를 다 아는 거잖아요? 우리 어머니 키가 몇 센티이고 머리칼은 검고, 코는 크고, 눈은 작고 이런 식으로 다 나열해서 불러야 어머니인가요? 우리 어머니에 대해서 내가 다 알고 있는 것이니 그냥 어머니만 불러도 되는 거예요. '아버지' 했어도 내가 우리 아버지에 대해서 다 알고 있다는 얘기에요. 그와 같이 내가 '성영을 믿사오며' 해도 그 성영님이 누구신지 성영님의 역사가 무엇인지 성영님이 나와 어떤 관계인지 다 알기 때문에 그 성영님을 내가 믿는다는 것을 고백하는 것입니다. 그러니까 성영님을 아는 믿음이 되지 않으니, 아니, 하나님 말씀의 뜻을 모르는데 어떻게 성영님을 알겠으며 교제가 되겠습니까? 모르니까 사도신경이 거짓이라고 할 수밖에는 없는 것입니다.

그러면 여러분은 어떻습니까? '성영님을 믿사오며' 할 때 성영님이 계신 것을 믿고 성영님의 일 하심에 대하여 믿는다는 것을 고백한 것입니까? 아니면 그냥 단순히 성영님이 계신 것 믿는다는 것이었습니까? 우리는 성영님이 계신 것을 분명히 믿어야 하고 그 성영님께서 일하시는 역사와 자기에게 하나님의 뜻이 이루어지게 하신 것을 믿기 때문에 '성영님을 믿사오며'를 고백하는 것이라고 분명히 밝혀 말합니다.

그리고 또 한 말이 "삼위의 자리에 마리아가 들어가 그가 하나님으로 영광을 받는다."고 말했습니다. 이 말은 지금 그 목사 쪽에서 하는 우려의 말입니까? 마리아가 지금 영광을 받고 있다는 말입니까? 지금 이 말은요, 마리아가 스스로 영광을 받고 있는 것처럼 말했습니다. 다시 읽어드립니다. '삼위의 자리에 마리아가 들어가 그가 하나님으로 영광을 받는다.' 그랬어요. 그러니까 마리아가 지금 하나님 자리에 가서 영광을 받는 것이 아닌가? 그 말이 아니고, 마리아 자신이 스스로 하나님으로 영광을 받는 것처럼 말했다는 말입니다. 이 사람이 하늘에 올라가서 마리아를 만나고 왔나 봅니다. 가서 마리아를 보니 그렇게 마리아 자신이 하나님으로 영광을 받고 있었나 봅니다. 그러니 저로서는 마리아를 만나보지 않았으니 알 수가 있나, 할 말이 없네요. 그러나 저는 마리아를 만나보지 않았어도 성서에 기록된 마리아는 잘 압니다. 마리아가 예수님을 낳았다뿐이지 그도 죄인으로서 예수님을 자기의 구주요 하나님으로 믿어 구원을 받고 하늘에 들어갔다는 것을 알고 있습니다. 그러니 여러분, 사도신경이 사탄의 것입니까? 이 목사라는 사람의 말이 사탄의 것입니까?

그러면 여러분 중에 사도신경하면서 자기는 마리아를 하나님으로 높이고, 마리아는 자신이 하나님으로 영광을 받는 관계로서 하신 분 있습니까? 그리고 마리아를 부각시키기 위해 하나님 자리에 성영의 자리에 삼위의 자리에 마리아를 등극시켰다고 순서적으로 그렇게 해놓았다는 그의 말대로 '이 순서는 하나님 자리인데 하나님을 마리아라고 하는구나! 이 자리는 하나님 자리인데 마리아가 올라가 있구나!' 로 생각하신 분 있습니까? 지나가는 사람 길을 막고 물어 봐도 아무도 없을 것입니다. 그런 자들, 거기에 속한 자들에게나 해당되지 정상적으로 정신이 바른 사람, 신앙 정신이 똑바른 사람들에게는 있을 일 아닙니다. 귀신이나 하는 짓이지 정신이 살아 있는 사람이면 언감생심이라는 말입니다.

마리아를 하나님으로 높여 '마리아 하나님' 할 자는 없습니다. 이것은 지옥의 가장 극렬한 곳에 들어갈 자로 작정된 자들에게나 있을 일이지, 참 하나님에게서 나온 믿음에게는 죽을지언정 있을 일 아닙니다. 이것은 문장 그대로 '이는, 즉 예수 그리스도는 성영으로 잉태하사 동정녀 마리아에게 나셨다.'는, 여자의 후손으로 오신 예수 그리스도의 나심의 증거로 받고, 증거로 받은 우리 믿음을 고백하는 것 외에는 다른 이유 갖다 붙일 일 아무것도 없습니다. 성경의 증거를 무시하는 그 발상 자체가 사단이 뿌리가 되어 있는 데서 나온 간교입니다.

예수 그리스도께서 '이는 성영으로 잉태하사 동정녀 마리아에게 나시고' 를 하나님 자리에 마리아를 올려놓은 것이라고 말한다면, 이것은 사도들이 기록한 성경이 마리아를 하나님 자리에 올려놓았다는 것을 주장하는 것과 같은 것입니다. 오늘 우리가 읽은 마1장과 눅1장의 말씀은 뭐라고 증거하고 있습니까? 창조하시고 만드신 후 하나님이 아담과 하와에게 말씀하신 기록은 또 뭐라 말씀하고 있습니까? **내가 너와 여자와 원수가 되게 하고 너의 후손도 여자의 후손과 원수가 되게 하리니 여자의 후손은 네 머리를 상하게 할 것이요** 라고 말씀하신 것을 비로소 예수 그리스도께서 마리아를 통해, 즉 여자의 후손으로 오셨다는 것을 부정하게 하려는 교묘한 술책입니다. 그 신앙을 막으려는 술책이에요.

그런데 어떻게, 사람들이 이런 흉계가 있는 말이나 듣고 사도신경은 사탄이고 가톨릭이 만든 것이라고, 그따위 말들로 성경의 증거를 부정하러 다니는가 말입니다. 종교 개혁이 무엇인지도 모르면서 그렇게 꼴값들을 떨고 다니는가 말입니다. 그 목사 말대로 여러분 진짜 성경 안 봅니까? 성경에 동정녀 마리아에게 성영으로 잉태되어 나심, 예수님의 나심 없습니까? 왜 성경의 증거를 부정하듯 하는 그 목사의 속이는 말을 듣고, 이 속임에 대해서 분명히 보여 알게 됨에도 불구하고 왜 그 속이는 말을 듣고 종교가 되게 하려는 그 꾀에 붙들려서, 지금 자기가 저주에 속했다는 것을 자랑이나 하듯이 다니느냐는 말입니다.

성서가 확실히 증거하는 것이니만큼 이 목사의 주장은 가톨릭에 이어 또 다른 이설을 만들어서, 다시 말해 이 사람의 발상 자체가 인본의 지혜를 이용한 사단의 사자(使者)의 일로써 우매를 자랑하는 일입니다. 그러면서 이 신앙고백을 만든 것은 가톨릭이라고 그것을 핑계로 삼아 자기가 교회의 보호자나 되는 것처럼 교회 공동체가 드려야 할 신앙고백을 하지 못하게 하여 성경도 부정하게 하듯 조장하는 간교입니다. 가톨릭이 마리아를 예배하며 기도하고 마리아가 승천

했다 하고 예수님만큼 숭배하여 섬기고 성경을 전부 다 위배하고, 그래서 우리는 비진리 앞에 타협할 수 없기 때문에 왜 여기에 동정녀 마리아가 등극해야 하냐 성영님이 계셔야 할 그 자리에 위치상 틀렸다고 가톨릭의 가중한 타락의 행위들을 내세워서 예수 그리스도의 성영님으로 잉태하여 동정녀 마리아에게서 나신 성경의 증거까지 부정하도록 하고 있다는 말입니다.

구더기 무서워서 장 못 담그는 것과 같이, 자기의 구원과 신앙이 고백이 되어야 할, 그 믿음이 되어야 할 예수 그리스도의 성영님으로 잉태하사 동정녀 마리아에게 나심을 고백 못 할일 없습니다. 참이 있으면 반드시 거짓이 있습니다. 그 참을 흉내 내어 참을 거짓으로, 종교로 끌어내리는 것 여러분이 귀가 있으면 듣고 눈이 있으면 보십시오. 하나님이 지금 다 듣도록 말씀도 보내셨고 다 보도록 드러내고 계십니다. 그럼에도 보지 못하고 듣지 못한다면 똑같이 망할 종교인이요 사단의 자식들이기 때문입니다.

왜 가톨릭을 들먹거리면서 성경을 부정하는 건데요? 가톨릭이 그러거나 말거나 우리는 성경을 믿고 따르면 되지 뭣 때문에 가톨릭을 들먹거리면서 성경을 부정해요? 바벨론의 큰 음녀인 그 단체가 사단의 추종자들인 그 큰 음녀가 하나님을 대적하기 위해 세워진 인본주의가 참을 거짓되게 하려는데 뭔 짓을 못하겠습니까? 성경이 가톨릭이 만든 것이 아닌 이상에, 성경이 말씀했다면 가톨릭 갖다 붙일 일 없습니다. 그것은 가톨릭 그 집안일이니 갖다 붙일 일 없다는 말입니다. 그것은 이단도 아니요, 사이비도 아니요, 자기가 창조주의 신이 되겠다고 하나님의 보좌 위를 찬탈하려고 했던 사단이 만든 사단의 집단입니다.

그 사단과 추종자들이, 하나님과 반대되는 종교집단이 마리아를 신으로 섬기게 하려는 것은 큰일 아니에요. 그것은 사단이 자기 일을 하는 거예요. 사단은 자기의 사람들과 자기의 일을 하고 있는 것이니 우리는 그것들을 분별하여 삼가고, 스스로 미혹을 받지 않으면 되는 것입니다. 그러므로 그 사단의 집안일 끌어다가 성경을 가리는 일 하는 것도 사단의 일이라는 것을 분명히 말해두겠습니다.

이 성경이 가톨릭의 성경입니까? 가톨릭이 만들었습니까? 어찌 감히 그런 음녀의 집단의 진리를 가리는 일들을 끌어다가 예수님이 성영님으로 잉태되어 여자(마리아)에게 나신 증거를 받은 성도의 믿음을 그렇게 모독하는 것입니까? 어디다 끌어다 갖다 붙일 데가 없어서 그따위 사단의 집단의 가증한 것을 끌어다 붙이면서 성경까지도 믿지 못하도록 성경이 거짓이나 되는 것처럼 가리는 일을 하는가 말입니다. 성경에 예수님의 나신 증거와 증언을 흐리게 하려는 간악한 흉계입니다. 사단과 인본이 함께 교묘히 예수님이 여자(마리아)에게서 나셨다는 것을, 다시 말해 예수 그리스도께서 이 여자에게서 나신 것을 부정하고 싶은 것이 그 목사 속에 앉아 있기 때문에 목사로 나와서 그것을 드러내고 있는 것입니다.

여러분이 이것을 잘 들으십시오. 여러분이 이것을 믿는다는 것과 예수님이 인간의 혈통이 아닌 마리아라는 한 여자, 이 처녀에게서 성영님으로 잉태되어 나신 것을 믿지 않거나 모르거나, 그래서 이 신앙이 되지 않아 고백이 없다면, 그러면서 성경 다 믿는다고 해도, 주는 그리스도시요 살아 계신 하나님의 아들입니다 믿는다 해도, 그 믿음은 가짜요 소용없습니다. 유대인들이 구약의 율법을 행하여 부족함 없는 신앙의 행위가 되었어도, 한 가지 예수님을 그리스도로 인정하지 않았으므로 하나님의 심판에 들어갔던 것처럼 오늘날 모든 행위 다 해도 '주는 그리스도시요 하나님의 아들이십니다.'를 믿고 고백해도 하나님의 창조 때부터 여자의 후손으로 보내시겠다고 언약하신 그 여자의 후손을, 마침내 한 여자(마리아)에게서 성영님으로 나신 이 예수님의 나심의 신앙고백을 거부해버리면 그것은 여자에게서 나신 예수님을 믿지 않는다는 것을 스스로 선고하는 것이 되는 것입니다. 예수님의 신성과 인성을 부인하는 것이라는 말입니다.

이는 성영으로 잉태하사 동정녀 마리아에게 나시고에 대한 믿음이 되지 못하도록, 그래서 이 믿음의 고백을 하지 못하도록 가톨릭을 빌미로 해서 이 목사가 막는 역할을 하는 것은 바로 여러분이 성경의 뜻대로 믿는 믿음인지 사단이 시험해보는 것에 걸려들어 버렸습니다. 거부해버린 이 자체는 예수님의 인성과 신성을 거부한 것이 됐습니다. 그러니 다른 것 다 믿는다 해도 자기 목숨 내놓는다 해도 하나님께서 받지 않으신다는 것 분명히 경고로 말해 두겠습니다. 여자를 통해 성영님으로 잉태하사 동정녀 마리아에게 나신 이것이 거부되면 아무리 성경 다 읽어도 성경을 달달 외워도 그것은 망할 자기의 것일 뿐입니다. 알아듣습니까?

예수 그리스도는 성영으로 잉태하사 동정녀 마리아에게 나시고 하신 이 처녀, 즉 여자에게서 나신 이것은 기적이 아니고 하나님의 표적이요 예수님의 신성을 나타낸 겁니다. 처녀의 몸에서 났으니 자연법을 초월한 탄생이기 때문에 예수님의 신성이 증명이 된 것입니다. 처녀의 몸, 여자의 몸에서 인간 혈통이 아닌 성영님으로 잉태되어 나신 이것은 오직 예수 그리스도 한 분만이 죄 없는 의인이심이 증명이 된 것입니다. 영으로 나신 분, 오직 성영님으로 나신 분은 예수 그리스도 한 분이심이 증명이 된 일입니다. 그래서 그리스도요, 즉 구주시요 하나님의 아들이십니다.

그러므로 이는 성영으로 잉태하사 동정녀 마리아에게 나시고를 거부하면 그 같은 예수님에 대한 모든 것을 거부한다는 뜻입니다. 이와 같은 예수님을 자기 영으로 아는바 없는 거짓의 아비의 자식들이 그런 허접 쓰레기 같은 말을 전하는 것 그것을 듣고 이 예수님의 나심의 고백을 거부하고 따르는 자들은 저는 예수님의 이름으로 선포하건대 엄히 거절하고 거부합니다.

만일에 여기서 나간 말씀을 듣는다고 하는 사람들이 제가 지금까지 말씀드린 예수님에 대한 분명한 믿음에서 신앙고백을 하는 것이 아니었다면 여기 말씀 들은 것 아닙니다. 그런 정도면 여기 말씀을 들을 필요는 없습니다. 사도신경이 자기 신앙고백이 돼야 함을 말씀을 들었다는 사람들이 알지 못한다면 말씀 듣지 않았습니다. 절대로 들은 것 아닙니다. 여기의 말씀을 집중해서 들었다면 사도신경은 우리의 고백임을 정확하게 나오기 때문에 그런 속임의 말을 듣고 있을 이유도 없었을 것이요, 그런 말로 헷갈리고 아리송해야 할 이유도 없기 때문입니다. 그러니 여기 말씀 들어서 뭐하겠습니까.

여러분 오늘 이후부터는 '동정녀'를 '처녀'로 하겠습니다. '동정녀'라는 말은 성경에 기록된 말은 아니고, 처녀로 성경에 기록했기 때문에 처녀나 동정녀나 동의어이긴 하지만, 그러나 성경에 기록된 대로 고치겠습니다.

그다음 사도신경 내용이 뭡니까? **본디오 빌라도에게 고난을 받으사 십자가에 못 박혀 죽으시고** 제가 이 목사의 주장하는 바를 다 말하려면 한도 끝도 없어요. 그래서 그중에서 중요한 것만 짚겠습니다. 얼마나 성경의 뜻에 무지한 말로 이치를 어지럽히고 가리는지 여러분이 들어 보십시오. 먼저 일부분만 보겠습니다. "빌라도는 예수님을 죽이는 데 동참하려고 하지 않았다. 예수님을 끝내 놓아주려고 했다. 빌라도가 '나는 이 피에 깨끗하다' 하니까 이 피를 우리에게 돌리소서 우리에게 돌리소서 예수를 죽여라! 죽여라! 십자가에 못 박으라고 누가 소리를 질렀냐? 그런데도 빌라도가 죽였다고? 사복음서에 동일하게 나오는 이야기는 빌라도가 예수님을 죽이는 데 무관했다는 것을 말하고 있다. 그 피를 우리에게 우리 자손에게 돌리라고 그렇게 외쳐댔던 것 성경은 확실하게 증거하고 있다. 성경이 틀렸냐? 틀릴 수 없다. 빌라도에게 고난을 받으사 십자가에 못 박혀 죽으시고 이것은 틀린 이야기다. 빌라도에게 고난을 받으사 십자가에 못 박혀 죽으시고 고백한다면 죽었다 깨도 구원 못 받는다. 빌라도에게 죽었다고 믿으면 절대로 구원받지 못한다. 이것은 사단의 전술에 넘어간 것이다." 그러니까 신앙 고백하는 자들은 사단의 전술에 넘어간 것이다 라는 말이지요.

이 목사의 말은 사복음서를 다 보아도 빌라도는 예수님의 죄를 찾지 못해서 살리려고 애를 썼는데 유대인의 절기 때도 예수님을 놓아주려고 애썼는데 유대인들이 살인자는 살리고 예수님을 죽이라고 소리쳤으니 빌라도가 '그러면 나는 예수에게서 죽일 죄를 찾지 못했으니 무죄하다. 너희가 죽이라' 하니 유대인들이 그 피를 우리와 우리 자손에게 돌려도 좋다고 하면서 유대인들이 죽이라고 했지 빌라도는 아니다. 언제 빌라도가 예수님을 죽였기에 빌라도에게 고난을 받으사 십자가에 못 박혀 죽으시고 하는 것이냐? 틀렸다. 그런 고백은 죽었다 깨어나도 구원받지 못한다. 예수님이 빌라도에게 죽었다고 믿으면 절대로 구원받지 못한다. 라는 말인 것이지요?

그런데 누가 언제 빌라도가 예수님을 죽였다고 고백했습니까? 사도신경 어디에서 빌라도가 예수님을 십자가에 못 박아 죽였다고 말했나요? 도대체 문장 이해도 안 되는 머리가 어떻게 성경을 말하겠다고 나왔는지 인간 입장으로서도 도무지 이해가 안 됩니다. 그리고 그가 한 말이 "그러면 예수님을 누가 죽였냐? 바로 나다!" 그 목사가 "바로 나다! 우리가 예수님을 죽였다."라고 나왔습니다. 여러분! 저도 빌라도가 예수님의 죄를 찾지 못해서, 또 그 아내가 꿈에 보니까 그 사람을 인하여 애를 많이 썼으니 저 옳은 사람에게 아무 일도 행치 마시라고 당부하는 말도 있었고, 또 여러모로 예수님을 놓으려고 힘썼다는 것 하나님의 아들이라는 소리를 듣자 놓으려고 힘썼다는 것 성경이 말씀하고 있으니 이 목사가 말한 것처럼 빌라도의 이 부분에 있어서는 예수님을 살리려고 했다는 것 애쓴 그 빌라도에 대해서는 저도 변호합니다. 그런데 그는 재판관으로서 정직하지 못했습니다.

유대인들은 로마 정권에 있었기 때문에 사형 판결이나 집행을 하지 못합니다. 그러면 지금 그 판결권은 누구에게 있을까요 유대인입니까, 빌라도입니까? 빌라도에게 있습니다. 그래서 요19:10에 빌라도가 예수님께 뭐라고 했는가 하면 "내가 너를 놓을 권세도 있고, 십자가에 못 박을 권세도 있는 줄 알지 못하냐?" 라고 분명히 예수님께 그렇게 말했어요. 요19:13에 **빌라도가 재판석에 앉았더라** 했습니다.

놓을 권세도 있고 십자가에 못 박을 권세도 있다고 자신을 말한 빌라도가 예수님에게 판결을 내리기 위해 재판석에 앉아서 유대 백성들에게 예수님에게서 죄를 찾지 못하는데 무엇 때문에 너희 왕을 죽이려 하느냐? 하고 예수님의 죄 없음을 변호했지만 백성들이 아우성을 치자 요19:16에 **이에 예수를 십자가에 못 박히게 저희에게 넘겨주니라** 했습니다. 왜 죄 없음을 알고도 넘겨주었습니까? 눅23:23-25에 **저희가 큰소리로 재촉하여 십자가에 못 박기를 구하니 저희의 소리가 이긴지라** 했습니다. 이에 빌라도가 저희의 구하는 대로 하기로 언도하고 …… 예수를 넘겨주어 저희의 뜻대로 하게 하니라 했습니다.

저희의 소리가 이겼다는 것이 무엇입니까? 마27:24-26에 **민란이 나려는 것을 보고** 그랬다는 것을 정확히 말하고 있습니다. 민란이 나려는 것 같으니까 물을 가져다가 무리 앞에서 손 씻으면서 **이 사람의 피에 대하여 나는 무죄하니 너희가 당하라 …… 바라바는 저희에게 놓아주고 예수는 채찍질하고 십자가에 못 박히게 넘겨 주니라**고 했습니다. 그 뒤 빌라도의 군병들에게 발길질 당하고, 채찍에 맞고, 돌로 맞고, 침 뱉음을 당하고, 뺨을 맞고, 가시 면류관을 쓰고 희롱당하는 이 같은 온갖 모욕을 다 당하셨습니다.

빌라도에게 고난받은 것 아니라고 주장하는 유대인 무리 같은 자들도 있던데 그러면 이것이 빌라도에게 고난받은 것 아닙니까? 빌라도에게 고난받으셨습니까? 안 받으셨습니까? 고난받으셨습니다. 예수님을 십자가에 못 박을 권세도 있고 놓을 권세도 있는 최고 재판권자가 예수님을 못 박도록 판결을 내리고 넘겨줬습니까? 안 넘겨줬습니까? 넘겨줬습니다! 아무 죄도 찾지 못했고, 자기 아내가 옳은 사람에게 아무 일도 행하지 말라 했고, 저가 하나님의 아들이라 했다는 말을 듣고 더욱 두려워하였음에도 민란이 날까 봐서, 자기 신변에 위험이 닥칠까 봐, 자기의 권세가 무너질까 봐, 두려워서 놓을 권세를 가진 이 재판권자가 불의한 판결을 내렸지 않습니까? 예수님을 십자가에 못 박으라고 내어줬지 않습니까? 정직하지 못한 판결을 내렸습니다. 부당한 판결을 내렸습니다. 거짓된 판결을 내렸습니다. 분명히 십자가에 못 박히게 빌라도가 넘겨주었다고 했습니다.

그러면 빌라도에게는 고난을 받으셨고, 그다음 예수님을 십자가에 못 박은 장본인들은 누굽니까? 판결은 빌라도가 했지만은 십자가에 못 박은 것은 현장에 있었던 유대인들이라고 성경은 말하고 있습니다. 로마 군병이 십자가에 달았지만 그것은 군인의 의무로써 행한 것이고, 자기와 자기 자손들에게 피를 돌리라고까지 외치며 못 박으라 했던 유대인들입니다. 그래서 예수님께서도 요19:11에 **위에서 주지 아니하셨더면 나를 해할 권세가 없었으리니 그러므로 나를 네게 넘겨 준 자의 죄는 더 크니라**고 말씀하셨습니다. 빌라도도 죄 있다. 빌라도도 죄 있고, 유대인들의 죄는 더 크다고 분명히 말씀하셨다는 말입니다.

그리고 행4:25-27에서도 **주의 종 다윗의 입을 의탁하사 성영으로 말씀하시기를 어찌하여 열방이 분노하며 족속들이 허사(虛事)를 경영하였는고 세상의 군왕들이 나서며 관원들이 함께 모여 주와 그 그리스도를 대적하도다 하신이로소이다 과연 헤롯과 본디오 빌라도는 이방인과 이스라엘 백성과 합동하여 하나님의 기름 부으신 거룩한

종 예수를 거스려 라고 말씀함으로써 바로 본디오 빌라도가 대적 자임을 말하였고 예수님을 거슬렀다고 분명히 말하고 있습니다. 이 같은 확실한 증거의 말씀들이 있는데 깨닫지 못할 일이 무엇입니까.

"성경이 틀렸느냐? 틀릴 수 없다."고 그렇게 큰소리치는 그 목사에게 제가 묻습니다. 예수님에게 죄를 찾지 못했음에도 자기 신변 문제 때문에 사형 언도를 내린 것이 재판관이 할 처사인가? 도대체 예수님이 누구에게 고난을 받으셨는가 묻습니다. 법을 집행하는 재판관이 예수님에게서 죄를 보지 못했음에도 그와 같이 자기 자리 보존하려고 자기 지위 지키려고 비겁한, 간교한, 정의가 없는, 정당하지 않는 판결을 내린 그것을 감추어 주려고 그렇게 '성경이 틀렸느냐? 틀릴 수 없다.'고 외치면서 빌라도에 대한 변호에 열을 올리는 이유가 무엇입니까? 그것은 자신이 빌라도와 코드가 맞는 것이기 때문이지 않겠습니까?

그러므로 결국은 자기가 맞고 성경이 틀렸다는 것을 본인이 주장한 것이라는 것, 기억해야 할 것입니다. 빌라도에 대한 당신의 변명은 곧 하나님의 눈을 가지고 본 것이 아니라 하나님 없는, 하나님을 무시하는 자의 정당하지 않은 재판의 판결을 옹호하듯이 하였으니, 그가 있는 곳에 당신 자신도 있을 것이라는 것을 명심하여야 할 것입니다. 그러려면 그 빌라도가 천국에 있기를 소망해야 할 것입니다.

성경에 기록된 그 역사의 현실에서는 유대인들이 예수님을 죽였습니다. 빌라도는 죽이도록 넘겨주었습니다. 그것은 절대로 변할 수 없는 역사입니다. 그렇기에 예수님의 고난 받으심은 곧 나를 위해 받으신 고난이요, 예수님의 십자가 죽으심은 곧 나를 구원하시기 위해 죽으셨다는 것을 믿음으로 받아들여서 내게 이루어진 실제가 돼야 합니다. 그래서 예수님은 빌라도에게 고난을 받으셨고 유대인들에 의해서 십자가에 못 박혀 죽으셨습니다. **빌라도에게 고난을 받으사 십자가에 못 박혀 죽으시고** 한 대목이 바로 그 상황에 대한 것을 말한 것입니다. 이해하십니까?

이 목사가 "빌라도에게 고난 받으사 십자가에 못 박혀 죽으시고 한 것은 틀린 이야기다. 빌라도가 죽였다고 이것을 고백하면 죽었다 깨어나도 구원 못 받는다." 했잖습니까? 그러니까 사도신경은 빌라도가 예수님을 죽였다고 말하지 않았는데, 빌라도에게 십자가에 못 박혀 죽으시고를 말한 적이 없는데 이 목사 자신이 스스로 억지 소리를 하고 나왔습니다. 그러니 하나님의 영적인 일을 볼 수 있는 영적 시각, 영적 이해력이 없으면서, 그런 좁아터진 인간사고 가지고, 사람이 뭐 하면 용감하다고 했나요? 그러면 여러분은 어떠세요? 빌라도가 십자가에 못 박아 죽였다는 것으로 알고 고백한 분 있습니까?

그리고 곧 따라 뭐라고 했는가 하면 "예수님을 죽인 것은 빌라도가 아니다 빌라도에게 고난을 받으사 십자가에 못 박혀 죽으시고 하는 이것은 빌라도와는 무관하다. 예수님을 누가 죽였냐? 예수님을 십자가에 못 박아 죽인 것은 유대인들이라고도 말하지 않고 '바로 나다' 우리가 예수님을 죽였다."라고 한 겁니다. 그러면 여러분에게 묻겠습니다. ○○님! 예수님을 십자가에 못 박아 죽였습니까? 아, 그때 ○○님이 못 박았잖아요? 그 목사가 바로 나라고 이렇게, 이것 알지 못하면 다 지옥 간다고 그러는데 지옥 가려고 아니라고 합니까? 그러면 ○○님이 못 박았습니까? 아니라고요?

여기서 있는 저도 예수님을 십자가에 못 박아 죽이지 않았습니다. 저도 예수님을 십자가에 못 박은 적 없어요. 잘 들으십시오, 아마도 저런 교만이 어디 있나, 모두가 다 예수님을 자기가 십자가에 못 박았다고 나오는데 할 자들도 있겠습니다만 여러분이 잘 이해가 돼야 합니다. 우리가 언제 예수님을 십자가에 못 박았습니까? 인간이 어떻게 하나님을 십자가에다 못 박아요? 하나님은 하나님이 계획하신 뜻대로 오셔서 죽으신 것이지, 저도 예수님을 십자가에 못 박은 적 없습니다. 성영님의 눈으로 예수님이 십자가에 못 박힌 것을 보니 나를 위해서, 내 죄 때문에 십자가에 올라가 죽으신 예수님을 보고 '예수님, 내 죄 때문에, 내 죄 사하시려고 그렇게 십자가에 올라가셨습니까?'를 알게 돼서 그것을 눈물로 고백하는 것이지 언제 우리가 예수님을 십자가에 못 박았나요?

내가 이 세상에 있기도 전에, 내가 아직 죄인 되었을 때에 예수님께서 내 죄를 다 속하여 놓으신 것이요 이미 나를 창조하시기 전에 나를 이미 짓기도 전에 죄인을 구원하시기로 죄인처럼 십자가에 못 박히시고 흘리신 피로 죄를 사하여 예수님께 나온 자들을 구원하시기로 하셔서 예수님이 친히 십자가로 올라가셨다고 말씀하셨지 언제 내가 예수님을 십자가에 못 박았습니까? 언제 여러분이 예수님을 십자가에 못 박았습니까? 그러니까 속지 말라는 얘기예요.

사도행전에서 사도들도 군중들 앞에서 설교할 때 뭐라 했습니까? 내가 예수님을 십자가에다 못 박았다 했습니까? 내가 깨닫고 보니 내가 예수님을 십자가에 못 박았더라고 말하지 않았습니다. **너희가 거룩하고 의로운 자를 부인하고 도리어 살인한 사람을 놓아주기를 구하**

여 생명의 주를 죽였도다 했습니다. 유대인들을 향해서 너희가 죽였다고 했어요. 그 배후는 누구예요? 물론 사단이 예수님을 몰아서 십자가에 못 박게 했지만, 그러나 사단이 못 박기 때문에 못 박힌 것이 아니라 예수님이 죽기로 정하고 오셨기 때문에 예수님이 자발적으로 올라가셨습니다. 내 죄 때문에 여러분의 죄 때문에 죄를 사해주시려고 그와 같이 십자가에 올라가신 것입니다. 그렇기에 예수님의 그 은혜 그 사랑을 감사하며 이 믿음에 굳게 서야 하는 것이지 내가 언제 예수님을 십자가에 못 박아 죽였습니까? 난 이천 년 전에 그 자리에 있지도 않았는데……. 그래서 이런 말 듣고 속는 여러분이 되지 않기를 참으로 원해서 이렇게 구체적으로 변증하여 말씀드리는 것입니다.

이 목사가 "누가 예수님을 죽였나? 예수님을 죽인 것은 빌라도가 아니고 바로 나다. 우리가 죽였다."라고 말한 뒤 또 곧바로 "예수님은 내 죄 때문에 죽으셨다. 나를 위하여 죽으셨다."라는 말로 엇갈린 말을 했습니다. 예수님은 내가 죽였다고 해놓고 또 예수님은 내 죄 때문에 나를 위하여 죽으셨다고 말했다는 말입니다. 그러니까 자기가 예수님을 십자가에다 못 박아 죽여 놓고 내 죄 때문에 십자가에 못 박아 죽였다 하는 것입니까? 자기가 예수님을 죽였다면 자기 죄 때문에 죽으셨다고 할 수가 없습니다. 자기 죄 때문에 예수님이 죽으셨다는 것이 성립되지 않기 때문입니다. 내가 예수님을 죽였는데 어떻게 내 죄 때문에 죽으셨다고 할 수 있습니까?

이것은 사람들이 바른 믿음이 되지 못하게 하려고 혼란을 주는 교묘한 속임입니다. 하나님의 뜻에는 없는 인간 양심의 말을 만들어서 뿌리는 누룩이요 죽이는 독입니다. 예수님을 내가 죽일 수도 없지만,

또한 예수님은 인간에게 죽으러 오신 것 아닙니다. 예수님을 내가 죽였다고 한다면 예수님과 절대로 상관없습니다. 예수님을 내가 죽였다면 어떻게 구원이 있고, 어떻게 예수님과 관계가 되겠습니까? 그것을 영적으로 보면 예수님은 내 죄 때문에 죽은 것이니 내가 죽인 것이다가 맞는다고 말하고 싶겠지만, 그러나 하나님께는 그런 영적인 쪽은 없습니다. 우리에게 내 죄 때문에 죽으시고 부활하신 예수님을 알고 믿게 하는 것에 뜻을 두신 것이지, 내가 예수님을 죽였다는 것에 두신 적 없습니다.

내가 예수님을 죽였다고 말하게 하는 것은 인본을 이용한 사단입니다. 사단의 아들들이 예수님을 죽였고, 누가 예수님을 죽였어요? 사단의 아들들이 죽였어요. 아들들이라는 것은 혈통 관계를 말합니다. 끊으려야 끊을 수 없는 혈통 관계, 다시는 돌이킬 수도 없고, 가라지가 알곡 될 수 있어요? 가라지 종자면 가라지인 것이지 그 종자가 변해서 알곡 되는 것 아닌 것처럼 이 같은 이치로 들으면 됩니다. 사탄의 아들들이 예수님을 죽였고, 예수님을 자기들이 죽였다고 쾌재를 부르며 예수님을 죽인 것이 죄라면 자신들과 자신들의 후손들의 피에 돌리라고 외치던 그 사단의 아들들이 죽였습니다.

예수님께서도 그들을 마귀의 자식들이라고, 마귀의 아들들이라고 분명히 말씀하셨습니다. 그렇기에 내가 예수님을 죽였다, 우리가 예수님을 죽었다고 한다면 그것은 그야말로 자기가 사단의 아들이라는 것을 스스로 주장하는 것입니다. 그러니 여러분! 예수님은 내 죄 때문에 죽으셨지만, 그 예수님을 죽인 것은 사단의 아들들이라는 것 분명히 알기 바랍니다.

그러면 그 목사가 예수님을 내가 죽였다고 하고 나오는 것, 지금 그 말하는 자신이 누구의 아들이라는 것을 스스로 드러내 주는 것이 되겠습니까? '내 죄 때문에 예수님이 십자가에 달리신 것을 보니 내가 예수님을 십자가에 못 박았구나!' 한다면 이는 최고의 겸손인 것처럼 가장한 인간 양심이 만들어 낸 자기가 자기를 정죄하는 독과 같은 말일 뿐입니다. '내가 예수님을 죽였다, 못 박았다.'하는 것 하나님에게서 나온 것 아니요 하나님은 알지 못하십니다. 하나님께는 그런 말 없습니다. 인간 자기가 하나님보다 더 아는 척하는 데서 나온, 다시 말해 겸손을 가장한 사단의 말입니다. 에덴동산에서 사람을 위한 척, 사람을 생각하는 척, 사람을 존중해주는 척하며 그럴듯한 말로 속임을 베풀어 하와를 유혹하던 그 술책과 똑같은 말입니다. 알아듣습니까?

   이 목사가 성경대로 말한다고 외치면서 오히려 성경이 가르친 바 없고 말씀하신 바 없는 이런 성경 밖의 것들을 끌어다 속임의 말들을 할 수 있는 것은 왜인지 아십니까? 사람들이 성경에 깊이가 없는 것을 알기 때문입니다. 얼마든지 속여도 속이는 줄도 모르고, 같이 속는 수준에 있기 때문에 그같이 성경의 뜻을 훼방하고 성경에 밝음이 없는, 성영님의 눈과 귀가 되지 못해 알아듣지 못하는 것을 이용하여 사람들을 죽음으로 끌고 가려는 일입니다.
   여러분들이라고 그 가운데 있지 않았던 것 아닙니다. 그 가운데 있었지만 하나님께서 보내신 하늘의 높은 진리의 말씀, 속이는 말을 드러내 주는 속지 않는 참생명의 말씀을 들을 수 있게 되어 돌이켜 생명으로 들어올 수 있게 되었다는 이것이 여러분께 한없는 복입니다. 오늘날 이 같은 함정들이 이 목사의 말에만 있지 않다는 것, 하나님의 말씀이요 뜻인 것처럼 하여 영혼들을 가로막는 얼마나 많은 덫들이 있는지 여러분이 이제 여기 말씀을 듣고 보니 알게 되었지 않습니까? 그렇기에 그동안 잘못된 것들을 다 잘라 내고 돌이키고 떠나 나와 오직 성경 속에서 말씀하는 것을 듣고 성경 속에서 말씀하는 것을 믿고 고백하는 신앙이 되어야 할 것입니다.

예수님은 내가 죽인다고 해서 죽으시는 분 아닙니다. 예수님은 빌라도에게 고난을 받으셨고 십자가에 못 박혀 죽으시고 다시 사셨습니다. 그러므로 우리는 예수님의 빌라도에게 고난 받으심과 십자가에서 죽으심과 장사한 지 사흘 만에 죽은 자 가운데서 다시 살아나심을 증거 한 성경을 그대로 믿는 것이요, 그 사건 하나하나가 나와 어떤 연관이 있는지 깨달아 앎으로써 우리 각자가 받아들이는 것입니다. 예수님의 고난 받으시고 예수님의 십자가에 죽으심은 나의 죄 때문에, 내 죄를 대속하시기 위해서, 우리의 죄 때문에, 우리의 죄를 대속하시기 위해서 죽으신 것이요, 죽으신 예수님이 사흘 만에 다시 살아나신 것은 우리에게 승리의 영광, 영생을 주신 것임을 믿는 것입니다.

예수님은 세상의 임금인 사단을 상징한 빌라도라는 왕에게 고난을 받으셨고, 그 사단의 아들들에 의해서 십자가에 못 박혀 죽으신 것입니다. 그러나 믿음의 눈을 열고 보니, 즉 성영님의 눈이 되고 보니 성영님의 지혜로 보니 예수님은 사탄에 의해서 강제적으로 못 박혀 죽으신 것이 아니라 성영님에 의해 죽으시고 성영님에 의해 부활하셨음을 보는 것입니다. 예수님이 죽을 권세 가지고 오셔서 죽으셨고, 살 권세 가지고 다시 사셨다는 말입니다. 그것은 곧 나의 죄 때문이었고, 나를 살리시기 위한 하나님의 사랑이었다는 것을 우리는 너무나 잘 알게 되었기 때문에 예수님의 고난과 죽으심과 살아나심의 사건은 바로 나의 사건이 된 것입니다. 이 믿음이 되었기 때문에 우리는 이 신앙과 믿음을 고백함으로써 하나님께 예배를 드리는 것입니다. 아멘입니까?

그러면 **빌라도에게 고난을 받으사 십자가에 못 박혀 죽으시고** 하는 것까지 다 이해되었고 여러분의 믿음이 됐습니다.

그다음 보겠습니다. **장사한 지 사흘 만에 죽은 자 가운데서 다시 살아나시며 하늘에 오르사 전능하신 하나님 우편에 앉아 계시다가 저리로서 산 자와 죽은 자를 심판하러 오시리라**
　이 내용에 대해 부정하는 분 있습니까? 예수님이 죽으시고 장사되시고 사흘 만에 다시 살아나셨다 하는 것, 다 자기에게 적용된 믿음이 됐습니다. 예수님의 죽음이 곧 내 죽음이 되고, 예수님의 사심이 곧 내 산 것이 되어 그렇게 사는 믿음이 됐으리라 봅니다.
　'하늘에 오르사 전능하신 하나님 우편에 앉아 계시다가' 부활하신 예수님이 하늘에 오르신 것과 하나님 보좌 우편에 계신 것을 여러분, 성경이 증거 했습니까? 안 했습니까? 그러면 이 증거를 믿고 하는 고백인 줄 믿습니다.

그다음 '저리로서' 하는 것은 뭘 말하는 것일까요? 하늘 보좌에 계신 예수님께서 그곳에서부터 산 자와 죽은 자를 심판하러 오신다는 것, 그것을 말합니다. 그러면 산 자와 죽은 자는 무엇을 말합니까? 산 자는? 예수님을 믿고 구원받아 예수님의 부활의 생명이 있는 자입니다. 그러면 죽은 자는? 예수님을 믿지 않는 자들, 예수님을 믿는다고 하나 그 속에 예수님의 생명이 없는 자들을 말합니다. 그래서 산 자와 죽은 자라고 표현한 것입니다.

　이와 같이 산 자와 죽은 자, 예수님이 계신 자와 계시지 않는 자를 갈라서 심판하러 오신다는 것을 말합니다. 그러면 이것을 성경이 증거합니까? 증거합니다. 성경이 증거하는 이 사실을 여러분의 증거로 받았습니까? 그래서 우리는 성영님이 너희에게 오시면 장래의 일을 알리시리라 하신 이 같은 장래 일에 대하여 성영님으로 믿는 믿음이 되었음을 분명히 고백하는 것입니다. 사도들이 증언한 성경의 증거를 성영님으로 믿고 사도와 함께 성영님과 함께 된 믿음에 의해서 고백하는 것입니다.

　그다음 **성영을 믿사오며** 이 목사가 하는 말이 "창세기부터 계시록까지 그렇게 많이 읽으면서 성영님을 믿으라는 말은 한 번도 없었다. 그런데 왜 성영을 믿으라고가 나오느냐? 성영을 믿어야 되느냐? 성영을 받아야 되느냐? 성영님을 믿으라고 하신 말씀이 성경에 한 군데라도 있느냐? 그런데 '성영을 믿사오며' 이것이 도대체 뭔 소리냐? 성경에는 없는데 사도신경에는 있다. 이런 걸 우리가 보면서 야! 우리가 정상이라고 생각했던 것이 정상이 아닌 것이 너무나 많구나! 여러분, 우리 회개해야 된다. 이 거짓 사도신경을 외웠던 것을 회개해야 된다. 하나님, 내가 알지 못하고 했습니다. 하나님! 이제 알았사오니 절대로 이 더럽고 사단의 궤계가 충만한 사도신경을 나는 외우지 않겠습니다. 이것을 배격하겠습니다. 이것을 개혁하겠습니다. 성도 여러분! 우린 말씀대로 믿고 말씀대로 순종하고 말씀대로 살아가는 저와 여러분이 되시기를 주님의 이름으로 축원합니다."했습니다.

성영을 믿사오며 할 때 우리 믿음에 대해서 이미 앞에서 말씀드렸지만 아니, 여러분! 솔직히 말해봅시다. 성영님은 구원하시는 구주는 아니십니다. 하나님의 아들 예수 그리스도가 아닙니다. 예수 그리스도가 우리의 구주이십니다. 그러므로 우리는 예수 그리스도를 믿음으로 죄에서 용서받고 구원 얻고 영생하는 겁니다. 그래서 우리는 이 같은 믿음으로 **그 아들 독생자 우리 구주 예수 그리스도를 믿사오니** 라고 고백한 것입니다.

그리고 성영님이 계신 것도 믿어야 하는 것이지, 성영님을 믿지 않으면 어떻게 예수님을 바로 믿을 수 있습니까? 성영님을 알지 못하고 성영님을 믿을 수 없다면, 어떻게 내 안에 모셔 들여 교제와 교통을 할 수 있겠습니까? 우리는 아버지가 계신 것도 믿는 것이요 그래서 '전능하사 천지를 만드신 하나님 아버지를 내가 믿사오니'라고 고백하는 것이요 또한 성영님이 계신 것도 믿기 때문에 그래서 '성영님을 믿사오며' 라고 고백하는 것입니다.

아버지의 영이요 예수님의 영이신 성영님께서 예수님의 이루신 아버지의 모든 뜻을 사람에게 이루어지게 하신다는 것을 알고 그 성영님과 성영님의 일을 믿는 것이 되어서 성영님과 관계를 가져야 하는 것이지 이것을 알지 못하고 믿지 못하면 어떻게 구원의 믿음을 바로 가질 수가 있는 것입니까? 성영님께서 죄를 회개시키시고 말씀을 믿도록 도우시고 예수님이 구주이신 것을 믿도록 도우시고 예수님을 구주로 믿고 영접하도록 도우시고 천국을 소유하도록 도우시는 이 성영님의 하시는 일을 우리가 믿어야 하는 것이지 믿지 않고 어떻게 믿음을 바로 가질 수가 있는 것입니까?

그래서 성영님으로 내게 이루어지는 이 같은 하나님의 뜻을 내가 믿사오며를 고백하는 것이지, '성영님을 우리의 구주로 믿사오며' 하는 것이 아닌데 도대체 예수님이 '너희에게 실상은 성영님이시다. 내가 가면 보내 주마' 하고 말씀하신 그 성영님을 우리가 믿는다고 하는 것이 더러운 일이라니, 우리가 믿는다는 것이 더럽다니, 깨닫지 못한 자기 머리로 하나님의 뜻을 가리는 그 말하는 네가 더러운 것이지, 도대체 우리가 성경에 어느 것 하나도 믿지 않고 관계되는 것이 어디 있다는 것입니까? 저는 더러운 일이라고 말한 그를 예수님의 이름으로 뉘 죄던지 그대로 두면 그대로 있으리라 하신 말씀에 올려놓겠습니다.

우리가 눈으로 보지 못한 이 하나님의 일을 내 것으로 받아들일 수 있는 것은 오직 믿는 것 외에는 없습니다. 믿음입니다 믿음! 믿는 것 외에는 길이 없어요. 성경을 대하는 자가 가져야 할 기본적인 자세가 바로 믿는 겁니다. 믿음이에요. 그리고 성영님을 의지하여 기록된 성경을 깨달아 바른 믿음이 되어야 하는 것이 믿음의 도리인 것입니다. 뜨지 못한 눈가지고 어디에 성영을 믿으라고 했느냐고, 성경에 없는데 믿으라고 하느냐고, 이것은 더럽고 사단의 궤계가 충만하다고 말하는 그 자신은 그러면 반드시 성경에 기록된 것만 말해야 되는 것 맞습니까? 안 맞습니까? 성경에 기록된 단어만 말해야 합니다. 기록된 단어 절대로 벗어나지 말아야 합니다. 반드시 성경에 기록된 것, 문자로 되어 있는 것만 말해야 자기주장에 대한 책임 있는 행동이 될 것입니다.

그런데 그가 하는 설교 다 들어 본다면 수없이 꼬집을 수 있겠지만, 그가 이 사도신경에 대해서 말할 때 성경에도 없는, 성경에도 기록되지 않은 '삼위의 하나님'이라는 말을 사용했습니다. 여러분! 성경에 삼위 하나님이라고 말한 곳 있습니까? 없는 것 분명해요? 그야말로 성경 다 뒤져도 '삼위 하나님'이라는 말은 없습니다. 그의 성경과 우리가 보는 성경과는 다른지는 모르겠습니다만, 도대체 성경에 없는 말, 성경이 말하라고 하지도 않은 말을 왜 그가 하고 나옵니까? 왜 일관성이 없고 이중적입니까? 그리고 성경에 기록되지 않은 말 성경에 없는 가톨릭은 왜 끌어들이는 것입니까? 정신병자가 아니고서야 자기가 한 말에 자신이 걸려들었다는 것 알 수 있는 거잖습니까?

예수님이 요5:46에 **모세를 믿었더면 또 나를 믿었으리니 이는 그가 내게 대하여 기록하였음이라**는 말씀을 하셨습니다. 그러면 예수님이 **모세를 믿었더면** 하셨으니, 여러분, 모세가 구주라서 믿었더면 하신 것입니까? 모세가 우리 믿음의 대상이라는 말일까요? 예수님께서 모세가 너희 믿음의 대상이니 너희 구주니 믿어라 하신 말씀이냐는 말입니다? 모세가 어찌 우리 믿음의 대상이 되겠습니까? 그러나 우리 믿음은 예수님이 왜 이같이 말씀하셨는지 그 의도를 깨달아 봐야 하는 거예요. 그같이 우리가 성영을 믿사오며 한다 해도 우리의 믿음은 성영님에 대해서 확실히 알고 있는 그것을 고백하는 것이지, 깨달았기 때문에 고백하는 것이지, 성영님에 대해 모르는 것을 거짓되게 고백하는 것 아닌 것입니다.

우리는 이미 알고 믿고 있는 사도들의 신앙의 터 위에 세워진 믿음을 고백하는 것입니다. 우리는 하나님이 계신 것과 그 하나님은 아버지와 아들과 영의 삼위로 계신 하나님이신 것을 믿어야 합니다. 아버지와 아들 예수님이 이루신 창조와 구원과 영생을 우리 안에 가지고 오셔서 이루신 분이 성영님이십니다. 그래서 성영님께서 구주이신 예수님이 이루신 모든 것을 우리에게 오셔서 이루어지게 하시는 것을 믿어야 하는 것입니다.

그리고 이 목사가 **성영을 믿사오며**에 대해 또 말하기를, "여러분, 여기에서 너무 너무 위험한 이야기가 튀어나온다. 저는 이것을 보면서 두려웠다. 얼마나 두려웠는지 아느냐. 이것을 아는 사람이 이것을 아는 목회자가, 교인들이 얼마나 있을까. 오늘의 핵심이다." 했습니다. 참 너무 어이가 없습니다. 실소가 절로 납니다. 아니, 성영님을 구주로 믿는다는 것도 아니고 그냥 성영을 믿사오며 하는 것이 이렇게 더럽고 사단의 궤계가 충만하다고 했으니 그 목사에게는 성영님을 믿는 것이 그 영에 얼마나 두렵고 떨리는 일이었으면 이렇게까지 말하고 나오겠습니까? 저는 하나님의 말씀, 하나님의 뜻에 대해서 도무지 새김질이 되지 않는 이 목사를 불쌍히 여깁니다. 삼위 되신 하나님의 전 역사를 새겨듣지 못하고 새김질이 안 되는 좁아터진 사고와 영적 시각으로 성경을 말하겠다고 자기 언변 실력가지고 나온 이 인간이 참 불쌍합니다.

말하자면 그 목사가 쪽발은 있는데 새김질은 안 되는 돼지와 같습니다. 인간이 하나님을 믿어야 하는 영적 존재라는 것은 그 목사가 아는데 하나님의 말씀에 대한 영적 새김질은 안 되는 거예요. 말씀의 뜻을 깨닫지를 못해요. 하나님이 말씀하신 그 의도를 보지를 못해요. 그래서 새김질이 안 된다는 말이에요. 그러니까 새김질이 안 되는 돼지와 같은 자라는 것이 바로 이것을 말하는 것입니다. 이 목사가 '성영을 믿사오며' 하는 이 말을 두려워서 하지 못한다는 것을 여러분도 여러분 안에 성영님께서 계신다면 무슨 뜻에서 한 말인지 새김질이 될 것입니다.

그다음은 **거룩한 공회와 성도가 서로 교통하는 것과** 보겠습니다. 제가 이 목사의 말을 더 이상 입에 담고 싶지 않아서 여기서부터의 내용들은 반박하는 것 그만하겠습니다. 그의 모든 말은 사도신경을 비판하겠다는 데다 핵심을 두었기 때문에 계속 가톨릭과 가톨릭의 개소리 같은 것들로 연결해서 비판하는데 열을 올린 것뿐이니 그렇게 아시고 이제 더 논하지 않겠습니다. 제가 더러운 똥 만지는 것 같아서 똥 보는 것 같아서 그 뒤 내용들 더 보고 싶지가 않습니다. 여러분의 믿음을 돕도록 하는 말씀으로만 가겠습니다. 아셨습니까?

여러분! 가톨릭과 상관이 있으렵니까? 성경의 증거와 상관이 있으렵니까? 우리는 성경의 증거만 받는 것 아멘입니까? 지금까지의 말씀만으로도 인간의 인본이 성경을 다룬다는 것이 얼마나 큰 죄를 범하고 하나님을 대적하는 행위가 되는 것인지를 똑똑히 알 수 있잖습니까? 대적은 사함이 없다는 것을 알기 바랍니다. 그 인본이 바로 사단의 자리입니다. 여러분, 말씀을 전하는 사람들이 성경을 아는 데, 성경을 깨달아 바른 믿음이 되는 것은 성경이면 됩니다. 성경을 기록하신 성영님이 계시니 성영님의 도우심이 있으면 다른 것들은 필요치 않습니다. 만일 성경을 전하는 지도자라는 사람들이 성경을 성영님으로 깨닫는 바가 아니면 지도자 자격도, 할 수도 없는 것입니다.

아니, 성경을 알아야 하는 데 성경이 무엇이 부족해서 성경 밖의 것들을 끌어다 붙이고 그것들에 더 권위를 두듯이 그렇게 성경이 잘못된 것처럼 성경이 거짓인 것처럼 교묘히 행하겠느냐는 말입니다. 모든 답은 성경입니다. 가톨릭도 아니고 인본도 아닙니다. 성경을 성영님으로 깨달아 아는 것만이 성경을 아는 능력입니다. 이것이 안 되면 그 누구도 지도자가 될 수가 없습니다. 성경이 말씀하고 있으면 그것이 신앙이 되고 고백이 되는 것이지, 성경 말씀이 근거이지, 다른 데 있지 않습니다. 강조하고 강조합니다.

나와 나의 믿음과 관계되는 것은 성경이요, 성경에서 나온 신앙과 고백만이 사도들의 위에 세워진 믿음입니다. 아무리 유명한 신학자가 말했다 해도, 아무리 유명한 목사가 말했다고 해도, 그 말의 진위 여부는 어디예요? 성경입니다. 가톨릭이 아니에요! 성경이 말씀했으면 그의 말도 성경적인 것이고, 성경의 말씀이 아니면 그의 말은 거짓입니다. 성경이 말씀하고 사도들이 증거 했음에도 불구하고 "어느 단체가 만들었다고 그것 고백하면 그것 만든 그들을 믿는다고 하는 것이 된다고" 이따위 썩어 빠진 논리로 성경을 부정하듯 하는 이 거짓의 궤계는 성경의 말씀으로 된 성영님의 믿음 앞에는 통하지 않습니다. 그에 마땅한 자들에게나 해당되는 것이요, 거짓 된 말들로 사람들을 미혹하는 그 영과 같은 자들에게나 해당되는 것입니다.

기독교 이천 년 역사 속에 있었던 일은 하나님의 뜻에 합당했든지 합당하지 않았든지 다 성경 밖의 일입니다. 그것은 하나님이 판단하실 일이에요. 우리가 성경대로 믿는 것은 기독교 이천 년 역사가 있어서가 아니에요 가톨릭도 아닙니다. 인간들이 칭찬하고, 아주 존경하는 사람이라도, 기독교에 좋은 영향을 끼친 유명했던 사람이라고 말한다 해도 하나님이 보실 때는 아닐 수도 있다는 얘기입니다. 그렇기에 하나님이 판단하실 일인 것이지. 그래서 우리의 모든 믿음의 근거는 성경인 것입니다. 그 역사 속에 있는 인물들이나 어떤 단체들에 있는 것이 아닙니다. 지금 내게 있는 것 바로 성경입니다.

기독교 이천 년 역사는 성경 밖의 일들이니 본받을 것도 알아볼 것도 없습니다. 성경에 마땅하면 구원받았을 것이고 성경의 뜻에 미달이면 지옥 갔을 것이니, 그것은 하나님만이 아시는 일이니 배우려고 하는 것도 알아보려고 할 필요도 없는 것입니다. 그러니까 저는 종교개혁 날도 다 잊었다고 했잖아요? 저도 배워 아는데 힘썼습니다만 다 배우고 보니 내가 구원 받고 성경을 깨달아 하나님의 뜻대로 믿는 믿음이 되는 것에는 아무 의미 없더라. 소용없더라. 오히려 혼란만 가져다줄 뿐 그것이 구원 주지 않더라. 오히려 그것은 인본주의가 만들어 놓은 큰 바벨탑만 보이더라………

그러니까 이천 년 역사 속에 세상에 성탄절, 부활절 하나도 성경의 뜻대로 행한 자가 없었다고 해도 과언 아닌데 무슨 이천 년 역사를 들먹거립니까! 그것은 하나님만이 아실 일인데요. 하나님만이 판단하실 일인데 무슨 가톨릭을 끌어와서 가톨릭이 성경보다 더 권위가 있는 것처럼 이따위로 조장하는가 말입니다. 왜 사람의 머리에서 나는 것들 가지고, 사람의 양심에서 나는 것들 가지고 성경이 사실이냐 아니냐? 알아보듯 하는 데 속느냐는 말입니다.

누룩 넣지 않은 떡을 먹어라, 누룩 넣지 않은 무교병을 먹어라 말씀했음에도, 성경에 분명히 기록되어 있음에도 오늘날 어떻게 그렇게 예수님의 죽으심과 사심을 기념한다고 하면서 누룩 넣은 빵 그것은 뭡니까 도대체? 이천 년 역사가 이 같은 짓들을 행하여 왔지 왔습니까? 그런 위인들이. 뭐 사도신경이 사단이 가져다줬다고? 그럼 사도들이 사탄이냐? 이 정신없는 정신병자들 같은 사람들아! 오직 내게 있는 것, 성영님이 내게 주신 것, 뭐예요? 성경입니다. 오직 예수 그리스도를 우리가 알 수 있는 것은 성경입니다. 예수 그리스도를 믿을 수 있는 것 성경입니다. 내 믿음을 바로 할 수 있는 것 바로 성경입니다. 성영님이 가르치시는, 우리에게 주신 이 성경입니다. 성경만 보면 되는 것입니다.

여러분! 이같이 미혹이 난무한 때이니만큼 말씀이 미혹의 홍수를 이루고 있는데 미혹하는 자는 사람들을 미혹으로 끌어들이는 것이 그의 일일까요, 아닐까요? 그의 일이에요. 그의 일이기 때문에 그가 목숨 다해 한단 말입니다. 자기 일을 하는 것이니 그것 탓할 이유 없어요. 자기 일 열심히 하는 건데 여러분은 성영님의 사람이면 여러분의 일 열심히 하면 되는 거잖아요. 그러니까 그것을 탓할 이유는 우리에게는 없습니다. 그러니까 누구든지 스스로 분별의 능력을 갖추어야 한다는 것 누누이 강조합니다. 아셨습니까?

여기 **거룩한 공회와** 하는 것은, 이 사도들 시대 때, 유대 나라에 즉, 예루살렘에 오늘날로 말하면 국회와 같은 최고의 강력한 정치기관이 있었어요. 그것을 산헤드린 공회라고 합니다. 행정권과 입법, 사법, 재판권을 가진 의회였어요. 물론 예수님 당시 유대는 로마의 속국이었기 때문에 사형 판결권이나 집행권은 없었습니다. 이 공회원들은 각 지파의 제사장들, 또는 백성의 장로들, 성전 제사 드리는 제사장이 아니라 지파에 원로들 제사장들이 있었어요. 또는 바리새인 서기관들의 대표들로서 72명으로 구성된 의회였습니다. 그런데 왜 거룩한 공회라 했는가 하면 유대인은 하나님의 말씀, 율법이 그들의 국가법입니다. 하나님의 말씀, 율법이 법이고 기준이 되어 운영되고 있는 국가기관이었다는 말입니다. 그러니까 예수님께서도 마5:22에 **형제에 대하여 라가라 하는 자는 공회에 잡히게 되고** 하셨는데 바로 이 공회를 두고 비유로 말씀하신 겁니다.

그런데 사도신경에서 '거룩한 공회와' 한 것은 이 공회에 대한 개념보다는 예배를 드리고 예배에 대한 모임을 갖는 공회에 대한 개념이 더 큽니다. 이 사도 시대 때는 예배나 모임이 회당 중심이었어요. 성경을 읽어 보면 공회라는 단어도 가끔 나오고 그리고 회당이라는 것도 가끔 나오지요. 공적인 예배나 예배 모임을 회당이라는 데서 가졌다는 말입니다. 그런데 회당 그 건물이 중요한 것이 아니라, 예수님을 믿는 사람들이 모여서 함께 예배를 드린 공동체를 거룩한 공회라고 한 것입니다. 거룩한 공적인 모임, 회중들의 예배, 예수님을 믿는 사람들이 모여서 드리는 예배, 그 모임을 거룩한 공회라 했다는 말입니다. 그러니까 오늘날로 말하면 뭘까요? 교회라는 말입니다. 하나님을 섬기며 예배하는 유대의 문화 전통에 의해서 사도들은 공회라고 했지만 오늘날 우리는 이제 공회를 교회로 바꾸면 되는 겁니다.

우리는 그 점을 이해한 것이고 오늘날 우리 믿음은 이제 교회임을 알고 즉, 예수님의 사람들로 구별된 거룩한 공동체, 하나님께 불러냄을 받은 사람들의 모임, 신령과 진정으로 예배하는 교회, 예수님의 몸 안에 들어온 지체들의 모임이라는 뜻을 가진 교회라고 하면 되겠습니다. 앞으로 우리는 **거룩한 교회와**로 고쳐서 하겠습니다. 공회라 해도 우리 믿음은 어떤 뜻으로 했느냐 하는 것이지, 문제 될 것은 없지만 그러나 거룩한 교회로 바꿉니다. 아셨습니까?

교회를 헬라어로 '에클레시아'라고 합니다. 에클레시아는 '하나님의 살아 있는 몸'이라는 뜻입니다. 교회는 예수님이 머리이고 예수님을 믿는 사람은 예수님의 지체가 되는 것입니다. 그렇기에 예수님의 교회이면 예수님의 생명이 드러나야 하는 것입니다. 예수님의 피의 능력이 나타나야 합니다. 예수님의 이름의 능력이 나타나야 합니다. 예수님의 기쁨이 성령님으로 넘쳐나야 하는 거예요. 성령님이 오셔서 계신 교회만이 거룩한 공회요 교회입니다.

그다음 **성도가 서로 교통하는 것과** 성도는 예수님의 몸 안에 들어온 지체, 구원받아 예수님의 생명으로 사는 새로운 피조물이 된 자를 성도라고 합니다. 예수님의 피로 죄가 깨끗케 됨을 얻고 성령님으로 거듭난 영의 사람이 되어 오직 레마로 사는 자를 성도라 합니다. 거룩함으로 구별된 사람이라는 뜻입니다. 성령님으로 거듭난 사람, 예수님의 거룩한 성소에 든, 하늘의 신분이 되었다는 뜻입니다. 그래서 교회라고 하는 것 이제 예수 그리스도의 몸 안에 들어온 지체들, 예수님이 머리가 되시고 믿는 우리는 그 몸에 붙은 지체들이니 머리 되신 예수님의 명을 따라서 예배를 드리고 말씀을 배우고 듣고 행하는 믿음으로 나가는 것입니다. 성도 간의 사귐과 교제, 또 복음 전파와 봉사 등이 있는 것입니다.

그래서 교회가 드리는 예배 요소 중에 크게 나누어서 네 가지 기능이 있습니다. 첫째, 말씀이 있어야 하고, 헬라어로 '케리그마'라고 합니다. 둘째, 교육이 있는데 헬라어로 '디다케'라고 합니다. 셋째, 성도간의 친교, 나눔, 교제가 있습니다. 헬라어로 '코이노니아'라고 합니다. 넷째, 봉사가 있습니다. 헬라어로 '디아코니아'라고 합니다. 그러니까 말씀, 교육, 친교, 나눔, 봉사입니다. 이것을 통틀어서 교통이라고 말합니다. 알아들으셨지요? 교회와 예배와 예배의 모든 요소들을 묶어서 '거룩한 교회와 성도가 서로 교통하는 것과'입니다.

그러면 사도들과 사도 바울의 증언하는 말씀에 교회 있습니까? 없습니까? 예배 있습니까? 없습니까? 이같이 예배 요소들의 교통이 있습니까? 없습니까? 이것이 새로운 신분이 된 하나님의 성도들의 삶의 방식이요 방향이에요. 이 땅에서의 주신 사명이요 행함입니다. 그래서 우리가 새로운 신분으로 살게 된 예수님의 몸 안에 들어온 거룩한 지체로 공동체가 되었음의 신앙을 고백하는 것입니다.

그다음 **죄를 사하여 주시는 것과** 하는 것은, 예수님께서 **너희는 이렇게 기도하라**고 말씀하시고 제자들에게 기도를 가르쳐 주셨지요? 그 중에서 마6:12에 **우리가 우리에게 죄 지은 자를 사하여 준 것 같이 우리 죄를 사하여 주옵시고** 그다음 14,15에 **너희가 사람의 과실을 용서하면 너희 천부께서도 너희 과실을 용서하시려니와 너희가 사람의 과실을 용서하지 아니하면 너희 아버지께서도 너희 과실을 용서하지 아니하시리라**입니다. 이것은 교회에서 나타나는 천국의 요소요. 이 용서의 특성이 나타나야 교회입니다.

이 부분 설명하려면 긴 시간이 되니 필요하면 홈페이지의 말씀 영상 예수님이 가르쳐 준 기도 〈우리가 우리에게 죄지은 자를 사하여 준 것같이〉의 제목의 말씀이 있으니 거기서 듣거나 또 들으셨을 테니 생략합니다.

그다음 **몸이 다시 사는 것과 영원히 사는 것을 믿사옵나이다**

이것은 여러분이 굳이 설명 듣지 않아도 되는 것 아닙니까? 우리의 신앙에서 가장 소망되고 기다려지는 것 바로 몸이 다시 사는 것입니다. 아버지 나라에서 영원히 사는 것, 여러분이 이 믿음이 되었고 그렇기에 몸이 다시 사는 것과 영원히 사는 것을 믿사옵나이다 를 지금 고백하는 거잖습니까? 우리 믿음은 예수님 안에 들어온 교회요 거룩한 하늘의 성도이니 오직 그 소망으로 살고 있고, 이제는 내가 몸이 다시 살고, 다시 말해 예수님의 부활하심과 같이 나도 부활하여 영원히 아버지 나라에서 아들로서 영생하는 복이 내게 있습니다 하고 이 믿음을 고백하는 것입니다. 사도들이 고백한 이것을 우리도 사도들의 터 위에 서서 이 믿음을 고백하는 것이라는 말입니다. 바로 이것이 예배의 요소입니다.

이제 여러분이 사도신경이 무엇이냐, 우리가 왜 이 신앙의 고백을 하느냐 다 아시게 됐습니다. 사도들이 가졌던 그 신앙, 사도들의 신앙을 증언한 성경을 또한 우리가 그대로 받아 믿기 때문에, 그것은 곧 우리의 신앙이 되었고 그러므로 그 신앙을 고백하며 예배를 드리는 것이다 하는 것 예수님의 이름으로 분명히 선포합니다. 하여 여러분 모두 사도들의 터 위에 세워진 믿음이기를 예수님의 이름으로 소원하여 축복하고 사도신경에 대한 모든 말씀을 맺습니다.

누가 고쳐진 내용을 한번 해보시겠습니까?.

전능하사 천지를 만드신 하나님 아버지를 내가 믿사오며, 그 아들 독생자 우리 구주 예수 그리스도를 믿사오니, 이는 성영으로 잉태하사 처녀 마리아에게 나시고, 우리 죄를 위하여 본디오 빌라도에게 고난을 받으사 십자가에 못 박혀 죽으시고, 장사한 지 사흘 만에 죽은 자 가운데서 다시 살아나시며, 하늘에 오르사 전능하신 하나님 우편에 앉아 계시다가 저리로서 산 자와 죽은 자를 심판하러 오시리라. 성영님을 믿사오며, 거룩한 교회와 성도가 서로 교통하는 것과 죄를 사하여 주시는 것과 몸이 다시 사는 것과 영원히 사는 것을 믿사옵나이다. 아멘

다음부터는 우리 모두 위의 내용으로 사도신경의 신앙고백을 하겠습니다.

사도신경을 말할 수 있도록 말씀을 주신 우리 아버지와 그 아들 우리 구주 예수님과 성영님께 모든 영광을 돌립니다. 아멘